Wie hast du das gemacht?

Wie hast du das gemacht?

25 Frauen. 25 Geschichten.
25 Lektionen über Leben,
Selbstverwirklichung und Erfolg

Fempress Media

Giving Women A Voice

Herausgeber: Fempress Media
Herstellung und Verlag: BoD – Books on Demand, Norderstedt
Lektorat: Lektorat Wörterwald
(Inh. Kathrin Andreas / www.woerterwald.de)

ISBN: 9783744874144

www.fempressmedia.com
doris@fempressmedia.com

Bibliografische Information der Deutschen Nationalbibliothek:
Die Deutsche Nationalbibliothek verzeichnet diese Publikation in der Deutschen
Nationalbibliografie; detaillierte bibliografische Daten sind im Internet über
http://dnb.dnb.de abrufbar.

Dieses Buch ist den Frauen gewidmet, die sich vor schier unlösbaren Problemen und Lebensumständen sehen und sich die Selbstverwirklichung zum Ziel genommen haben. Es werden harte Zeiten kommen, aber wir zeigen dir:

Du bist nicht allein!

INHALT

◆◆◆

KAPITEL DREI
Das Soziale Umfeld

KAPITEL VIER
Wenn eine Vision zur Realität wird

Dankeschön
Willst du Teil des nächsten Buches werden?

VORWORT

◆◆◆

Herzlich willkommen im 21. Jahrhundert, in dem den Frauen der westlichen Welt keine Grenzen mehr gesetzt sind. Wir dürfen alleine wohnen, arbeiten, wählen, und ja, dank Angela Merkel sogar davon träumen, eines Tages Bundeskanzlerin zu werden. Nur eines haben wir vor lauter Emanzipation vergessen. Wer bringt uns jetzt bitte bei, wie wir mit dieser schier unendlich wirkenden Freiheit eigentlich umzugehen haben? Das ist doch wie Porsche Cayenne fahren ohne Führerschein! Wie Karibik-Urlaub ohne Schwimmkurs! Wie fünfundfünzig Ikearegale ohne Bauanleitung. Während es noch vor wenigen Jahrzehnten Küche, Kinder und Kirche waren, die uns 24/7 beschäftigt haben, kommen nun noch Kalorien, Karriere und Kerle dazu. Die Männer von heute verfallen nicht selten in nackte Panik, wenn Frau neben dem eigenen Kapital auch noch finanziellen Erfolg oder eine eigene Meinung zu bieten hat. Playmate oder Playmobil? Inzwischen geht es nicht mehr darum, was ich mir aus einer Riesenauswahl an Möglichkeiten heraussuchen möchte, sondern darum, wie ich ALLES unter einen Hut bekomme, wissentlich, dass ich früher oder später genauso kläglich damit scheitern kann. Diese so oft zitierte Selbstverwirklichung, kann die was oder kann die weg? Überfliegerin oder Übeltäterin, das ist doch hier nicht die Frage. Ein Fehler ist nicht zwingend falsch, sondern bringt uns manchmal sogar weiter, als immer nur "Ja" zu sagen und den Risiken aus dem Weg zu gehen. Schließlich hätten wir rückblickend doch auch nicht auf die besten Parties unseres Lebens verzichtet, nur weil sie am Tag danach Kopfschmerzen garantieren. Nicht jeder Moment muss, aber er darf genossen werden. Das freut ihn und gibt ihm auch mal ein gutes Gefühl. Das Ausleben der neuen Freiheit bedeutet nicht, plötzlich versuchen zu müssen, wie ein Mann zu leben. Es bedeutet, die Möglichkeiten und die Kraft der Weiblichkeit zu genießen. Und zu erkennen, dass wir damit nicht alleine sind. Lasst uns doch einfach mal alle gemeinsam klug sein. Jede einzelne. Egal, ob das nun bedeutet, Geschäftsführerin eines Unternehmens zu werden, seine künstlerische Begabung auszuleben, oder zwei bis fünf Kinder ins Leben zu begleiten. Gegenseitigen Respekt und Toleranz inbegriffen. Alles ist möglich. Und alles ist unnötig. Es ist unsere individuelle Entscheidung, egal, was andere von uns denken. Energie, Liebe, Macht – das Urteil anderer macht uns weder stärker noch schwächer. Es erinnert uns aber daran, noch mehr bei uns selbst zu bleiben. Denn am Ende geht es doch nur um eins, ob es den anderen gefällt oder nicht: Zufriedenheit!

Alles Liebe und viel Erfolg,

Ruth Moschner

KAPITEL EINS

Persönlichkeitsentwicklung

CHRISTINE HOFMANN

◆ ◆ ◆

Ich wollte ein Leben, in dem ich das mache, was mir am meisten liegt und das mir Freude bereitet. Ich wollte raus aus dem Alltagstrott, dem Stress, dem Hamsterrad, in dem der Faktor Zeit knapp bemessen war und die Arbeit nicht mehr den Sinn lieferte, wofür ich einst den Beruf der medizinisch-technischen Laboratoriumsassistentin erlernte. Ich wollte frei sein, glücklich, unabhängig und natürlich wollte ich auch finanziell wesentlich mehr erreichen, als bisher möglich war. Jahre später: Habe ich das geschafft? Ja! War es immer leicht? Nein! Habe ich immer zu 100 Prozent an mich und meine Fähigkeiten geglaubt? Nein! Zwischendurch waren immer wieder Ängste und Zweifel da, ob ich das wirklich schaffe, ob ich überhaupt gut genug dafür bin. Es gab unzählige Hindernisse, die auftauchten und mich scheinbar um Welten zurückwarfen, doch nur, wie ich heute weiß, um mich danach noch stärker vorankommen zu lassen - das ist schon mal die gute Nachricht. Jeder dieser Hindernisse hat sich im Nachhinein als wert- und sinnvoll erwiesen, denn ohne sie, wäre ich heute nicht die, die ich bin.

Aber von Anfang an:

Wer ist überhaupt Christine Hofmann? Als Erfolgscoach, Autorin und holistische Mentorin zeige ich, wie es gehen kann: In nur kurzer Zeit habe ich es geschafft, aus dem Hamsterrad einer berufstätigen Mutter und Ehefrau auszusteigen und mit einem Zweitjob mich zu einer erfolgreichen und unabhängigen Unternehmerin im On-und Offline-Business zu entwickeln. Für mich liegt das Geheimnis des Erfolges in der Anwendung der universellen Erfolgsprinzipien und in dem Auflösen von unterbewussten Blockaden. Dieses Wissen verpacke ich in leicht anwendbaren Tools und alltagstauglichen Tipps, diese gebe ich als Erfolgs-Expertin für ein MagicBusiness – ein Business, das einfach funktioniert, mit Freude Spaß und Leichtigkeit – seit über acht Jahren erfolgreich an unzählig viele Menschen weiter.

Ja, das bin ich und hier in diesem Buchkapitel werde ich dir berichten, wie ich das gemacht habe, was für Stolpersteine mir begegnet sind und wie ich sie aus dem Weg geräumt habe.

Mein Motto: Never give up! Mach dein Ding! Wie heißt es so schön: Stolpern, Krönchen richten und weiter geht´s! Nach über 20 Jahren, in denen ich in meinem Traumberuf als medizinisch-technische Laboratoriumassistentin im Gesundheitswesen gearbeitet habe, wurde dieser für mich persönlich zum Albtraum. Der Sinn meiner Arbeit ging für mich verloren und so fiel ich in ein Tief, ich fühlte mich nur noch auslaugt, ohne jegliche Energiereserven. Nachdem mir klar wurde, dass ich so nicht weitermachen konnte, fing ich an, an meiner neuen Zukunft zu planen.

Kurzum, ich startete ein neues Leben. Mir wurde sehr schnell bewusst, dass mich die universellen Gesetze, die Quantenphysik und auch die Erfolgsgesetze von Napoleon Hill und vielen weiteren Erfolgsmenschen faszinierten. Das Schönste daran war, dass ich dieses Wissen aufsaugte und für mich gleich umsetze. So konnte ich feststellen, dass all das, was ich lernte, tatsächlich funktioniert. Positives Denken wurde für mich zur Selbstverständlichkeit. Frage mich nicht, wie viele Leute aus meinem Umfeld mich zu der Zeit einfach nur für verrückt erklärten, mich gar nicht mehr verstanden und die größten Ängste hatten, dass ich in einer Sekte gelandet bin. Und alles nur, weil ich für mich verstanden hatte, wie ich mein Leben ganz einfach ins Positive verändern und ganz nebenbei immer mehr zu mir selbst finden konnte. Es war nicht immer einfach gegen den großen Strom schwimmen. Ehrlich gesagt, habe ich dann vieles für mich behalten und nicht mehr jedem alles erzählt, was ich gerade alles Neues gelernt und erlebt habe. Es war für alle einfach einfacher, wenn ich sie damit nicht überforderte. Heute kann ich sagen, es war eine große

Herausforderung, immer bei mir selbst zu bleiben und den Mut zu haben, trotz Gegenwind aus meinem Umfeld meinen Weg weiter zu gehen. Doch immerhin, am Ende habe ich es geschafft und einigen anderen auch den Weg geebnet. Es gab viele Menschen, denen ich in dieser Zeit der Veränderung begegnet bin, auch diejenigen, auf die ich heute sehr gut verzichten kann. Dennoch möchte ich niemanden aus meiner Vergangenheit missen, denn jede Person, die mir begegnet ist, war ein großer Beitrag zu meinem jetzigen grandiosen Leben.

Was mir immer geholfen hat, war die Erkenntnis, dass wirklich alles einen Sinn hatte, auch wenn ich diesen nicht immer gleich erkannte und sich so manches im ersten Moment weniger angenehm, ja, sogar ziemlich schlecht angefühlt hat. Bereits nach kurzer Zeit, genauer gesagt nach circa drei Jahren, in meiner Coaching-Selbstständigkeit hatte ich sehr interessante Klienten in den verschiedensten Bereichen und Ländern und damit auch ein sehr gutes Einkommen. Jedoch war ich unbemerkt und ungewollt von dem damaligen Alltags-Hamsterrad in ein Erfolgs-Hamsterrad geraten. Ich dachte, das wäre ich dem Erfolg schuldig. Unendlich viele Stunden Arbeit und Verzicht, insbesondere in dem Bereich des Familienlebens. Hätte ich hier nicht die Notbremse gezogen und etwas verändert, ich wäre heute ohne meinen Mann und meine Kinder unterwegs und würde sicherlich einen Single-Haushalt führen.

Ich machte mir also Gedanken darum, was ich ändern könnte. Tage und Wochen vergingen. Das Universum hatte mir dann doch zu einer Art Auszeit verholfen, in der ich mehr als genug Zeit bekam, über mein Leben und mein Business nachzudenken. Sechs Wochen verbrachte ich mit Schmerzen, bedingt durch zwei eingeklemmte Nerven und reichlich tiefgreifenden Gedanken. Heute würde ich sagen, es war einfach eine grandiose Zeit der Reflexion, eine Zeit, in der mir klar wurde, was ich wirklich will, mit welchen Menschen und Geschäftspartnern ich wirklich zusammenarbeiten möchte, was mir wirklich Spaß und Freude im Business macht und wie und wo ich für mich einstehe. Ich musste also erstmal aus meiner Komfortzone heraustreten. Ich sagte mehrfach „Nein" zu Menschen die ich sehr mochte, doch mir klar war, dass dieses „Nein" ein kraftvolles „Ja!" zu mir selbst und meinem Business war. Später zeigte sich, dass sich diese Entscheidungen für mich sehr positiv auswirkten. Das MagicBusiness ging weiter, aber es gab auch weitere Herausforderungen, wie der Tod meiner Schwester, meiner Freundin und die Erkrankung meines Mannes. Insgesamt war das eine Zeit, die mich wirklich persönlich sehr beeinflusste, mich sogar außer Gefecht setzte. Und dennoch schaffte ich es, zumindest nach außen hin, weiterhin als die Power-Frau zu erscheinen, die ich ja im tiefsten Inneren immer noch war. Manchmal wünschte ich mir auch sehnsüchtig, dass mich etwas Starkes auffängt und wärmend umhüllt. Angst und Sorgen kamen immer wieder hoch, doch ich gewährte ihnen einfach keinen Platz in meinem Leben. Dafür hatte ich mit zahlreichen Selbstcoaching-Tools gesorgt. Ich schrieb so oft es ging in mein Notizbuch, zahlreiche Afformationen (positive und zielformulierte Warum-Fragen) und beschrieb in meinem Traumalltagstagebuch wie mein Leben wirklich aussieht und was ich alles Tolles und Abenteuerliches erlebe – immer alles in der Gegenwartsform, damit ich es in meine Realität ziehen konnte. Ich fing an, hunderte von Zielen für mich zu formulieren und mir zu überlegen, bis wann ich diese erfüllt haben könnte. Ich habe mir täglich überlegt, was ich in mein Leben erreichen und erleben will.

2014 war dann das Jahr vieler persönlicher Schicksalsschläge. Das, was ich jetzt schreibe, habe ich in dieser Form bisher noch nicht öffentlich berichtet. Doch es ist mir sehr wichtig aufzuzeigen, egal, was auch kommt, es gibt immer einen Weg, seiner Berufung und seinem Erfolg zu folgen. Es geht darum, nicht aufzugeben und jedes Tief als ein Sprungbrett zu nutzen. Ich gebe zu, es bedarf auch jetzt einer gewissen Überwindung, es einfach so zu schreiben.

In diesem Jahr wurde immer offensichtlicher, dass mein Mann seit Jahren unter Burnout bzw. Depressionen litt und es sich nun auch äußerlich zeigte. Er wurde ständig krank und fiel plötzlich für mehrere Tage aus. Zu der Zeit war er in einer beruflichen Auszeit und kümmerte sich komplett um den Haushalt und die Familie, damit ich mein Business voranbringen konnte. Für mich bedeuteten die Ausfälle meines Mannes, dass ich nicht mehr ständig auf Reisen gehen oder verbindlich persönliche Kundentermine außerhalb meines Home-Office wahrnehmen konnte. Dann noch ein weiterer Schock: In diesem Jahr starb meine geliebte Schwester an Krebs. Auch wenn ich heute überglücklich bin, dass ich in der letzten Stunde bei ihr sein konnte, hat es mich zutiefst traumarisiert. Ich erlebte, wie sie verblutete. Dieses Erlebnis hat mich persönlich zutiefst betroffen, sodass ich wiederum für mehrere Wochen nicht arbeiten konnte. Doch auch in der Dunkelheit gab es immer ein Licht, denn ein von mir sehr geschätzter Kollege aus der Schweiz hatte mit mir über Skype gearbeitet und dieses Erlebnis für mich neutralisiert. Ich hatte zwar noch die traumatisierenden Bilder im Kopf, doch die schmerzlichen Emotionen, die mich stetig zum Weinen brachten wurden aufgelöst. Ich konnte also in kürzester Zeit wieder mit meinem Business starten. Du kannst dir sicher vorstellen, dass diese Ereignisse und besonderen Umstände erhebliche Defizite in meinem Einkommensbereich verursachten. Doch das Wort *Problem* beinhaltet ja schon die Silbe *Pro*, was durchaus als *das Positive* verstanden werden kann, und so hatte in diesem Sinne auch für mich alles einen Nebeneffekt. Durch die Zeit, die ich nun intensiv in meinem Home-Office verbrachte, erstellte ich immer mehr digitale Produkte und kümmerte mich um die Vermarktung. Ich spezialisierte mich nun auch auf Internetmarketing, davon profitieren ich und meine Klienten noch heute. Somit schaffte ich es, in kürzester Zeit durch den Verkauf meiner digitalen Produkte, monatlich eine vierstellige Einkommensquelle zu kreieren und somit mehr als meine Fixkosten abzudecken.

Sehr interessant fand ich dann, dass mir von einigen Personen angeraten wurde, meinen Mann zu verlassen, da er mich ja nur aufhalten würde. Ich sage nur so viel: Ich liebe meinem Mann von ganzem Herzen und wir gehen zusammen durch dick und dünn. Ich denke, wenn man fest daran glaubt, dann schafft man alles – auch schwierigere Zeiten. Auch wenn es noch weitere persönliche Tiefpunkte für mich gab (unter anderem der Tod meiner lieben Freundin), so entspannte sich die Lage zu Hause immer mehr und wandte sich ins Positive. Meinem Mann ging es stetig besser, und es war, als hätten sich alle daran gewöhnt, dass ich fast immer zu Hause war. Ich glaube, meine Familie empfand das wirklich als sehr angenehm und schön, nur ich selbst spürte diese innere Unzufriedenheit. Mir persönlich fehlte das Reisen und die Freiheit zu haben, zu meinen Kunden oder zu Seminaren zu fahren. Um es am Rande zu erwähnen, natürlich kamen diese inneren Zweifel und Fragen hoch:

„Darf ich es einfordern, diese Freiheit wiederzuerlangen? Ist das wirklich gut? Ist das vielleicht ein Risiko? Bin ich eine gute Mutter und Ehefrau?". Ja! Denn wenn ich glücklich bin, dann gebe ich dieses Glück an meine Kinder und an meinem Mann weiter. Wichtig ist, sein persönliches Erfolgsrad rund zu halten, das heißt, auf alle Lebensbereiche wie die Gesundheit, den Spirit, die Weiterbildung, das Wissen, das Business, die Finanzen, die Familie/Freunde und das Umfeld zu achten. Mir war klar, dass das wirklich ein sehr wichtiger Bestandteil meiner Zufriedenheit und meiner Selbstverwirklichung war und ist, und somit auch ein wesentlicher Faktor für den Erfolg meines MagicBusiness. Und so kam es dann der Punkt, der für mich so wichtig war: Der Tag, an dem ich meinem Mann und meiner Familie mitteilte, dass ich nun wieder voll und ganz in mein Business einsteigen werde. Mein Mann hat es nicht ganz so freudig aufgenommen, stimmte aber schließlich zu, nachdem ich sagte: "Schatz, du weißt, dass ich meine Freiheit brauche und dann viel glücklicher bin, auch mit dir." Mit wesentlich mehr Selbstbewusstsein stieg ich also wieder voll ein und der gewünschte Erfolg ließ nicht lange auf sich warten. Innerhalb von vier Monaten hatte ich so viel Umsatz generiert, wie in den ganzen zwei Jahren zuvor. Hurra! Ich war einfach überglücklich. Ich wusste, wenn ich mit Freude und Leichtigkeit in meinem Business neu durchstarte, kann es einfach nur erfolgreich sein. Ich sprühte vor Ideen, ich konnte sie lediglich nicht so schnell umsetzen wie ich gerne wollte.

Was sind nun die besonderen Geheimnisse, die ich angewandt habe, um das alles zu erreichen? Ich erinnere: Never give up! Alles, was dir begegnet, hat einen Sinn, auch, wenn es auf den ersten Blick nicht immer sofort erkennbar ist. Immer, wenn ich eine Idee hatte, ein Funke in mir aufkam, habe ich diese Idee einfach umgesetzt. Ich habe mir vorher nicht großartig überlegt, ob es funktionieren wird, ich habe einfach gemacht. So, wie man aus Spaß und Freude anfängt, ein Bild zu malen und sich dann immer weiter darin vertieft. Dabei kamen immer die besten Ergebnisse heraus. Irgendwann habe ich für mich gelernt, diese Vorhaben erstmal für mich zu behalten, denn es gab eine Zeit, da verlangte ich ständig nach einer Bestätigung von außen, dass meine Idee großartig ist. Doch wurde ich oftmals mit Bedenken und ungewollten Ratschlägen übersät, die mich dann vom Vorhaben abgebracht haben. Immer mehr habe ich auf mein Bauchgefühl gehört statt meinem Verstand zu vertrauen, und das war wirklich ein wichtiger Schritt. Ich habe mich einfach auf das Experiment Bauchgefühl eingelassen. Immer, wenn eine Entscheidung anstand, habe ich zuerst auf mein Gefühl geachtet, fühlte es sich leicht oder schwer an, war da ein Zusammenziehen oder ein tiefes, erweiterndes Durchatmen? Sofern das Gefühl gut und erweiternd war, habe ich mich für den Bauch entschieden und den Kopf ganz außen vorgelassen, egal, was sich darin für ein innerer Film abspielte. Klingt verrückt und war es auch, doch die Ergebnisse waren durchweg so, dass ich bis heute hauptsächlich Bauchentscheidungen treffe. Auch wurde ich mit der Zeit für einige Menschen unbequem, da die bislang liebe und nette Christine nun plötzlich auch mal Tacheles sprach und nicht mehr durchweg alles mitmachte, was andere wollten. Wenn mir etwas nicht gefiel, habe ich es deutlich gesagt oder einfach den Mund gehalten. In beiden Fällen wusste mein Gegenüber genau, dass ich an dem anderen Ende des Seiles zog. Mir gefiel das immer mehr, ich fing an, zu polarisieren und mir war bewusst, dass auch das ein Baustein meines Erfolgswegs war und somit konnte ich immer besser mit Bewertungen und Kritik umgehen. Ich sagte mir selbst bei jeder Bewertung: "YES! Eine Bewertung, das sind 10.000 Euro mehr Einnahmen in diesem Jahr!" (Ein Tool, dass ich von Access® übernommen habe). Somit wurde das Ganze spielerisch und gleichzeitig gewinnbringend, denn ich stellte mich innerlich auf Erfolg und Gewinn ein. Diese Einstellung hat mir auch sehr geholfen, mit meinem Lieblingstool, dem 80/20- Prinzip (was das beinhaltet, erläutere ich später ausführlich), zu arbeiten. Beides ergänzt sich so wundervoll. Immer dann, wenn mal wieder einen Hinweis auf irgendeinen meiner Fehler oder meine Unvollkommenheit bekam, bedankte ich mich und sagte: "Ich mache es wie Apple und Microsoft: Erst fertig und dann mit Hilfe der Kunden perfekt!". Ich bewundere ja, wenn etwas perfekt ist, doch bin ich im ersten Schritt nicht dafür gemacht. Ich persönlich würde dann wohl ewig brauchen, um etwas fertig zu bekommen, wenn mir der Druck des Perfektionismus im Nacken sitzt.

Vielleicht fragst du dich jetzt, ob das bei mir immer alles so einfach funktionierte, richtig? Nein, auch ich bin eine ganz normale Frau, die auch mit

Ängsten und Selbstzweifeln zu kämpfen hatte, doch habe ich alles für mich mögliche getan, um das loszuwerden. Soweit es ging, versuchte ich alleine klarzukommen. Im Laufe der Zeit wurde es für mich dann immer mehr möglich und angenehmer, auch Hilfe von Coaches, denen ich vertraute, anzunehmen. Und geben wir doch mal zu: Oft sieht man die deutlichsten Fallstricke nicht, da ist ein Coach wirklich Gold wert. Ich habe mir einfach gesagt, dass ein Olympiasieger auch immer wieder trainiert und einen Coach hat, um noch erfolgreicher und besser zu werden, und genau das wollte ich auch! Also begab ich mich auf die Suche, habe zahlreiche Bücher gelesen, mir Videos angesehen, Events besucht, alles, um die richtigen Mentoren für mich zu finden. Manchmal war es Zufall, manchmal ganz gezielt, weil mich der Mensch und sein Leben einfach faszinierte und ich irgendwie daran teilhaben wollte. Ich wollte wissen, wie sie es gemacht haben und dieses Wissen für mich dann gleich umsetzen.

Hier möchte ich dir nun meine wichtigsten Erfolgsfaktoren vorstellen:

Tun und Mut - einfach machen!

Hamburg, das Event *Light the fire*: Ich war als Teilnehmer dabei und freute mich auf die zahlreichen Vorträge. Direkt am Morgen des ersten Tages kam der befreundete Manager und Veranstalter auf mich zu und fragte mich, ob ich für eine erkrankte Rednerin einspringen könnte. Bevor ich überhaupt richtig darüber nachgedacht habe, hörte ich mich zusagen. Innerlich zersprang ich vor Freude, mein Herz rutsche vor Aufregung in die Hose und als mein Kopf wieder klar wurde, fragte ich mich: "Bist du verrückt geworden?". Egal, es war die Chance auf dem Event zu sprechen, an dem auch Sir Richard Branson sprach und für mich die Möglichkeit, ihn persönlich kennenzulernen. Es war ein Unternehmer-Event, ich hatte dafür weder einen passenden Vortrag, noch entsprechende Unterlagen mit. Kurz und gut, nachdem feststand, dass die Kollegin nicht kommen würde, hatte ich ungefähr drei Stunden Zeit, mit dem Taxi nach Hause zu fahren, im Taxi den Vortrag zu erarbeiten und auf dem Rückweg, mit meinem Laptop auf dem Schoss, die Präsentation dafür zu basteln. Wieder zurück im Congress Center Hamburg ging ich das Ganze nochmals mit meinem Bekannten durch und dann kam schon die Technik und holte sich meinen Laptop für die Bühne ab. Ohne weitere Vorbereitung stand ich etwas später vor circa 1200 Menschen und verriet die Geheimnisse wirklich erfolgreicher Unternehmer. Alles ging gut und an diesem Wochenende durfte ich Sir Richard Branson persönlich kennenlernen. Mein Erfolgsprinzip, Mut zu haben und einfach zu handeln, hatte sich ausgezahlt!

80/20-Prinzip - Mach erst fertig und dann perfekt!

Das Paretoprinzip, auch 80/20-Prinzip, möchte ich dir mithilfe eines persönlichen Beispiels von mir vorstellen: Als ich mein erstes Buch veröffentlicht habe, fanden sich darin mehrere Rechtschreibfehler. Damals konnte ich mir einfach noch kein Lektorat leisten. Trotzdem ging das Buch so auf den Markt und wurde hundertfach verkauft, erst mit Fehlern, später dann ohne, so wie bei Apple und Microsoft. Das 80/20-Prinzip funktioniert! Natürlich muss man dann auch mit dem Feedback umgehen, so gab es auch einige kritische Stimmen dazu, doch auch zahlreiche positive Anmerkungen zu den gemachten „Fehlern".

Authentizität - sei du selbst und mach dein Ding!

Ja, ich bin ich selbst und verändere damit meine Welt. Das war zwar manchmal ein steiniger und ungewohnter Weg, doch am Ende führte er mich zu meinem persönlichen und ganzheitlichen Erfolg. Das Ganze ging sogar soweit, dass ich im Zuge von Verhandlungsgesprächen einem Buchverlag plötzlich eine Absage erteilte. Der Verleger legte mir ein Buch von einem anderen Verlag vor und meinte, ich könne den Stil davon einfach kopieren, das fände er optimal. Sorry, aber das ging gar nicht, also sagte ich: „Danke, und tschüss!". Trotz, oder gerade wegen dieser Entscheidung fühlte ich mich zu 100 Prozent mit mir im Einklang.

Nutze deine Intuition!

Intuition, was ist das? Ein Bauchgefühl, eine Idee, ein sechster Sinn oder einfach emotional spürbares Wissen? Ich, als damaliger Kopfmensch, der im Labor gearbeitet hat und sehr wissenschaftlich unterwegs war, wurde im Laufe der letzten zehn Jahre zum Bauchmensch. Inzwischen entscheide ich nur noch mithilfe meiner Intuition und nutze dafür hilfreiche Methoden, wie beispielsweise den kinesiologischen Fingertest. Dies ist ein Muskeltest mit dem man das Unterbewusstsein befragen kann um unbewusste Informationen bewusst zu machen.

Sei täglich dankbar!

Mein wichtigster Antrieb! Warum? Weil mich Dankbarkeit unsagbar schnell aus einem Tief herausholen kann, egal in welcher Situation. Nehmen wir den Tod meiner Schwester, natürlich war ich unsagbar traurig. Doch der Gedanke daran, wie sie die letzten Monate genossen hat und sich an jeder Kleinigkeit erfreuen konnte, zaubert mir jetzt noch ein Lächeln auf meine Lippen. Auch hat uns diese Zeit viel mehr zusammengebracht, als die ganzen Jahre zuvor; dafür bin ich sehr dankbar. Der Tod meiner Freundin Roswitha, eine einzigartige Frau, die bewusst gegangen ist, indem sie einfach weitere lebenserhaltende Maßnahmen ablehnte, hat mich ebenso einiges gelehrt. Ich habe für mich den Tod anders kennengelernt. Man kann offen darüber reden und wichtige Dinge erledigen, um für sich wichtige Glücksmomente zu erfahren. Die Art zu leben ist immer eine Wahl, die wir selber treffen, genau das hat mir der Tod von Roswitha intensiv gezeigt.

Dankbarkeit auch für die Erkrankung meines Mannes. Wie ich das empfinden konnte? Das entsprechende Gefühl war nicht sofort da, doch es hat mir vor allem eins gezeigt: Ich schaffe das! Ich bleibe am Ball, ich mache weiter, vielleicht auch anders als gedacht, doch ich glaube an mich und mein MagicBusiness.

Heute nehme ich mir meistens vor dem Schlafen ein wenig Zeit, um den Tag noch einmal gedanklich durchzugehen und bin dankbar für das, was mir begegnet ist. Ich bin als ganz normale Angestellte gestartet und ich hatte nicht das Gefühl, dass ich etwas Besonderes war oder vielleicht besondere

Fähigkeiten hatte. Alles was ich hatte, war das Gefühl, dass ich grundsätzlich etwas in meinem Leben erreichen wollte. Mein Selbstbewusstsein und mein Selbstwert waren anfangs noch sehr optimierungs-bedürftig. Vielleicht bin ich sogar zu blauäugig gestartet, habe einfach das umgesetzt, was mir Mentoren mitgegeben haben und somit das Fundament für mein heutiges MagicLeben gelegt. Vielleicht war aber genau das der optimale Start für mich. Noch vor zehn Jahren hätte ich mir nicht mal im Geringsten vorstellen können, dass sich mein Leben so extrem positiv verändern würde und ich heute nur noch das tue, was mir Spaß und Freude bereitet (Steuerbelege sortieren klammern wir da mal aus!). Heute erlebe ich mit meiner Familie Situationen und Urlaube, von denen wir damals nicht einmal ansatzweise zu träumen gewagt hätten. Wir genießen bewusst den heutigen Wohlstand, gerade weil wir auch sehr knappe Zeiten erlebt haben. Zeiten, in denen ich kaum wusste, wie ich offene Rechnungen bezahlen soll. Was ich damit sagen will, ist, wenn ich das geschafft habe, dann schaffst du das auch! Das Ganze ist ein Prozess, kein Hokuspokus. Glaube mir, Erfolg und Reichtum ist machbar.

Christine Hofmann im Kurzportrait:

Christine ist Erfolgscoach, Autorin, holistische Mentorin und Gründerin von ZenBusiness® und zeigt, wie es gehen kann. In nur kurzer Zeit hat sie es geschafft: Raus aus dem Hamsterrad einer berufstätige Mutter mit Zweitjob, hin zu einer erfolgreichen und unabhängigen Unternehmerin im On- und Offline-Business. Zusammen mit Ihrem Mann und vier Kindern lebt sie in Hamburg. Für sie liegt das Geheimnis des Erfolges in der Anwendung der universellen Erfolgsprinzipien und dem Lösen von unterbewussten Blockaden. Dieses Wissen sowie leicht anwendbare Tools und alltagstaugliche Tipps gibt die Expertin für ein authentisches Business seit mehreren Jahren erfolgreich an Tausende von Menschen weiter. Eine Zusammenarbeit mit Ihr kann virtuell, wie auch persönlich in Hamburg stattfinden, mehr Informationen dazu auf Ihrer Homepage: https://christinehofmann.com und www.blockaden-lösen.com

„Egal was auch kommt, es gibt immer einen Weg,
seiner Berufung und seinem Erfolg zu folgen."

Christine Hofmann

SANDRA LOTZ

♦♦♦

Das Jahr 2017 war für mich das intensivste Jahr meines bisher 37jährigen Lebens. Im Frühjahr wurde bei mir Brustkrebs diagnostiziert. Es folgten mehrere OP's und viele Monate Therapie. Wenn ich das so normalerweise erzähle, dann erhalte ich oft folgende Reaktion: „Oh, du Arme, wie schrecklich. Aber du siehst gut aus, wirklich." Und oft höre ich aus diesen Worten eine gewisse Verwunderung heraus: „Wie kann es dir so gut gehen, wenn du doch so schwer krank warst? ", und vielleicht schwingen auch ein paar Zweifel mit: „Geht es dir wirklich so gut, oder sieht das nur so aus?". Ich gebe dann gerne meine Standard-Antwort: Selbstverständlich habe ich auch mal schlechte Momente. Aber insgesamt fühle ich mich sehr nah bei mir und bin dankbar für das, was ich lernen durfte. In solchen Gesprächen ernte ich dann mindestens interessierte Blicke. Noch häufiger hingegen spüre ich sogar so etwas wie Neid. Den Krebs, den will keiner. Aber dieses tiefe Gefühl der Zufriedenheit, dieses bei sich sein, innerlich stark und in Balance sein – das will jeder.

Wie ich das hinbekommen habe, ist eine Entwicklung, die schon lange vor der Krebs-Diagnose begann. Um diese Geschichte erzählen zu können, verrate ich dir, dass es früher mal zwei Sandras gab. Obwohl ich psychisch absolut gesund bin, fühlte ich mich ganz lange so, als hätte ich eine gespaltene Persönlichkeit. Wenn ich alleine in meiner Homebase war, mich mit geliebten Dingen umgab oder vertraute Menschen an meiner Seite hatte, fühlte ich mich total wohl. Dann war ich in meinem Element, konnte mich und meine Persönlichkeit voll ausleben. Das war die Sandra, die ganz natürlich Stärke aus sich selbst ziehen konnte. Ganz anders war es jedoch, wenn ich mich draußen in der freien Welt aufhielt. Fremde Menschen, die an mir zogen und etwas von mir wollten. Geräusche und Lärm, die mich stressten. Aufgaben und Inhalte, die ich unnötig fand. Durch mein Leben zog sich viele, viele Jahre lang das Gefühl von „Ich bin irgendwie anders. Ich bin nicht gut, so wie ich bin. Ich muss mehr so sein wie andere. Ich muss funktionieren."

Ich wurde zu einer absoluten Meisterin darin, mir selbst einzureden, dass ich anders sein müsste. Heute weiß ich, dass es sich dabei um negative Glaubenssätze handelte – eine sehr wirksame Form der Selbstsabotage. Damals war ich jedoch fest davon überzeugt, dass ich wirklich verkehrt war. Im Vergleich mit anderen fühlte ich mich häufig wie ein Alien. Statt langer blonder Haare hatte ich braune, kurze Locken, die grundsätzlich nie so lagen, wie ich das wollte. Meine Nase war schon immer größer als gefühlt alle anderen Nasen auf diesem Planeten. In der Schule rutschte ich ab dem Gymnasium immer weiter ab. Statt für Dinge zu lernen, die mich nicht interessierten, verdiente ich lieber Geld bei der Mathe-Nachhilfe, in der Tanzschule und später dann als Kellnerin. Und dann noch mein Inneres … Bei mir war – egal was – nie so einfach, leicht, easy-peasy, wie ich es bei anderen zu erleben glaubte. Ich empfand vieles als anstrengend und musste mich oft zusammenreißen, um weiterzumachen. Das war die zweite Sandra: Die junge Frau voller Selbstzweifel.

In den Zwanzigern empfand ich mein Leben als inneren Kampf. Nach dem Abitur landete ich in einer Bankausbildung. Ich erwog kurz, Psychologie zu studieren, denn da zog es mich inhaltlich hin. Aber bei meinem Notendurchschnitt? Forget it. Und trauen tat ich mich auch nicht. Und irgendwie gefiel es mir dann auch in der Bank, denn plötzlich war ich wieder in etwas gut. Mit meinem ersten Job im Kundenservice war ich jedoch total unterfordert. Ich wollte mehr wissen, mehr verstehen, interessante und spannende Themen bearbeiten und weiterentwickeln. Also absolvierte ich in meiner Freizeit zwei Studiengänge, bis ich in einer Rekordzeit von fünf Jahren endlich mein Diplom in Betriebswirtschaftslehre in der Tasche hatte. Mir lagen die Inhalte, ich war diszipliniert und mit Motivation dabei. Damals tauchte das erste Mal der Gedanke in meinem Kopf auf, selbst Unternehmerin zu sein. Nur hatte ich zu diesem Zeitpunkt keine Ahnung, in welchem Bereich. Und so schob ich diese Idee wieder in die hinterste Ecke meines Kopfes, wo sie kein Unheil anrichten konnte.

Ich blieb einfach in der Bank und stieg mit den Jahren immer schneller ins Hamsterrad. Es gibt ja diesen Spruch, dass ein Hamsterrad sich von innen an- fühlt wie eine Karriereleiter. Mit etwas Abstand kann ich heute sagen, dass es bei mir so war. Doch damals habe ich das nicht erkannt. Meine Umwelt sah in mir eine Frau, die Karriere in einem Umfeld voller Männer machte. Heute kann ich nachvollziehen, dass das so gewirkt hat. Tatsächlich war das aber nie mein Antritt. Mein einziger Wunsch war immer nur, mein Können wirklich einzusetzen – und damit die Welt ein kleines bisschen zu verändern. Ich war zutiefst intrinsisch motiviert. Denn ich war immer fest davon überzeugt, dass ich etwas kann. Auch wenn man oft versucht hat, mich klein zu halten, und ne- ben mir viel schlechter ausgebildete (männliche) Kollegen befördert wurden. Dass – trotz der Schwierigkeiten - mit den Jahren Verantwortung, Status und Gehalt immer mehr zunahmen, war ein netter Nebeneffekt, der mein Ego zu- sätzlich anstachelte. Da ich also irgendwie in ein Leben reingeschlittert war, in dem ich – als erfolgreiche Business-Frau – die meiste Zeit draußen und frem- den Einflüssen ausgesetzt war, hatte ich viele, viele Jahre mit meiner unsiche- ren Sandra zu kämpfen. Ich schreibe bewusst Kampf, denn ich habe es als einen inneren Kampf erlebt. Ich kämpfte gegen mich selbst. Ich kämpfte gegen das, was ich wirklich bin, und was in mir steckte. Ich hörte mehr auf andere als auf mich selbst. Ich wollte immer schnell alles erledigen. Ich wollte immer funktionieren. Ich wollte alles richtig machen. Ich wollte keine bis wenig Feh- ler machen. Ich wollte weiterkommen. Mit der Zeit gewöhnte ich mich aber an diese Sandra und dachte, sie sei echt und gehöre zu mir. Ich lebte, arbeitete und liebte mit ihr. Und ich arbeitete mich an ihr ab. Immer und immer weiter. Mein Fokus lag darauf, erfolgreich im Job zu sein und einen Partner für die Familienplanung zu finden. Einfach, aber wahr.

Hätte man mich damals gefragt, was mein größter Wunsch ist – ich hätte geantwortet „Ein bisschen mehr wie der Durchschnitt zu sein". Ich war einfach null bei mir und komplett in der äußeren Welt verankert. Innerlich fühlte ich mich weit von mir selbst entfernt. Versteh mich nicht falsch: Hätte ich damals das gespürt, was ich heute wahrnehmen kann, dann hätte ich längst eingegriffen. Ich bin eine Macherin und übernehme Verantwortung. Doch tatsächlich habe ich in dieser Zeit meines Lebens nicht besonders viel gespürt. Ich habe emotionale Instabilitäten, Weinkrämpfe, häufige Erkältungen und den allgemeinen Weltfrust als „Fehler" abgetan. Ich dachte, wenn ich nur besser funktioniere, dann würde ich auch mehr Erfolg haben. Egal, ob im Job oder privat. Wie ich heute weiß, waren dies alles Anzeichen meiner Seele. Sie signalisierte mir damit, dass ich mein Leben ändern möge. Sie wies mich darauf hin, dass eine andere Art von Leben für mich vorgesehen ist. Sie wollte mich dazu bewegen, hinzusehen und zu erkennen. Als ich nicht auf sie hörte, schickte sie mir Krankheiten: Rückenschmerzen und ständige Magenkrämpfe. Die Medizin verwendet hierfür den schönen Begriff Psychosomatik. Viel treffender ist mit meinem Wissen von heute, diese als körperlichen Ausdruck des seelischen Schmerzes einzuordnen. Ich versuchte es mit mir bekannten Mitteln zu lösen. Ich redete mir gut zu. Ich fing an, Bücher zu lesen, die sich damit beschäftigten, wie man sich als Frau im Job durchsetzt. Ich wurde hart im Nehmen und hielt deutlich mehr aus als gut für mich war. Ich bewarb mich mehrmals bei anderen Unternehmen, aber es sollte nicht sein. Ich konzentrierte mich auf mein Studium als Eintrittskarte für eine bessere Art von Job.

Ich hätte einfach gehen können.
Ich hätte mir Hilfe und Unterstützung suchen können.
Ich hätte mehr auf mich hören sollen.
Ich hätte weniger auf andere hören sollen.
Ich hätte mir selbst mehr wert sein können.

Hätte, hätte, Fahrradkette.

Das alles habe ich nicht oder nicht genug getan. Denn das war noch die Sandra, die wenig darüber wusste, wie sie selbst, die Menschen und die Welt allgemein tickt.

Die erste Krise kam mit Ende 20. Und es kam, wie es kommen musste: Kurz vor meinem 30. Geburtstag zog mir der Haufen meiner angesammelten Probleme den Boden unter den Füßen weg. Stellenweise fühlte ich mich in dieser Zeit wie unter einer Glasglocke. Tief in mir ahnte ich, dass ich echt Probleme hatte. Dennoch teilte ich das nur mit wenigen Menschen. Nach außen hin, vor allem im Job, versuchte ich vorzuspielen, dass alles nicht so schlimm sei. Natürlich würde ich es schaffen. Ich schaffe immer alles, oder? In der Rückschau weiß ich, welche drei Phasen ich durchlaufen habe, damit es mir wieder gut ging.

Stabilisierung

Sport & Bewegung: Ich begann regelmäßig Sport zu treiben, ging auch immer mal wieder in die Sauna und machte Waldspaziergänge.

Gesundes Essen: Ich fing zu dieser Zeit an zu kochen. Vorher konnte ich maximal eine Maggi Fix-Tüte in irgendetwas einrühren. Ich machte meine ersten Erfahrungen mit Gemüsekisten und lernte nach und nach, wie man ein schmackhaftes Essen zubereitet.

Stressreduzierung: Ich begann mit Yoga. Anfangs war ich kritisch, aber ich wollte es zumindest mal ausprobieren. Das klappte wunderbar. Ich war von der ersten Stunde an verliebt. Und meine Liebe wurde über die Jahre immer stärker.

Anregung & Entspannung: Ich wählte ein gutes Mittel zwischen Ablenkung, indem ich viel unterwegs war, neue Menschen kennenlernte und Freundschaften schloss. Gleichzeitig genoss ich – nachdem mein Studium endlich um war – die Zeit für mich zu Hause in meiner neuen eigenen Homebase.

Innere Aufarbeitung: Mit professioneller Unterstützung erkannte ich, dass einfach gerade zu viel „kaputt" war. Es gab zu viele „Baustellen". Meine Erschöpfung war eine ganz natürliche Reaktion auf die vielen Probleme, die sich in meinem Leben angesammelt hatten.

Erste Veränderungen machten sich natürlich bemerkbar, denn das Leben merkt, wenn wieder Platz für etwas Neues ist. Und so bekam ich eines Abends im Frühjahr 2011 eine Nachricht, die mein Leben veränderte. Die Nachricht enthielt die Frage, ob ich als IT-Projektleiterin nach Nürnberg kommen möchte. Zum Verständnis: In Nürnberg kannte ich keine Sau, und es lag um die 400km von Hannover entfernt, wo ich zu diesem Zeitpunkt seit zehn Jahren wohnte. Und ich war keine ITlerin, sondern Bankerin. Würde ich die neuen Aufgaben packen? Würde ich ein Team von Menschen hin zu einem Projekterfolg führen können? Würde am Ende tatsächlich Software bei den Banken laufen, die ich selbst mit entwickelt hatte? Ich war mit der Entscheidung überfordert und kam so das erste Mal mit Coaching in Berührung. Ich buchte einige Sitzungen und ließ mich von meinem Coach durch die Job-Entscheidung und Bewerbungsphase begleiten. Schnell stand fest: Ich würde das Angebot aus Nürnberg annehmen.

Dieser Job- und Stadtwechsel veränderte mich in vielfacher Hinsicht und setze eine große Energie bei mir frei. Aber es war auch eine sehr anstrengende Zeit, da alles sehr schnell gehen musste. Es war mein erster Jobwechsel, und ich merkte schnell, dass das neue Unternehmen anders tickte als das alte. Ich war hier als IT-Projektleiterin intensiver gefordert. Es herrschte mehr Druck durch enge Deadlines, Kostenreduzierung und durch fehlende Kapazitäten im Haus. Insgesamt wuchs mein Verantwortungs- und Entscheidungsspielraum durch den neuen Job entscheidend. Zu der fachlichen Verantwortung kam die Führungsverantwortung. Was ich schnell merkte: Projektmanagement ist absolut mein Ding. Ich bin ein Naturtalent im Organisieren, Strukturieren, Analysieren, über den Tellerrand schauen und alles im Blick behalten. Ich kann gut die Fäden in der Hand behalten und Menschen lenken bzw. vernetzen. Endlich war ich nach den vielen Jahren innerer Suche an dem Punkt, dass ich sagen konnte: Ich hatte (vorerst) meine berufliche Heimat gefunden – das Projektmanagement. Ich konnte selbständig, eigenverantwortlich und mit viel Power an neuen, coolen Themen arbeiten. Dass ich in diesem Job schon sehr viel von einer selbständigen Unternehmerin zeigte, fiel mir zu diesem Zeitpunkt nicht auf. Dazu befand ich mich in einer mir gänzlich unbekannten Stadt. Und dann auch noch als Niedersächsin in Bayern. Also, in Franken. Die Mentalitätsunterschiede spürte ich schnell. Richtiges ankommen fiel mir schwer. Aber ich tat einiges dafür, war viel unterwegs, lernte neue Menschen kennen und war insgesamt offen für alles. Ich war auf mich allein gestellt und musste irgendwie klarkommen. Meine Familie war mehr als 500km entfernt. Jeder Umzug bringt auch Umstellungen mit sich. Es mussten neue Einkaufsmöglichkeiten und Ärzte gefunden werden. Neue Wege mussten sich erst finden. Es brauchte ein Jahr, bis ich halbwegs klar kam und mich nicht mehr ständig fehl am Platz fühlte.

Reflektion

In meinem ersten Coaching hatte ich supergute Erfahrungen gemacht. Ich habe gespürt, wie viel in nur wenigen Stunden innerlich in mir bewegt und geklärt wurde. Durch das Coaching konnte ich meine Stärke und meine Persönlichkeit viel besser einschätzen. Nachdem ich halbwegs in der neuen Umgebung angekommen war, spürte ich, dass ich genau dort weitermachen wollte. Meine alte Liebe zur Psychologie erwachte wieder. Erster Kunde: Ich selbst. Ich fing an, mich stärker mit mir zu beschäftigen. Ich las Zeitschriften und die ersten, noch einfachen, Bücher zur Persönlichkeitsentwicklung. Dazu machte ich mir Notizen in meinem allerersten Journal, damals noch schlicht „Notizbuch" genannt. Und ich vergas es auch wieder, denn der Job forderte mich immer mehr. Durch mein Talent für Projektmanagement übernahm ich schnell viel Verantwortung. Es wurde jemand gebraucht, der den Überblick behält und gut managen konnte. Und ich war da, hatte Lust und traute es mir zu. So wurde ich mit der Zeit Teammanagerin und führte zuletzt fachlich ein Team von knapp 20 Menschen. Es war eine wunderbare Aufgabe, die ich inhaltlich sehr mochte. Aber dieser Job brachte mich meinen eigenen inneren Abgründen näher. Stress und Druck machten aus mir mit der Zeit einen anderen Menschen. Ich wurde härter, kritischer und wollte immer mehr kontrollieren, damit nichts schief geht. Den Druck, den ich selbst spürte, gab ich in schlimmen Momenten auch an mein Team weiter.

Trotz mittlerweile regelmäßigem Yoga und Entspannung fühlte ich mich zunehmend erledigt. Ich suchte nach Gründen. Die anderen waren zwar auch häufig kaputt, aber nicht so schlimm wie ich. Ich realisierte langsam, dass ich viel mehr an Informationen und zwischenmenschlichen Beziehungen wahrnahm als andere. Gerade im Projektmanagement kann das sehr hilfreich sein. Es kommen unterschiedlichste Menschen, in verschiedenen Rollen und mit individuellen Motiven zusammen.

Viel aufzunehmen ist eine wichtige Grundlage, um im Job erfolgreich zu sein. Aber wer viel wahrnimmt, muss auch mehr verarbeiten als andere. Hat einfach mehr „in sich". Und diese Dinge müssen auch irgendwie wieder raus, sonst platzt ein Mensch irgendwann innerlich. Alte Fragen tauchen wieder auf, die ich nie beantwortet hatte: Wieso bist du anders? Woher kommt das? Und was tust du damit? Parallel hatte sich mein Interesse für Coaching vertieft und ich befand mich selbst in der Ausbildung. Auch hier machte ich die Erfahrung, die ich schon einige Jahre vorher empfunden hatte. Wenn es Raum gibt in deinem Leben, und es auch sein soll, dann kommt es auch zu dir. Eine Coaching-Ausbildung verändert dich als Mensch grundlegend. In meiner Ausbildung lag ein Fokus darauf, keine eigenen Themen in die Sitzungen mit den Coachees hereinzunehmen und nicht zu beraten. Der Job ist, den anderen auf seinem Weg zu unterstützen – denn jeder ist selbst Experte für sein eigenes Leben. Was sich so einfach liest, war durchaus anspruchsvoll zu lernen. Aber mich hatte es gepackt. Ich wollte verstehen, Themen lösen, die ich schon mein Leben lang mit mir rum schleppte und irgendwann vielleicht selbst einmal anderen Menschen helfen. Letzteres war nur ein kleiner, vager Gedanke in meinem Hinterkopf. Zu groß waren noch die Ängste und Zweifel der alten Sandra.

Der Job beherrschte mein Leben. Als dann auch noch zwischenmenschliche Probleme auftraten zog ich irgendwann die Notbremse und reichte meine Kündigung ein. Meinem Team sagte ich die volle Wahrheit für meinen Weggang: Ich konnte mich zuletzt nicht mehr im Spiegel anschauen, da ich mich als Mensch so sehr verändert hatte. Das war nicht mehr die offene, positive, strahlende Sandra, die ich im Idealzustand bin und auch sein möchte. Diese gestresste Frau, die funktioniert und Dinge tun muss, hinter denen sie nicht steht, passt nicht zu mir. Man sagt mir nach, dass ich sehr authentisch bin und meine Werte lebe. Damals habe ich am eigenen Leib gespürt, wie schlecht es mir geht, wenn ich gezwungen bin, gegen meine Werte zu handeln.

Ich sage gerne, dass es bei mir erst mit 30 so richtig los ging. Alle Schritte, die ich ab dann gegangen bin, haben sich sehr für mein Lebensglück ausgezahlt. Der Neustart in Nürnberg brachte mehr Selbstvertrauen, mehr Selbstbewusstsein und mehr Selbstsicherheit. Auch der berufliche Erfolg war wichtig für mich. Vielleicht musste ich es mir einmal selbst beweisen, dass ich es „kann" – nachdem ich so viele Jahre darauf hingearbeitet hatte. Meine Coaching-Ausbildung war der Startschuss in meiner Persönlichkeitsentwicklung. Ich schaltete von da an in den fünften Gang und arbeitete nach und nach meine Persönlichkeit auf. Was ich hier in kürzester Zeit über mich und das Leben lernte, war enorm. Ich lernte mich wirklich kennen, und es gelang mir auch, mich als Mensch besser anzunehmen. Was ich lange nicht sehen wollte, lies sich dann mit zunehmender Kenntnis nicht mehr verleugnen: Ich bin hochsensibel. Meine große Wahrnehmungsfähigkeit und die daraus entstehende Erschöpfung. Meine Lärmempfindlichkeit. Das ständige Gefühl des unter Druck stehen, wenn zu viele Reize auf mich einprasseln. Meine Empathie und das „Sehen" in anderen Menschen. Hochsensible nehmen allgemein mehr wahr. Welcher Art diese Wahrnehmung ist, ist unterschiedlich. Der eine hört oder sieht mehr, ein anderer spürt mehr. Häufig ist es auch ein Mix. Durch das ständige Aufnehmen von Informationen ist bei Hochsensiblen einfach schneller der Akku leer. Sie brauchen dann mehr Pausen und mehr Ruhe.

Als ich es endlich begriff, weinte ich vor Glück. Ich bin sonst kein Mensch, der in Schubladen denkt. Aber die Tatsache, dass es einen Grund für mein „anders sein" gibt, nahm eine große Last von mir. Ab da an dachte ich nicht mehr, dass ich anders sein müsste. Ich lernte, dass es eine Frage des Umgangs und des Umfelds ist. Unter meinesgleichen bin ich ganz „normal". Zudem bin ich auch noch ein Scanner-Typ. Als Scanner werden Menschen bezeichnet, die viele Interessen haben, aber sich nicht festlegen können. Scanner sind die mit den ständigen Wechseln im Lebenslauf. Mit den Umbrüchen und Querschlägen im Leben. Und das trifft zu: Ich war zwar jahrelang in einer Bank, habe aber dort von Kundenberatung, Controlling, Marketing, IT, Projektmanagement und zuletzt Projektportfoliomanagement so ziemlich alles gemacht. Ich bin schon oft umgezogen und würde niemals Garantie dafür übernehmen, dass ich mein Leben lang im Rhein-Main-Gebiet bleiben werde. Ja, ich empfinde es auch immer als krass, aber mittlerweile liebe ich es auch: Ich kann und will tausende von Dingen. Ich hatte nie den Wunsch, in irgendeinem eingeschränkten, kleinen Gebiet Fachexperte zu sein. Wenn ich einmal etwas grob verstanden habe, dann reicht mir das häufig. Neue Jobs langweilen mich nach spätestens ein bis zwei Jahren. Ich brauche ständig was Neues: Zusätzliche Aufgaben, mehr Verantwortung, Herausforderungen, spannende Menschen oder eine andere Umgebung. Oder alles auf einmal. Wenn ich nicht genug inspiriert werde, gehe ich ein. Man nennt mich auch „Weiterbildungsjunkie".

Nachdem ich endlich wusste, wie ich als Mensch „ticke", war mir schnell klar, dass ich mich noch einmal verändern musste. Hochsensible und Scanner brauchen eine andere Arbeitsumgebung. Der stressige Job in der IT war damals, als ich noch nicht gelernt hatte, mit meinem eigenen Energielevel umzugehen, zu viel für mich. Du kannst dir das so vorstellen, dass ich morgens „mit vollem Tank" zur Arbeit fuhr. Und dann waren da viele Menschen und viele Themen. Das kann und mag ich. Da ich aber mit anderen in einem Büro saß, mir meine Zeit nicht frei einteilen konnte und auch ständige „Feuerwehr"-Einsätze nötig waren, brauchte es manchmal nur eine Stunde im Büro – und ich stand mächtig unter Stress. Abends musste ich mit Yoga und Sofa auftanken. Ich brauchte absolute Ruhe – Fernseher und Musik waren schon zu viel. Also entschied ich mich, ein selbstbestimmteres Leben zu führen. Komplette Neuorientierung. Dieses Mal selbst gesteuert und nicht von außen getrieben. Ich wollte in meine Wunsch-Region in den Speckgürtel Frankfurts. Ich musste raus aus dem Stress und suchte mir daher einen neuen Job ohne Führungsverantwortung in einem angenehmen Umfeld mit Entwicklungsperspektiven. Positiv war: Ich konnte mir den Job aussuchen. Das hat mir gezeigt, dass Klarheit und Selbstvertrauen einen im Leben enorm weiterbringen. Nach dem Umzug gründete ich mein Sidebusiness und half Menschen dabei, sich persönlich und beruflich neu zu orientieren. Ich reduzierte irgendwann meinen Vollzeit-Job auf drei Tage, um noch mehr Ruhe in mein Leben zu bringen und mehr Raum für das Coaching und die psychologischen Themen zu haben. Aber etwas blieb, was ich damals nicht so erkannte: Der Wunsch nach Kontrolle. Der Blick nach außen. Ein gewisser Ehrgeiz. Ich dachte, ich sei auf dem richtigen Weg. Aber dann kam alles anders. Denn der fünfte Gang reichte in meinem Leben nicht, es muss schon der Turbo sein. Und so kam Anfang des Jahres 2017 der größte Wendepunkt für mich.

Von einem Moment auf den nächsten fiel mein Leben wie ein Kartenhaus zusammen, als ich im Frühjahr 2017 erfuhr, dass bei mir Brustkrebs diagnostiziert worden war. Unglaubliche Ängste, Sorgen und Nöte waren von nun Bestandteil meines Lebens. Ich, die ein sehr selbstbestimmter Mensch ist, musste sich plötzlich dem Therapieplan von Ärzten unterordnen. Es wurden Urlaube abgesagt und andere Termine gestrichen. Die Arbeit – egal ob in der Bank oder nebenberuflich – war plötzlich zweitrangig.

Die Diagnose Krebs löste Bahnbrechendes in mir aus. Ich hatte verdammt Angst um mein Leben und wollte nicht sterben. Mit nur 36 Jahren wurde ich mit meiner eigenen Endlichkeit konfrontiert. Und ich merkte: Wenn ich jetzt gehen müsste, dann hätte ich mein Leben nicht genug gelebt. Dann hätte ich zu wenig von den Sachen getan, die mich wirklich glücklich machen und erfüllen. Ich spürte ganz tief in mir drin eine große Kraft. Ich war mir ganz sicher, dass das Leben mir eine zweite Chance gibt. Und diese wollte ich nutzen.

Mir waren zwei Dinge sehr schnell klar:

1. Ich stehe offen zu dieser Erkrankung. Krankheit ist nichts, für das wir uns schämen müssen. Krankheit gehört vielmehr in die Mitte dieser Gesellschaft. Krankheit ist ein Teil des Lebens. Über Krankheit darf gesprochen werden. Über Krankheit darf geschrieben werden. So entstand die Idee für meinen persönlichen Blog „Goodbye Knötchen", in dem ich meine Diagnose verarbeitete und meine Gedanken mit anderen teilte. Und dies zeige ich auch in den sozialen Medien.

2. Ich habe eine positive Haltung zu meiner Diagnose. Ich sehe es als etwas, woran ich wachsen kann. Als etwas, was mich wach rüttelt und mir die Richtung zeigt. Als etwas, was gute Dinge in meinem Leben festigt. Und schlechte Dinge rausschmeißt.

Im Nachhinein erscheint es mir so, dass in meinem Inneren große, wichtige Erkenntnisse förmlich nur darauf gewartet haben, dass sie nach draußen dürfen. Nur sieben Monate nach der Diagnose bin ich ein anderer Mensch, den ich schlicht „die neue Sandra" nenne.

Was mir geholfen hat, waren die „Basics", die ich bereits in meinem Leben etabliert hatte: Sport & Bewegung, gesundes Essen, regelmäßige Stressreduzierung, ein guter Mix aus Anregung & Entspannung und innere Aufarbeitung. Mit der Diagnose schaute ich mir an, was ich in diesen Bereichen noch verändern wollte, damit es mir noch besser gehen würde. Ich begann auch sofort mit dem Lesen. Recherchieren hat mir schon immer geholfen. Stapelweise lagen die Bücher bei mir zu Hause. Mein Ansatz war, mich breit zu informieren. Ich las alles über Krebs, seine Entstehung und den Umgang mit dieser Erkrankung, was ich finden konnte. Und ich war dabei offen für sämtliche medizinische Richtungen. Dazu beschäftige ich mich intensiv mit der psychischen bzw. mentalen Seite dieser Krankheit. So kamen auch Themen in mein Leben, die ich zuvor noch als „zu esoterisch" abgelehnt hätte. Und dadurch begriff ich: In mir steckt ein zutiefst spiritueller Mensch. Eine unglaubliche Erkenntnis. Dadurch fand ich den „Sandra"-Weg – einen Mix aus allem, was mir persönlich gut tat. Denn ich lernte, dass es bei Krankheiten nicht die eine Wahrheit gibt. Es gibt immer nur die eigene, persönliche Wahrheit.

Täglich Yoga und Mediation sowie regelmäßige Waldspaziergänge gaben meinem Tag einen festen Rahmen und sorgten für eine gute Anbindung an mein Inneres. Endlich hatte ich mal Zeit, fernab des Alltags in mich hineinzuspüren. Ich nahm mir auch Zeit dafür, wieder Kind zu sein. Zu lauter, peinlicher Musik zu tanzen und zu singen – großartig! Ich lernte, auf meine Intuition zu hören und ihr zu folgen. Dazu gehörte auch, zwischendurch zu arbeiten. Denn die Arbeit ist ein wichtiger Bestandteil in meinem Leben. Und so konnte ich lernen, meinen Aufgaben achtsam und ohne Stress nachzugehen. Mit mir selbst und an meinen aktuellen Themen zu arbeiten gehört für mich mittlerweile dazu. Ich muss schmunzeln, wenn ich daran denke, wie wirr und ziellos ich früher durchs Leben gelaufen bin. Helfen tut mir mittlerweile mein tägliches Journaling, indem ich Kontakt zu meiner Seele, meinem Herzen und auch zu Knötchen aufbaue. Unter Journaling versteht man das Schreiben als Methode zur persönlichen Entwicklung, indem man beispielsweise seine Wünsche formuliert. Yoga und Meditation unterstützen das. Und ich suche mir regelmäßig ganz unterschiedliche Coaches, Lehrer oder Heiler. Dabei verlasse mich auf mein Gespür, wer für welches Thema der Richtige ist.

Und dann wurde alles ganz einfach in meinem Leben. Trotz Brustkrebs. Trotz Schmerzen. Trotz Therapie und Reha. Jeden Tag ein kleines bisschen mehr. Die Zeit zu Hause zeigte mir, wie gut ich das kann: Mich selbst beschäftigen, produktiv sein, mir meine Zeit selbst einteilen. Und wie gut mir das tut: So schlafen, essen, Sport machen und einfach leben. Ich schärfte meinen eigenen, ganz persönlichen Lebensstil. Die Vorstellung, weiterhin drei Tage in der Woche in die Bank zu fahren, fühlte sich auf einmal falsch an. Das begonnene Downshifting reichte mir nicht mehr, ich brauchte mehr. Dazu kam die immer klarer werdende Erkenntnis, dass ich ein Leben leben will, wo ich mich selbst verwirklichen und einbringen kann. Und zwar so richtig! Und so entschloss ich mich zu kündigen und aufs Ganze zu gehen. Ich wollte die Dinge hervorholen, die schon jahrelang in mir drin waren: Der Wunsch, Unternehmerin zu sein. Der Wunsch, noch mehr Menschen in ihrem Leben durch Phasen der Veränderung zu begleiten. Mein Interesse für Psychologie, Persönlichkeitsentwicklung und Coaching. Das wiederentdeckte Interesse am Schreiben. Die Erkenntnis, dass ich das tägliche Praktizieren von Yoga und Meditation nicht nur selbst brauche, sondern auch an andere weitergeben möchte. Konkret heißt das: Ab sofort bin ich Vollzeit-Unternehmerin und begleite Menschen dabei, ihre innere Stärke und Balance wiederzufinden.

Und so stehe ich jetzt da: Ich bin 37 Jahre und habe gerade meine 16jährige Banking-Karriere hingeschmissen. Demnächst bin ich ohne festes Einkommen. Ich habe den Brustkrebs überstanden. Ich lebe in der vierten Stadt und bestimmt wird es nicht die letzte Station sein. Ich bin Single und habe keine Kinder. Ich habe einige Pläne, aber so genau weiß ich nicht, was kommt. Ich fühle mich zum ersten Mal in meinem Leben wirklich frei. Und es fühlt sich großartig an.

Ich brauchte mehr Tiefe, um wirklich ich zu sein. Ich benötigte in etwa sieben Jahre der intensiven, bewussten Suche, um bei mir anzukommen. Es brauchte dafür zwei große und mehrere kleine Krisen. Es brauchte dafür eine potenziell lebensbedrohliche Krankheit. Natürlich lerne ich auch heute noch jeden Tag dazu. Aber es ist ein bewusstes, friedvolles Lernen in dem Bewusstsein, dass wir alle kontinuierlich wachsen dürfen. Ein anderer Job oder Wohnort, die langen Jahre, in denen ich in der Bank nach Erfüllung gesucht habe – das waren alles äußere Faktoren, die meine innere Zerrissenheit gespiegelt haben. Die ständige Sucherei hat mit dem Annehmen meiner Brustkrebs-Erkrankung endlich aufgehört. Sie ist einer inneren Zufriedenheit und Ruhe gewichen. Aus den zwei Sandras ist nun wirklich eine Sandra geworden. Der Raum, aus dem ich selbst ganz natürlich Stärke aus mir selbst ziehe, hat sich bedeutend vergrößert. Ich bin ein Mensch mit Tiefgang. Ich will die Menschen und die Welt verstehen. Ich nehme sehr viel von anderen auf. Und sobald ich etwas spüre (und dazu braucht nicht unbedingt etwas gesagt worden zu sein), fange ich an zu denken, einzusortieren, zu verarbeiten und neue Gedanken, Impulse und Anregungen zu entwickeln. Ich denke immer nach vorne. Ich bin ein zutiefst positiver Mensch. Ich bin ein extrem vielseitiger Mensch mit vielen Begabungen. Nur in natürlichen Dingen des Alltags bin ich manchmal etwas ungeschickt. Denn meist treiben mich gerade gedanklich wieder andere, viel wichtigere Dinge um. Ich denke vernetzt und in Chancen. Ich fühle sofort, wenn man etwas verbessern kann, wenn sich Menschen kennenlernen sollten oder wo das Potenzial eines Menschen liegt. Ich bin nur happy, wenn ich 1000 Dinge managen darf.

Das alles ist Ausdruck meiner Persönlichkeit: Der Hochsensibilität und der Vielbegabung. Der hohen emotionalen, intra- und interpersonellen Intelligenz. Ich brauche nicht versuchen anders zu sein, denn ich kann und bin es nicht. Ich habe lange dafür gebraucht, aber heute weiß ich: **Das ist meine größte Gabe.** Wenn ich versuche, sie in einer Bank zu verstecken, kann ich nur scheitern. Und krank werden. Es gibt nur einen Weg, mit dieser Gabe zu leben. Nämlich sie wirklich auszuleben. Sie in die Welt zu bringen. Deshalb habe ich mich entschieden, das Leben so zu leben, wie ich als Mensch angelegt bin. Ich will versuchen eine größtmögliche Übereinstimmung zwischen meinen Fähigkeiten, Talenten und Erfahrungen und meiner Wirkung in dieser Welt zu schaffen. Ich bin auf dem Weg, das nach draußen zu bringen, wofür ich bestimmt bin. Und seitdem ich das lebe – auch schon während der Therapie – merkte ich, wie ich immer stärker bei mir selbst ankomme. Ich bin innerlich stark und in guter Balance. Ich habe jede Menge Energie, da ich gelernt habe, wie ich wieder auftanken kann. Ich kenne meine Energieräuber, meide sie oder habe einen neuen Umgang mit ihnen gefunden. Ich bin mit mir selbst im Reinen. Ich nehme mich in allen Facetten an: Die Sensible, die Powerfrau, die Ängstliche, die Liebende. Ich habe ein Urvertrauen, dass mir das Leben Gutes will. Ich spüre, dass ich vollständig ich sein darf. Ich weiß heute, dass ich die Dinge fließen lassen darf. Meine Seele und ich – wir haben mittlerweile einen richtig guten Draht zueinander. Ich habe verstanden, was sie mir all die Jahre sagen wollte.

Meine wichtigsten Learnings über das Leben:

1. Mein Körper entscheidet, wann ich Ruhepausen brauche – nicht mein Geist.
2. Jeder darf sein, wie er ist. Und wenn man sich gefunden hat, dann findet das Leben auch ein Plätzchen für dich.
3. Es ist ok, wenn du mich nicht mögen solltest. Ich mag auch nicht jeden. Zu starke Anpassung bringt nichts außer innerliche Schmerzen.
4. Ich darf Fehler machen. Und zwar täglich. Und von Herzen. Aber ich möchte aus ihnen lernen. Damit ich sie nicht noch mal mache.
5. Verdrängen ist keine Form der Bewältigung ist. Bewältigen tut man nur, indem man verarbeitet. Und zum Verarbeiten gehört – genau – die innere Arbeit, das wirkliche Auseinandersetzen mit dem Thema.
6. Flow ist wichtiger als Planung. Liebe ist größer als Angst. Authentizität ist wichtiger als Gefallen wollen.

Und was hat das mit dir zu tun?

Ich glaube mittlerweile, dass wir in einem Zeitalter des Wachsens und der Entwicklung leben. Und dazu braucht es – und das ist meine tiefste Überzeugung – wieder mehr Fokus auf jeden Einzelnen, denn jeder Einzelne ist wertvoll für die Gemeinschaft. Und genauso braucht es den Fokus, dass wir eine Gemeinschaft, ein Kollektiv sind. Wir brauchen Verbindung, Netzwerke, Unterstützung und Liebe für uns selbst und den anderen. Nur so können wir die Themen, die uns in dieser Welt begegnen, bewältigen. Und aus diesem verbindenden, unterstützenden Gedanken heraus, teile ich hier mit dir meine eigene

Geschichte. Sie war nicht immer einfach. Und ich wünsche mir, ich hätte früher gelernt. Vielleicht hätte ich das Schlimmste, den Krebs, verhindern können. Aber so war es nicht. Mittlerweile glaube ich, dass es mir bestimmt war, genau diese Erfahrung zu machen. Und zwar deswegen, damit ich sie dir weitergeben kann. Meine Geschichte ist nicht gewöhnlich. Sie hat ihre Höhen und Tiefen. Aber sie ist lehrreich. Und wenn sie hilft, dich in deinem Leben zu unterstützen, dir eine Inspiration zu sein oder dir auch einen konkreten Tipp zu geben, wie du genau jetzt dein Leben selbst in die Hand nehmen und ändern kannst – dann hat alles einen Sinn gehabt.

Sandra Lotz im Kurzportrait:

Sandra ist gelernte Bankkauffrau, Diplom-Betriebswirtin, Projektmanagerin und Business Coach und lebt aktuell in der Nähe von Frankfurt am Main. Als Projekt- und Teammanagerin stand sie jahrelang unter Strom und hatte auch privat einen vollen Alltag. Irgendwann spürte sie instinktiv, dass sie etwas verändern musste, und begann sich intensiv mit positiven Ritualen für mehr Gesundheit, Balance und Zufriedenheit in ihrem Leben auseinander zu setzen. Yoga, gesundes Essen und ausgedehnte Waldspaziergänge wurden regelmäßiger Bestandteil ihres Tages. 2016 machte sie sich nach Beendigung ihrer Coaching-Ausbildung nebenberuflich selbständig. Ihre Brustkrebs-Erkrankung im Frühjahr 2017 gab ihr dann den entscheidenden Anstoß, einen kompletten Neuanfang zu wagen und nur noch ihre Herzensziele in den Fokus zu stellen. Sandra beendete nach 16 Jahren ihre erfolgreiche Banking-Karriere und arbeitet seitdem als Coach, Trainerin und Autorin mit dem Schwerpunkt innere Stärke und Balance. Sie begleitet Menschen dabei, in ihre eigene Kraft zu kommen und mehr Resilienz aufzubauen.

www.sandralotz.de/wiehastdudasgemacht
https://www.facebook.com/starkvoninnen

„Meine Seele und ich – wir haben mittlerweile einen richtig guten

Draht

zueinander".

Sandra Lotz

IRIS RAUSCH

♦♦♦

Mit diesem Buch liegen die unterschiedlichsten Schätze von verschiedenen Frauen in deinen Händen, denn es behandelt eine wirklich große Frage „Wie hast du das gemacht?". Auch ich möchte von meinem Leben erzählen und dadurch diese Frage beantworten. Denn mein Leben ist wahrlich mit einer riesengroßen Achterbahnfahrt zu vergleichen, es hat mich mehrmals in die Tiefe gerissen, bevor es mich im nächsten Moment auch schon wieder in die Höhe geschleudert hat. Mir widerfuhr Gutes und Schlechtes. Mit der Zeit schuf ich mir dadurch den Himmel sowie die Hölle auf Erden. Wie es dazu kam, möchte ich euch gerne erzählen. Es ist wichtig, am Anfang meines Lebens zu beginnen, denn erst dadurch kann sich meine Geschichte entfalten und ihre Schätze offenbaren. Ich habe es immer wieder geschafft, mein Leben zum Guten zu wenden und ich bin gewiss: Wenn ich das kann, dann kannst du das auch!

Im Juli 1977 wurde ich geboren und wir lebten zu dritt in einer zwei Zimmer Wohnung in einer Großstadt. Ich liebte meine Eltern, mein Leben und unsere gemeinsame Wohnung. Unsere kleine Familie war mein Ein und Alles, ja, man könnte sagen, sie war mein Himmelreich. Wir waren eine normale durchschnittliche Familie, nicht arm, aber auch nicht reich. Im Leben meiner Eltern gab es viele Höhen und Tiefen, die Wolken kamen und gingen, doch für mich war unsere Familie trotz alledem mein Lebensmittelpunkt und mein sicherer Hafen. Es kamen Tage in unser Leben an denen sich immer mehr Gewitterwolken zusammenbrauten. Durch seine nicht verarbeitete traumatische Kindheit passierte es meinem Vater immer öfter, dass aus ihm Zorn und Wut herausbrachen. Diese richteten sich niemals gegen mich, doch meine Mutter konnte diese Ausbrüche irgendwann nicht mehr aushalten.

Als ich etwas über fünf Jahre alt war, brach sie aus der Ehe mit meinem Vater aus. Sie bekam die Chance, mit einem neuen Mann ein ganz anderes Leben aufzubauen und das war gut und wichtig für sie. Für mich jedoch brach meine Welt, mein Himmel auf Erden, in sich zusammen. Ich war fassungslos, ohnmächtig und fühlte mich allem hilflos ausgesetzt. Ich wurde dadurch mit meiner tiefsitzenden Verlustangst konfrontiert. Wohin nur mit meiner Traurigkeit, Angst, Ohnmacht und mit dieser tiefen, unbändigen Wut? Ich hatte gelernt, dass es nicht gut war, wütend zu sein, denn davon wurde ja unsere kleine Familie zerrissen - so waren zumindest meine Gedanken und Rückschlüsse als Kind. Dadurch versuchte ich die Wut zu unterdrücken, was mir jedoch nur schwer gelang. Wer kann schon dauerhaft einen Ball unter Wasser drücken, ohne dass ihm dieser Ball irgendwann mit voller Wucht zurück ins Gesicht springt? Wut, Angst, Traurigkeit und Ohnmacht kamen immer wieder in mir hoch.

Meine Mutter bekam bald ein Kind mit ihrem neuen Mann, damit war die Trennung und Scheidung meiner Eltern besiegelte. Die Hoffnung, dass meine Eltern jemals wieder zusammenkommen würden, begrub ich tief in meinem Herzen. Ein zweites Geschwisterchen kam zur Welt und meine Eifersucht war unendlich groß. Beide bekamen von allen Seiten große Aufmerksamkeit, aber früher war ich es, die all diese Aufmerksamkeit ganz alleine bekam. Ich war acht Jahre alt und hungrig nach Liebe und das öffnete eine Tür, durch die ein entfernter Verwandter sich ganz leicht in mein Leben schleichen konnte. Er nutzte meine Verletzlichkeit schamlos aus und brachte mich schrittweise zu Handlungen, die nicht gut und nicht richtig waren, aber sie gaben mir das ersehnte Gefühl, endlich wieder geliebt zu werden. Der Preis, den ich dafür bezahlte, war sehr hoch, denn es handelte sich dabei um sexuellen Missbrauch, den ich in diesem Alter selbst lange Zeit nicht als solchen erkennen konnte. Es war kein Geschlechtsverkehr, aber es waren alle Stufen davor und es kam langsam und schleichend in mein Leben. Dieser Missbrauch blieb unentdeckt, nicht zuletzt wegen einer Drohung von seiner Seite, die ich für wahr hielt. Ich möchte dazu sagen, dass ich immer sehr offen mit meiner Sexualität umging und ich hatte schon zuvor mit Kindern in meinem Alter meine Sexualität entdeckt. Wir alle sind sexuelle Wesen und wie soll ein Kind in diesem Alter entscheiden können, was gut und richtig ist? Dafür sollten wirklich die Erwachsenen die Verantwortung übernehmen. Mir war das Unrecht nicht bewusst und von den Auswirkungen, die das Erlebte haben würden, ahnte ich noch lange nichts.

Nach einiger Zeit fand auch mein Vater wieder sein Glück in der Liebe. Seine neue Partnerin brachte zwei Kinder aus erster Ehe mit, eines ihrer Kinder war im gleichen Alter wie ich und das andere Kind war etwas älter. Das alles war ein weiterer Schock für mich und ich wehrte mich nicht nur innerlich gegen diese neue Beziehung. Ganze 30 Jahre lebte ich mit meiner Stiefmutter in einem Konflikt nach dem Motto „Ich weiß nicht, ob ich dich mehr lieben oder mehr hassen soll." Dadurch, dass ich sie nicht voll und ganz annehmen konnte, denn ich konnte mich ja selbst nicht voll und ganz annehmen, fühlte ich mich in allem Tun von ihr zu tiefst gekränkt. In jedem ihrer Worte hörte ich eine Kritik an mir heraus und bekam das Gefühl, nicht ernst genommen und nicht verstanden zu werden. Wieder einmal fühlte ich mich nicht mehr geliebt. Das fühlte sich für mich wie ein seelischer Missbrauch an, der nicht mehr aufhören wollte. Und mir wurde klar, dass mir durch diese Beziehung die letzte Chance auf ein Happy End zwischen meinen Eltern endgültig genommen wurde. Mein Vater gab unsere alte Wohnung auf, in der ich zuvor jedes zweite Wochenende meinen Zufluchtsort fand. Ich hatte auch Angst, meinen Vater zu verlieren. Ich konnte es nicht ertragen, dass er wieder eine neue Familie hatte, denn dann hätte ich der Wahrheit ins Auge blicken und mir eingestehen müssen, dass meine Eltern nun glücklich waren. Ich fühlte mich zerrissen, einsam und verlassen, verloren zwischen zwei verschiedenen Welten, die ich einfach nicht begreifen konnte.

In der dritten Klasse der Volksschule machte ich, auf eine recht ungewöhnliche Art und Weise, auf mich und meine Situation aufmerksam. Ich fing an zu stehlen und als das aufflog, wurde es fein säuberlich bereinigt und dann nie wieder darüber gesprochen. Stattdessen hätte ich jemanden zum Reden gebraucht, eine Person, der ich mich voll und ganz hätte anvertrauen können. Die Scheidung, der Missbrauch und die Familiensituation waren der Nährboden für die unterschiedlichsten Hilferufe, die ich mit der Zeit zu entwickeln begann. Am Anfang brach eine Essstörung aus, sie war eine Form zwischen Binge-Eating und Bulimie. Ich begann, völlig unbewusst und im Übermaß zu essen und danach hatte sich mein Körper, ohne mein bewusstes Zutun von selbst erleichtert. Als der Missbrauch endete, zeigte es sich nochmals, dass ich dringend jemanden zum Reden gebraucht hätte. Ich wollte eine Therapie machen, aber mein Wunsch wurde nicht verstanden und es wurde auch leider nicht die Notwendigkeit dafür gesehen. Danach fand ich meinen Halt in neuen Freunden und fing an, diverse Drogen zu nehmen. Zusätzlich rauchte ich Zigaretten und trank jede Menge Alkohol. Die Schule interessierte mich immer weniger, ich hatte mehr die jungen Männer im Kopf und mit der Zeit natürlich auch stets Sex mit ihnen. Durch die ständig wechselnden Partner, konnte sich natürlich keine dauerhafte Beziehung entwickeln, die längste Beziehung dauerte einige Monate, meistens war es aber nach zwei bis drei Wochen wieder vorbei. Mit der Zeit wurde ich immer verzweifelter, denn ich wünschte mir doch nichts sehnlicher als eine Beziehung mit einem Menschen, dem ich mich hätte anvertrauen können.

Endlich fand ich einen Mann, mit dem es etwas Ernstes wurde. Ich hatte das Gefühl, ich müsse ihm beweisen, dass man mit mir eine Beziehung eingehen konnte. Ich sagte ihm, dass ich das arme unschuldige Opfer war und nicht die sexbesessene junge Frau, die nicht nur er damals in mir sah. Ich gab den Männern die Schuld an meinem Ruf. Heute muss ich darüber schmunzeln, aber damals fühlte ich mich wirklich so unschuldig. Wenn ich jetzt zurückblicke, muss ich mir eingestehen, dass ich wirklich extrem naiv war. Mit der Zeit glaubte er mir und wir wurden für neun Jahre ein Paar. Anfänglich waren wir ein Liebespaar, doch am Ende unserer Beziehung waren wir mehr wie Bruder und Schwester zueinander. In der Zeit unserer Beziehung nahmen wir zusammen an den Wochenenden Drogen, wir tranken Alkohol und rauchten Unmengen von Tabak. Dadurch verschuldeten wir uns sehr. Meine Essstörung hatte mich voll und ganz im Griff und mittlerweile war ich extrem übergewichtig geworden. Auch mein Freund litt körperlich mit und nahm ebenfalls stark zu.

Mit der Zeit spitzte sich alles immer mehr zu, der Konsum von Alkohol, Zigaretten und Drogen wurde immer mehr, bis eines Tages mein ganzes Leben zusammenbrach. Durch eine Überdosis an Drogen und Alkohol verlor ich das Bewusstsein. Danach sollte sich alles ändern. Ich konnte meinen Job nicht länger ausüben, war mehrere Monate im Krankenstand. Meine Beziehung glitt mir aus den Händen, denn mein Freund konnte mit meinen Veränderungen nichts anfangen. Mir wurde auf einmal klar, dass mein Leben so nicht weitergehen kann. Ich musste eine Entscheidung treffen. Entweder entschied ich mich gegen das Leben und machte weiter wie bisher, oder ich entschied mich für das Leben, was radikale Veränderung bedeutete. Ich entschied mich für Letzteres und beendete mein Dienstverhältnis, weil mir klar wurde, dass ich nach dem Krankenstand nicht mehr zurückkehren konnte. Mein Freund und ich lösten unsere Verlobung auf und beendeten unsere neun jährige Beziehung. Ich fing an, eins nach dem anderen loszulassen. Als nächstes gab ich das Rauchen auf, denn mir wurde klar, wie sehr ich damit meiner Gesundheit schadete. Mein fester Wille aufzuhören sowie das Buch von Allen Carr „Endlich Nichtraucher!" halfen mir dabei sehr. Die nächste Hürde war meine Essstörung. Ich fing an, mich gesünder zu ernähren, aß endlich wieder mehr Obst und Gemüse, die Kilos purzelten nur so dahin, nicht zuletzt auch mit Hilfe von Proteinshakes und ausreichend Sport. Die Entwöhnung von den Drogen fand ich am schwierigsten, weil ich mich davon stark psychisch abhängig fühlte. Die Droge, die ich vorwiegend nahm, war MDMA, auch bekannt als Ecstasy. Diese kleine Pille machte die Welt für mich einfach so liebenswert. Sie gab mir das Gefühl, ich könnte die ganze Welt umarmen, deswegen wird sie auch gerne als Liebes- oder Partydroge bezeichnet. Die zwischenmenschliche Liebe und die Liebe zu allen Lebewesen war meine Sehnsucht und ich musste schrittweise lernen diese auch ohne der Drogen zu erfahren. Es gelang mir schließlich, das Leben wieder als lebenswert zu empfinden. Dabei half mir vor allem die tägliche Meditation. Ich verband mich mit meinem höheren Selbst und mit der Zeit und nach viel Übung fing ich an, Botschaften von meiner Seele zu empfangen. Diese gaben mir Kraft und ließen mich ins wahre Leben zurückkehren. Ich begann immer mehr, mit dem Strom des Lebens zu fließen. Im Zuge einer Meditation hatte ich ein Symbol vor Augen, das ich gleich danach malte und an die Wand hing. Dieses Bild hängt noch heute in meinem Schlafzimmer! In dieser

Mediation zeigte sich mir ein Herz mit Wurzeln, welches im Fluss des Lebens fußt und eine Verbindung mit dem Universum hat. Durch meine täglichen Meditationen fand ich zu meiner Spiritualität zurück und ich besuchte wieder meine alte Kirchengemeinde, die ich in meiner Jugendzeit verlassen hatte.

Innerhalb eines Jahres schaffte ich es, Stück für Stück alles loszulassen, was mir nicht guttat: Drogen, Zigaretten und meine Essstörung. Es war die Entscheidung für mein Leben, die diese Wende brachte und mir klarmachte, dass alles andere mich auf Dauer umbringen würde. Ich wollte endlich leben und das nicht irgendwie, sondern zufrieden und lebenswert. Die einzigen Laster, die ich noch hatte, waren der Alkohol und die Männer, die so schnell in mein Leben kamen wie sie gingen. Ich war bei einer Onlinepartnerbörse angemeldet, mein Profil zog gewisse Männer an, mit denen ich mich dann auch traf, aber diese Treffen waren immer eine große Enttäuschung für mich. Am Wochenende ging ich zum Tanzen in Diskotheken und meistens schleppte ich am Ende einen Mann ab, den ich zuvor erobert hatte. Wofür? Natürlich für einen One-Night-Stand.

Irgendwann fing ich an, mich wieder nach einer festen Partnerschaft zu sehnen. Zu dieser Zeit jobbte ich in einem Transportunternehmen und hatte eine liebe, sehr junge Kollegin. Sie riet mir dazu, eine Mindmap anzufertigen. Ich wusste aber nicht, was eine Mindmap war. Sie erklärte mir, dass ich das, worum es mir ging, in die Mitte eines Blattes schreiben sollte. Danach gingen von diesem Wort in der Mitte weitere Linien aus, an deren Ende wiederum Begriffe standen, die ich genauer definieren sollte. Ich schrieb also das Wort „Lebensabschnittspartner" in die Mitte eines Papiers, davon ab gingen viele weitere Linien und ich schrieb die jeweiligen Eigenschaftswörter sowie Vorlieben und Charakterzüge dazu, die ich mir so sehr bei einem Partner wünschte. Bei einigen dieser Wörter ging ich tief in mich. Am Ende las ich mir alles durch und als ich die Mindmap als stimmig empfand, gab ich sie in eine Klarsichthülle, die ich in die Schublade meines Schreibtisches legte. Dann kam der wichtigste Punkt: Ich vergaß, dass ich dieses Blatt Papier geschrieben hatte. Diese Tatsache spielte eine wesentliche Rolle. Das Ruhenlassen von Dingen, sich die Dinge nicht anzuhaften, bringt das Universum dazu, sich für uns in

Bewegung zu setzen und unsere Wünsche zu erfüllen. Aber eben alles zu seiner Zeit und auf seine ganz eigene Art und Weise. Das zu beeinflussen klappt nicht und bringt am Ende auch nicht das, was für uns gut und richtig wäre.

So kam eins zum anderen und der erste Schritt war, dass ich mein Profil in der Partnerbörse überarbeitete, dadurch wirkte ich auf einmal wie jemand, der eine echte Beziehung sucht und nicht nur schnellen Sex. Das hatte zur Folge, dass mir vorerst niemand mehr schrieb. Das frustrierte mich anfangs, aber ich lebte damit. Ich ging weiterhin an den Wochenenden aus und ich hatte die Hoffnung, vielleicht meinen Traummann kennenzulernen. Mit der Zeit hörte ich auf zu trinken und ich eroberte die Männer nicht mehr. Ich konzentrierte mich immer mehr auf mich und meine Bedürfnisse, dadurch verlor ich mich auch nicht wie sonst so stark an die Außenwelt. Ich ging wieder regelmäßig in die Kirche, sang im Gospelchor, meditierte täglich und ging zum Schwimmen, um meinen Körper zu bewegen. Wenn ich ausging, dann nur um für mich selbst zu tanzen, weil mir das wirklich viel Freude und Spaß brachte und dabei auf ganz natürliche Weise meinen Körper in Form hielt.

Es vergingen einige Monate bis ich auf einmal über die Partnerbörse eine E-Mail von einem jungen Mann erhielt. Er schrieb mir ganz unverfänglich, dass ihn mein Profil ansprach und er es schön fände, mit mir eine Art Internetfreundschaft aufzubauen. Doch daran war ich gar nicht interessiert, denn meine Erfahrungen in der Vergangenheit zeigten mir, dass es mir viel zu leicht passierte konnte, mich in die geschriebenen Zeilen und Wörter eines jungen Mannes zu verlieben. Wenn ich sie aber dann wirklich traf, folgte immer eine Enttäuschung, denn da war nichts, kein Zauber, kein Funke und schon gar kein Feuerwerk. Also schrieb ich diesem jungen Mann, dass er mich doch bitte anrufen möge, um sich mit mir zu verabreden. Ich wünschte ihm noch ein schönes weiteres Leben, solle er daran kein echtes Interesse haben. Ich wusste zur damaligen Zeit nicht, dass es dieser besagten Person sehr viel Mut abverlangte, sich nach meinen eher unwirschen Zeilen bei mir zu melden und das auch noch telefonisch. Irgendetwas ließ ihn aber über seinen Schatten springen, seine Ängste überwinden und sich bei mir melden. Seine Stimme war liebevoll und sanft, sie gefiel mir sehr. Wir verabredeten uns für den nächsten Tag um elf Uhr vormittags. Wir trafen uns mitten in der Stadt, ich dachte, das sei ein neutraler Ort und er kannte sich dort aus, denn er war nicht direkt aus meiner Heimatstadt, sondern lebte dreißig Autominuten davon entfernt. Mit meiner Freundin vereinbarte ich eine Uhrzeit, in der sie mich anrufen sollte, damit ich notfalls ein Alibi hatte, um das Date gegebenenfalls vorzeitig abzubrechen. Mein Date und ich nahmen uns unabhängig voneinander vor, dass wir offen und ehrlich mit dem jeweils anderen sein wollten. Nicht nur dadurch hatten wir uns so vieles zu erzählen, dass wir bis am Abend zusammenblieben. Wir hatten wohl beide das Gefühl, dass wir uns schon ewig kannten. Das war schon recht ungewöhnlich, sich ganz ohne Masken zu begegnen. Er erzählte mir von Ereignissen in seinem Leben, die er zuvor noch nie jemanden anvertraut hatte. Auch ich legte mein Leben offen. Als wir uns verabschiedeten, wusste ich, dass das der Mann ist, den ich heiraten werde. Überglücklich traf ich mich mit meiner Freundin und wir hatten uns so vieles zu erzählen, denn auch sie lernte in diesen Tagen ihren Traummann kennen. Wieder einmal Synchronizität in unser beider Leben. Diese Synchronizität unser beider Leben konnten wir immer öfters feststellen, es ist so schön so eine Freundschaft zu haben. Wir trafen uns schon bald ein zweites Mal und sprachen auch direkt über Kinder und Kindererziehung und da wusste ich, dass ich mit ihm auch Kinder haben werde.

Dieses tiefe Bewusstsein, zueinander zu gehören, jagte uns gehörige Angst ein. Wir beide hatten sogar zwischenzeitlich immer wieder den Drang, voreinander davonzulaufen. Zu unser beider Glück, war dann immer der jeweils andere so von unserer beginnenden Liebesbeziehung überzeugt, dass wir diese Zeit überstanden und sie uns noch mehr zusammenschweißte. Wir schafften es, immer wieder in nur wenigen Sekunden gegenseitig unsere Knöpfe zu drücken. Ein Wort, ein Blick, ein Tonfall genügte und ein wirklich schöner Moment eskalierte und wurde zum Alptraum. Durch unsere jeweiligen Vergangenheiten hatten wir zwar viel Verständnis füreinander. Das half uns dabei, immer wieder miteinander in Kommunikation zu treten, aber es gab eben auch viele Tretminen, die wunde Punkte in sich bargen. Wir stritten und redeten meist so lange miteinander bis wir uns gegenseitig wieder fanden und die Kommunikation zwischen uns wieder glatt lief. Wir kamen darauf, dass es sich meistens um Missverständnisse oder Fehlinterpretationen handelte, die oft aus unserer Vergangenheit resultierten. Dadurch steckten wir den anderen in eine Schublade, ohne es selbst zu bemerken. Das passiert leider viel zu oft. Viel zu schnell stecken wir den anderen in eine Schublade und das Schlimmste daran ist, dass wir uns damit selbst unbewusst in gewisse Schubladen stecken, aus denen wir dann oft jahrelang nicht mehr herauskommen. Warum? Weil wir oftmals selbst nicht merken, dass wir überhaupt in einer gewissen Schublade stecken. Das zu durchschauen und zu erkennen ist ein weiterer wichtiger Schritt für mich gewesen. Das hat mir dabei geholfen, mich selbst und auch andere aus vielen dieser Schubladen wieder herauszuholen und zu befreien. Bis ich das verstand, fiel ich immer wieder in die Opferrolle und in die Rolle der Leidtragenden zurück. Es dauerte stets eine Weile, bis ich mich daraus befreien konnte und es ging immer nur langsam voran und ist auch jetzt immer noch nicht ganz abgeschlossen. Die tiefen Verletzungen der Kindheit wollten von mir gesehen und verstanden werden, sie wollten nochmals gefühlt werden, die Angst soll Stück für Stück weichen, aber das braucht Zeit.

Dieser junge Mann brachte mir all sein Vertrauen entgegen und fragte mich nach nur fünf Monaten die von mir so erhoffte Frage: „Willst du mich heiraten?" Und ich sagte: „Ja!" Wir standen im Meer am Strand von einer traumhaften maledivischen Insel und ich hatte wahrlich das Gefühl im Paradies zu sein. In diesem Urlaub sagte ich nicht nur Ja zu meinem neuen Partner, sondern ich lernte auch etwas gänzlich Neues, was mir noch viel Freude in meinem Leben bereiten sollte: Das Tauchen. Nie hätte ich es für möglich gehalten, dass ich einmal tauchen würde, denn vor diesem Urlaub erklärte ich ihm, dass er mich wohl nie dazu bringen würde und ich davor viel zu viel Angst hätte. Aber der Ort verzauberte mich so sehr, dass ich nach meinem ersten Versuch zu Schnorcheln doch das Tauchen für mich entdeckte.

Wir unternahmen zusammen viele weitere Reisen, darunter waren Städtereisen, aber auch sehr viele Tauchreisen. Wir hatten so viele wunderschöne Erlebnisse, die Erinnerungen daran bereiten mir immer noch ein wohliges warmes Gefühl in meinem Körper, das sich immer weiter ausdehnt, je mehr ich mich an all das erinnere. Diese Erinnerungen zaubern mir ein Lächeln in mein

Gesicht und sie beschwingen mein Herz ungemein. Dafür bin ich unendlich dankbar. Unsere schönsten Erlebnisse und die, die bei mir am meisten Eindruck hinterlassen haben, fanden alle in der Natur statt. Wir fuhren auf der R 44, eine Schnellstraße in Südafrika, die wirklich sehr empfehlenswert ist, weil man so wunderbar an der Küste entlangfahren kann. Wir sahen in diesem und einem weiteren Südafrika-Urlaub Wale, Delfine, Robben und Pinguine. Wir waren oft gemeinsam in Ägypten, einmal davon am Berg Sinai. Wir ritten mitten in einer sternenklaren Nacht stundenlang auf einem Kamel den Berg hinauf und erlebten dort anschließend einen wunderschönen Sonnenaufgang mit singenden orthodoxen Mönchen, das war unvergesslich schön. Ich war froh, dass es Nacht gewesen war, denn hätte ich gesehen, wie schroff und hoch diese Berge sind, ich wäre nie im Leben da hinaufgeritten. Wir flogen auch immer wieder zum Tauchen nach Ägypten. Haie, Delfinschulen, Rochen, Napoleonfische und vieles mehr gibt es dort zu sehen. Einmal waren wir in Dahab, wir wollten zu einem ganz besonderen Tauchplatz. Dieser lag im Naturschutzgebiet von Ras Abu Galum. Um dorthin zu gelangen, mussten wir circa drei Stunden auf einem Kamel reiten und das, obwohl wir uns geschworen hatten, nie wieder so lange auf einem Kamel zu reiten. Wir hatten das Tauchequipment auf die Kamele geschnallt und stürzten uns in unser Abenteuer. Ich fühlte mich ein bisschen wie Indiana Jones, als ich da auf meinem Kamel saß und die atemberaubende Natur um mich herum sah. Immer wieder waren breite Sandbänke zwischen dem Berg Sinai und dem Meer zu sehen. Zwischendurch erhob sich der Berg gefährlich nah am Wasser und uns blieben nur sehr schmale Pfade, die waren gerade mal so breit wie das Kamel und sein Gepäck. So ging es rechts von mir wirklich steil hinab ins Meer und links von mir befand sich die Felswand des Berg Sinai, riesig, groß und mächtig schien er mir. Die Belohnung nach der ganzen Anstrengung war ein Beduinendinner und ein wirklich atemberaubender Tauchplatz mit unberührter Natur unter Wasser, einfach traumhaft schön. Wir waren auch mehrmals auf den Malediven und tauchten dort mit Wahlhaien, Manta-Schulen, Haien, Rochen, Schildkröten, Oktopussen und vielem mehr. In mir spüre ich so viel Dankbarkeit, für die Erde, die Natur und dafür, dass ich das alles erleben durfte.

Nach dieser Erzählung magst du vielleicht denken, dass mein Leben zu einem einzigen Traum wurde. Zum einen Teil mag das auch so sein, mein Leben war traumhaft. All diese tollen Erfahrungen zu machen, ließ mich unendlich wachsen. Und nicht nur dafür bin ich mir selbst und meinem Mann unendlich dankbar. Mir weil ich mich auf alles einlassen konnte und ihm, weil er mir, ja uns, das alles ermöglicht hat. Aber es war leider auch so, dass die Geister der Vergangenheit uns immer wieder einholten. Der Missbrauch, die Trennung meiner Eltern und mein Kampf mit meiner Stiefmutter vereinnahmten mich oft so stark, dass ich mich kaum selbst daraus befreien konnte. Ich wurde depressiv, meine Diagnose lautete: Manisch depressiv. Ich fiel wieder in meine Essstörung zurück und begann erneut unbewusst und maßlos zu essen. Es fühlte sich an, als hätte ich versagt, als wäre ich unfähig, mein Glück zu erhalten und zu leben. Ich fühlte mich missmutig und schlecht, dass ich immer wieder an den Punkt ankam, lieber tot als lebendig sein zu wollen. Zum Glück war ich dazu viel zu feige, denn ich hatte furchtbar Angst vor dem Tod. Ich befand mich in einem Gefängnis, welches ich mir selbst erschaffen hatte. Gefangen in meinem eigenen Kopf, mit Gedanken so schlecht, böse und kriegerisch. Es tobte eine wahre Hölle in mir. Meine ganze Wut brach hervor, genau wie die Angst, die Trauer und die Ohnmacht. Ich stellte mich gegen meine Gefühle, lehnte sie ab und wollte sie einfach nur loswerden. Ich wollte sie nicht fühlen, nicht spüren und nicht sehen. Ich lehnte mich selbst immer mehr ab und sah gleichzeitig meinem Selbsthass in die Augen. Die Ausbrüche wurden immer stärker und schließlich hasste ich mich dafür, dass ich mich nicht unter Kontrolle hatte. Ich fand mich selbst unerträglich. Die Lage spitzte sich zu, als mein Mann auf tragische Weise seinen Vater verlor. Nur kurze Zeit später verloren wir unser erstes gemeinsames Kind. Ich war nur zehn Wochen schwanger, aber schon so früh so stark mit diesem kleinen Wesen verbunden. Zu guter Letzt wurde eine liebe Arbeitskollegin von ihrem eigenen Ehemann ermordet, das gab mir den Rest. Ich konnte nicht mehr, ich arbeitete zu dieser Zeit als Seniorenanimateurin in einem Pflegeheim und ich konnte die ständige Konfrontation mit dem Tod nicht mehr ertragen, weder privat noch beruflich.

Wieder einmal stand mein Leben vor einer Wende, würde diesmal alles besser werden?

Ende 2011 hatte ich meinen letzten Arbeitstag und ich ging danach befreit nach Hause. Ich war so voller Hoffnung und wahrlich, bereits im Februar des neuen Jahres war ich erneut schwanger. Am Anfang der Schwangerschaft war die starke Bindung zu unserm ungeborenen Kind von Angst überschattet, jedoch wuchs mit den Monaten die Hoffnung, dass diesmal alles gut gehen würde. Wir wussten nicht, wie sehr ein Kind unser Leben auf den Kopf stellen würde. Wir mussten unsere kleine Tochter knapp einen Monat zu früh auf die Welt holen. Die Anfänge waren geprägt von mehreren Operationen bei mir, Saugschwierigkeiten bei unserer Tochter und allgemein vollkommener Erschöpfung. Es war hart, aber wir wuchsen gut in unsere neue Rolle als Eltern hinein. Mein Mann war mir dabei eine wunderbare Stütze und ich fand endlich wieder zu meiner inneren Intuition zurück. Das Symbol des verwurzelten Herzens hielt wieder Einzug in mein Leben und ich lernte schrittweise was es heißt, fest in seinem Herzen verwurzelt zu sein, im Fluss des Lebens zu fließen und die Verbindung zum Universum zu halten. Endlich kam der Punkt, an dem ich anfing, mich so anzunehmen wie ich war, mit meiner ganzen Vergangenheit, all meinen Schwächen, all meinen Ängsten. Ich sah, dass ich voller Liebe bin, wir alle sind Liebe. Ich ließ es zu, dass ich nicht vergeben konnte und das brachte mich paradoxerweise zur Vergebung. Meinen Hass und auch meinen Selbsthass zuzulassen, führte mich zu meiner Liebe und Selbstliebe, die innere Ablehnung zu akzeptieren. Das Leben ist sehr paradox und das zu erkennen, hat mir unendlich weiter geholfen. Alles, was ich dadurch in meinem Inneren heilen konnte, heilte auch im Äußeren. Es ist ein Prozess, den ich mitmache und der bis heute andauert und immer noch tiefe Schichten hervorholt. Aber ich kann mehr und mehr zu mir stehen, kann immer schneller sagen, was mich gerade bewegt, kann meine Gefühle besser benennen und mich auf sie einlassen, sie ängstigen mich nicht mehr. Denn mittlerweile weiß ich, dass sie mein Wegweiser sind und ich sehe sie nicht mehr als meine Feinde an. Ich lade sie ein, sich an meinem Tisch zu setzen und mit mir einen Tee zu trinken.

Von der Anklage zum nicht Vergeben und der Ablehnung, in die Vergebung und in die Annahme zu gehen war das Beste was ich tun konnte. Schließlich habe ich gelernt, mich selbst so anzunehmen wie ich bin, mit all meine Stärken, Schwächen und Gefühlen. Dadurch konnte ich dann auch meine Stiefmutter mit anderen Augen sehen. Zuvor war ich geprägt davon, immer Verständnis für alle anderen Menschen in meinem Leben zu haben, alle zu lieben und zu ehren. Was ich dabei aber völlig übersah, war ich selbst. Die Liebe zu mir selbst und dazu stehen zu können, nicht mehr abhängig zu sein von der Liebe der anderen, das hat mich stark gemacht, mich befreit und mir geholfen, zu mir selbst zu stehen. Wenn meine Stiefmutter heute meine Knöpfe drückt, bin ich ihr dankbar dafür, denn dadurch sehe ich sofort, wo sich in mir wieder Wiederstand gegen etwas regt. Daran kann ich wachsen und darf lernen, alles in mir mehr und mehr anzunehmen. Das ist ein Geschenk! Es ist die Befreiung aus meiner eigenen Hölle auf Erden, die ich mir zuvor selbst geschaffen hatte. Diese ewigen Gedankenspiralen haben aufgehört und in meinem Kopf ist es ist viel ruhiger geworden. Ich bin der Ohnmacht entkommen, indem ich sie angenommen habe, ich habe sie gewandelt und bin wieder handlungsfähig, bin wieder meines Lebens mächtig geworden. Nun erkenne ich, dass die Ursache in meinem Denken lag. Denn im Denken liegt oft der Ursprung allen Tuns, diesem folgt die Bewertung und dann kommt das Gefühl hinzu. Ich für meinen Teil, habe das alles in der Hand, jederzeit zu ändern. Erst gestern dachte ich, dass ich nicht schwimmen gehen könne, weil ich meine Periode so stark habe. Daraufhin wurde ich sehr grantig und schlecht gelaunt, denn es war so ein heißer Tag, dass es für mich nichts Besseres gab, als mit meiner Tochter ins Schwimmbad zu gehen. Als ich erkannte, dass ich mich selbst begrenze, mir etwas auferlege, das nicht gut und nicht richtig für mich ist, entschied ich mich doch dafür, ins kühle Nass zu steigen. Die Angst, dass sich das Wasser dabei rot färben könnte, nahm ich zwar wahr, aber ich musste dabei über mich selbst schmunzeln. Nichts geschah, das Wasser blieb von meiner Periode unbeeindruckt und ich hatte die Abkühlung, die ich so dringend benötigte. Mein Tag war gerettet und meine Stimmung war nicht mehr im Keller. Das ist nur ein kleines Beispiel, aber es veranschaulicht ganz klar, wie sehr wir es selbst in der Hand haben, wie oft wir uns selbst begrenzen und uns unserer Möglichkeiten berauben, nur weil wir nicht liebevoll mit uns umgehen und auf unsere Bedürfnisse hören. Oft stecken subtile Ängste dahinter, die uns schlichtweg daran hindern, einfach das zu machen, was für uns wesentlich stimmiger wäre. Das muss nicht sein und wir dürfen es uns selbst einstehen und uns etwas Gutes tun.

Ende 2016 bin ich dem Ruf meines Herzens gefolgt und habe Anfang 2017 den Mut gefunden, über mein gesamtes Leben zu schreiben. Dies ist ein komprimierter Auszug aus meinem Buch welches hoffentlich im Jahr 2018 erscheinen wird. Das Schreiben half mir dabei, nochmals tief in meine Geschichte, in meine Vergangenheit einzutauchen. Ehrlich auf mein Leben zu blicken, ungeschminkt und ungeschönt, ohne Masken, ganz so, wie damals meine Liebesbeziehung mit meinem Mann begonnen hatte. Das ist so befreiend und im wahrsten Sinne des Wortes wirklich erleichternd. Ich verlor nochmals viele Kilos und begann, die Einstellung zu meiner Ernährung zu ändern. Alles wehrte sich zwar in mir, aber ich spürte diesen starken Ruf, dass das meinem Körper helfen würde, wieder gesund und fit zu werden. Ich bin so froh, dass ich nun so stark geworden bin und meiner inneren Intuition folgen kann, denn mein Blutdruck, mein Cholesterin und mein Blutzucker regulierten sich nach der Ernährungsumstellung bereits nach nur zwei Monaten.

Meiner kleinen Tochter und natürlich auch mir selbst habe ich es zu verdanken, dass ich gelernt habe, meine tiefe Intuition wahrzunehmen und ihr zu folgen. Andernfalls würde ich hier nicht hier sitzen und diese Zeilen schreiben. Ich kann das Schreiben jedem ans Herz legen. Es hilft dabei, tief in sich selbst zu graben, alles, was zum Vorschein kommt, genau anzuschauen, daraus zu lernen und es auszuhalten. Dabei durfte ich bemerken, dass all diese Erlebnisse im Jetzt betrachtet, nicht mehr so bedrohlich und beängstigend auf mich wirkten, wie es mir zuvor stets erschien. Dadurch konnte ich anfangen, alles neu zu beleuchten, alles zu zerlegen, um es danach wieder neu zusammen zu setzen. Ich finde, dass das beim Schreiben fantastisch geht und empfinde es als sehr befreiend, bereinigend und heilend. Heilsam ist für mich auch die Auseinandersetzung mit dem Missbrauch sowie mit meiner Sexualität, meinen sexuellen Erfahrungen und meiner Hingabe dazu. Erst jetzt nach fast vierzig Jahren fange ich an, meine Sexualität wieder neu zu entdecken und zu erforschen, in meinem eigenen Tempo und mit meiner Liebe zu mir selbst und zu meinem Ehemann.

Zum Schluss möchte ich euch das Bild eines Baumes malen. Ein Baum, der majestätisch auf seinem Hügel steht, ringsherum ist eine wunderschöne

Blumenwiese. Er wächst und gedeiht, egal ob die Sonne scheint, es regnet, schneit oder ob der Wind durch seine Äste weht, mal stärker und mal schwächer. Der Baum wächst einfach immer weiter. Er wird durch all das, was ihm umgibt und ihm widerfährt, immer stärker und kräftiger. Majestätisch steht er da, er nimmt alles an, was kommt und lässt es danach auch wieder weiterziehen, er bleibt gelassen und strahlt dabei eine unglaubliche Ruhe aus. Ich wünsche uns allen, dass wir das Bild von diesem Baum tief in uns tragen. Unseren Mut zu fassen und unserer Intuition zu folgen, unserem Herzen und unserem Bauchgefühl, unseren Verstand auszuschalten und nur dann zu befragen, wenn er uns auch wirklich behilflich ist, das wünsche ich mir aus tiefstem Herzen für uns alle.

Ich möchte mich bei all den Menschen von ganzem Herzen bedanken, die mir alles das ermöglicht haben. Ganz im speziellen meinem geliebten Ehemann und meiner geliebten Tochter. Meinen Eltern und Stiefeltern, Geschwistern, Verwandten und all meinen Freunden. Ihr habt mich geformt, begleitet, geleitet, getragen und geliebt. Danke!

Ich möchte hier auch meinen Lehrern und Vorbildern danke sagen und dazu zähle ich: Luise L. Hay, Eckhart Tolle, Byron Katie, Doreen Virtue, Radleigh Valentine, Marschall B. Rosenberg, Françoise & René Egli, Eva-Maria & Wolfram Zurhorst, Mari Nil, Robert Betz, Lea Hamann, Thomas und Katharina Nestelberger, Silvia Heimburger sowie Veit und Andrea Lindau und viele mehr. Mein besonderer Dank gilt Doris Gross, denn ihr habe ich es zu verdanken, dass ich nun endlich, nach fast zehn Jahren der Träumerei, meinen Traum verwirkliche und mit ihrer Unterstützung mein eigenes Buch schreibe, sowie an diesem so wundervollen Buchprojekt mitwirken darf. Von ganzem Herzen danke, liebe Doris.

Iris Rausch im Kurzportrait:

Iris Rausch wurde 1977 in Wien geboren und lebt etwas außerhalb der

Großstadt mit Ihrem Mann und ihrer Tochter. 2015 hat sie gemeinsam mit ihrem Mann „Tintenschnecke" ins Leben gerufen, denn Malerei, Tinten und Füllfedern sind unter anderem ihre gemeinsamen Hobbys. Mit dem japanischen Urushi Lack und anderen Materialien werden Füllfedern wunderschön lackiert und verziert. 2016 gründete sie „Colorgy", wobei sie unter anderem eigens kreierte handgemachte Karten anbietet.

2017 begann sie ihr erstes Buch zu schreiben; eine Aufarbeitung ihrer Biografie und dabei ist es faszinierend zu lesen, wie Sie es immer wieder geschafft hat, sich aus ihren schwierigen Situationen herauszuarbeiten. Sie erzählt radikal, ehrlich, schonungslos und reflektiert. Es soll anderen Frauen Mut machen, sich mit sich selbst auseinander zu setzen und ihre eigene Vergangenheit zu reflektieren.

www.tintenschnecke.at
www.colorgy.at

„Ich musste meinem Leben vergeben, um mich selbst
wieder zu akzeptieren.“

Iris Rausch

VERENA HUBER

◆◆◆

Das Leben spielt schon manchmal verrückt. Wir werden täglich vor Prüfungen gestellt, mal größere, mal kleinere. Coaches versprechen uns den schnellen Erfolg und wer noch nicht auf den Manifestierungszug aufgesprungen ist, wird seine Berufung im Leben nicht finden und knapp am Paradies vorbeischrammen – so fühle ich mich zumindest ab und zu, wenn ich dem Hype in den Social Media Kanälen so zuschaue. Dabei habe ich in meinem Leben auch schon viele Hochs und Tiefs miterlebt. Ich bin mittlerweile 45 und habe so manche Lektionen lernen müssen. Ich habe einige Menschen kennengelernt, an denen ich wohl besser vorbeigegangen wäre, aber auch die, die mein Leben erst lebenswert gemacht haben. Ja, es gab wirklich Menschen, denen spreche in meinen Erfolg von heute zu. Dank ihnen, bin ich in der Lage mein Leben heute mit den Dingen zu füllen, die mein Herz täglich zum strahlen bringen, auch wenn ich natürlich nach wie vor Herausforderungen meistern muss.

Alles fing bei mir an in der Schule als Teenager. Ganz entgegen dem Bild, das ich heute vermittle, war ich damals eher das Mauerblümchen als die Rampensau. Ich hatte kaum Freunde, verzog mich lieber in meine Comicbücher und tobte mich in meinen Zeichnungen aus. Die Nachmittage verbrachte ich unheimlich gerne in unserem Garten. Ich wurde als Tochter von deutschen Auswanderern in Schweden geboren. Meine Eltern kehrten schon 1967 Deutschland den Rücken und wir bezogen eine unheimlich schönes und großes Landhaus außerhalb von Malmö. Ich war ein Einzelkind, daher wurde mir auch immer viel abverlangt. Gute Noten, Fleiß und Gehorsamkeit waren das Ultimo.

Mit 19 zog ich aus, zunächst in eine WG mit ein paar Freunden, dann ungefähr zwei Jahre später zu meinem damaligen Freund. Dieser war ein Sportler wie er im Bilderbuch stand; also so komplett das Gegenteil von mir. Ich war eher etwas gemütlicher, machte mir nichts aus Sixpacks und einem definiertem Körper. Meine Ausdauer reichte bis zum Supermarkt und mit vollen Tüten wieder zurück. Wenn ich allein für dein Einkauf zuständig war, dann nahm ich auch immer lieber das Auto. Wenn wir gemeinsam gingen, dann wurden die Fahrräder dafür genutzt.

Mein Freund trimmte mich immer mehr darauf, meinen Körper als was Tolles anzusehen. Doch wer jetzt denkt „aber ein Partner sollte dich so lieben wie du bist", der hat zwar recht, aber liegt dennoch falsch mit seiner Annahme, dass es totaler Zwang und pure Folter für mich war. Eigentlich tat er mir nämlich einen Gefallen mit seinem Push. Ich wusste um meine Figur und auch um meine gesundheitlichen Probleme, die damit kamen. Ich war wirklich nicht happy mit dem was ich jeden Morgen in meinem Badezimmerspiegel zu sehen bekam. Ich wog bei einer Größe von 1,75m, 110 Kilogramm. Ich hasste es, dass meine Oberschenkel aneinander rieben, dass ich unglaubliche Schwierigkeiten hatte, schöne Kleidung für mich zu finden, ohne dass ich in die Übergrößen-Abteilung gehen musste. Mein Bauch war wabbelig, meine Brüste dafür im Verhältnis viel zu klein. Meinem Freund blieb meine Unzufriedenheit das natürlich nicht vorenthalten und er bot mir irgendwann an, mich als Personaltrainer zu trainieren. Er wollte sich ohnehin damit ein Business aufbauen, da kam ihm eine Klientin zu Referenzzwecken überhaupt nicht ungelegen.

Ich hatte mich immer gefragt, was mein Freund an mir liebte. Ich entsprach so gar nicht dem typischen Beuteschema, dass man Männern dieser Sorte zutraute. Ich war eher zurückhaltend, eher in mich gekehrt, hatte null Interesse in seine Sportaktivitäten und konnte mit seinem Lifestyle so nichts anfangen. Dennoch war es bei uns aber aus unerklärlichen Gründen Liebe auf den ersten Blick als wir uns das erste Mal sahen. Ich denke, manchmal hat man einfach so eine Art unterbewusste Verbindung zueinander; es macht Klick, die Chemie stimmt. Trotz der rationalen Unterschiede was unsere Interessen betraf, funktionierten wir sofort auf intellektueller Ebene. Er war der Art

Freund, mit dem man bis in die Puppen quatschen konnte, mit dem ich mich mit einem Glas Wein über Gott und die Welt unterhalten konnte. Getoppt wurde dies dann noch mit seinem Aussehen – und unglaublich gutem Sex. Für mich also definitiv ein Gewinn.

Jedenfalls, um zurück auf den Punkt zu kommen: Ich willigte in das Personaltraining ein und er nahm mich auch gleich hart ran. Er stellte mir einen Diätplan in Kombination mit einem Sportprogramm zusammen. Ab sofort wurden Zucker und Kohlenhydrate aus unserem Haushalt verbannt. Mir wurde es nicht mehr gestattet (!) Schokolade und anderes Knabberzeug zu kaufen und auch Fast Food verabschiedete sich aus meinem Leben. Stattdessen wurde auf einmal jeden Abend frisch gekocht; manchmal, wenn wir faul waren auch gerne für mehrere Tage. Mein Sportplan sagte mir, dass ich am Anfang mindestens dreimal die Woche Sport machen musste; später wurde das auf fünfmal, dann auf jeden Tag hochgesetzt. Und es funktionierte tatsächlich. Die Pfunde purzelten im Nu und nach ein paar Monaten konnte ich schon große Veränderungen feststellen. Die Kleidungsgrößen gingen nach unten, mein Selbstbewusstsein hingegen stieg. Mir fiel extrem auf, dass ich immer lauter wurde. Ich liebte es plötzlich mich mit Menschen zu unterhalten, Komplimente abzusahnen und auszuteilen und ich stellte auch fest, dass ich mit immer mehr Menschen auch auf intellektueller Ebene wunderbar funktionierte. So skurril es sich anhörte, ich war in der Lage Gespräche zu führen, die sogar über Small-Talk hinausgingen. Ich hatte meinem Freund somit viel mehr zu verdanken, als nur einen neuen Körper in dem ich mich pudelwohl fühlte. Es war da nämlich plötzlich auch ein Soziales Netzwerk, dass nach und nach wuchs und damit etwas, dass mir lange Zeit in meinem Leben gefehlt hatte.

Im Sommer 2015 ging es dann für uns das erste Mal nach Brasilien. Wir hatten uns das erste Mal nach langer Zeit, nach zehn Jahren um genau zu sein, die Zeit genommen auszuspannen und damit einem Traum zu folgen, der uns über viele Jahre begleitet hatte. Rio de Janeiro war unser Ziel und damit auch die Hochburg der schönen Menschen. Wir verbrachten zwei Wochen in einem Bungalow, den wir uns dafür angemietet hatten. Was wir vorher nicht ahnten war, dass dieser Urlaub einen Startschuss für unser neues Leben setzen würde.

Eines Abends, wir waren gerade mit dem Vermieter unseres Bungalows beim Abendessen, als er uns erzählte, dass er ein Sportstudio besitzen würde, dass er aber aufgrund finanzieller Engpässe verkaufen würde. Das Business in der Stadt sei nicht einfach, obwohl doch gerade in Rio jeder auf seinen Körper achten würde. Die Touristen würden nicht genug abwerfen, die Konkurrenz sei hart und die Einheimischen hätten kein Budget für ein Fitnessstudio und würden sich eher mit Übungen ohne professionelles Equipment fit halten. Dieses Gespräch sollte mir und meinem Freund noch lange im Kopf bleiben, denn zwei Tage später sprach er mich nochmals darauf an. „Erinnerst du dich noch an die Story unseres Vermieters und dass er sein Fitnessstudio verkaufen wollte? Ich habe lange darüber nachgedacht und mir ist da so eine Businessidee eingefallen." Ich war zuerst verwundert, aber auch nur, weil ich gespannt darauf war, welche Businessidee er dazu ausgefeilt hatte. Zugegebenermaßen hatte mich auch ein Gedanke in der Art gepackt, jedoch ohne konkrete Idee. Er erklärte mir, dass er denke dass man als Personaltrainer hier ganz gut verdienen würde. Das aber unabhängig und ohne Studio. Individuellbetreuung für Touristen und die, die sich einen Personaltrainer leisten können und wollen. Das Studio unseres Vermieters zu übernehmen, war für uns zu heiß, denn es wird ja einen Grund gegeben haben, warum es bei ihm nicht funktioniert hatte. Ich fand die Idee gar nicht schlecht und so ein paar Jahre in Rio würde ich mir auch zutrauen. Noch in der selben Nacht recherchierten wir die Möglichkeiten und versuchten herauszufinden, wie denn die Chancen auf ein Visum hier stehen würden. Seit jeher ließ uns nun der Gedanke an Brasilien nicht mehr los. Nicht für den restlichen Urlaub, nicht für die Zeit danach. Als die Idee konkret wurde und wir uns vornahmen das Ganze nun wirklich anzugehen, stellten wir einen Immigrationsanwalt an, der uns bei all dem helfen sollte. Wir hatten keine Ahnung von der ganzen Bürokratie und wollten alles richtig machen. Diese Empfehlung kam auch von mehreren Seiten: Spare bloß nicht an falscher Seite!

Unser Anwalt erledigte einen guten Job und circa ein Jahr später, inklusive der Hausstandauflösung und all dem Organisatorischen, machten wir uns auf den Weg nach Brasilien. Wir hatten ein Budget, das uns für die nächsten sechs Monate über Wasser halten sollte, jedoch wollten wir uns darauf nicht ausruhen, zumal wir auch einiges in den Aufbau unseres Businesses investieren wollten. Flyer, Werbeanzeigen, eine neue Webseite und ein Imagevideo für das wir extra einen professionellen Videodesigner angestellt hatten. Wir schalteten auch einen Werbeblock im lokalen Radio in Rio, um unser Wort zu streuen. Die ersten Wochen und Monate lief es noch relativ schleppend an und wir hatten vorwiegend Touristen, die unsere Personaltrainer-Services buchten. Wir waren aber finanziell noch lange nicht im zuverlässigen schwarzen Bereich. Wir liessen uns auch sogar auf einer Fitness-Messe blicken und verteilten dort unsere Informationen. Die Rückmeldungen waren okay, jedoch nicht bahnbrechend, was uns letztendlich irgendwann mal zur Überlegung führte, ob unser damaliger Bungalow-Vermieter nicht vielleicht Recht hatte und der Markt viel zu sehr überrannt sei.

Richtig schlimm wurde es, als unser Auto daheim zerkratzt wurde und wir festgestellt hatten, dass unsere am Tag zuvor aufgehängte Werbung abgerissen und unsere Flyer aus den Läden, in denen wir sie ausgelegt hatten, verschwunden waren. Das sollte aber erst der Anfang einer Tortour sein, die sich noch über viele Monate hinziehen sollte. Wir waren am verzweifeln, wussten nicht mehr was wir machen sollten, da man zum einen nie herausgefunden hatte wer dahinter steckte und zum anderen, wurde wirklich jeder Schritt, den wir in Sachen Marketing machten, manipuliert. Wir mieteten kleine Yoga-Studios an um dort unsere Kurse zu halten, um am Abend die Nachricht zu erhalten, dass es doch nicht gehen würde. Zum Teil standen wir auch am gebuchten Tag mit unseren Klienten vor der Location, aber keiner tauchte auf um uns Eintritt zu gewähren. Es war einfach wahnsinnig mühselig und nervenaufreibend, denn dadurch verloren wir nicht nur Kunden, sondern auch mit jedem verstrichenen Tag Geld.

Wir waren ausgelaugt. Wir hatten uns schon gedacht, dass es nicht einfach sein würde, aber dass wir auf solchen Gegenwind stoßen würden, damit hätten wir wahrlich nicht gerechnet. Wir mussten also schnell eine Entscheidung treffen, was würden wir weiterhin tun? Zurück nach Schweden oder eine Alternative finden, damit es in Brasilien weiterhin funktionierte? Wir entschlossen in Brasilien zu bleiben, aber einen zweiten Versuch zu wagen – an einem anderen

Ort, der nicht so belebt und konkurrenzlastig war. Dieses Land hatte uns – abseits dieser schwierigen Zeit – schon so viel gegeben. Wir fühlten uns frei, verfolgten gemeinsam ein Ziel und zogen am gleichen Strang – mal ganz abgesehen davon, dass wir im Paradies lebten. Ich hatte so sehr das Gefühl, dass mein Freund und ich in dieser Zeit sogar noch mehr zueinandergefunden hatten, als es vorher der Fall war. Lebensumstände verbinden eben.

Diesmal machten wir aber unsere Hausaufgaben. Wir wendeten uns vorab an ein Tourismusbüro und liessen uns Informationen darüber geben, welche Regionen sehr beliebt bei Touristen und Einheimischen waren, jedoch businessmäßig nicht so überlaufen. Wir wandten uns auch an einen Branding-Spezialisten, der uns dabei half, uns gekonnt am Markt zu platzieren und uns zeigte, wie wir am effektivsten die Werbetrommel rühren würden. Er war Brasilianer, kannte den Markt und wusste wie der Hase lief. Und der Plan ging auf. Wir zogen in eine Stadt westlich von Rio und wagten einen Neuanfang. Der Umzug fand pünktlich zur Hochsaison statt, daher hatten wir gleich schon einen klasse Start und die Kunden rannten uns die Bude ein. Mit der Zeit wurden wir auch selbstsicherer in Workshops, feilten neue Programme aus und waren in der Lage immer besser auf die Bedürfnisse unserer Kunden einzugehen. Wir konzentrierten uns nun nicht mehr auf die Laufkundschaft, sondern arbeiteten mit Hotels und anderen Fitnessstudios zusammen. Wir streckten unsere Fühler auch an wohlhabende Menschen aus, die sich durch ihre Assistenten immer ein individuelles Programm zusammenstellen liessen. So mussten wir nicht jedes Mal erneut auf Kundenfang gehen, sondern die Kunden kam aufgrund von Empfehlung zu uns. Der Erfolg war uns wohlgesonnen; wir fühlten uns unbesiegbar. Im Schnitt hat jeder von uns heute täglich zwei bis drei Einzeltrainings, was uns auch erlaubt, unser Leben auch finanziell etwas lockerer zu sehen.

Rückblickend bin ich unheimlich stolz darauf, dass wir nicht aufgegeben haben und unseren Traum modifiziert, anstatt aufgegeben haben. Manchmal kommen wir einfach in Situationen, wo es am einfachsten scheint, die Reissleine zu ziehen und aufzugeben, jedoch ist das nie die Lösung. Zurückzugehen in mein altes Leben war für mich (für uns) nie eine ernstzunehmende Option, denn wir hatten Blut geleckt und bei anderen ja auch schon gesehen was alles möglich war. Ich würde Lügen, wenn ich sagen würde, wir hätten nicht auch nur mal kurz daran gedacht alles aufzugeben, was uns aber geholfen hat, war uns daran zu erinnern, dass wir mit der Auswanderung schon einen Schritt geschafft hatten, den viele so schon gar nicht gegangen wären. Wir hatten uns getraut, hatten Zuversicht und Vertrauen in unsere Skills und unser Angebot. Wir wussten was wir leisten konnten und waren vom Gefühl her unbesiegbar. Aus unserer Erfahrung können wir sagen, dass uns das Universum einen großes Geschenk gegeben hat, dass wir unser Leben so leben dürfen, wie wir es wollen. Es gibt Tausende Möglichkeiten, tausende Richtungen, in die man gehen kann – nur eine ist die falsche: zurück! Denn es gibt schließlich einen Grund, warum wir dort nicht mehr sein wollten.

Abschließend möchte ich Doris nochmals danken, dass ich mit meiner Geschichte Teil dieses tollen Projektes sein durfte. Ich unterstütze vollkommen ihre Mission, den Menschen zu zeigen, dass kein Erfolg aalglatt abgelaufen ist, sondern es immer Umwege gegeben hat, die man einschlagen musste. Das spannende ist, eigentlich weiß das ja auch jeder! Wir tendieren immer zuerst dazu auf den Teller der anderen zu schauen, bevor wir selbst tätig werden. Wir vergessen jedoch dabei viel zu oft, dass auf unserem eigenen etwas passieren muss um glücklich zu werden und dass vom Zuschauen allein nicht viel passiert. Ich wünsche dir deshalb, dass du diese Kraft für dich findest, denn das Leben ist viel zu schön in seinen Facetten, als es links liegen zu lassen.

Verena Huber im Kurzportrait:

Verena Huber ist freiberufliche Personaltrainerin und lebt mit ihrem Freund etwas außerhalb von Rio de Janeiro in Brasilien. Ihre Leidenschaft hat sie zum Beruf gemacht. Jedoch ist es nicht nur der Sport an sich der sie glücklich macht, sondern zumeist den Umgang mit den Menschen und den Persönlichkeiten, denen sie dabei helfen darf, sich in ihrer Haut wohlzufühlen. Ihre Freizeit verbringt sie gerne an der Coppa Cabana, aber auch auf Reisen in asiatische Länder. Außerdem engagiert sie sich mit vollen Herzen im Tierschutz für die Straßenhunde von Rio.

verenahuber@gmail.com

„Rückblickend bin ich unheimlich stolz darauf, dass wir nicht aufgegeben haben."

Verena Huber

#WIEHASTDUDASGEMACHT

NICOLE VANDIEKEN

◆◆◆

Planlos! Ich hatte ursprünglich überhaupt nicht vor, mich selbständig zu machen, denn schon in meiner Kindheit bekam ich relativ früh mit, wie sehr eine Selbstständigkeit das Familienleben vereinnahmen konnte. Mein Vater ist Einzelhandelsunternehmer mit einem Reitsportgeschäft und einem Sattlerbetrieb in einer Kleinstadt. Ich hatte daher den Luxus, jederzeit zu meinem Vater und auch zu meiner Mutter, die im Geschäft in der Buchhaltung und im Verkauf arbeitete, gehen zu können. Sie waren dadurch stets ansprechbar für mich. Der Nachteil war jedoch, dass die Kunden auch irgendwann unser Familienleben bestimmten. Wir wohnten in der Nähe eines ehemaligen Grenzübergangs, über den die LKWs nur mit intakter Plane fahren durften. Mein Vater, und früher auch mein Opa, wurden somit rund um die Uhr angerufen, um sofort zur Autobahn hochzufahren und entsprechend Planen zu reparieren. Manchmal kam mein Vater bei Regen und Sturm erst nachts um 2 Uhr nach Hause und musste dann gleich erneut los.

Der Kunde ist König – Wie es sich im Business gehört, war das natürlich auch unser Motto und somit ein Glaubenssatz, den ich von Anfang an abspeicherte. Im Reitsport hingegen fanden die Turniere an Wochenenden statt, so kam es dann auch vor, dass Sonntag morgens um 6 Uhr die Türklingel unnachgiebig von Kunden genutzt wurde um Notkäufe im Geschäft tätigen zu können. Auslieferungen und Kunden nach Feierabend führten dazu, dass mein Vater sich häufig verspätete und wir Kinder allein ins Bett gingen. Meine Eltern hatten aufgrund ihres Arbeitspensums keine Zeit, sich nachmittags mit mir zu beschäftigen. Ich hatte dafür viele Freiheiten und übernahm schon sehr früh Selbstverantwortung. Ich hatte immer viele Freunde und meinen kleinen Bruder, so langweilte ich mich nie und genoss diese Freiheit auch. Meine Mutter und mein Vater sind beide sehr jung Eltern geworden. Mein Vater war zunächst angestellt bei meinem Opa. Die neuen Ideen und Änderungen, die mein Vater früher gern eingebracht hätte, waren aber nicht gern gesehen. Und als mein Vater den Laden nach vielen Jahren übernahm, waren es Zeiten des Umbruchs, die Grenze wurde geöffnet und vieles änderte sich, was die Existenz für einen selbständigen Unternehmer nicht leicht machte. Als Jugendliche nahm ich sehr stark die Abhängigkeiten von den Kunden war, die Rechtfertigung meines Vaters vor meinen Großeltern und überhaupt das ständige und viele arbeiten um finanziell nicht in eine Krise zu geraten. Mit den Jahren ging auch der Humor meines Vaters immer mehr verloren. Wir Kinder spürten natürlich die Anspannung, die sich auch aufs Familienleben auswirkte und letztendlich auch zur Scheidung meiner Eltern führte. Als Familie waren wir nur wenige Male im Urlaub. Aus zeitlichen und finanziellen Gründen war das einfach nicht möglich. Unser größter Luxus waren zwei eigene Pferde, mit denen ich täglich viel Zeit verbrachte.

Ich für meinen Teil hatte mir Unabhängigkeit gewünscht. Ich wollte Selbstbestimmung leben und ich wollte reisen. Aber wie und womit? Komischerweise hatte ich als Reiterin meist konkrete Ziele was das nächste Turnier anging, denn um zu dort zu starten, musste man sich sechs Wochen vorher anmelden und sich auch für die Turniere qualifizieren. Aber im Berufsleben war das für mich alles nicht so einfach. Nach dem Abitur stand da immer dieses große Fragezeichen. Das Internet war damals kein Thema und Bewerbungen wurden noch von Hand geschrieben. Als Einstieg in die Berufswelt wählte ich einen Bürojob, da ich schon immer gerne das Schreiben auf der Schreibmaschine lernen wollte. Gelernt habe ich das allerdings bis heute nicht.

Heute bin ich selbständige Online-Unternehmerin und habe Anfang 2017 einen eigenen Onlinekongress komplett in Eigenregie erfolgreich auf die Beine gestellt. Innerhalb von vier Monaten von der Homepage über den Videoschnitt bis zu den Kongresspaketen. Als Frequenzcoach unterstütze ich nun online hochsensible Mütter und Kinder darin, ihre Neurodermitis loszuwerden und sich trotz ihrer Hochsensibilität physisch, geistig, emotional und spirituell gesund zu fühlen und zu bleiben. Mit 1:1 Coachings, also von Angesicht zu Angesicht, Onlineprogrammen und Onlinekursen habe ich meinen Weg gefunden, vielen Menschen weltweit zu helfen, selbstbestimmt und unabhängig zu leben. Vorher arbeitete ich als Financial Consultant für eine große Hamburger Unternehmensberatung, nachdem ich einige Jahre als Bankerin in der Wohnungsbaufinanzierung tätig war. Die Fähigkeit, mich sehr schnell in verschiedenste Themen einzuarbeiten, kam mir schon sehr oft zugute, jedoch wird mir leider auch sehr schnell langweilig. Allein der Gedanke daran, viele Jahre in einer Firma zu arbeiten oder in einer Stadt an einem Fleck zu leben, liegt mir überhaupt nicht.

Von klein auf habe ich schon sehr gerne mein Zimmer umgeräumt, um einfach etwas Neues zu schaffen. Insbesondere wenn es mir nicht gut ging oder wenn ich traurig war, fing ich an aufzuräumen und alles wegzuschmeißen, was ich nicht mehr brauchen konnte – das mache ich auch heute noch so.

Der plötzliche Tod meines kleinen Bruders nach einem Motorradunfall verstärkte mein Bestreben, schnell vieles erledigen zu wollen. Anstatt das Leben mit allen Sinnen zu genießen, wurde ich zum Jongleur. Ich jonglierte mit den Bedürfnissen meiner Familie, fühlte mich doch für den Zusammenhalt verantwortlich, und mit meinen eigenen. Pendelnd zwischen Münster und Braunschweig und einem Lebenspartner mit kleinem Kind, einem nebenberuflichen Bachelorstudium, dem Bau unseres Hauses und dem Wunsch, mich hin und wieder auf mein Pferd zu setzen, war das alles für mich als hochsensible Person eine emotionale Herausforderung. Mein Selbstwertgefühl war jahrzehntelang am Boden zerstört, denn ich hatte immer ein ganz anderes Selbstbild als das Bild, dass von außen an mich herangetragen wurde. Freunde und Verwandte nahmen mich stets als sehr zielstrebig, als Workaholic mit etlichen Fort- und Weiterbildungen wahr und empfahlen mir nur allzu oft einfach das Leben zu genießen. Ich stattdessen fühlte mich eher faul, was dazu führte, dass ich stets alles mit besonderer Sorgfalt und Schnelligkeit erledigen wollte, sehr zur Freude meiner Arbeitgeber und Projektleiter. Ich war es gewohnt, einen Auftrag zu erhalten, musste aber immer selbst herausfinden wie dieser sich realisieren ließ. So musste ich unter anderem auch Konzepte entwickeln, um in der Finanzinformatik Zahlungsvorgänge zu testen – was irgendwann dazu führte, dass ich aufgrund der hohen Belastung auf einen physischen Knock-Out zusteuerte.

2005 hatte ich einen heftigen Hörsturz, wodurch ich einige Wochen auf meinem linken Ohr fast taub war. 2007 arbeitete ich dann in einem Projekt, das mich unterforderte. Mein Körper war es, der mir ein Zeichen gab, dass das nun der richtige Zeitpunkt für eine Auszeit war. Ich wurde schwanger und meine Prioritäten änderten sich fortan grundlegend. Mein ganzes Leben lang bis zum Tod meines Bruders galt ich als Frohnatur, als unkompliziert und für viele Späße zu haben, wenn auch eher konservativ. Sowohl für Freunde als auch Kollegen aus der Bank war mein Lächeln und meine Fröhlichkeit stets ausschlaggebend für meine Spitznamen. Aber ab sofort war ich gestresst, genervt, traurig und gelangweilt. Ich machte mir immer mehr Gedanken darüber, was wirklich wichtig ist im Leben und dass reines Geldverdienen nicht alles sein konnte.

Meine kleine Tochter kam per Notkaiserschnitt im Spätsommer zur Welt und musste auf die Intensivstation wegen schlechter Herztöne. Schon während der Schwangerschaft freute ich mich so sehr auf ein ganzes Jahr voller Freude und selbstbestimmter Zeit mit unserer Tochter. Dieses Erlebnis lehrte mich aber, früh Eigenverantwortung im zu übernehmen und dafür sämtliche bisherigen Überzeugungen zu hinterfragen und viele Alltagsdinge wie Schlafen, Essen, Trinken und Kommunikation direkt zu ändern. Erst 16 Stunden nach der Geburt durfte ich unsere Tochter sehen und das erste Mal auf den Arm nehmen. Die Ärzte waren anfangs sehr besorgt, jedoch stellte sich hinterher heraus, dass glücklicherweise alle Aufregung umsonst war und die Herztöne völlig normal waren. Der Kardiologe erklärte uns nach sechs Wochen, dass es vermutlich nie einen ernsten Grund für diese Aufregung gegeben hat. Mit drei Monaten bekam unsere Tochter dann die sechsfache Impfung und innerhalb von zwölf Stunden heftigste Neurodermitis. Eine sechsmonatige Odyssee begann. Sie war im Gesicht und an den Oberschenkeln blutig bis aufs Fleisch. Meine Familie war natürlich auch sehr besorgt und äußerte viele Befürchtungen über mögliches späteres Asthma und Allergien. Ich persönlich kannte bis dato keine Homöopathie, keine Kinesiologie, Laserakupunktur, Aufstellungs-arbeit oder Heilpraktiken. Wir verbrachten die folgenden sechs Monate jede Woche viele Stunden in Wartezimmern, Behandlungsräumen und Apotheken. Wir gaben tausende von Euros für Cremes, angeblich hilfreiche Utensilien und Behandlungen aus. Ich weinte viel und machte mir viele Sorgen. Dazu kam, dass sich unsere Tochter von niemanden, phasenweise nicht einmal von ihrem Vater, auf den Arm nehmen ließ und rund um die Uhr meine Nähe brauchte. Selbstverständlich wollte ich alles tun, was in meiner Macht stand, um mei-nem Kind den Juckreiz zu nehmen, damit sie schlafen konnte und ihre Schmerzen gelindert wurden. Ich versuchte wirklich alles, damit ihre Haut hin und wieder abheilte und die Neurodermitis möglichst verschwand. Es war nicht einfach als Laie, aber ich habe niemals daran gezweifelt, eine Lösung zu finden. Ich habe nie aufgegeben. Ein großer Bestandteil ihres Heilungsprozes-ses war, dass ich letztendlich eigenverantwortlich die Ernährung meiner Toch-ter umstellte und sie innerhalb von drei Monaten komplett symptomfrei war.

Als angestellte Projektleiterin konnte ich zu dieser Zeit meistens von zu Hause arbeiten, war aber auch viel unterwegs, weshalb meine Tochter oft be-reits morgens um 6 Uhr bei der Tagesmutter war und manchmal sogar dort übernachtete, wenn ich in Düsseldorf oder München festsaß. Erfahrung mit mehrfachen schweren Mittelohrentzündungen und lebensbedrohlichen Lun-genentzündungen bei meinen beiden Töchtern haben mich über die Jahre im-mer wieder dazu gezwungen, eigenverantwortliche Lösungen zu finden, da die übliche Herangehensweise der empfohlenen Medizin zu immer häufigeren In-fekten führte. In der Schulmedizin geht es um Symptombekämpfung und nicht darum die Ursache herauszufinden und ganzheitlich auf allen Ebenen eine Heilung zu erzielen. Insbesondere bei Kindern sind die Ängste der Mutter nicht unerheblich für die Genesung des Kindes. Der kleinste Husten löste bei mir sofort Ängste in Bezug auf die Gesundheit meiner Kinder aus und über die Jahre auch Frust, was Termine wie Geburtstagseinladungen anging. Andere Verabredungen hatten sowieso kaum noch Raum.

Ich machte in der Elternzeit meiner kleinen Tochter eine Ausbildung zur 5-Elemente-Ernährungsberaterin, zum smoveyCOACH® und zum Master AN-

GEL LIFE COACH®. Ich bildete mich weiter in CQM, Matrix, Aromatherapie, Chakren lesen, schamanischen Meditationen, usw. Letztendlich entschloss ich mich, nach der Elternzeit meiner zweiten Tochter für meine Selbstständigkeit als Ernährungsberaterin. Die Vorstellung, wieder in einem Großraumbüro zu fremdbestimmten Zeiten zu arbeiten, war für mich unerträglich geworden. Mein Bewusstsein hatte sich aber mit zunehmenden Aha-Momenten exponentiell gesteigert. Unser Fernseher wurde abgeschafft und ich verstand plötzlich, warum ich intuitiv seit jeher keine Zeitungen las. Ich bin hochsensibel und dazu Scannerin. Das sind Eigenschaften, mit denen ich neuronal wesentlich mehr Informationen verarbeite als nicht hochsensible Menschen das tun. Und zwar auf allen Ebenen: physisch, emotional, geistig und spirituell. Meinen Kindern habe ich das ebenfalls weitergegeben. Meist wird Hochsensibilität als Bürde empfunden, weil der Alltag viele Herausforderungen mit sich bringt, mit denen man als Hochsensible den Umgang erstmal erlernen muss. Das geht für uns ausschließlich über eine Bewusstseinserweiterung, das heißt, raus aus der Illusion! Jeder erschafft sich selbst seine Realität und lernt, bewusst im Jetzt zu leben. Mir wurde es auch irgendwann zu anstrengend, wenn Klienten noch abends in mein Büro zu mir nach Hause kamen. Meine Kinder mussten pünktlich im Bett sein, das Haus aufgeräumt und geputzt sein. Das Büro picobello. Insbesondere der Stress für die Kinder und meine eigene Anspannung, dass machte mich unleidlich und ich musste eine Lösung dafür finden.

Ich hatte bereits 2012 meine eigene Homepage erstellt, allein mit einem Baukastensystem von Jimdo, was ich recht einfach fand. Das gesamte Jahr 2015 verbrachte ich dann damit, die Internetwelt zu verstehen. Ich begann zu recherchieren, lernte gängige Vokabeln, beschäftigte mich mit Wordpress, Themes, Plugins, Leads, Leadpages, Content, Leadmagnet, Funnel, E-Mail Marketing, Facebook-Ads, Xing und allem, was so dazugehört. Ich hatte mich allein in Wordpress eingearbeitet, nutzte YouTube für ausführliche Tutorials und Erklärungen. Sieben Monate später hatte ich dann zwar eine schicke neue Homepage, aber noch keinen einzigen Klienten. Da ich mittlerweile einige Online-Coaches auf Facebook verfolgte und mir klar wurde, dass eine erfolgreiche Businessgründung ohne ein Coaching noch viel länger dauern und somit kostspieliger werden würde, schrieb ich mich in zwei verschiedene große

Coachings ein. Das erste zielte auf technische Feinheiten ab und zeigte mir, wie ich genau leadoptimierte Webseiten aufbaue und wie Anzeigen auf Facebook funktionieren. Videoschulungen, Webinare und ein Präsenztraining, das offline stattfand, brachten mir alles Notwendige dafür bei. Das führte dazu, dass ich meine selbstkreierte Homepage komplett neu aufsetzte. Ich wurde immer schneller im Umgang, da ich mich mittlerweile gut auskannte und somit keine Probleme hatte, die Anleitungen technisch umzusetzen. Nach diesem für mich recht kostspieligem Coaching hatte ich zwar einige Zusammenhänge besser verstanden, aber keine Klienten. Das zweite Coaching-Programm war ein Onlinekurs aus den Vereinigten Staaten, der sehr detailliert erklärte, wie ich VIP-Tage für meine zukünftigen Klienten vor- und aufbereiten sollte. Ich selbst liebe es, schnell alle wichtigen Informationen zu erhalten und ans Arbeiten zu kommen, was ich mir natürlich auch für meine Klienten wünsche. Onlinekurse sind super, aber noch besser ist es, einen Tag mit einer Person zu verbringen, die einem konkret alle Fragen beantworten kann, die einen effektiv weiterbringen. Das halte ich für sehr wertvoll in Bezug auf das Wachstum eines jeden Unternehmers.

Das technische Know-how von Wordpress mit Optimizepress bzw. Thrive Themes fiel mir mittlerweile leicht und ich ertappte mich immer wieder dabei, wie ich meine Seiten optimierte. Nebenbei recherchierte ich stets die gesundheitlichen Themen, die mich gerade interessierten, schrieb Blogartikel oder machte Facebook-Live-Videos. Meine Sichtbarkeit stieg. Was mir wirklich fehlte, war, mein Wissen in eine digitale Form zu packen. Ich schrieb bereits verschiedene kleine E-Books mit Ausschnitten meines Wissensschatzes, jedoch hatte ich mir noch nicht die Zeit genommen, mich endlich hinzusetzen und einen Onlinekurs bzw. ein Onlineprogramm zu kreieren. Ich hatte noch nicht einmal ein Konzept parat. Stattdessen hielt ich mich auf Facebook auf und kümmerte mich um meine Sichtbarkeit. Ich hatte einfach Angst, noch nicht gut genug zu sein!

Scanner haben die Eigenschaft, sich für viele Themen begeistern zu können und mögen es überhaupt nicht, wenn sie sich entscheiden müssen. Alles ist interessant und als hochsensible Scannerin vertiefe ich mich sehr gerne in die unterschiedlichsten Themen. Die Neurobiologie finde ich seit jeher hochspannend, die Mikrobiologie und die Spiritualität sowie viele weitere Themen aber auch. Mir ist es sehr wichtig, Zusammenhänge zu verstehen und dann mit Leichtigkeit anzuwenden. Durch das tiefe Verständnis fällt mir auch die Integration in den Alltag wesentlich leichter. Ich weiß, warum ich mich auf meine Art und Weise ernähre, warum ich Morgen- oder Abendrituale mache, warum ich mich auf das konzentriere, was ich möchte und nicht mehr auf das, was ich nicht möchte. Jeden Tag habe ich unendlich viele kreative Ideen, sowohl was mein Business als auch, was mein Privatleben angeht. Die größte Schwierigkeit war, sich immer wieder zu entscheiden. Das fiel mir erst leichter, nachdem ich mich vor ein paar Jahren mit den Büchern von Barbara Sher befasst hab, die mir eine neue Sichtweise vermittelten. Plötzlich musste ich mich nämlich gar nicht mehr entscheiden. Denn ich kann alles machen, nur nicht gleichzeitig! Ich arbeite nun viel in Projekten und im September 2016 entschied ich mich endlich für mein bisher größtes Projekt. Ich organisierte meinen ersten eigenen Onlinekongress. Relativ zeitgleich entschied ich mich dazu, ein immens wertvolles Coaching in Anspruch zu nehmen, dass mich im Bereich Onlinemarketing so richtig fit machen sollte. Mich beschäftigten in meinem Businessalltag also zwei sehr wichtige Projekte gleichzeitig. Privat hatte ich mich dann auch noch um einen Haushalt, einen riesigen Garten und zwei wundervolle Mädchen zu kümmern. Mein Privatleben wurde in dieser Zeit sehr strapaziert, so dass mein Mann sehr viele Alltagsroutinen übernahm, um mich in dieser Zeit zu unterstützen. Ich schrieb ein paar meiner Wunschbotschafter für den Kongress an, denn ich wusste sofort, was das Thema des Kongresses sein sollte: "Emotionale Balance und Gesundheit für Mütter und Kinder mithilfe der Engel und Lichtwesen". Emotionen, insbesondere Angst und Unsicherheit, sind der Nährboden für viele Krankheiten. In den vergangenen Jahren habe ich genau in diesem Bereich umfassende Erfahrungen gemacht, sehr viel gelernt und erfolgreich umgesetzt sowie an Klienten vermittelt.

Die Kinder in der heutigen Zeit haben andere Herausforderungen als Kinder in den 70ern, den 60ern oder gar in den 40er Jahren. Das Verständnis, insbesondere für hochsensible Kinder und Mütter, ist oft nicht nachvollziehbar. Das Thema ist nicht neu, in den 20ern war es bereits unter dem Begriff Introversion bekannt. Heutzutage ist der Ausdruck introvertiert in einem anderen Konsens eher negativ behaftet. Großeltern verstehen weder das Verhalten noch die Unverträglichkeiten oder Allergien, die viele Kinder heutzutage haben. Auch Mütter und Väter sind oft überfordert von den Bedürfnissen und Fähigkeiten ihrer Kinder. Erziehung ist in vielen Haushalten noch wichtiger als die Beziehung. Bildung findet nach veralteten Prinzipien statt, anstatt die Weisheit und Neugierde aller Kinder zu nutzen und durch freies Lernen wesentlich umfassender und nachhaltiger zu fördern. Albert Einstein hat bereits mathematisch die Materie erläutert, Burkhard Heim hat darauf aufbauend mathematisch den zwölfdimensionalen Hyperraum dargelegt, indem die geistige und materielle Wirklichkeit abgebildet ist. Mathematik ist rational, auch wenn diese Erkenntnisse nicht leicht zu verstehen sind, denn jahrhundertelang wurden wir mit einem anderen Wissen erzogen. Über Jahrhunderte war nur das gültig was wissenschaftlich bewiesen werden konnte. Nur physisch greifbares, hatte Relevanz. Mittlerweile ist die Psyche in den Vordergrund getreten und viele Beschwerden werden auf psychische Instabilität zurückgeführt. Das wir Menschen aus Licht bestehen, Materie ist nichts weiter als die Verdichtung von Licht, und dementsprechend Licht unser Lebenselixier ist und uns in den unterschiedlichen Frequenzen umgibt, wird nach wie vor in die esoterische, nicht nachvollziehbare Schublade gelegt. Dank neuester Technik kann das von den Zellen abgestrahlte Licht jedoch gemessen werden. Die verschiedenen Energiefelder die den physischen Körper umgeben und in Wechselwirkung stehen, können seit langem bildlich dargestellt werden.

Als meine Wunschbotschafter zusagten, legte ich den Termin fest und hatte nun einen gewissen Druck. Ich hörte mir den Podcast von Swantje Gebauer an und optimierte meine technische Ausstattung. Die Interviews, die ich für meinen Kongress vorbereitete, waren aufregend für mich, insbesondere eins, das ich sogar auf Englisch führen musste. Aber es half ja nichts, ich hatte mich entschieden und nun gab es keinen Weg mehr zurück. Ich führte nicht nur die Interviews alle selbst, sondern schnitt auch alle Videos, setzte die Interviewseiten auf und kümmerte mich ebenfalls um die gesamte Technik. Es kostete mich viele Nachtschichten und die letzten vier Wochen vor Kongressstart waren nochmals enorm kräftezehrend. Ich schwankte zwischen Erschöpfung, Panik und freudiger Erwartung sowie auch Dankbarkeit für all die wunderbaren Begegnungen, die ich durch die Interviews erfahren habe.

Mein Onlinekongress ging planmäßig online und ich beantwortete täglich hunderte E-Mails. Leider haben sich die ersten Tage sehr viele Teilnehmer mit der Passworteingabe schwer getan. Eine Sache, die ich beim Relaunch definitiv anders machen werde. Viele Rückfragen und ein ausgebuchter Terminkalender waren das Resultat meiner harten Arbeit. Zum Start des Kongresses waren es circa 400 Anmeldungen. Aus Zeitmangel habe ich Facebook-Anzeigen in Auftrag gegeben und habe mich nicht selbst darum gekümmert. Anfang Januar, circa sechs Wochen vor Kongressstart, wollte ich mit der Bewerbung starten, doch dann brach leider meine Kongressseite zusammen. Da ging der Stress erst richtig los, denn es hat 14 Tage gebraucht, bis ich alles wieder repariert hatte. Ich hatte mit sämtlichen Support-Teams von meinem Webhoster, Wordpress und Plugins gechattet, die Nächte durchgemacht und auch diese Krise gemeistert. Die 14 Tage fehlten trotzdem und so machte ich einige Abstriche was Statistiken und Werbemöglichkeiten anging. Während der Kongresswoche stieg die Teilnehmerzahl dann durch Empfehlungen meiner Experten, meiner Teilnehmer und die Facebook-Anzeigen auf circa 2500. Es half mir enorm, meine Entscheidungen und Termine offiziell zu machen, denn erst durch das Commitment wurde ich wirklich produktiv und sichtbar.

Der Onlinekongress wurde sehr gut angenommen. Es wurden viele Kongresspakete gekauft und mein Umsatz schoss innerhalb von acht Tagen durch die Decke. Das Geheimnis dahinter war, dass ich es so gemacht hatte, wie ich es wollte und wie ich es zeitlich umsetzen konnte. Ich habe den größtmöglichen Nutzen für die Teilnehmer im Fokus gehabt. In jedem Interview, in meinen spezifischen Coachings, die unter anderem dazu dienten, meine eigene Arbeit und mich besser kennenzulernen. Neben den Interviews, die zur Verfügung standen, ebenso in den Live-Videos und Webinaren habe ich mich stets in die Lage des Zuschauers versetzt und habe dadurch treue Teilnehmer gewonnen. Die interessierten Teilnehmer wurden zu Käufern des Kongresspaketes, buchten Coachings und nehmen meine Angebote gerne an. Meine Authentizität und der Mehrwert der Interviews waren mir wichtiger als einige Maßnahmen wie Suchmaschinenoptimierung, analytische Auswertungsmöglichkeiten, umfangreichere Bewerbung oder stärker verkaufsoptimiertes Marketing. Es ist wirklich alles toll gelaufen. Ich war im Flow. Ich hatte meine Angst überwunden und war mit einem umstrittenen spirituellen Thema an die Öffentlichkeit gegangen, was sehr wichtig für meinen Entwicklungsprozess war. Ich habe von so vielen fremden Menschen positives Feedback zu meiner Ruhe und Natürlichkeit in den Live-Videos und Webinaren sowie dem ganzen Kongress erhalten, dass ich keine Ausreden mehr hatte, nicht weiter produktiv zu sein.

Was mir enorm half, war ein Urvertrauen in mich selbst und die Einstellung, das alles zur rechten Zeit passieren würde, dass die wichtigen Informationen zur rechten Zeit am rechten Ort parat waren. Ich blieb mir selbst treu, das war mein Geheimnis. Mich selbst zu finden war dabei wohl die größte Herausforderung. Mir wurde von klein auf gesagt, dass ich immer sehr gut delegieren konnte, jedoch hatte das für mich aber irgendwie immer einen negativen Touch. Daraus folgte dann, dass ich dazu tendierte, alles alleine zu machen, sowohl privat als auch beruflich. Wenn ich damit überfordert war, hatte ich es stets als Schwäche empfunden. Mittlerweile nutze ich diese Eigenschaft für mich und arbeite mit einer Assistentin zusammen, vielleicht irgendwann sogar mit einem Team, das mich unterstützt. Ich möchte mich auf das wesentliche konzentrieren und Hilfe annehmen, somit gebe ich meiner Kreativität Raum, die Möglichkeit sich zu entfalten und mein Privat- und Businessleben kollidieren nicht länger. Natürlich wollte ich in diesem Flow bleiben, weiter produktiv sein und mein Wissen weiter digitalisieren. Es wurde sehr anstrengend, weil ich für meine persönlichen Bedürfnissen keinen Raum mehr hatte. Mein Körper sendete mir eindeutige Signale: Graue Haarsträhnen, Müdigkeit, Gereiztheit und andere physische Beschwerden, die mich nach vier Jahren erstmalig wieder eine Arztpraxis betreten ließen. Und das für Untersuchungen, für die ich anschliessend eigenverantwortlich verstärkte Maßnahmen ergriffen habe. Meine Kinder unterstützen mich intuitiv und sorgen für Auszeiten von meinem Laptop, wenn manchmal auch unfreiwillig.

Der weibliche Rhythmus kann uns wunderbar unterstützen, wenn wir ihn verstehen und uns in allen Lebensbereichen darauf einlassen. In unserer Gesellschaft ist das im Berufsleben normalerweise überhaupt nicht möglich, sodass ich diesem Bedürfnis erst in meiner Selbständigkeit, insbesondere im Online-Business viel mehr Raum geben konnte. Es gibt Apps, die mir helfen, meinen individuellen weiblichen Rhythmus besser kennenzulernen. Idealerweise plane ich damit meine Ruhe-, Kreativ- und Produktivzeiten entsprechend nach meinem Rhythmus. So erlebe ich mehr Leichtigkeit und weniger Anspannung, ich bin kreativer und belastbarer. Privat bin ich immer diejenige, die gerne alles selbst erledigt. Die Kongresszeit hat mich insbesondere gelehrt, dass nicht perfekt zu sein meistens entspannter ist. Stress ist überaus destruktiv und wirkt sich unmittelbar auf meine Gesundheit, meine Kreativität, meine Spontaneität und die Familienharmonie sowie mein Business aus. Die Akzeptanz meines Rhythmus hilft mir, loszulassen und dem Lauf des Lebens zu vertrauen. Ich liebe es, kreativ zu sein. Ein Zeichenkurs, Fotografiekurs und auch ein Pilotenschein stehen unter anderem auf meiner Wunschliste. Indem ich mit meinen Kindern zeichne oder die Natur beobachte, habe ich unzählige Ideen, die ich noch umsetzen möchte. Ich bin mir auch der Bedeutung von Dankbarkeit sehr bewusst. Das hilft mir beispielsweise, wenn ich unzufrieden mit meinen Projekten bin. Ich kann leichter aufstehen, eine Runde durch den Garten gehen, bewusst durchatmen und Prioritäten setzen. Das wiederum führt dazu, dass ich auch meine hochsensiblen Filter entlaste. Meine Ideen gehen nicht verloren, ich führe Journale, die sich sehr schnell füllen und Online-Tools, die ich für Recherchen nutze, um jederzeit wieder darauf zugreifen zu können. Ich möchte immer sehr schnell mein Ziel erreichen und ärgere mich, wenn ich beispielsweise nicht schneller lesen kann. Darum höre ich mittlerweile zahlreiche Podcasts und zum Entspannen Hörbücher. Meine Kinder lieben Hörbücher ebenfalls. Und da sie 30 km entfernt in die Schule gehen, haben wir jeden Tag lange Fahrtwege, in denen wir nichts anderes tun, als uns auszutauschen, Hörbücher zu hören oder uns einzeln unseren Gedanken hinzugeben. Wir haben einige Alltagsroutinen, die jedem Familienmitglied seinen Freiraum ermöglichen, um insbesondere mit den hochsensiblen Eigenschaften gut umzugehen, besonders da, wo großes Konfliktpotential besteht.

Um produktiv zu arbeiten, hilft es mir nach wie vor Termine zu fixieren und mir Abläufe aufzuschreiben. Ich habe durch meine Coachings viele

Gleichgesinnte kennengelernt und mit dem ein oder anderen auch intensiveren Kontakt. Der Austausch, das Commitment und die gegenseitige Unterstützung, wie in Mastermind-Gruppen üblich, ist ein großer Mehrwert um Prozesse zu etablieren. Die Planung meiner Projekte mit Online-Tools erlaubt mir, fokussiert zu arbeiten. Zurzeit habe ich zwar keinen Coach, aber ich weiß, zu welchem Thema ich bei wem sehr effektive Unterstützung finde, sei es durch Onlinekurse oder persönliche Coachings. Inzwischen habe ich eine eigene Gesundheitsakademie, in der meine Mitglieder umfangreiche Informationen erhalten, um eigenverantwortlich ihre Gesundheit und ihr Wohlbefinden zu optimieren. Mit meinem Kongress habe ich Partner gefunden, die einen hohen Mehrwert für meine Klienten und für mich haben. Umgekehrt erhalten die Klienten meiner Partner ebenfalls Zugang zu meinem Wissensschatz.

Durch mein Business als Mompreneur habe ich nachmittags und abends Zeit für meine Familie. Meine Handlungsmöglichkeiten nehmen mir sämtliche Ängste, denen ich jahrelang ausgeliefert war. Ich habe mir in den letzten Jahren soviel Wissen angeeignet, dass ich sowohl als Coach / Mentor im Bereich Gesundheit, als auch als Webdesignerin oder virtuelle Assistentin und vieles mehr arbeiten könnte. Privat spreche ich über Gesundheit, denn Krankheiten, die mir früher Angst machten, gibt es im allgemein üblichen Kontext für mich nicht mehr. Ich wende so viele Kenntnisse aus der Baubiologie, Feng Shui, Radionik und Spiritualität in meinem Alltag an, um mein Wohlbefinden und das meiner Kinder zu optimieren. Ich lerne tagtäglich dazu und ich liebe es. Ein Coach von mir erklärte es mir einmal so: Wenn du jemandem helfen kannst durch deine Dienstleistung, du diese aber nicht anbietest, dann ist das unterlassene Hilfeleistung.

Ich weiß, dass jeder sich jederzeit entscheiden kann. Weder die Gene, noch sonstige Umstände sind dafür verantwortlich, was ich erlebe – weder gesundheitlich noch sonstiges. Was ich erlebt habe, insbesondere als Kind, prägt mich und emotional bewegende Erlebnisse wirken sich intensiv auf meine Gedankenwelt aus. Jedoch liegt es in meiner Verantwortung, was ich mit diesen Erfahrungen mache. Mein Gehirn arbeitet im Energiesparmodus. 99 Prozent aller Abläufe werden unterbewusst gesteuert. Wenn ich bewusst etwas anders machen möchte, wird sich mein Gehirn auf gar keinen Fall sofort davon überzeugen lassen. Denn dies würde einen sehr hohen Energieaufwand bedeuten. Also mache ich mir bewusst, was mir wirklich wichtig ist. Ich richte meine Energie, meinen Fokus darauf und bleibe konsequent. Nur durch Wiederholungen werden bewusst anstrengende Prozesse zu unbewussten energiesparenden Routinen. Manchmal geht es einfach und schnell, manchmal ist es schmerzhaft und langwierig, aber es ist stets meine Entscheidung!

Die Entwicklung vom gestressten Consultant mit 60-Stunden Woche, über eine besorgte Mutter, für die jeder Husten bereits Anlass genug war die Tasche für die Notaufnahme zu packen, zum Frequenzcoach für hochsensible Mütter war ein langer Prozess. Und mit vielen Sprüngen raus aus der Komfortzone verbunden. Als Kind habe ich mir vorgestellt wie ich einmal mit meiner Familie leben möchte. Die Selbständigkeit kam damals nicht in meinen Wünschen vor. Aber die Selbstbestimmung spielte eine grosse Rolle. Auf meinem Weg hat sich mein Bewusstsein von der Unbeschwertheit der Kindheit in eine mehrjährige Opferhaltung und schliesslich zum Designer des eigenen Lebens erweitert. Ich bin so neugierig auf das Leben, alles ist interessant und nichts ist wie es scheint. Jeder einzelne von uns hat das Potential und das Geburtsrecht gesund, glücklich & erfolgreich selbstbestimmt zu leben. Die neuen Kinder bringen Schwung in unsere Entwicklung. Die Hochsensibilität und all die Herausforderungen, die damit einhergehen, ist ein Wegweiser für die Veränderungen die sich in unserer Gesellschaft vollziehen, dies öffnet viele Türen. Ich bin dankbar für jede Erfahrung, sie haben mich geprägt und ich habe mich von vielem wieder befreit. Ängste kann ich dank meines Wissenschatzes nun besser transformieren, aber in erster Linie zeigen sie mir wo mein nächster Schritt in meiner Persönlichkeitsentwicklung getan werden kann, wo ich mich aus selbst kreierten Begrenzungen befreien kann – für mich und meine Kinder. Liebe das Leben und das Leben liebt dich.

Nicole Vandieken im Kurzportrait:

Emotionen sind für Nicole ein Seismograph, insbesondere als hochsensible Mutter von zwei feinfühligen Mädchen und einem plötzlich verstorbenem Bruder. Sie unterstützt Mütter und Kinder mit überreiztem Nervenkostüm und juckender Haut ihre Gesundheit eigenverantwortlich auf ein Top-Level zu bringen und wieder Zugang zur eigenen Intuition zu erhalten, um so mit ihren individuellen Fähigkeiten und erweitertem Bewusstsein das Leben gesund und glücklich zu erleben. Nicole ist begeisterungsfähig, liebt Überraschungen, ist intuitiv, impulsiv, empathisch und neugierig. Seit jeher nimmt Nicole Frequenzen intensiv wahr, mittlerweile kann sie die emotionale oder physische Reaktion auch mental und spirituell zuordnen und mit entsprechendem "Werkzeug" harmonisieren. Ihre Passion ist es wissenschaftliche Fakten und geistige Wissenschaften zu kombinieren und Synchronizitäten im Alltag zu erschaffen.

Dieses Wissen und die jahrelangen Erfahrungen gibt sie nun als Frequenzcoach in ihren Online-Coachings, Online-Programmen, in ihrer Academy und auch ihrem Angels for health-Online congress weiter.

www.nicolevandieken.com
www.facebook.com/choosehealthlifecoaching

„Was mir enorm half, war ein Urvertrauen in mich selbst und die Einstellung, dass alles zur richtigen Zeit passieren würde."

Nicole Vandieken

SUSANNE DÜCHTING

◆◆◆

1966 wurde ich als jüngste von drei Schwestern geboren. Die Erwartungen, die an mich von Seiten meiner Mutter gestellt wurden, waren in der Schule nicht „sitzen" zu bleiben, einen guten Schulabschluss zu absolvieren, eine Berufsausbildung abzuschließen und bloß nicht schwanger zu werden bevor ich verheiratet bin! Diese Wünsche habe ich so weit alle problemlos erfüllt. Ich habe meinen mittleren Bildungsabschuss gemacht, eine Ausbildung als Schriftsetzerin (heute Mediengestalterin) absolviert, war in meinem Beruf erfolgreich und finanziell unabhängig. Ich zog nach meiner Heirat in das Elternhaus meines Mannes und war ganze sechs Jahre lang verheiratet, bis sich der erste Nachwuchs ankündigte. Drei Jahre nach der Geburt unseres Sohnes kam dann unsere Tochter zur Welt. Das ist jetzt fast 20 Jahre her und heute weiß ich, dass Ihre Geburt der Startschuss auf dem Weg zu meiner Selbstfindung war.

Aufgrund einiger frühkindlicher Entwicklungsstörungen meiner Tochter – Anorexie, Immunschwäche, Muskelhypertonie - war ich damals (Ende der 90er) gezwungen mich mit alternativen Heilmethoden auseinanderzusetzen, da wir mit der klassischen Medizin an unsere Grenzen stießen. Ich möchte das Thema gar nicht dramatisieren, ich möchte nur vermitteln, unter welchem emotionalen und seelischen Druck ich mich damals befand. Die Geburt verlief spontan und ohne Komplikationen. Allerdings war meine Tochter, dafür, dass sie nur zwei Wochen zu früh geboren wurde mit nur knapp 2000 Gramm und 46 cm, sehr klein und zart. Da sie in der ersten Nacht nach der Geburt zweimal

„blau" anlief, was ein Zeichen für einen Sauerstoffmangel war, wurde sie am Tag nach Ihrer Geburt in ein nahe gelegenes Kinderkrankenhaus verlegt. Und das Schlimmste war, ich durfte meine Tochter nicht begleiten, sondern musste ohne sie in dem Krankenhaus bleiben, in dem ich entbunden hatte. Ich glaube, jede Mutter kann sich vorstellen, welches Trauma wir beide dadurch erlitten haben. Ich bin schier Amok gelaufen und habe nach einem weiteren Tag, ohne zu wissen, was denn jetzt eigentlich mit ihr passiert auf meine Entlassung gedrängt. Danach begann eine wochenlange Odyssee, die mich ans Ende meiner Kräfte gebracht und meine Tochter fast das Leben gekostet hätte. Nach sechs Wochen Klinikaufenthalt, den meine Tochter dort allein verbringen musste, habe ich sie gegen den Willen der Ärzte auf eigene Verantwortung nach Hause geholt. Ich glaube nun ist in etwa nachvollziehbar, dass ich seit dem Tag Ihrer Geburt Angst hatte. Angst, dass sie nicht genug zu sich nimmt. Angst, dass sie einen Infekt bekommt, denn schon der kleinste Infekt war für meine Tochter eine große Bedrohung. Kurz: Ich hatte über ein Jahr Angst, dass meine Tochter stirbt. Und das jeden Tag.

Sie hat sich nie von alleine gemeldet, wie andere Babys das tun, wenn sie Hunger haben. Mein ganzer Tagesablauf richtete sich nach dem Mahlzeitenrhythmus meiner Tochter – alle zwei Stunden eine kleine Portion. Hinzu kam, dass sie keinen Saugreflex hatte und ich sie aus lauter Verzweiflung mit einem Löffel füttern musste – sobald ich ihr auch nur ein Löffelchen zu viel gab, kam alles wieder heraus. Immer wenn sie ein wenig zunahm und ich dachte, jetzt geht es bergauf, bekam sie den nächsten Infekt und das ganze Spiel ging wieder von vorne los. Der Kinderarzt, bei dem ich zu der Zeit ein Dauerabo hatte, war nach heutigem Ermessen, wirklich eine Zumutung. Immer wenn ich ihm sagte, dass sie nicht trinkt und sich auch nicht aus Hunger meldet, wurde ich von ihm vertröstet mit den Worten, das kommt schon, irgendwann meldet sie sich. Ich fühlte mich unendlich hilflos und allein gelassen. Das ging so, bis meine Tochter fast ein Jahr alt war, und ich am Ende meiner physischen und psychischen Kräfte. In meiner Verzweiflung wandte ich mich damals an eine gute Freundin, die mir eine Adresse von einem Arzt gab, der sich auf klassische Homöopathie spezialisiert hatte. Das war auch der Zeitpunkt, als ich das erste Mal in eine tiefe Depression stürzte. Allerdings verstand ich überhaupt nicht, was mit mir passierte. Denn ich war es ja gewohnt zu funktionieren und hatte im Außen doch alles, was ich brauchte – einen Mann, der mich liebt, zwei wunderbare Kinder und ein Haus. Nur, dass wir das Haus nicht allein bewohnten, sondern gemeinsam mit meinen Schwiegereltern, die sehr gläubig und konservativ in ihren Einstellungen waren. Zudem war ich auch nicht wirklich bereit, in mich zu schauen und zu reflektieren, was mir fehlte bzw. was in meinem Leben nicht so lief. Ich ging zwar zu dem Homöopathen, aber mit der Absicht, dass er mir nur die „richtigen" Globulis verschreiben müsste, damit ich endlich mein altes Leben wieder aufnehmen könnte. Als er dann auch noch anfing, mein Verhältnis zu meiner Mutter anzusprechen, habe ich wirklich gedacht: Der spinnt doch total. Was hat das alles denn mit meiner Mutter zu tun? Heute weiß ich, dass ich eine lange Zeit meines Lebens das „Brave-Tochter-Syndrom" hatte und immer gut funktioniert habe, um es ja allen recht zu machen – besonders meiner Mutter. Das war auch der Grund, warum mir die Erkenntnisse, die ich in den Gesprächen mit dem Arzt erlangte, eine Heidenangst eingejagt haben. Ich hatte das Gefühl, mir zieht es den Boden unter den Füßen weg und mein ganzes Leben bricht auseinander. Nachdem ich es mithilfe der klassischen Homöopathie und des Arztes geschafft hatte, mich und meine Tochter einigermaßen zu stabilisieren und auch eine wirklich gute Kinderärztin gefunden hatte, waren die nächsten drei Jahre mit Terminen von frühkindlicher Krankengymnastik, Ergotherapie und Logopädie ausgefüllt. Als meine Tochter sich wieder gut entwickelte und alles wieder seinen gewohnten Gang ging, merkte ich, wie ich erneut in eine Depression fiel. Eigentlich hatte ich ja alles, um glücklich zu sein, aber tief in mir war da eine Sehnsucht, die ich zu dem Zeitpunkt noch nicht richtig deuten konnte. Und das machte mir wieder eine Heidenangst, denn Angst war bis dato ein großer Begleiter in meinem Leben. Ich hätte mehr als einmal die Chance gehabt meinen alten Job zurückzubekommen, aber das wollte ich nicht. Ich hatte mich verändert und ich konnte einfach nicht mehr zurück. Ich wollte nach vorne, etwas Neues anfangen, etwas Eigenes. Ich überlegte, was mir in meinem Leben fehlte. Es war das erste Mal, das ich den Wunsch in mir verspürte selbstständig zu sein. Damals dachte ich noch, der Wunsch selbstständig zu sein bezieht sich nur auf die berufliche Ebene. Das Leben sollte mir zeigen, das erst eine ganz andere Form der Selbstständigkeit und Eigenständigkeit dran war. Das war mir zu dem Zeitpunkt aber noch nicht bewusst.

Da ich schon immer ein sehr empathischer Mensch war und von dem klassischen Homöopathen mehrfach bestätigt wurde, dass ich über Fähigkeiten verfüge, die weit über das differenzierte Erkennen von geeigneten Globulis hinausgeht, wuchs mein Interesse mich in diesem Gebiet weiterzubilden. Dieser Arzt war zu dem Zeitpunkt wirklich ein Segen für mich, denn durch ihn habe ich erkannt, dass man nicht „verrückt" ist, wenn man Dinge wahrnimmt, die anderen vielleicht verborgen bleiben. Es brachen in dieser Zeit so viele Dinge in mir auf, die mich erst mal wieder in panische Angst versetzten, weil ich dachte, ich sei verrückt. Ich sah Dinge, die andere nicht sahen oder lag auf meinem Sofa und hatte plötzlich einen Austritt, ich sah mich selbst unter der Decke schweben. Ich glaube, ihr könnt euch vorstellen, dass einem da schon der Gedanke kommt, man sei verrückt, wenn man keinen Menschen um sich rum hat, dem es ähnlich geht. Er war es, der mir ein Stück weit das Gefühl zurückgab, dass ich auf mich und meine Intuition vertrauen kann. Mehr noch, er sagte schon damals zu mir, vielleicht werden sie ja mal eine berühmte Wunderheilerin oder schreiben Bücher. Ich dachte wieder, mein Gott, wie kommt der denn auf so ein Zeug? Fakt ist, dass er schon damals viele meiner Fähigkeiten erkannt hatte, ich aber noch weit davon entfernt war, diese anzunehmen.

In einer unserer Sitzungen fragte er mich, was ich wirklich wissen wollte. Meine spontane Antwort: „Ich will wissen, wie der Mensch funktioniert". Da ich beruflich immer noch auf der Suche war und mein Interesse für Menschen und alternative Heilmethoden geweckt war, entschloss ich mich zu einer erneuten Ausbildung. Ich meldete mich an einer renommierten Heilpraktikerschule an und freute mich, das erste Mal seit langer Zeit, wieder eine berufliche Perspektive zu haben. Doch es sollte ganz anders kommen. Schnell stellte ich fest, dass der Fokus der Ausbildung natürlich auf der körperlichen Ursachen- und Symptomerkennung lag. Ich fühlte mich von Woche zu Woche unbehaglicher, weil ich merkte, dass es nicht das war, was ich wirklich lernen wollte. Scheinbar hatte ich meinen Wunsch ans Universum nicht richtig formuliert. Mir wurde klar, dass mich die Heilung der Seele und die persönliche Weiterentwicklung viel mehr interessierten. Ich wollte nicht noch mehr Zeit meines Lebens mit etwas vergeuden, was nicht zu mir gehört und brach die Ausbildung kurzerhand ab. Damit sorgte ich natürlich wieder für reichlich Gesprächsstoff bei meinen sogenannten „Freunden". Bemerkungen wie:" das ist ganz typisch für depressive Menschen, die fangen alles an und halten dann nichts durch", waren an der Tagesordnung. Mein wirklich großer „Bekanntenkreis" hatte sich innerhalb kürzester Zeit verflüchtigt. Solange ich in ihre Schubladen gepasst hatte, war ich sehr beliebt. Aber als ich anfing unbequem zu werden und das zu tun was ich für richtig hielt, war keiner mehr übrig – bis auf einen einzigen Jugendfreund (zudem wir bis heute Kontakt haben). Unnötig zu erwähnen, dass es sehr niederschmetternd für mich war zu erkennen, dass ich 15 Jahre lang mit Menschen verbracht hatte – Geburtstage gefeiert, Urlaube gemacht etc. – die nicht wirklich an mir interessiert waren oder zumindest versuchten, mich zu verstehen.

Zu dieser Zeit begann ich spirituelle Bücher von Doreen Virtue, Lise Bourbeau etc. zu lesen. Auch zum Schamanismus fühlte ich mich sehr hingezogen und begann mich mit Heilmeditation zu beschäftigen. Das Lesen der Bücher und die Meditationen haben mir geholfen, mich für meine eigene Spiritualität immer mehr zu öffnen und Vertrauen ins Universum aufzubauen. Nach und nach fand ich meinen Zugang zur geistigen Welt und war darüber auch sehr glücklich. Allerdings gab es kaum noch Menschen um mich, die mich wirklich verstanden bzw. mit denen ich mich austauschen konnte. Natürlich waren da mein Mann und meine Kinder. Aber auch die Beziehung zu meinem Mann, die bis dato wirklich immer glücklich war, hatte einige Risse bekommen. Ich spürte, dass mir unser Zusammenleben, so wie wir es bis jetzt lebten, nicht mehr reichte. Ich wollte mehr. Wie das genau aussehen sollte, wusste ich aber selbst noch nicht. Mir fehlte wieder mal die Klarheit. So kam es dazu, dass ich an einem Nachmittag, als ich meine Tochter zum Kindergarten brachte, ganz impulsiv folgendem Herzenswunsch ans Universum richtete. „Liebes Universum, bitte schick mir Menschen, die mich verstehen, mich unterstützen und auf meinem Lebensweg weiterbringen". Dieser Wunsch schien wirklich ganz tief aus meiner Seele zu kommen, denn wie kraftvoll das Universum diesem Wunsch entsprochen hat, sollte mir erst viele Jahre später bewusst werden.

Denn was nun in meinem Leben folgte, glich einer Super-Looping-Achterbahnfahrt. Wie so oft, wird, wenn man einen Wunsch ans Universum abschickt, erst mal geprüft, ob man auch wirklich bereit dafür ist. Meine Prüfung kam in Form einer Einladung zu den „Herzfrauen". Die Einladung kam über meine ältere Schwester und ich war mehr als verwundert, als sie mir von dieser Gruppierung erzählte. Dazu muss ich sagen, dass meine Schwester ein sehr feinfühliger Mensch ist, aber meistens von ihrem Verstand zur Vernunft „gezwungen" wird und dementsprechend kritisch gegenüber neuen Dingen ist. Allerdings nicht was diese Vereinigung anging. Kurz und gut, ich ließ ich mich überreden und fuhr mit ihr zu einer dieser Veranstaltungen. Was ich hier erlebte war aus heutiger Sicht der absolute Super-GAU. Ich traf auf einen Kreis Frauen, die sich angeblich gegenseitig unterstützen und stärken, jedoch musste man, um aufgenommen zu werden einen sehr hohen Preis in Form eines halben oder ganzen Herzens zahlen. Das Ganze lief so ab: Hatte man sich entschieden dort mitzumachen, wurde eine offizielle Feier organisiert in der die „neue Herzfrau" ihren Obolus von 5000,- € für ein halbes Herz oder 10.000 € für ein ganzes Herz, der Frau übergab, die in der Rangliste über ihr stand. Das war ein Schneeballsystem vom allerfeinsten – unter dem esoterischen Deckmantel der Liebe! Ich bin heute noch beeindruckt von so viel manipulativer Dreistigkeit. Ich war damals jedoch hin- und hergerissen. Auf der einen Seite schrie mein Gefühl, sieh zu, dass du hier wegkommst, aber auf der anderen Seite vertraute ich ja meiner großen Schwester. Wenn sie dort mitmachte, dann war das doch bestimmt eine gute Sache. Wie man klar erkennen kann, war es um das Thema Eigenverantwortung bei mir noch nicht gut bestellt. Und ja, ich verließ mich NICHT auf mein Gefühl, sondern investierte tatsächlich 5000 Euro.

Wie es weiterging? Ganz einfach, ich habe natürlich nie einen Cent von irgendwem bekommen. Heute glaube ich, ich hatte damals eine karmische Schuld zu begleichen und das Universum hat mich auf diesem Weg geprüft, ob ich wirklich bereit war, meinen Weg zu gehen. Aber, ich habe über diesen Weg eine Frau kennengelernt, die mich in ihrer Funktion als Heilpraktikerin und Freundin eine Zeit lang auf meinem Weg begleitet hat. Sie war das erste Geschenk, und zwar in der Form, dass ich erfahren durfte, dass es sehr wohl Menschen gibt, die mich so mögen, wie ich bin und zu denen ich sogar innerhalb kürzester Zeit ein ehrliches freundschaftliches Verhältnis aufbauen kann. Sie war es auch, die mich dabei unterstützt hat, viele energetische Verstrickungen aus vergangenen Leben zu lösen und das Vertrauen in mich und meine Intuition weiter zu stärken. Und als wir dann an einen Punkt kamen, an dem es Zeit wurde den nächsten Schritt zu tun, hat sie mir einen sehr wertvollen Kontakt vermittelt. Denn die Frau, die ich dann kennenlernen durfte und die mich bis heute auf meinem Weg begleitet – hat einen großen Anteil daran, dass sich mein Leben von Grund auf verändert hat.

Durch ihre Arbeit als ganzheitlich systemischer Coach habe ich erkannt, in welchen systemischen Verstrickungen ich gefangen war. Ich hatte mein Leben damit verbracht es allen Recht zu machen und immer schön angepasst zu sein. Doch schon nach dem ersten Workshop, den ich bei ihr besuchte, gelangte ich zu einer Klarheit, die mich fast umhaute. Ich erkannte, dass ich in meiner Ehe unglücklich war, weil ich jede Verbindung zu meinem Mann verloren hatte. Klar, denn ich hatte mich auf meinen Weg begeben und mein Mann war nicht mitgegangen. Das war eine Erkenntnis, die mich wirklich tief erschütterte, denn ich liebte meinen Mann. Aber so konnte und wollte ich nicht mehr weitermachen. Denn wir lebten ein Leben, das nicht unseres war. Wir lebten nicht nur im Haus seiner Eltern, wir lebten auch WIE seine Eltern. Wir hatten zwar unsere abgeschlossene Wohnung, die wir uns sehr gemütlich und geschmackvoll eingerichtet hatten, aber ich hatte ständig das Gefühl unter Beobachtung zu stehen. Jeder Besuch, jede Bewegung von uns, jedes Kommen und Gehen wurde mitgeschnitten und oft auch kommentiert. Solange wir in diesem Haus lebten, hatten wir immer die Kinderschuhe an und würden nie unser eigenes Leben leben können. Diese Erkenntnis hatte ich im Herbst 2002. Die Veränderungen, die uns in den darauffolgenden zwölf Monaten erwarteten, stellten die Weichen für das erfüllte Leben, das wir bis heute führen.

Ich hatte mich mit meinem Coach nun auf den Weg der Selbstfindung gemacht. Und was dabei alles zum Vorschein kam, war nicht leicht zu nehmen. Mir wurde klar, um das Leben zu leben, was ich mir vorstellte, musste ich als Erstes aus diesem Haus raus. Aber ich hatte ja nicht nur die Verantwortung für mich allein. Ich hatte zwei kleine Kinder im Alter von sieben und vier Jahren und meinen Mann wollte ich auch nicht kampflos aufgeben. Ich war vollkommen überfordert und nur mithilfe von zahllosen Telefonaten mit meinem Coach wuchs mein Vertrauen in mich. Sie bestärkte mich darin, einen Schritt nach dem anderen zu machen um überhaupt ein Gefühl für ein eigenbestimmtes Leben zu bekommen. Ich muss dazu sagen, ich hatte während dieser Zeit nur einen 450,- € Job und somit kein Einkommen, mit dem ich mich und meine Kinder alleine hätte durchbringen können.

Trotz dieser Tatsache schob ich all die Bedenken, die mir mein Ego täglich einflüsterte, beiseite und machte mich auf die Suche nach einem neuen Haus für mich und meine Kinder. Ja, ich wollte ein Haus für uns drei. Keine kleine beengte Wohnung, denn von Enge und konservativem Kleingeist hatte ich genug. Ich wollte viel Platz für Entfaltung – auch räumlich. Und so machte ich mich auf den Weg, las Wohnungsanzeigen, fuhr herum und schaute mir Häuser an. Im Nachhinein kann ich sagen, das war das erste Mal seit langer Zeit, dass ich mich wieder lebendig fühlte. Auch wenn ich nicht den leisesten Schimmer hatte, wie ich das alles finanzieren sollte. Aber soweit war es ja auch noch nicht. Heute weiß ich, das war nicht nur der erste Schritt in ein neues Leben, sondern auch ein wichtiger Schritt meinen Wert neu zu definieren. Denn ich besichtigte ausnahmslos schöne, große Häuser.

Die Beziehung zu meinem Mann war zu dieser Zeit auf dem absoluten Tiefpunkt angekommen, denn ich konfrontierte ihn das erste Mal mit meiner kraftvollen Persönlichkeit und dem, was ich mir unter einem selbstbestimmten Leben vorstellte. Eine Zeit lang hatte er mich mit meiner neuen „spirituellen" Ausrichtung nicht ernst genommen, wohl in der Hoffnung, dass, wenn er mich gewähren lässt, ich schon wieder „normal" werde. Wie ernst es mir war, merkte er auch daran, dass ich keiner Auseinandersetzung mehr auswich, sondern lautstark mit ihm stritt. Das kannte er bis dato nicht von mir. Und als er bemerkte, dass die „alten" Strategien nicht mehr funktionierten, schob es auch ihn in seine erste „Lebenskrise". In dieser Phase wurde mir auch der qualitative Unterschied verschiedener Coaches klar, denn ich hatte bis dahin ja einiges ausprobiert. Aber so eine klare, liebevolle und mitunter auch brutal ehrliche Unterstützung wie durch meinen jetzigen Coach, hatte ich zuvor noch nie erfahren. Ich wurde mit Seiten von mir konfrontiert, die mir überhaupt nicht gefallen haben, aber nur so konnte ich erkennen, was ich ändern muss. So vergingen die Wochen und ich hatte mir gedanklich schon mein neues Leben im neuen Heim eingerichtet – ohne meinen Mann. Allerdings hatte ich nicht damit gerechnet, dass mein Coach hierzu auch noch etwas zu sagen hatte. So kam es, dass sie mich eines Tages anrief und fragte, wie es mir geht. Ich sagte, dass es mir so weit gut gehe und ich auf Haussuche sei. Was ich noch nicht erwähnt habe, ist, dass mein Coach mir bereits zu einem früheren Zeitpunkt eine Paartherapie in Form eines Wochenendworkshops angeboten hatte. Sie fragte mich, ob wir daran noch interessiert wären, und versicherte mir, dass sie diesen Workshop auf jeden Fall und auch nur für uns durchführen würde. Da wurde mir klar, dass ich wohl noch nicht alle Möglichkeiten hundertprozentig ausgelotet hatte. Ich besprach das mit meinem Mann und wir entschlossen uns dazu das Angebot anzunehmen. Zwar hatten wir beide zu dem Zeitpunkt nicht mehr das Gefühl, dass unser Weg gemeinsam weitergehen würde, aber wir beschlossen es dennoch zu versuchen. Wir wollten zwar die Trennung, haben aber unter der Voraussetzung teilgenommen auch im Anschluss noch einen vernünftigen Umgang miteinander pflegen zu können. Auch hier sollten wir vom Universum eines Besseren belehrt werden. Der Termin des Paarseminars rückte näher und wir machten uns auf den Weg – das war Anfang August 2003. An dem Seminar nahmen insgesamt drei Paare teil. Schon während des ersten Kennenlernens dachte ich, was wollen die bloß hier? Denn alle Paare machten einen sehr harmonischen bisweilen fast verliebten Eindruck auf mich. Ich war fest davon überzeugt, dass wir die Einzigen sind, die sich im Anschluss trennen würden. Allerdings hatte ich die Rechnung ohne meinen Coach gemacht. Durch ihre Fähigkeiten und ihre unvergleichlich einfühlsame Art, schaffte sie es, dass mein Mann sich in einer Aufstellung seinem Elternthema stellen und auf energetischer Ebene lösen konnte. Was zur Folge hatte, dass es meinem Mann sehr viel besser ging, nur mir nicht. Denn ich hatte mir mein Leben ja so schön zurechtgelegt und geplant, wie es laufen sollte. Meine Welt wurde erneut auf den Kopf gestellt.

Es folgten einige Gespräche mit meinem Coach, sodass ich mich wieder einigermaßen fangen konnte. Denn ich fühlte mich wie ein Ping-Pong-Ball, der die ganze Zeit auf Spannung gehalten und dessen Ende plötzlich und abrupt losgelassen wurde. Ich spürte auch, dass es zwischen mir und meinem Mann noch sehr viel Liebe und Zuneigung gab. All das war über die letzten Jahre total verschüttet gewesen und bekam nun wieder Raum und durfte leben. In dieser Zeit führten mein Mann und ich viele gemeinsame Gespräche und waren dabei so ehrlich und aufrichtig zueinander, wie nie zuvor. Wir entdeckten praktisch unsere Liebe neu. Hört sich kitschig an, war aber so. Ich hatte plötzlich wieder einen Partner, der mir zuhörte und auch verstand, was ich sagte. Wir fanden wieder zueinander und beschlossen unseren Neuanfang mit einem gemeinsamen Urlaub zu starten. Der Urlaub half uns, mehr Abstand von unseren Eltern und dem Rest der Familie zu bekommen. Wir verbrachten viel Zeit als Paar und sprachen über unser weiteres Leben, unsere Wünsche und Träume. Doch das Wichtigste für mich war – mein Mann hatte sich für ein Leben mit mir und unseren Kindern entschieden.

Natürlich mussten wir nach dem Urlaub wieder in das Haus seiner Eltern zurück, denn noch wohnten wir ja dort. Und es ging sofort nach alter Manier weiter. Meine Schwiegereltern belagerten uns, sobald die Tür hinter uns ins Schloss gefallen war. Denn für sie war ja jetzt wieder alles in Ordnung. Sie hatten wohl mitbekommen, dass bei uns irgendwas los ist. Aber sie hielten es wie immer, wenn man es nur lange genug totschweigt, dann regelt sich das schon wieder. Dass wir dieses Spiel durchbrochen hatten, sollten sie noch früh genug merken. Denn unser Entschluss stand fest, wir ziehen gemeinsam aus. Natürlich hatte ich schon meinen Wunsch ans Universum abgeschickt: Ein traumhaft schönes Haus, in dem wir genug Platz haben und in dem wir uns alle wohlfühlen. In den Tagen darauf machte ich mich erneut auf Haussuche und meine Aufmerksamkeit blieb bei einer Anzeige hängen. Ich wählte kurz entschlossen die Nummer und was darauf folgte, ist eigentlich ein eigenes Buch wert. Hier in allen Einzelheiten auf die Geschehnisse einzugehen, würde wirklich den Rahmen sprengen. Nur so viel, wir sind durch das bis jetzt tiefste Tal unseres Lebens geführt worden und jetzt wartete die Belohnung auf uns. Es war einfach unglaublich. Mein Mann und ich fuhren zu der Adresse und was wir dort sahen, war wie ein Sechser im Lotto für uns. Das Haus befand sich zwar noch im Rohbau, aber als ich im Eingangsbereich stand und mich umschaute, wusste ich: Das ist unser neues Zuhause!. Auch die Gespräche mit dem Vermieter waren für uns unfassbar. Er machte uns alles möglich. Dadurch, dass sich das Haus noch im Rohbau befand, konnten wir die komplette Innenausstattung selbst bestimmen. Doch damit nicht genug. Es wurde von allem nur das beste und hochwertigste Material verbaut. Wir mussten nur sagen, wie wir es haben wollten, so wurde es dann umgesetzt! Aber wie das so ist, wenn man plötzlich seine Wünsche erfüllt bekommt und der Verstand sich einschaltet, kommen Zweifel auf. Deshalb beschlossen mein Mann und ich uns doch noch andere Häuser anzuschauen – obwohl unser Gefühl etwas anderes sagte. Im Nachhinein war aber auch diese Entscheidung nicht umsonst, denn wir lernten auch andere Vermieter kennen, die keineswegs so offen, großzügig und flexibel waren. Das führte dann Anfang September 2003 zu einer Begebenheit, an die ich mich erst lange Zeit später wieder erinnert habe. Mein Mann und ich kamen von einer weiteren Hausbesichtigung, bei der wir zwar gern als Mieter gesehen worden wären, wir aber durch das Verhalten des Vermieters abgeschreckt wurden. Denn er spiegelte uns noch einmal in aller Deutlichkeit, wovon wir wahrlich genug hatten. Bevormundet werden und vorgeschrieben bekommen, wie der Bodenbelag zu pflegen ist oder wie oft der Rasen gemäht werden muss. Davon hatten wir die letzten 15 Jahre unseres Lebens genug.

Während wir uns im Auto über diese Dinge unterhielten, merkte ich, wie ein silberner Mercedes, der vor uns fuhr, uns fast unmerklich ausbremste. Ich machte meinen Mann darauf aufmerksam und er verstand dieses Verhalten ebenso wenig, da wir auf einer unbefahrenen Landstraße weit und breit die einzigen Autos waren. Da fiel mein Blick auf das Nummernschild. Das Kennzeichen hatte die Nummer 411. Da ich mich viel mit Nummerologie beschäftigt hatte, wusste ich, das ist ein Zeichen. Denn die 411 bedeutet: „Wünschen Sie sich schnell etwas! Vor Ihnen hat sich soeben ein Tor für die rasche Manifestation eines Wunsches geöffnet". (Zitatquelle: Die Heilkraft der Engel von Doreen Virtue). Das taten wir dann gemeinsam. Wir wünschten uns ein Heim, in dem wir uns alle wohlfühlen und in dem wir tun und lassen können was wir wollen! Das war Anfang September 2003, Mitte September 2003 unterschrieben wir den Mietvertrag für unser Traumhaus. Von da an waren wir damit beschäftigt, unser neues Heim zu gestalten. Da wir beide sehr kreative Menschen sind, konnten wir uns hier das erste Mal so richtig entfalten. Auch die Beziehung zu unserem Vermieter war sehr freundschaftlich und er hatte so viel Freude daran uns zu unterstützen, wie kaum ein anderer.

Auch beruflich ging es für mich jetzt voran. War ich bis dahin noch sehr blockiert, was meinen weiteren Werdegang anging, so entschloss ich mich im November 2003 zu einer Ausbildung zum ganzheitlich systemischen Coach. Ich wollte unbedingt an der Weiterentwicklung meiner Persönlichkeit arbeiten und Methoden erlernen, wie ich durch meine Erfahrungen und Fähigkeiten auch andere Menschen auf Ihrem Weg unterstützen könnte. Es folgte noch eine Zusatzausbildung als Brain-Gym-Instructor und ein Jahr später machte ich mich selbstständig und eröffnete mein erstes eigenes Büro. Ich lernte Wesentliches in den ersten Jahren meiner Selbstständigkeit. Neben wichtigen betriebswirtschaftlichen Dingen lernte ich viel über die Beweggründe eines Menschen. Beweggründe, die ihn dazu bringen im Leben etwas zu verändern oder alles beim Alten zu lassen. Ich erhielt große und kleine „Geschenke" von meinen Klienten und durfte mich vielen Herausforderungen stellen. Das hat mich geprägt und meine Neugier auf „Wie der Mensch funktioniert" ist noch lange nicht gestillt. Mittlerweile habe ich die Branche gewechselt und habe die Verknüpfung zu meinen beruflichen Wurzeln wiederhergestellt. Als Texterin, Autorin und Schreibcoach bin ich heute Mitglied eines Unternehmernetzwerkes, das aus hochsensiblen Menschen besteht, die alle ihre besonderen Fähigkeiten leben und erfolgreich in ihr Berufsleben integrieren. Aus dieser beruflichen Vernetzung sind über die Jahre wirklich wahrhaftige Freundschaften entstanden, die mein Leben unheimlich bereichern. Dafür bin ich sehr dankbar.

Meine Geschichte aufzuschreiben hat mich sehr viel Mut gekostet, denn in jeder Zeile steckt viel Herzblut und viele schöne und schmerzhafte Erinnerungen wurden kurzzeitig zum Leben erweckt. Wenn ich DIR mit meiner Geschichte Mut machen konnte, dann hat sich die Arbeit für mich gelohnt. Lass DIR niemals einreden, DU bist nicht genug oder andere können es besser. Erfinde DICH neu, jedes Jahr, jeden Tag, jede Stunde. Hab Mut und geh DEINEN ganz eigenen Weg, wie immer der auch aussehen mag. Schritt für Schritt, in Deinem Tempo. Denn: Nichts lohnt sich mehr, als dem Ruf der Seele zu folgen.

Susanne Düchting im Kurportrait:

Susanne Düchting ist leidenschaftliche Texterin und Autorin. Als Inhaberin der textacademy erstellt sie seit vielen Jahren hochwertigen Content für Unternehmen, Freelancer, Coaches und Künstler. Ihre Fähigkeit, Emotionen, Motive und Persönlichkeitsmerkmale von Menschen zu erkennen und in die richtigen Worte zu fassen, macht ihre Arbeitsweise so besonders. Wenn sie nicht schreibt, hegt sie eine Vorliebe für R&B Songs und Reisen; ist passionierte Designerin mit hervorragendem Gespür für die schönen Dinge im Leben und liebt Krimis. Ungeschönt und überwältigend ehrlich beschreibt sie in diesem Buch ihren Weg von einem „fremdgesteuerten" Leben im Funktionsmodus hin zu einem selbstbestimmten, eigenverantwortlichen Leben als Frau, Mutter, Partnerin und selbstständige Unternehmerin. Mit ihrer Geschichte möchte sie Frauen Mut machen ihrer Intuition zu folgen und Vertrauen in sich und das Leben zu entwickeln.

www.die-textacademy.de
www.facebook.com/textacademy/

„Schon damals hatte ich viele meiner Fähigkeiten erkannt, ich war aber noch viel zu weit davon entfernt, diese anzunehmen."

Susanne Düchting

KAPITEL ZWEI

Der Moment als es „Klick" gemacht hat

NICOLE WENDLAND

♦♦♦

Ich erzähle dir meine Geschichte. Eine Geschichte, die von Kindheitsträumen handelt. Von Träumen, die zu zerplatzen drohten, von Wegen, die durch Tunnel führten und von Helligkeit, die der Dunkelheit folgte. Ich erzähle dir vom Scheitern und wie du trotzdem gewinnen kannst.

So lange ich denken kann, war es mein Traum, Grundschullehrerin zu werden. Schon früh unterrichtete ich meine Schwester im 1+1 und im ABC. Ich gab die Hoffnung nicht auf, dass sie von mir lernen würde, auch wenn sie mit ihren vier Jahren eine schlechte Schülerin war. Vermutlich war ich eine ebenso schlechte Lehrerin. Dennoch hielt ich an diesem Traum fest. Ich selbst war nicht gerade eine gute Schülerin und es fehlte mir an Selbstbewusstsein. Kinder können grausam sein, wenn sie merken, dass jemand nicht das Selbstbewusstsein hat, sich zu wehren. Ich wurde schikaniert, heute würde man sagen gemobbt. Rückblickend litt ich mehr unter der Schule als dass ich Freude an ihr hatte. Dennoch hielt ich an meinem Traum fest, Lehrerin werden zu wollen. Warum eigentlich? Zwischendurch hasste ich die Schule sogar. Ging nur mit Bauchschmerzen hin, fürchtete die Mitschüler, den Mathematikunterricht und die Physikstunden. Warum also wollte ich stets Lehrerin werden? Erst später sollte mir klar werden, dass es das Unterrichten war, das ich liebte. Und stets hatte ich ein Herz für die Kinder, die nicht so schnell verstanden, ausgegrenzt wurden oder es einfach schwer hatten.

In der elften Klasse, zwei Jahre bevor ich mein recht gutes Abitur machte, schrieb ich eine 5 nach der anderen. Ich verfiel in Panik, denn es gab keinen Plan B. Das Abitur war schließlich die Voraussetzung, um Lehrerin werden zu können. Zum ersten Mal in meinem Leben setzte ich mich hin und lernte – allein. Ich arbeitete Inhalte auf und las mich in die Schulbücher ein. Langsam und in ganz kleinen Schritten kam ich auf den Weg des Verstehens und gewann an Sicherheit. Mathe konnte ich nie. Mein Lehrer im achten Schuljahr hatte mir schon vorhergesagt, dass ich in Mathe niemals erfolgreich sein würde. Wie schade, dass er meine Eins in der Abiturklausur nicht mehr mitbekam.

Die nächste große Krise ereilte mich schon ein paar Jahre später, als ich als zukünftige Lehrerin mein Referendariat absolvierte. Wieder kam ich an den Punkt, an dem man mir sagte, wenn ich mich nicht um 180 Grad drehen bzw. meine Lehrerpersönlichkeit ändern würde, könnte ich das zweite Staatsexamen nicht schaffen. Dann müsste ich meinen Traumberuf an den Nagel hängen. Ich war am Boden zerstört. Aufgeben? Einfach aufhören? Was anderes machen? Wie sollte ich mich um 180 Grad drehen? Aber es war doch mein Traumberuf und es gab keinen Plan B. Einen anderen Beruf wollte ich nicht. Also machte ich weiter. Wieder setzte ich mich hin und las alles, was mir in die Finger kam. Und ja, ich brach aus meiner Komfortzone aus und fragte andere: „Wie hast du das gemacht? Kannst du mir helfen?" Bisher hatte ich immer alles allein gemacht und gemeint, dass ich nur dann erfolgreich sein kann, wenn ich es allein schaffe. Ein absoluter Trugschluss. Ich musste einen schmerzhaften Weg gehen, um das zu erkennen. Wieder war ich aus meinem Scherbenhaufen aufgestanden und machte ein sehr gutes Examen.

Nun war ich Lehrerin – endlich! 1999 trat ich meine erste Stelle an, lernte gleichzeitig meinen Mann kennen und war wieder todunglücklich. Ich war Lehrerin, mein Kindheitstraum hatte sich erfüllt! Aber zwei Stunden von meinem Heimatort und fast drei Stunden von meinem zukünftigen Mann entfernt, schien mir das Glück nicht hold zu sein. Meine damalige Schulleiterin wollte mich nicht haben, die Stelle hatte sie für jemand anderes vorgesehen. Man hatte mich dorthin gesteckt, ohne sie darüber zu informieren. Darunter litt ich sehr. Ich fühlte mich überfordert, einsam und fehl am Platz. Sonntagabends fühlte ich mich oft krank vor Unwillen am nächsten Tag in die Schule zu gehen. Verzweifelt suchte ich nach Wegen, heimatnah eingesetzt zu werden. Trotzdem arrangierte ich mich mit der Situation, kämpfte mit schwierigen Schülern, kam an meine Grenzen und ließ mich dennoch nicht unterkriegen. Die Tage wurden freundlicher und heller. Ich hatte mich den Herausforderungen gestellt, fand Wege mit schwierigen Schülern umzugehen, begann einen Malkurs, knüpfte lose Kontakte. Die Einsamkeit wurde weniger und ich gewann an Selbstvertrauen. Ich war durch den Tunnel der Einsamkeit, des Überfordertseins, der Unzulänglichkeit gegangen. Ich wurde immer stärker und selbstbewusster. Mein Ansehen im Kollegium wuchs. Die Klasse, die Eltern und ich wuchsen zusammen. Ich wurde respektiert und die Schulleiterin hielt inzwischen große Stücke auf mich. Kein Vergleich mehr zum Beginn, an dem ich mich wie eine schüchterne, völlig unzulängliche graue Maus gefühlt hatte. Aber was hat mich so stark gemacht? An welcher Stelle war aus der Dunkelheit Helligkeit geworden? Nun, ich hatte mich den Schwierigkeiten gestellt, ich hatte nicht aufgegeben und war gleichzeitig ich selbst geblieben. Ich war in die Offensive gegangen. Ich bat Kolleginnen um Hilfe und hielt es aus, nicht von allen gemocht zu werden und durfte am Ende schließlich erleben, dass ich doch gemocht wurde. Wie eine Raupe wurde ich zum Schmetterling, der mit Freude und Leichtigkeit der Sonne entgegenflog. Ich hatte es geschafft, mich aus eigener Kraft in der Schule zu integrieren, Ansehen zu genießen und vor allem hatte ich es geschafft, mich dort wohl zu fühlen. Ich war sehr traurig, die Schule verlassen zu müssen, als ich hochschwanger zu meinem Mann zog. Im Laufe der nächsten sechs Jahre bekam ich drei Kinder, zwei Jungs und ein Mädchen, lebte mich erneut in einer völlig neuen Umgebung ein, in der ich wieder niemanden kannte. Doch die Erfahrungen, die ich im Rheinland gemacht hatte, gaben mir Selbstbewusstsein und Sicherheit. Wieder ging ich es aktiv an, besuchte mit den Kindern Kurse, lernte andere Mütter kennen, verabredete mich und es entstanden Freundschaften.

Ich begann nach einer neuen Herausforderung zu suchen. Mit einer gewissen Leichtigkeit bot ich Malkurse und Kurse für Mutter und Kind an, die Entdecker-Kurse. In den Kursen begleitete ich Mütter und ihre 6 Monate alten Babys mit Spielen, Liedern und Informationen über die erste Elternzeit. Ich fing einfach an, ohne mir große Gedanken darüber zu machen, ob ich dafür eine

Ausbildung brauchte. Ich arbeitete mich in die Themen ein und gab mein Bestes. Das spürten die Menschen und meine Kurse wurden gut angenommen. Unbewusst folgte ich dem, was ich gut konnte und konzipierte daraus einen Kurs. Mein Konzept ging auf!

Später setzte ich meine Leidenschaft Yoga beruflich um und machte meine Ausbildung als Yogalehrerin. Parallel dazu begann ich wieder in der Schule zu arbeiten. Mit voller Begeisterung bot ich erste Yogaabende kostenlos an und bekam so viele Anmeldungen, dass ich mit zwei Kursen starten konnte. Alles fühlte sich leicht und gut an. Ich war erfolgreich, ich ging meinen Weg. Wenn ich mir das Leben erfolgreicher Menschen anschaue, und damit meine ich Menschen, die so erfolgreich sind, dass die Medien über sie berichten, dann lässt sich eines mit Sicherheit feststellen: Alle sind an irgendeinem Punkt gescheitert. Entweder bevor sie so erfolgreich wurden oder nach ihrem ersten großen Erfolg. Das schreibt sich für mich natürlich sehr entspannt und noch entspannter liest es sich. Doch die Wahrheit ist, dass dieses Scheitern oftmals von Krisen begleitet wird. Schau ich mir meine eigene Geschichte an, so waren die verschiedenen erfolgreichen Stufen meines Weges immer auch vom Scheitern, vom Aufgebenwollen und von einem starken Gefühl der Unzulänglichkeit begleitet. Das Gefühl alles hinschmeißen zu wollen, war stets präsent.

Die nächste große berufliche Krise kam, als ich wieder in der Schule arbeitete. Ich hatte die Schule gewechselt und übernahm eine Klasse. Man erwartete von mir, dass ich mich anpasste und Konzepte übernahm. Doch diese Konzepte passten nicht zu mir, nicht zu meinem Unterricht, nicht zu den Kindern. Es kam zu einer Auseinandersetzung mit meinem Vorgesetzten und ich fühlte mich unter Druck gesetzt. Am liebsten hätte ich auch hier alles hingeschmissen, wäre nur zu gern zurück in die Elternzeit gegangen. Über mehrere Wochen haderte ich mich mit mir und fasste einen Entschluss: Ich entschied mich für meinen Weg. Ich passte mich dort an, wo es für mich in Ordnung war und blieb auf meinem Weg, wo es mir wichtig und richtig erschien. Es war schwer, denn ständig stand ich unter Beobachtung und war angreifbar. Meine Anspannung war enorm und mein Familienleben litt darunter. Letztlich blieb ich jedoch authentisch und meinen Überzeugungen und meinen Schülern treu. Ich stand zu mir und meiner Meinung. Die äußerte ich auch unverhohlen, was mir nicht nur Freunde einbrachte. Zu meinem Glück ging mein Vorgesetzter und damit wurde es für mich einfacher. Es war eine schwere Zeit, dennoch hat sie mir so viel Kraft und Stärke gegeben. Ich wäre nicht die Person, die ich heute bin, hätte ich mich angepasst. Mein Mantra lautet: "Ich bleibe mir selbst treu. Ich bin so, wie ich bin." Immer wieder durfte ich die Erfahrung machen, dass mir meine konsequente Haltung auch viel Achtung entgegengebracht hat. Natürlich gab es auch private Krisen in meinem Leben: Beziehungen, die scheiterten, immer verbunden mit dem Gefühl, dass ich in den Beziehungen versagt hatte. Freundschaften, die irgendwie nicht mehr harmonieren wollten, aber nach einer Phase von Distanz auch wieder auflebten.

Alle Krisen hatten letztlich eines gemeinsam: Sie haben mich stark gemacht. Aus jeder Krise bin ich mit einem immer tiefer in mir verankerten Selbst herausgegangen. Aufgrund dieser Erfahrungen weiß ich auch jetzt, dass ich das Unmögliche schaffen kann. Ich habe es schon einmal geschafft, also kann ich es auch jederzeit wieder schaffen.

Um gestärkt aus Krisen hervorzugehen, um auf ein höheres Level zu kommen, um an Stärke und Selbstbewusstsein zu gewinnen – was braucht es dafür? Schließlich ist Scheitern und Aufgeben doch viel leichter! Es braucht dafür den Mut und die Energie sich nicht als Opfer zu sehen! Für mich ist das die Essenz, die ich aus meinen Krisen, aus meinem Scheitern gewonnen habe. Und es ist die Essenz aller erfolgreicher Menschen, die gescheitert sind und sich dann wieder proaktiv auf den Weg gemacht haben. Da war der Autor, der unzählige Stunden damit verbracht hat, seinen Roman zu schreiben. Niemand wollte sein Buch, alles vergebens. Seine gesamte Zeit hatte er in dieses Projekt gesteckt und damit kein Geld verdient. Er war am Ende, nervlich und finanziell. Noch ein letztes Mal änderte er den Text seines Anschreibens. Es war der 31. Verlag und das Buch wurde angenommen. Der Autor heißt Stephen King und es handelt sich um sein erstes Buch „Carrie". Ein fulminanter Erfolg! Viele Erfolge werden auf dem Nährboden des Scheiterns erschaffen. Wenn wir aus unseren Fehlern und Unzulänglichkeiten lernen, nach Lösungen suchen und diesen neuen Weg gehen, dann wird es zu einem Weg aus der Krise heraus. Wenn du auf dein Versagen, dein Scheitern, deine Krise zurückblickst, dann kannst du dadurch den Schlüssel für deinen Weg finden. Damit du nicht dieselben Fehler noch einmal machst, ist es grundlegend, dich deinem eigenen Scheitern zu stellen: Was genau ist hier schiefgegangen?

Wie konnte es dazu kommen?
Welche Möglichkeiten gibt es aus diesem Loch heraus zu kommen?
Wer könnte mir helfen?
Freunde, Familie, ein Coach, ein Therapeut?

Ein weiterer wichtiger Punkt ist: Hol dir Hilfe! Gerade wenn es uns sehr schlecht geht, sehen wir die Welt und uns selbst durch eine sehr verzehrte Brille. Andere sehen unsere Situation oftmals objektiver. Häufig können Coaches oder Therapeuten uns Tools an die Hand geben, die uns wieder zu einem neuen Verständnis unserer Situation führen. Zu meinem Glück suchte ich mir Hilfe, schließlich hatte ich aus meiner Vergangenheit gelernt. Allerdings musste es mir selbst erst richtig schlecht gehen. Ich fand einen wunderbaren Coach, eine Frau, die mich wieder zurück auf meinen Weg brachte und mir zeigte, was alles in mir steckt. Manchmal braucht es jemanden von außen, der uns zeigt, welche Möglichkeiten es noch außerhalb unseres Horizontes gibt. Und das tat sie! Schnell wurde mir klar, welchen Weg ich gehen wollte. Durch den unterstützenden Beistand meines Coaches ging ich mutig meinen Weg. Ohne sie hätte ich mich vermutlich noch nicht einmal getraut, meine Webseite zu veröffentlichen. Sie war der Mut, der Ausblick und die Kraft, die mir zuweilen fehlte. Mit ihrer Hilfe gelang mir der Weg in eine „neue Welt". Und sie half mir, Ideen umzusetzen, die für mich vorher gar nicht existierten, zum Beispiel als Selbstständige Online-Coachings anzubieten. Mit drei Kindern für mich die perfekte Lösung. Ich bin ihr so dankbar!

Ein weiterer wichtiger Aspekt ist: Gib dir selbst Zeit! Wenn du gescheitert bist, ob beruflich oder privat, ist es ebenso wichtig, den Schmerz erstmal anzunehmen. Das sprichwörtliche Baden in Selbstmitleid ist daher ein sinnvoller Weg, den Schmerz anzunehmen und zu erleben. Für eine Transformation ist diese Phase enorm wichtig. Danach sollte die Phase der Reflektion erfolgen, denn nur dann kannst du dich auf den Weg machen. Nur dann kannst du nach neuen Wegen und nach Lösungen schauen. All das braucht Zeit und es dauert, bis dein neuer Weg zum Erfolg führt. Bis aus dem Trampelpfad ein neuer fester Weg geworden ist. Ein Weg gemacht aus Selbstbewusstsein, Stärke und neuen Erkenntnissen.

Hier noch einmal im Überblick:

Aus Krisen kannst du gestärkt hervorgehen, wenn du ...
… raus aus der Opferhaltung kommst und aus deinem
    Scheitern lernst.
… du dir Hilfe suchst (Menschen, Bücher…).
… du dir Zeit gibst und dich in Geduld übst.

Doch nun zurück zu meinem Weg. Wieder einmal befinde ich mich an einer Weggabelung. Ich sage meinem Kindheitstraum Adé. Ich bin immer gern Lehrerin gewesen und habe mit Kindern gearbeitet. Doch nun möchte ich weiter wachsen, meinem Herzen folgen und mich in das Leben stürzen. Ich habe nur dieses eine Leben. Stell dir vor, du stehst am Ende deines Lebens und fragst dich: Warum hast du es damals nicht ausprobiert. Warum nicht? In den meisten Fällen wird die Antwort sein: "Ich hatte Angst, dass es nicht klappen könnte!" Möglich ist das, aber wenn ich das Scheitern vermeiden will, dann muss ich ein vorsichtiges Leben führen. Ich müsste in meinen Routinen, meinem Beruf und in meinem Umfeld bleiben. Darauf hoffend, dass sich nur wenig verändert, würde ich immer ängstlicher werden, denn Veränderungen sind Teil unseres Lebens. Die Fülle, die das Leben bereithält, würde an mir vorbeiziehen. Ich habe mich jedoch für das pralle Leben entschieden. Es belohnt mich mit einer Vielfalt an Gefühlen. Sicher gehören dazu auch die unangenehmen Gefühle, aber die Gefühle unbändigen Glücks überwiegen. Entscheide dich für alle Höhen und Tiefen und du wirst durch tiefe Täler gehen, aber auch immer wieder die Höhenwege entlang der Bergspitzen, die dem Himmel ganz nah sind. Ich jedenfalls habe mich dazu entschieden, diesen Weg auszuprobieren. Bisher war ich Lehrerin und im Nebenerwerb selbstständig. Ich wurde im-

115

mer unzufriedener mit dem was ich tat. Wollte ich das die nächsten 20 Jahre auch noch tun? Ja, ich liebte die Arbeit mit den Kindern, doch die Unzufriedenheit nagte an mir. Ich suchte einen Schuldigen für meine Situation. Die Institution Schule war schuld. Die ganzen Vorschriften, die uns Lehrer immer mehr einengen, waren schuld. Der Leistungsdruck, der in den Schulen immer mehr zunahm, war schuld.

Es hat eine ganze Zeit lang gebraucht, bis ich erkannte, dass die Antwort für meine tiefe Unzufriedenheit, für das Gefühl in einem zu engen Korsett zu stecken, nicht bei diesen Dingen zu finden war. Es waren nicht die äußeren Umstände, tatsächlich waren sie nur der Trigger. Es war eine Energie in mir, die herauswollte. Ich wollte weiter wachsen, mich neuen Herausforderungen stellen und dazulernen. Und ja, ich will mein Leben als Spielwiese wahrnehmen und mich selbst ausprobieren. Ich stelle mich meiner eigenen Herausforderung und will den Sprung in die volle Selbstständigkeit als Yogalehrerin, Trainerin und Coach wagen.

Nun habe ich mich für ein Jahr beurlauben lassen. Ich gebe mir selbst den Raum und die Zeit in mich hineinzuhorchen. Ich stelle mich der Verantwortung meiner Familie, meinem Mann und meinen Kindern gegenüber. Und dann werde ich schon bald in ein ungewisses Leben springen. Ich fange wieder bei Null an. Nein, das stimmt nicht. Schließlich habe ich meine Ausbildungen als Lehrerin, Yogalehrerin und Coach. Und ich habe meine Erfahrungen, auf die ich stets zurückgreifen kann. Die Erfahrungen, als ich gescheitert bin, als ich versagt habe, als ich mich völlig unzulänglich gefühlt habe und die Erfahrung, wie aus etwas Dunklem und Schwerem wieder Sonne und Leichtigkeit wurde. Kennst du das? Wenn sich eine Tür schließt, dann öffnet sich eine neue. Ist etwas abgeschlossen, sei es eine Beziehung, die Arbeitsstelle oder vielleicht die Tatsache, dass deine Kinder aus dem Haus gehen, dann entsteht eine Leere. Eine unangenehme Leere. Diese Leere gibt neuen Raum in deinem Leben frei, damit wieder etwas anderes Platz in deinem Leben hat. Außerdem habe ich einen "Fallschirm" dabei. Sehr sorgfältig habe ich meine "Ausrüstung" vorbereitet und kontrolliert:

Ich habe mich meinem großen Angstthema, dem Damoklesschwert der Selbstständigen, gestellt: Meinen Finanzen! Bis vor etwa einem Jahr kümmerte ich mich überhaupt nicht um meine Finanzen. Ich wich diesem Thema komplett aus. Hauptsache ich hatte genug im Portemonnaie. Inzwischen führe ich ein Haushaltsbuch und sorge durch Sparpläne in ETFs (Exchange Traded Funds) vor, damit ich finanziell unabhängig sein kann. Der Vorteil an den ETFs ist, dass sie mit wenigen Klicks zu handhaben sind, die Rendite ganz gut ist und kostengünstig sind sie auch. Ich habe mich in das Thema Aktien eingearbeitet und Seminare besucht. Für das Jahr meiner Beurlaubung habe ich vorgespart. Ich kann also einige Monate darauf zurückgreifen. Da ich schon im Nebenerwerb selbstständig war, weiß ich, was auf mich zukommt. Dennoch bleiben viele unbekannte Variablen offen.

Es wird spannend und ich freue mich! Meine Kinder freuen sich, weil wir uns nun einen Hund anschaffen werden. Ich werde flexibler sein und mich als Mutter auch mal einbringen können, wenn in der Schule meiner Kinder Hilfe benötigt wird. Mein ältestes Kind wird bald 15 und mir wird bewusst, dass die Zeit, in der wir unsere Kinder bei uns haben, sehr begrenzt und sehr wertvoll ist. Unsere Kinder kommen lautstark und sehr einnehmend in unser Leben. Sie krempeln unser Leben komplett um. Dennoch, die Zeit mit unseren Kindern währt nur eine gewisse Phase unseres Lebens und dann müssen wir die Fülle unseres Daseins wieder aus uns selbst schöpfen. Ich schenke mir und meiner Familie eine neue Zeit.

Ich werde also in ein neues Leben springen und mich als Yogalehrerin und Coach ganz selbstständig machen. Ja, es stimmt. Noch habe ich das Türchen nicht geschlossen, die Tür ist halb geöffnet. Ich kann zurückkehren, das gönne ich mir. Ich gebe mir die Zeit, mich in Ruhe und ohne Druck zu entscheiden. Und wenn ich dann springe, habe ich meinen Fallschirm dabei. Mein Fallschirm besteht aus der Fähigkeit, nach Lösungen zu schauen, mich nicht als Opfer zu sehen, mir Hilfe zu holen und aus meinem Scheitern zu lernen. Wenn du diese Zeilen liest, werde ich mich schon entschieden haben. Ich werde gesprungen sein.

Nicole Wendland im Kurzportrait:

Nicole Wendland ist Mutter von drei Kindern, lebt auf dem Land und liebt Lasagne, Rotwein, Yoga, Bücher und Zeit mit ihrer Familie zu verbringen. Nicole ist Grundschul- und Yogalehrerin und hat sich außerdem als Coach Frauen gewidmet, die in ihrem Leben den Weg in die Leichtigkeit suchen. Vor allem jedoch Leichtigkeit im Umgang mit dem Körper und dem Essverhalten. Sie unterstützt dabei sich vom Essdruck und vom kontrollierten Essen zu befreien. Ihre Vision ist es, jeder Frau zu zeigen, wie leicht sie sein kann. Dabei behält die folgende Aspekte im Fokus: Was steckt hinter dem Essdruck und wofür steht das Essen eigentlich im Leben, denn Essen spielt immer dann eine große Rolle, wenn es einem im Leben nicht gut geht.

www.nicolewendland.de

Nicole auf Facebook:
https://www.facebook.com/niwendland/

„Alle sind an irgendeinem Punkt gescheitert. Entweder bevor sie so erfolgreich wurden oder nach ihrem ersten großen Erfolg."

Nicole Wendland

SANDRA FAAS

◆◆◆

Es hatten alle und immer die „richtigen" Wege für mich vorgedeutet, wer und wie ich mal werden sollte. Von klein auf vorgelebte Lebensweisen der Mitmenschen pressten mich in dasselbe Muster hinein. Mit spätestens Anfang 20 heiraten und Kinder bekommen, ausser du studierst Jura oder Lehramt wie der Rest der Familie. Die zwei Möglichkeiten hast Du. Damit hat sich das. So waren alle um mich herum. Entweder Studium und heiraten oder gleich heiraten, wozu raus in die Welt und nach was anderem suchen? Du hast doch hier alle und alles.

Ich war ein sogenanntes „Mischlingskind", dass die meiste Zeit seiner Kindheit an vielen Orten in ganz Europa gelebt hatte. Ich wuchs mehrsprachig auf, die meiste Zeit davon in der kroatischen Provinz und war überall irgendwie immer „die Fremde", „die Neue" und „der Ankömmling auf der Durchreise".

Als ich elf Jahre alt war, begann der Krieg. Für mich eine Erfahrung, die mein Leben nachhaltig prägte. Meine Sehnsüchte hatten plötzlich andere Prioritäten, denn in erster Linie ging es darum, diese schreckliche Zeit zu überleben. Ich lebte von einem Anschlag zum nächsten, von einer Sirene zur nächsten, von einer Angst zur nächsten, immer auf der Flucht vor der mächtigen bösen Realität. Ich war 12 Jahre alt, als ich meine ersten Schießübungen vorgesetzt bekam. Ich schoss auf Bäume, um in entsprechenden Situationen mich und meinen Bruder beschützen und das Haus verteidigen zu können. Man musste ja auf alles vorbereitet sein. Ich experimentierte mit verschiedenen Gewehren und übte, auf ein Ziel zu schießen. Bäume nah und fern, Luft, auf Zielscheiben, im Liegen, im Stehen. Irgendwann schlief ich mit der kurzen 9mm unter dem Kissen. Waffen waren in unserem Haus verstreut, ich wusste immer, wo sie lagen, aber wenn es darauf ankam half keine Vorbereitung der Welt, denn in diesem Moment zählte tatsächlich das Schicksal, die Intuition oder der eine oder andere Engel, der für einen da war.

Als wenn das Leid, die Angst und Sinnlosigkeit nicht schon gereicht hätten, hatten sich dann auch irgendwann die Wege meiner Familie getrennt. Wir wurden plötzlich über ganz Europa zerstreut. Mein kleiner Bruder war in einer Nacht- und Nebelaktion mit dem Bus über die Grenzen des Landes in Sicherheit gebracht worden, ich selbst blieb in Kroatien. Wie hätte ich wissen können, dass in dieser Nacht die Grenzen schließen und ich meinen kleinen Bruder nun für ungewisse und viel zu lange Zeit nicht mehr sehen würde? Nichts wissend wurden wir also plötzlich getrennt – er von mir, ich von ihm. Mein Vater war an der Frontlinie, meine Mutter versuchte uns als Alleinverdienerin gerade so durchzubringen. Alle in Angst, jeder für sich und doch waren wir alle im gemeinsamen Schicksal vereint.

Einzig das Leben in der Gegenwart zählte für mich und meine Familie. Heute weiß ich, dass ich es als Vorteil sehen darf es so früh gelernt zu haben, denn diese Erfahrungen haben mir gezeigt, das Leben im jetzt so im vollen anzunehmen – auch wenn es mir damals so nicht bewusst war. Die Angst, ob ich meine Familienangehörigen jemals wiedersehen würde und die ständige Frage, was das Böse noch alles vorhaben würde, bestimmten nun meinen Alltag für einen entscheidenden Teil meiner Teenager-Zeit. Natürlich hatte ich Sehnsüchte nach einem guten Leben, jedoch damals höchstwahrscheinlich in anderer Form, als sich das andere Mädchen meines Alters in sicheren Ländern wünschten. Mir ging es nicht um ausgiebige Urlaube oder materiellen Reichtum, mir ging es in erster Linie darum, mich nicht mehr fürchten zu müssen. Aber ja, ich dachte natürlich auch an Luxus, denn all das blieb mir über viele Jahre verwehrt.

Lange Zeit dachte ich, dass es eine Art Bestimmung ist, dass gerade ich zu dieser Zeit an diesem Ort bin. Ich war davon überzeugt, dass ich einfach nicht so viel Glück hatte wie all die anderen. Meine Ängste, mangelndes Selbstbewusstsein, Unsicherheit und all meine Fragen waren endlos. Ich sah mich selbst in der Opferrolle und litt sehr unter diesen Umständen. Ich streckte während der Kriegszeit meine „Fühler" nach vielen Dingen aus, die vorher nicht da waren, fand Trost bei meinen Tieren, aber vor allem in meinen Träumen und Visionen. Ich träumte von wunderschönen, glücklich strahlenden und quietschend lachenden Freundinnen, die miteinander Eis essen in den Metropolen dieser Welt. Diese Bilder kannte ich aus dem Fernsehen – wenn er dann mal ging. Ich träumte vom Reichtum, von wunderschönen Autos und wehenden Haaren im Wind. Und das alles während ich vor lauter Angst im Keller saß, nicht wissend, ob ich nach dieser erneuten Bombenattacke überhaupt den Himmel je wiedersehen würde.

Ich ließ es somit nicht zu, dass mich die Situation, in der ich mich befand, in die Knie zwang. Ich erschuf mir ein Paralleluniversum, in das ich mich intensiv hinein dachte. So intensiv, dass ich in meinen Träumen sogar den Wind spürte und die Sonne auf meiner Haut roch. Ich sah mich, wunderschön und glücklich. Bis zum heutigen Tage haben diese Visionen für mich daher einen immens hohen Stellenwert. Sie retteten mir das Leben, so könnte man es fast sagen. Die erste Auflösung des Gräuels kam, als ich das erste Mal nach Deutschland durfte. Die Landesgrenzen waren teilweise wieder geöffnet und nach vielen Monaten der Trennung nutzten wir die Chance meinen Bruder endlich aus einem Kinderdorf für Kriegskinder aus der Slowakei rauszuholen. Wir waren tagelang unterwegs und dank verständnisvoller und gutmütiger Menschen, wurden wir auch Schritt für Schritt unserem Ziel näher gebracht. Dieses Ziel war Deutschland und der Besuch unserer Familie, die in mehrere Städte in Deutschland verstreut war. Jedoch tat ich mich schwer darin, so eine große Portion Freiheit zu schnuppern. Das war bis dato für jemanden wie mich, mit meinem gelebten Lebensweg, zu viel des Guten. Ich wusste nicht, wie ich damit umgehen sollte. Leider blieb es aber auch nur bei einem Besuch, denn nach zwei Monaten mussten wir auch schon wieder den ganzen Weg nach Kroatien zurück antreten. Dort war aber schon nichts mehr wie zuvor und unser Leben hatte keine Substanz mehr, also sollte es wieder zurück nach Deutschland gehen.

Kurze Zeit später, mit 15, kam ich wieder in Deutschland an und spürte eine Erholung für wahrlich alle Sinne. Ich wusste natürlich zu schätzen, dass ich nun an einem sicheren und schönen Ort leben durfte, aber trotz allem konnte ich es irgendwie nicht genießen. Alles fühlte sich so anders an, als ich es mir ausgemalt hatte. Bewusst wurde mir das vor allem im Umgang mit meinem sozialen Umfeld. Menschen verglichen ihren Status an Bildung, Geld, Kleidung und anderen materiellen Dingen. Ich konnte da einfach nicht mithalten. Ich hatte nicht das Glück aus reichem Hause zu kommen, studieren zu können, alles zu haben und zu bekommen wie meine Mitschülerinnen hatten. Die redeten über all diese Dinge, als wäre das die Essenz, auf die es im Leben wirklich ankommt. Meine Familie und ich fingen stattdessen bei Null an.

Jeder Tag war voller Lernprozesse. Viele Mitschüler nahmen mich einfach so an wie ich war, sahen mich als eine von ihnen, waren zuvorkommend, fanden mich toll, wollten mehr von mir wissen und Dinge mit mir unternehmen. Aber so einfach war das für mich nicht. Diese Leichtigkeit wurde von mir selbst durch Ängste, Vorurteile und Misstrauen blockiert. Ich hatte kein Selbstvertrauen, dachte mir, dass ich nichts wert sei. Ein neues Land, eine fremde Sprache und Menschen, die mich als „Jugo" beschimpften. Ich war ein Teenager und befand mich zudem in einer der wichtigsten Lebensphasen in der Entwicklung einer heranwachsenden jungen Frau. Noch dazu war ich völlig unvorbereitet auf das Leben. Mädchen meines Schuljahrgangs gingen ganz andere Wege als die, die ich bis dahin kannte. Die strenge Erziehung meines Vaters, die bis zum Hauszaun reichte, half mir hierbei wenig. Ich sah meinen einzigen Weg darin, fleißig zu sein, die Schule mit guten Bewertungen durchzuziehen und Spaß zu haben. Ich war eine Mustertochter, habe Tag und Nacht, an den Wochenenden und in den Ferien gearbeitet, um meine alleinerziehende Mutter zu unterstützen, aber auch um mir meinen Führerschein, Kleidung, Make-Up und Reisen ermöglichen zu können. Dennoch in mir drin sah ich mich in der Opferrolle und mein Selbstvertrauen war gleich Null. Ich hielt mich selbst klein, für nicht gut genug; dachte, ich könne nicht mithalten, grenzte mich daher selbst aus und schottete mich ab. Mich verletzten Aussagen und Bemerkungen, die an mich gerichtet waren, auch wenn sie wahrscheinlich nicht so gemeint waren.

Es gab einen Englisch-Professor, dessen Aussagen mich regelmäßig verletzten. Er hatte ein Problem damit, dass ich für mein Alter mehr arbeitete, als es mir erlaubt war. In seinen Augen waren meine zwei bis drei Jobs zu viel, ich war zu hübsch und ich hatte mir seiner Meinung nach zu viele Rechte vom Leben genommen. Das gehörte sich nicht für eine Schülerin – noch dazu als Immigrantin wie ich eine war. Im Glauben, ich müsse mich dafür rechtfertigen, versuchte ich ihm immer wieder zu erklären, dass ich damit meine Mutter und meinen jüngeren Bruder unterstützen würde. Ihm passte das aber nicht und er ließ mich das auch spüren. Er war mein Klassenlehrer und unterrichtete meine Klasse in zwei Hauptfächern, leider war ihm aber mein Engagement während des Unterrichts nie gut genug und er erteilte mir daher des öfteren ungerechtfertigte Benotungen für meine Arbeiten.

Wenn Mitschüler sich für mich einsetzten, wurden sie mit Verwarnungen ruhiggestellt. Es war hart, bis ich ihn irgendwann so hilflos, völlig entsetzt und eingeschüchtert fragte, warum er das tat. Er antwortete: „Naja, du kommst hier an, aus keine Ahnung woher, modelst und hast rundum Jobs jeden Tag nach der Schule". – „Weißt du," ging es weiter, „Du bekommst keine besseren Noten von mir, niemals! Denn gutaussehende Menschen kommen augenscheinlich ohnehin besser durchs Leben!". Das saß! Ich schämte mich sehr so auf mein Äußeres reduziert zu werden. Ich wollte gerechte Noten für die Leistungen, die ich erbrachte. Ich war kein Püppchen, sondern ich war fleißig. Alles, wofür ich jeden Tag rackerte, war nun etwas wofür ich mich schämen sollte? Für mich war es das Ende meiner Modelkerriere; meine Nebenjobs behielt ich aber bei, auch wenn ich mich dafür nach wie vor rechtfertigen musste.

Mit etwas Abstand kann ich es mittlerweile als Zeitverschwendung sehen, dass ich mich jemals damit auseinandergesetzt hatte, denn eigentlich hat er mir damit einen großen Gefallen getan. In meinem Inneren folgte ich nämlich genau dem: Ich kam besser durchs Leben als er sich das je hätte vorstellen können. Jetzt, im Nachhinein, verstehe ich solche Menschen wesentlich besser, auch wenn ich ihr Verhalten auch nicht ganz nachvollziehen kann. Wahrscheinlich sah er in mir genau diesen Antrieb, den er selbst nicht hatte, denn ich strebte nach viel mehr und das wollte er im Keim ersticken. Ich fand es jedoch schade, dass manche ihre eigene Unzufriedenheit auf andere projizierten und sich von ihren persönlichen Limits dominieren liessen.

Ich arbeitete viel und probierte alles aus. Putzte nicht nur Haushalte, sondern auch Festhallen und Diskotheken. Ich putzte bis spät in die Nacht, nachdem ich bereits den ganzen Tag in denselben Hinterräumen Heringsbrötchen belegte und riesige Zwiebelköpfe geschnitten hatte. Ich schuftete an Wochenenden und in den Ferien in großen Bürolagern ohne Klimaanlage, bediente in Restaurants, stand hinter der Theke ohne ein einziges Wort Deutsch zu können und ohne zu wissen, was eine Schorle oder eine Spezi waren. Auf Weihnachtsmärkten schickte ich tagelang unsere Kundschaft an die Alkoholtheke, weil mir aufgrund meiner fehlenden Sprachkenntnisse nicht bewusst war, dass ich ebenfalls Glühwein an der Kaffeetheke verkaufen würde. Für mich war es einfach logisch, dass Wein an die Alkoholtheke gehörte. Diese Aktion sorgte zwar für Gelächter unter Mitarbeiten und schlechter Laune bei meinem Chef, jedoch durfte ich trotzdem meinen Job über viele Jahre behalten.

Eines Tages wurde ich als Schülerin in einem Kaufhaus in einer Drogerieabteilung engagiert, zunächst als Waren-Auffüllerin. Sehr schnell erweiterte sich jedoch mein Aufgabengebiet und ich bekam immer mehr Verantwortung, wuchs mit ihr, reifte und merkte weiterhin wie wichtig es war, immer zuverlässig und fleißig zu sein. Ich durfte mich wie eine Abteilungsleiterin um die Bestellungen kümmern und dabei helfen, die Abteilung zu managen. Während alle anderen ausgetauscht wurden, hatte ich den Job vier Jahre lang. Irgendwann wurde in der Schule dann die Klausurenzeit aufwendiger und ich merkte, dass meine Arbeitszeiten mit meinen Schulverpflichtungen nicht konform gingen. Zu dieser Zeit wurden auch die Stempelkarten zur Kontrolle der Arbeitszeit im Kaufhaus eingeführt.

Als immer pünktlich, zuverlässig und nie krank, kam ich eines Tages ins

Kassenbüro und sah an der Wand die Tafel, an der mein Kärtchen mit einer Nummer und nur meinem Namenskürzel hing. Alle Kollegen/innen standen aufgeregt drumherum; für sie war die Einführung der Stempelkarte eine große Sache. Dann kam mein Moment: Ich steckte die Karte das erste Mal rein und es machte einen lauten und klangvollen PING !

Und da war es passiert. Ich erstarrte und war wie versteinert.

Das Ping-Geräusch hatte mir etwas verpasst. Der Schock war nicht in Worte zu fassen. Die Kollegen freuten sich weiterhin, kicherten drumherum und bewunderten ihre Stempelkarten. Für mich bedeutete das nur das Ende an dieser Stelle. Das war ich nicht und bin ich bis heute nicht. Ich lasse mich nicht beziffern, abstempeln und mir die Minuten abzählen. Es war so lähmend und erniedrigend und ich schämte mich, an der Wand mit dieser Karte in der Hand zu stehen. Ich konnte den Stolz der anderen einfach nicht teilen und ich fragte mich zutiefst, was läuft den hier falsch? Bin ich die einzige, die das schrecklich findet? In diesem Moment wusste ich, ich würde mich irgendwann mal selbstständig machen.

Ich sah mich sofort nach einer neuen Stelle um und wurde in einem wachsenden Telemarketing-Unternehmen angestellt. Ich fühlte mich dort entsprechend entlohnt, erlernte den Vertrieb und Verkauf, wurde ausgebildet und geschult, verdiente gutes Geld und mein Horizont erweiterte sich entsprechend. Nach zweieinhalb Jahren suchte ich wieder nach neuen Herausforderungen. In den kommenden Jahren probierte ich viel aus, war neugierig, ging durch Rebellion und schnupperte in verbotene Welten. Ich lernte viel über Menschen, die in der Gesellschaft als verstoßen und vorverurteilt gelten. Ich lernte Vorurteile auszublenden und stellte fest, dass auch diese dieselben Ansprüche an das Leben haben. Der Umgang in diesen Kreisen war ebenfalls eine der wichtigsten Lebensphasen, die mich sehr geprägt hat. Und ja, es wäre sicherlich leichter gewesen, mich einfach mit der Opferrolle abzufinden, für mich kam das aber nicht infrage. Ich wollte etwas aus meinem Leben machen und entschied mich in dieser Zeit, endgültig mein Studium anzugehen. Ich wollte wieder andere Qualitäten in mein Leben einbringen, die mir neue Perspektiven eröffnen sollten, denn die Zeit meiner Rebellion fühlte sich einfach überholt an. Aber ich wusste nicht wie und habe mich selbst sabotiert, denn ich fühlte mich immer noch in der Opferrolle. Also holte ich mir psychologischen Rat, der mir dabei helfen sollte einen Ausweg zu finden. Aber was auch immer ich gesucht hatte, es hatte mir nie geholfen. Vielmehr hatten die Psychologen nach wenigen Terminen immer das gleiche Urteil: Die Feststellung, dass es in der Summe definitiv zu viel wäre, was eine Frau meines Alters bisher hatte durchleiden müssen.

Ich fühlte mich verloren. Zudem war mein Bankkonto bereits schon zum zweiten Mal mit einem hohen Schuldenberg bedeckt. Mein ganzes Leben war ein Desaster.

An dieser Stelle machte es endgültig „klick" in meinem Leben. In diesem Moment traf ich die wichtigste Entscheidung überhaupt: Ich wollte mich nicht mehr damit abfinden, unglücklich, krank, verschuldet, zerstreut, verirrt und am Abgrund zu sein. Meine Sehnsucht nach mehr war größer und der Wille nach Veränderung war unbändig da. Ich wollte kein Opfer mehr sein! Ich wollte nicht mehr leiden. Nicht mehr das zu bemitleidende und in allem benachteiligte Kriegsmädchen sein. Ich wollte keinen Zorn, keine Verwirrtheit und unerfüllte Sehnsüchte mehr mit mir herumtragen. Ich begriff, dass ich selbst mein einziger Helfer und Heiler sein würde und nur ich alleine konnte mir helfen, mit der Entscheidung, kein Opfer mehr sein zu müssen. Damit ging es wie verzaubert in die richtige Richtung.

Ich wusste, dass ich durch Fleiß gut zu Geld kommen konnte, arbeitete konstant und ging immer die die Extra-Meile um über den Zaun schauen zu können. Ich konnte mir als Studentin zunehmend immer mehr leisten. Shopping in London, Snowboarden in der Schweiz und das alles ohne meine Mutter nach Geld zu fragen. Das Privileg, Taschengeld zu erhalten, hatte ich nämlich nie.

Heute bin ich zweifache Mutter, liebende und geliebte Frau, Unternehmerin in der Fitness- und Baubranche im Luxus-Segment. Ich lebe grandios, fahre meine Lieblingsautos, reise, erfülle mir meine Mädchenträume und darf das alles mit dem Glück einer wundervollen Familie abrunden. Mit ganzem Herzen unterstütze ich darüber hinaus die Menschen, insbesondere Frauen, die sich ein Leben im weiblichen Luxus wünschen. Ich hebe die moderne luxuriöse Weiblichkeit hervor, so wie ich es schon mein ganzes Leben lang getan habe. Das macht meine Aufgabe letztendlich zu meiner Herzensangelegenheit, denn das war und ist meine Mission. Ich gelte als „Erlauberin" für die Frauen, die ihre Träume und Leidenschaften in Luxus und Glück leben möchten. Für die, die sich selbst kreieren, gestalten und designen möchten, unabhängig davon, mit welchen Voraussetzungen sie auf die Welt kamen, woher sie kommen und wie sie aufwuchsen. Dieser Reichtum wurde mir nämlich auch nicht in die Wiege gelegt und es sah lange nicht so aus, als würde ich so ein Leben überhaupt jemals leben könne.

Wenn dir bei einem wichtigen Geschäftstermin jemand sagt: „Sieh du nur gut aus und schweig", dann sitzt das! Das ist wie eine Ohrfeige für alle Sinne. Es hat lange gedauert, bis ich mir einen Status in der Baubranche und damit in einer Männerdomäne erarbeitet habe. Meinen Ruf und meine Glaubwürdigkeit als Projektplanerin und auf Baustellen im Controlling und als Bauaufsicht aufzubauen, hat eine Weile gedauert. Bestätigend waren für mich jedoch im Nachhinein die Blicke und die Entschuldigungen von denjenigen, die erkannt hatten, dass sie mit ihrer Einschätzung gewaltig falsch lagen. Auch lange Zeit nach der Debatte um Frauen in Führungspositionen, werde ich heute immer wieder unterschätzt. Männer sehen ein blondiertes Püppchen auf Stöckelschuhen, die dann aber auf wundersame Weise Großprojekte auf die Beine stellt.

Ergänzend zu dem eigenen Erlebtem, lerne ich am meisten aus dem Verhalten und den Fehlern von anderen. Nicht selten begegne ich Menschen, die sich nach Jahren noch immer über die gleichen Dinge aufregen und über dieselben Probleme jammern. Mich persönlich motiviert das umso mehr, meine Fühler auszustrecken und zu schauen, was sonst noch alles möglich ist. Mittlerweile ist es sogar so weit gekommen, dass ich in diesem perfekten Kreislauf des Lebens, die Leiter noch mehr hinaufsteigen konnte und nun selbst zu jemandem geworden bin, der anderen diesen Weg aufzeigen darf – und das, obwohl ich selbst noch so viel vorhabe und noch viel mehr lernen möchte und werde.

Durch meine Erfahrungen in der Vergangenheit bin ich abgehärtet und sehe heute vieles aus einer anderen Perspektive. Ich sah im Krieg, wozu Menschen in der Lage waren und wie sich jemand über Nacht verändern konnte, wenn es die Situation erforderte. Ich sah, wie diejenigen, die am Tag vorher ganz solide und angesehene Bürger waren, plötzlich zu Unmenschen wurden. Ich erfuhr im Krieg, wie manches keinerlei Wert mehr hatte und das, was vorher so wichtig war, plötzlich nichtig erschien. Ich sah, wie manches vorher Unbedeutende plötzlich das Einzige war, was einem zum Überleben blieb. Ich habe es geschafft trotz dieser Erfahrungen mein Leben zu drehen und dennoch an das Gute zu glauben. Das war und ist nicht einfach und doch geht es immer. Ich habe es geschafft, indem ich es wollte und weil ich mich dafür entschieden habe, mir selbst ein fantastisches Leben zu ermöglichen, denn nur ich selbst entscheide, ob ich glücklich bin.

Sandra Faas im Kurzportrait:

Als zweifache Mutter und Unternehmerin, liebende und geliebte Frau, Freundin und Schwester, zaubert Sandra Multitasking-Wunder durch die Work-Life-Balance, die sie sich erschaffen hat. Ihre Passion basiert weg von der heutigen Zeit der Missgunst und Ellenbogengesellschaft, hin zur gelebten Überzeugung einer wunderbaren modernen Bewegung: Der Feminität. Sandra ist jedoch nicht nur Unternehmerin in der Bau- / Fitness- und Luxusbranche, sondern engagiert sich ebenfalls mit ihrer ins Leben gerufenen FAMEtastic-Community für Frauen, die gemeinsam ein modernes, weibliches und luxuriöses Leben ansteuern wollen.

Sandra auf Facebook:
https://www.facebook.com/fametasticlife1/

sandra@fametastic.life

„Ich lebe heute meine luxuriöse Weiblichkeit, weil ich es mir erlaube, glücklich zu sein."

Sandra Faas

CHRISTINE D. A. HASEBRINK

◆◆◆

Rückblickend gesehen war ich gefangen im klassischen System, ohne dass ich es jemals wirklich währenddessen bemerkt habe. Mein Weg war vorgezeichnet: Abitur, Ausbildung und Studium, danach winkten die Fußstapfen meines Vaters mit der Übernahme des Familienunternehmens.

Das erste Mal wurde ich aber aus dem System gekickt, als Groningen sich aus dem Nichts in meinem Leben breit gemacht hat. Ich war schon länger für das Ingenieurstudium Europäisches Baumanagement an der Fachhochschule Oldenburg eingeschrieben, aber ein zufälliger Nachmittagsaufenthalt auf dem Campusgelände der Hanzehogeschool in Groningen stellte alles auf den Kopf. Ich warf innerhalb von einer Woche die gesamte Studiums-Planung um und schrieb mich für Internationale Betriebswirtschaft an der International Business School ein. Warum? Weil da diese Stimme plötzlich war, die ziemlich laut brüllte und mir sagte, ich solle mal bitte anders sein und doch mal bitteschön meinen eigenen Weg gehen. Raus aus der vorgegebenen Struktur, rein ins Abenteuer.

Meine Studienzeit in den Niederlanden und Ungarn zeigte mir eine andere Welt. Andere Kulturen, der Zusammenhalt der internationalen Studenten, Offenheit, Loyalität und mein Freiheitsgedanke wurden in dieser Zeit wesentlich geprägt und inspirierten mich. Es ging auch anders, als das, was ich bisher kannte. Die Weltwirtschaftskrise zwang mich nach dem Studium 2009 in Düsseldorf anzukommen. Ich begann meinen Job bei einer der weltweit führenden

133

Wirtschaftsprüfungs- und Unternehmensberatungen im Marketing. Ganz wohl in dieser Welt der Pinguine fühlte ich mich nicht, die Eingewöhnung in Hierarchien und politische Spielchen passten so gar nicht zu meinem Freiheitsgedanken. Ich wollte weg, am liebsten ganz weit weg. Aber was macht ein Mensch, wenn er im System gefangen ist? Er fängt an sich anzupassen. In einem der ersten Gespräche mit einem Kollegen, wurde mir dann auch direkt die Steilvorlage geliefert. „Du trittst in ziemlich große Fußstapfen deiner Vorgängerin, es ist quasi unmöglich diesen Job zu erfüllen." Das hat meinen Ehrgeiz geweckt und ich fing an. Für alle, die jetzt vermuten, ich hätte meinen Job gehasst, dem war nicht so. Keineswegs, ich habe ihn geliebt, noch heute fahre ich an meinem alten Büro vorbei und vermisse es.

Nachdem mein Ehrgeiz erfolgreich geweckt wurde, gab ich Gas. Und zwar eher Knallgas als Vollgas. 100 Prozent? - Langweilig, dass ging auch noch flotter. Wieder wollte ich anders sein als die Kollegen um mich herum, anders als das System. Es gelang mir, in dem ich meine Messlatte für Projekte höher hing als allgemein üblich. Und es hat mir Spaß gemacht, so unglaublich viel Spaß. Projekte, die nicht klappten schlichtweg gedreht, umgekrempelt, Energie reingesteckt und ab ging die Luzie. Irgendwann war ich dann „Der Hase", ich war angekommen. Ich brauchte nicht wirklich viel zum Leben, reichten doch der Job und die Karriere vollkommen aus, um mich glücklich auszufüllen. Mein Leben außerhalb des Haifischbeckens beschränkte sich auf einen kleinen und feinen Freundeskreis, Kurztrips an die Nordsee und ständige Erreichbarkeit. Ich überlebte einige politische Spielchen im Unternehmen, lernte was eine Mediatorin so alles bewirken kann und war mächtig stolz auf meine Karriere mit einer 50-60 Stundenwoche. Als Unternehmerkind war ein solcher Workload mir nicht unbekannt und ich wunderte mich nicht wirklich, ich war halt kein typischer Arbeitnehmer, sah ich doch immer eher das Große-Ganze anstatt lediglich bunte Bildchen mit Agenturen hin und her zu schieben.

Es hätte wahrscheinlich ewig so weiter gehen können, doch kam trotz der vielen Projekte irgendwann Langeweile auf. Ja, richtig gelesen – LANGEWEILE. Irgendwann kannte ich alles. Ich bin ein Mensch, der Ziele braucht, um sich lebendig zu fühlen. Stillstand ist Gift. Ziele, die schier unerreichbar zu sein scheinen, sind übrigens genau mein Ding. Auf der Suche nach neuen Zielen zockelte ich einige Zeit auf den ostfriesischen Inseln herum und traf dort während eines Ausritts auf jemanden, der mir von weltweiten Reittouren erzählte. Und zack, da war es wieder. Mein Abenteuer- und Freiheitsimpuls war geweckt, meine innere Stimme tanzte schon den Limbo und feierte das Erwachen. Die erste Tour sollte direkt in die Mongolei gehen, weitab von jeglicher Zivilisation, Menschen und ständiger Erreichbarkeit.

Es wäre aber nicht mein Leben, wenn nicht natürlich wieder etwas dazwischen kam. Als Hochzeitsplanerin meiner kleinen Schwester klappte es irgendwie vorn und hinten nicht, so kurz vor dem Ereignis des Jahres in die Wildnis abzutauchen. Ende des Sommers 2011 wagte ich dann einen erneuten Anlauf, „Einmal Abenteuer, Wildnis und einfach Atemberaubendes, bitte! war die Zielsetzung für die Reiterreisenagentur aus der Schweiz. Afrika wurde vorgeschlagen und alle erklärten mich für verrückt. Aber genau das wollte ich ja eigentlich schon immer sein. Anders und verrückt. Ich habe nicht wirklich nachgedacht, was passieren könnte oder auf was ich mich da so einlasse. Ehrlich nicht. Ich ließ etliche Impfungen über mich ergehen, Stirnrunzeln meines Hausarztes und Bedenken meiner Familie und Freunde. Irgendwann ging es dann los und der Trip nach Südafrika und Botswana eröffnete mir neue Blickwinkel auf das Leben an sich, im Allgemeinen, und im Speziellen. Ich lernte Horseback-Safari-Guides kennen, sprach seit langer Zeit konsequent nur englisch und verlor mich auf dem Pferderücken im afrikanischen Busch, während ich etliche Abenteuer auf dem Kontinent der Grün- und Brauntöne erlebte.

Meine erste brenzlige Begegnung mit einem Elefantenbullen während eines Galopps durch dichtes Buschwerk werde ich niemals vergessen. Da war dieser plötzliche Lärm im Unterholz, dann das Trompeten des aufgeschreckten Elefanten, die schützende Reaktion meines Pferd Lancelot, das versuchte uns beide direkt aus der Situation zu retten. Der Blick über die Schulter nach hinten während des Galopps und diese unfassbare Größe des Elefanten mit weit aufgestellten Ohren, der uns verfolgte. Atemberaubend. Es war wie eine Wiedergeburt, ich fühlte mich seit langer Zeit wieder lebendig. Wer kann schon von sich behaupten, dass er jemals quasi Schulter an Schulter mit einer Elefantenherde gestanden hat, mit Giraffen um die Wette galoppiert ist, zum Einschlafen den Sound der Nilpferde gehört hat und nachts dann irgendwann vom Lachen der Hyänen wieder wach geworden ist. Der afrikanische Busch und insbesondere die Tiere hatten mich gepackt vom ersten Augenblick an. Bedenkt man, dass warmes Wasser im Camp eine Rarität ist, kann man in etwa nachvollziehen, was es bedeutet, wenn ein Wasserpott mit Holz angeheizt werden muss für eine einfache warme Dusche. Es war ein aufwendiges Vergnügen, was dazu führte, dass ich das minimalistische Leben im Busch zu schätzen begann. Weniger zu haben als übliche wurde für mich ein Luxusvergnügen, weil es so unglaublich entspannt war wenig zu besitzen. Mein Tagesrhythmus wurde vorgegeben von der Natur. Mit den ersten Sonnenstrahlen saß ich auf dem Pferd, mit der zunehmenden Dunkelheit schlief ich ein in meinem Zelt. Ich hatte mich selbst wiedergefunden und war mir selbst genug. Irgendwann war aber auch diese Zeit vorbei und schneller als erwartet war ich zurück im Hamsterrad. Es änderte sich nicht wirklich etwas, das Hamsterrad übernahm wie gewohnt die Führung in meinem Leben und ich zog meine Karriere weiter durch.

Doch Afrika war noch immer da. Zwar in meinem Unterbewusstsein, aber es war da und ließ mich nicht mehr los. Als ich die ersten Bilder von einem der weltweiten besten Abenteuerritte in der Massai Mara, Kenia während der Big Migration der Herden sah, war es um mich geschehen. Ich hatte ein neues Ziel. Im Sommer 2012 war es dann so weit. Nachdem ich weitere Impfungen und noch viel größere Bedenken meines Umkreises über mich ergehen lassen hatte, ging es los nach Kenia inklusive einer Versicherung der fliegenden Ärzte mich im Notfall aus dem Busch zu holen. Ostafrika war ursprünglicher und gänzlich anders als der vergangene Trip. Diese unendlichen Weite vereinnahmte mich und ließ mich nicht mehr los. Als unsere Cessna Caravan auf dem Sienna Airstrip in der Massai Mara landete, links und rechts die Zebras, Gnus und Antilopen zur Seite stoben, war es um mich geschehen. Alleine die Erinnerung treibt mir noch heute die Tränen in die Augen. Als wir uns es dann auf dem Dach der Jeeps gemütlich machten, ging es im Affenzahn durch den Busch und ich kam an in einer anderen Welt. Spartanisch, simpel, aber genau das wärmte mir mein Herz so sehr. Kein fließend Wasser, anstatt Duschen gab es Eimer. Während der Nebel bei Sonnenaufgang noch auf den endlosen Weiten lang, stieg ich in den Sattel meines Pferdes Kijabe und mein Tag begann. Das fliegende Camp zwang uns Stunden im Sattel zu verbringen mit Blasen an den Händen, Rückenschmerzen und etliche Begegnungen mit wilden Tieren. Entfernungen wurden surreal, sah man doch nur noch die Weite der Massai Mara. Zwischendurch trafen wir auf Massais, die Ziegen- und Rinderherden hüteten, nach Mittagspausen im Nirgendwo gab es Galoppwettrennen mit Giraffen, wobei man stets aufpassen musste ihnen nicht zu nahe zu kommen, da sie kräftig ausschlagen konnten. Im direkten Vergleich zu einer Giraffe, ist ein Pferd echt winzig, wenn man während des Galopps zur Seite hoch schaut und irgendwie kein Ende in Sicht ist.

Die Durchquerung des Mara Flusses, war nur eine der vielen atemberaubendsten Begegnungen, die sich in mein Herz und Verstand brannten. Am Fluss angekommen, nahmen wir unsere Satteltaschen vom Pferd und packten uns diese auf die Schultern. Nachdem wir die Krokodile und Nilpferde vor uns im Wasser lokalisiert hatten, einen festen Orientierungspunkt am gegenüberliegenden Ufer festgelegt hatten ging es los ins Wasser. Die Pferde schwammen, das Wasser stand mir bis zur Hüfte und ich versuchte so gut wie möglich Kijabe zu unterstützen. Das wir immer die Krokodile und Nilpferde im Auge behielten, war selbstverständlich. Wollten wir doch heile aus dem Wasser kommen. Nasse Klamotten, viel Adrenalin und wieder einmal etwas schier Unmögliches geschafft. Ich war zurück in meinem Flow. Hätte mich jemand gefragt, ich wäre einfach dageblieben und wäre nicht mehr in den Flieger gestiegen. Warum? Weil ich mich das erste Mal seit langer Zeit so mochte, wie ich war und wo ich war.

Und es hatte „Klick" gemacht.

Wieder zurück im System fing ich an zu grübeln und begann still und leise meine Recherche, welche Möglichkeiten es gab im afrikanischen Busch eine längere Zeit zu verbringen. Irgendwann war dann klar, dass es eine Kombination aus Pferd und Busch sein sollte. Der Traum war geboren und ich hatte wieder ein Ziel. Es kribbelte so sehr, dass ich Anfang 2013 den Entschluss fasste, ein Jahr zu sparen und zu planen, um mir selbst den Herzenswunsch zu erfüllen. In der Zwischenzeit rockte ich weiter meine Projekte, aber mit einer anderen inneren Einstellung. Ich fing an sie zu genießen. In der Zwischenzeit startete mein Körper mit Gegenwehr, Rückenprobleme, ein stark geschwächtes Immunsystem und weitere psychosomatische Warnsignale standen plötzlich mit auf der Tagesordnung. Bitter, zumal ich weniger Energie verspürte und alles irgendwie schlichtweg nur noch anstrengend wurde. Das System im Haifischbecken ermüdete mich zusehends und politische Spielereien konnte ich nicht mehr ausstehen. Ich war durch mit dem Leben, was mich so erfolgreich in all den Jahren gemacht hatte. Ich wollte nur noch eins: Raus und weg nach Afrika, endlich wieder im Schlafsack liegen und nachts die Hyänen hören. Nicht mehr und nicht weniger.

Ich fand eine Schule in der Nähe von Port Elisabeth, Südafrika, die eine sechsmonatige Ausbildung zum Safari Guide anbot. Nachdem ich das Aufnahmeverfahren im Herbst 2013 bestanden hatte, stand das Startdatum fest. Im September 2014 sollte mein neues Leben losgehen. In der Zwischenzeit erlebte ich Kopfschütteln, mächtig Gegenwind und Druck aus meinem inneren Umfeld. „Du wirfst Deine Karriere weg.“; „Was soll nur werden nach Deiner Ausbildung in Afrika.“; „Das ist unvernünftig, wann legst du endlich Deinen Dickkopf ab, wirst erwachsen und kommst zur Ruhe.“; Die Liste der Gegner war endlos. Als ich dachte, dass dies mein kleinstes Problem sei, kam dann auch noch die Sache mit der südafrikanischen Botschaft um die Ecke. Ich wusste, dass es schwierig werden würde ein sechsmonatiges Studentenvisum zu erhalten, aber dass es letztendlich SO krass werden würde, hatte ich zum Glück Anfang 2014 noch nicht geahnt. Ich kündigte im Juni 2014 meinen Job und alle fragten sich, ob ich von unseren Mitstreitern abgeworben wurde. Was ich mit meinem neuen Lebensabschnitt anstellen würde, war ein wohlgehütetes Geheimnis, die strickte Trennung von alt und neu half mir in dieser Zeit den Sprung zu schaffen. Viele Tränen und Bedenken, ob ich das Richtige tat, machten aus dem Sommer 2014 keine entspannte Zeit für mich. Als ich dann meinem wichtigsten internen Kunden erzählte, das ich das Unternehmen und meine Projekte verlasse würde, gab es anfangs Versuche mich zum Bleiben zu überzeugen. Das war hart für mich. Vermutete doch jeder, dass ich weiter als Marketing Managerin arbeiten würde. An einem Wochenende räumte ich dann mein Büro aus mit einem wehmütigen und mulmigen Bauchgefühl, hatte mir doch das „Aquarium" über Jahre eine feste Struktur gegeben. Nach einer spontanen letzten gemeinsamen Espresso-Pause verriet ich einem meiner Best-Buddies, meinen Plan. Die Reaktion von ihm war ein Kniefall mit glänzenden Augen. Und da war es wieder, das Gefühl endlich anders sein zu können als der Rest.

Währenddessen zog sich das Unterlagen-Ping-Pong mit der südafrikanischen Botschaft weiter hin, aber es war ja noch etwas Zeit. Als dann mein Reisepass Anfang September bei der Botschaft verschwand, übernahm die Panik unterschwellig die Oberhand. Ich versuchte bis zum Schluss das Ruder rumzureißen, glaubte ich doch fest an die Visumserteilung für meine sechsmonatige Ausbildung in Südafrika. Doch dem war nicht so. Irgendwann musste ich zähneknirschend meinen Flug nach Port Elizabeth stornieren und meinen Platz für die Ausbildung absagen. Mein Lebenstraum schien zerplatzt und ich sah keine Möglichkeit die Ausbildung ohne Visum zu absolvieren. Ich hangelte mich durch die Tage, schmiedete Pläne für eine Weltreise und wehrte den Druck von Außen ab endlich wieder arbeiten zu gehen, um zurück ins System zu passen.

Während eines Ausflugs mit meiner Schwester bekam ich einen E-Mail-Newsletter von einer der südafrikanischen Safari Guiding Schulen mit dem Titel „Your Last Chance 2014 to Become a Safari Guide". Ich kann noch heute sagen, wo genau wir in diesem Moment waren. Auf der Autobahnauffahrt Reken, A31 Fahrtrichtung Bottrop. Peng. Ich las ihr die Nachricht vor und schaute sie an. Ein Blick von ihr reichte aus, um mich wieder zurück in den Flow zu bringen. Meine Energie war wieder da. Binnen von fünf Tagen zog ich die Anmeldung durch, Ende Oktober ging es los. Doch was war mit dem Visum? Ich plante einen Trip für Weihnachten nach Sansibar und vermied so das sechsmonatige Visum, da ich nur mit einem dreimonatigen Touristenvisum in Südafrika einreiste, dass ja bekanntlich jeder bekommt. Die Zeit bis zum Abflug verbrachte ich mit Rucksack- und Schlafsacktests, der Anprobe der Jagdsachen meiner Geschwister und dieser prickelnden Vorfreude, die mich in jedem erdenklichen Moment tanzen ließ. Die Ausstattung stand fest, der Flug war gebucht, es konnte los gehen. Aber mein Leben wäre nicht mein Leben, wenn nicht wieder irgendetwas um die Ecke kommen würde. Geradeaus gehen wäre ja zu einfach für mich. Der Ebola Virus in Westafrika handelte mir reichlich Diskussionen mit meiner Familie ein und klare Ansagen meines Vaters, dass ich definitiv nicht in das Flugzeug nach Johannesburg einsteigen würde. Doch ich blieb standhaft und zog es durch. Die Verabschiedung von meiner Schwester, meiner Seelenverwandten und meinem Patenkind, der Superschnitte, war hart und machte mir mehr zu schaffen, als ich jemals offen zugegeben hätte. Aber beide einzupacken, war schlichtweg nicht möglich. Ich musste meinen Weg alleine gehen.

Meine Zeit in Südafrika startete mit viel Eingewöhnung, Umgewöhnung und reichlich Abenteuer. Ich wurde Teil einer kleinen und feinen Ausbildungsgruppe und war endlich wieder da, wo ich hingehörte. Im Busch. Ich fing an meine Fahrten im Defender zu lieben, merkte wie hart es war wieder etwas Neues zu lernen und kam an meine Grenzen. Morgens zwischen 4 und 5 Uhr aufstehen, Weck- und Küchendienst, Elefanten im Camp, wenig Kontakt zur Außenwelt und immer wieder Erlebnisse, die man nur im afrikanischen Busch erleben kann. Was macht man, wenn man nachts eine Wärmflasche braucht, die Elefanten am Badezimmerzelt stehen und man schlichtweg nicht dahin kommen kann? Klar, man probiert es. Es geht doch alles, immer und jederzeit. Als ich mich dann näherte und aus der Dunkelheit den Beely Rumble vernahm, einen tiefen Warnlaut der Elefanten, war mir klar, dass ich nicht weiter kam und jemand anderes der Boss in dieser Nacht hier war. Dann war es halt eine Nacht ohne Wärmflasche, dafür aber mit Elefanten im Vorgarten, die meinten sie müssten mal ein wenig Aufräumen und Rambazamba machen. Schlafen? Fehlanzeige. Eher war es ein „Im-Schlafsack-liegen-und-lauschen-wie-die-Elefanten-Party-machten." Das Endresultat am nächsten Tag war übrigens eine kaputte Wasserleitung und einige Tage Katzenwäsche, rationiertes Wasser und keine intakte Dusche bei knapp 40 Grad.

- Wieso sollte man keine Flip-Flops im Busch anziehen?: Weil spätestens nach Einbruch der Dunkelheit die Skorpione unterm Tisch fangen spielen.
- Hast du schon mal nachts im Zelt gelegen und dem Brüllen der Löwen

gelauscht, um Abzuschätzen, wie weit sie noch vom Camp entfernt sind?
- Hast du schon mal nachts im Zelt gelegen und konntest nicht einschlafen, weil draußen der afrikanische Busch steppte und es viel zu spannend war einfach einzuschlafen?

Beim Gedanken daran bekomme ich Herzklopfen, schließe ich die Augen, bin ich innerhalb von Sekunden wieder in meinem Zelt im Selati Reserve. Der Zusammenhalt der internationalen Gruppe aus Südafrikanern, Niederländern, Deutschen und Kanadiern tat mir gut und gab mir ein neues Zuhause. Der Fokus lag auf mir selbst, meinem Lernfortschritt und dieser großartigen und einzigartigen Natur in der ich mich befand. Ich nenne es gerne immer wieder „Back to the Roots", ich habe mich selbst geerdet, bin einmal mit der Wange über den Boden geschrammt, wurde durchgeschüttelt, neu sortiert und habe mich ganz langsam aufgerappelt. Das mag einfach und trivial klingen, doch war es bis dahin eine meiner schmerzlichsten Erfahrungen. Afrika war meine innere Heilung, Neuausrichtung und Heimatfindung. Im Laufe der Ausbildung stellte sich aber auch heraus, dass ich mir ein Leben nur als Guide im Busch nicht vorstellen konnte. Die Chancen als weißer „Nicht-Afrikaner" sind schwer, ein offizielles Arbeitsvisum zu erhalten war noch utopischer als ein Studentenvisum zu bekommen. Doch was wollte ich eigentlich? Eine fantastische Frage auf die ich keine Antwort hatte. An Heiligabend trennten sich unsere Wege, unsere Gruppe kehrte nach Johannesburg zurück.

Ich flog weiter nach Sansibar mit etlichen Fragen im Gepäck. Ich feierte mit meiner Schwester Silvester und gemeinsam versuchten wir meine Zukunft zu planen. Alleine die Tatsache, dass ich keinen Plan hatte, machte mich schier wahnsinnig. Zum Ende des Aufenthalts lernte ich eine Deutsche aus Stuttgart kennen, die mir riet einfach mal die Kontrolle abzugeben und dem Karma zu vertrauen. „Go with the flow, Hase." Loslassen, Vertrauen ins Leben und erst mal einen charmanten Freiflug ohne Fallschirm. Hola die Waldfee. Doch irgendwie lies ich dann doch los, mehr aus Trotz als aus blanker Überzeugung, aber siehe da, das Karma kam um die Ecke und auf einmal fügte sich alles aneinander.

Ein Anruf von meiner Safari Guiding Schule änderte alles. Eine stellvertretende Camp Koordinatorin in meinem Lieblingscamp Karongwe wurde kurzfristig benötigt. Binnen von 48 Stunden war ich wieder an diesem Ort, den ich liebend gern mein Zuhause nannte. Ich war in meinem Element. Meine Tage bestanden daraus, Struktur ins Office bringen, die Verantwortung für die Abläufe im Camp zu tragen und gemeinsam mit meinem ehemaligen Headguide Gerald das Camp zu führen. Der Hase rockte den Busch.

In ruhigen Momenten schnappte ich mir einen der Defender, genügend Trinkwasser, ein Walkietalky, mein Fernglas und fuhr alleine eine Runde durch den Busch. Unvorstellbar, aber wahr.

Ich war ich.

Unsere Tagesabläufe im Camp wurden lediglich durch tierische Zwischenfälle unterbrochen. So zwang uns ein Affenüberfall auf die Küchenvorräte, eine Woche lang auf Zwiebeln zu verzichten. Wer jetzt schon meint, dass wäre der Knaller, sollte wissen, dass sich unsere Köchin Mama Lorraine während eines Elefantenbesuchs unter dem Tisch in der Küche verkroch, da der Elefant mit seinem Rüssel durchs offene Fenster versuchte die Keksdose zu erwischen. Buschalltag.

Es gab so viele Momente, die mir bis heute den Atem rauben und mich inne halten lassen, aber einer hat es mir besonders bis heute angetan. Während ich das Feuer vorbereite bevor alle Gruppen von ihren Fahrten am Abend heimkehrten stand ich mit dem Rücken zum trockenen Flussbett, unterhielt mich mit unserem Chefmechaniker Robert und beobachte das angehende Feuer. Von einem auf den anderen Moment brüllte plötzlich meine innere Stimme, ich reagierte und warf einen vorsichtigen Blick über meine linke Schulter. Im Augenwinkel sah ich sie dann, knapp 100 Meter von uns entfernt. Ich hielt inne und Robert lass nur in meinen Augen „Cat", da ich sprachlos war. Diejenige, die alle seit Tagen suchten und sehen wollten, aber nicht fanden, besuchte uns mal eben so am Feuerplatz. Ganz langsam und im Zeitlupentempo drehten wir uns um, hielten uns an den Händen und beobachteten die Gepardin, während sie uns auch beobachtete. Wir drei standen uns über mehrere Minuten gegenüber und schauten uns einfach an. Surreal, aber schön.

Die morgendliche Fahrt um die Wasserpumpe anzuwerfen wurde zu einer weiteren Tagesaufgabe und die Studenten begleiteten mich nur allzu gern. Hast du schon mal per Hand eine Wasserpumpe angeworfen? Das gibt ordentlich Muckis. Und ich liebte es. Ich liebte es morgens aufzustehen, ich liebte meine Zeit nur mit mir selbst, ich liebte meine Gelassenheit und ich liebte mein Leben. Dieser Mix aus Office plus Busch faszinierte mich und ich hätte einfach nur so weiterleben können. Hätte. Irgendwann war aber auch die Vertretungszeit im Camp vorbei und ich nutze die Zeit für einen Roadtrip in Südafrika. Denn dann war da ja noch Deutschland und das alte Leben, welche mich in großen Schritten versuchten einzufangen.

Eine Jobanfrage eines großen Markenartiklers im süddeutschen Raum brachte mich dazu den afrikanischen Kontinent frühzeitiger zu verlassen. Eine absolute Fehlentscheidung aus heutiger Sicht, aber man lernt ja nie aus, nur deutlich mehr dazu. Zurück in Deutschland ging alles leider sehr schnell, binnen von nicht einmal zwei Wochen war ich zurück in der Tretmühle. Der Druck doch endlich wieder ins System einzusteigen war allgegenwärtig und zerschlug im Nu meinen „Flow-Gedanken". Ich wusste, was ich nicht wollte, aber irgendwie gab es kein realistisches Ziel. Eigentlich war das Ziel ja klar: Afrika. Aber es erschien so unerreichbar und hoffnungslos. Diskussionen mit meiner Familie, der gesellschaftliche Druck endlich das Lotterleben zu beenden, trieben mich in schlaflosen Nächten. Irgendwann wurden aus Tagen Wochen, Vorstellungsgespräche für spannende Marketingjobs gaben sich quasi die Klinke in die Hand, doch ich machte zu. Meine innere Stimme schüttelte sich beim bloßen Gedanken an einen klassischen 9-5-Job und hörte nicht mehr auf zu schreien. Es ging nicht so weiter und mein Körper fing wieder einmal an sich mit reichlich Protest zu wehren. Nach etlichen Arztterminen und Check-Ups riet mir ein Arzt doch bitte einfach das zu machen, was ich gemacht hatte bevor es so rapide bergab mit mir ging. Zurück nach Afrika? Mir war klar, dass dies der Schlüssel zu allem war, aber wo war bitte das Schloss? Und wo die Tür?

In der Zwischenzeit hörte ich immer mehr von Reisebloggern, die neben dem Reisen einfach weiterarbeiteten und ihr Ding durchzogen. Aber wie war das nur möglich? Zwischen weiteren Vorstellungsgesprächen in der halben Weltgeschichte beriet ich nebenher Freunden und Bekannten bei Marketingfragen. Und dann während einer Onlinemarketing- und Social Media Weiterbildung wurde mir klar, dass es nur ein Ziel geben könnte. Ich machte mich selbständig, um nach Afrika reisen zu können, wann immer ich dieses Gefühl der Sehnsucht verspüren würde. Gesagt getan. Offiziell ging es im Januar 2016 los mit einem Mix aus kleinen und größeren Kunden sowie wunderbaren Herzprojekten.

Wie habe ich das gemacht? Ich habe weder einen Businessplan geschrieben noch ein Gründerdarlehen bei einer Bank angefragt. Ich habe lediglich mein Herz in die Hand genommen und bin gesprungen. Zuerst kam der freie Fall, doch mit Karma im Gepäck reist es sich immer leichter und irgendwann ging der Fallschirm auf und ich fing an zu fliegen. Und alles wegen Afrika.

Die erste Zeit hat es mal wieder mein Umfeld und das System geschafft mich Zuhause an meinen Schreibtisch zu fesseln. Ich ging natürlich ein, trotz der ganzen Arbeit mit den Kunden und Projekten. Abgelenkt habe ich mich mit einem ersten Triathlon. Was soll ich sagen? Es war hart, aber es war genial, hat Spaß gemacht und mir wieder mal aufgezeigt wie einfach es doch war, wenn ich nur ein Ziel vor Augen hatte.

Mein Dankeschön an mich selbst für ein erfolgreiches erstes Geschäftsjahr war ein Arbeitstrip nach Südafrika. Anfang 2017 erhielt ich kurz vor Abflug die Anfrage für einen TV-Dreh des öffentlichen Fernsehens während meiner Vorbereitungen. Zum erstes Mal wollte ich nach Südafrika zum Arbeiten und alle fanden es spannend und außergewöhnlich. Es hat Spaß gemacht, doch konnte ich die Aufregung dieser Besonderheit von meinem Umfeld nicht wirklich nachvollziehen. Zurück in Afrika genoss ich meine Zeit im Busch, meine Projekte und kümmerte mich um meine Kunden. Merkte jemand wo ich war? Vermisste mich jemand? Nicht wirklich. Siehe da, es klappte. Hervorragend sogar. Die Netzabdeckung in Südafrika, mitten im Busch und umgeben von

Elefanten, lässt sogar problemlos internationale Telefonkonferenzen unterbrechungsfrei zu, wovon man auf der Strecke Düsseldorf-Frankfurt nur träumen kann.

Ein Interview mit einem regionalen Radiosenders aus dem Ruhrgebiet folgte dem TV-Beitrag und das Karma umarmte mich mal wieder. Ich war endlich auf meinem Weg angekommen und zurück im Flow. Und ganz ehrlich, ich habe nix gemacht, wirklich nix, um all das zu bekommen. 48 Stunden nachdem ich europäischen Boden wieder unter den Füßen hatte, wurde mir klar, dass ich in Deutschland keine Luft mehr bekam. Es war eine Mischung aus „Versinken in Kundenprojekten" und „Keinen klaren Gedanken fassen", ich wusste lediglich, dass es so nicht mehr weiterging. Panik machte sich breit, für die aber kein Platz da war aufgrund von brennenden Projekten. Also ließ ich los, der Flow übernahm wieder das Ruder und innerhalb von nicht einmal einer Woche saß ich plötzlich in Porto, Portugal in einem der herzigsten Coworking Spaces im südlichen Europa und fand mich selbst wieder. Richtig gelesen, nach nicht einmal sieben Tagen war ich schon wieder weg. Ich entschied mich nicht für die Flucht, sondern vielmehr für meine innere Stimme. Die Geschichte ist schon legendär, gerade, weil sie so einfach und fast schon absurd ist. Mein bester Freund aus der Schweiz stellte mich in einem Telefonat vor die Wahl „Malta oder Porto?", nachdem ich ihn knapp 5 Minuten angebrüllt hatte auf die Frage hin, wie es mir geht nach meiner Zeit in Afrika. Ich entschied mich für Porto und das Schicksal nahm seinen Lauf. Der nächste Freund in der Runde der Allerbesten organisierte mir innerhalb von zwei Stunden einen Kontakt für Porto, ich erhielt eine Survival-Liste mit den wichtigsten Keyfacts und Kontakten, der Flug war gebucht und ich ging.

Seit April nun bin ich in Porto, in Den Haag, auf Baltrum, in der Welt oder schlichtweg in Deutschland für Kundenbesuche. Und was soll ich sagen? Ich genieße es, insbesondere die internationale Gemeinschaft, die perfekten Trainingsbedingungen für meinen nächsten Triathlon und Nordportugal tun mir selbst sehr gut. Ich bin im Flow und der Mix aus Ursprünglichkeit, Gelassenheit und der Kultur machen es so lebenswert. Wenn ich nicht in Porto bin, vermisse ich die Möwen, die salzige Luft, das Meer und vor allem die Menschen, die meine Familia Invicta geworden sind.

Und wie geht meine Geschichte weiter? Ich habe aufgehört mein Leben bis ins Detail zu planen, höre mehr auf meine innere Stimme und brauche nicht immer nur Afrika, um in den Flow zu gelangen. Was ist mir wichtig geworden? Zeit mit meinen Liebsten, Zeit mit den Menschen, die mich interessieren, die mich inspirieren und in deren Gegenwart ich dieses wohlig warme Gefühl bekomme, dass sich wie ein wärmender Mantel um mich legt. Zeit ist kostbar geworden, insbesondere die Zeit mit mir selbst. Ich entwickle mich stetig weiter und ich weiß, dass es erst der Anfang ist einer abenteuerlichen Reise durch die Welt und zu mir selbst.

Christine D. A. Hasebrink im Kurzportrait:

Christine D. A. Hasebrink ist Abenteurerin, Unternehmerin und Safari Guide aus Leidenschaft. Nach einem internationalen BWL-Studium in den Niederlanden und Ungarn begann sie ihre Laufbahn als Marketing Manager in einer der weltweit führenden Wirtschaftsprüfungs- und Unternehmensberatungen. 2014 erfüllte sie sich ihren Herzenswunsch, brach ihre Zelte in Deutschland ab und machte eine Ausbildung zum Safari Guide in Afrika. Seitdem reist Christine als Unternehmerin durch die Welt und rockt mit grenzenloser Begeisterung Marketingprojekte für Unternehmen. Daneben unterstützt sie mit ihrer Kreativität Start-Ups auf dem Weg zum Erfolg. Sie sprüht vor Lebensenergie, liebt die Inspiration und entwickelt sich stets ihrem Herzen und der Leidenschaft folgend immer weiter. Christine ist davon überzeugt, dass es sich lohnt neue Wege zu gehen und auch Bewährtes aufzugeben, um der eigenen Passion zu folgen.

www.christine-hasebrink.de

Christine auf LinkedIn:
https://www.linkedin.com/in/christine-d-a-hasebrink-7520a86b/

„Ich habe lediglich mein Herz in die Hand genommen und bin gesprungen."

Christine D. A. Hasebrink

MIA VIELINGER

◆◆◆

Ich war schon immer etwas durchgeknallter als die anderen. Immer liebenswert, jedoch nicht immer ganz gesellschaftskonform. Während meiner Teenagerzeit war ich ein Punk, in meinen 20ern war ich dem Heavy Metal verfallen und in meinen frühen 30ern wurde ich durch einen Besuch des Coachella-Festivals in die Riege der Hippies gezogen. Ich liebte es schon immer etwas aus der Reihe zu tanzen. Das hatte vielleicht, oder höchstwahrscheinlich sogar, damit zu tun, dass meine Eltern dazu tendierten, mich immer wieder mit meiner älteren Schwester zu vergleichen. Für mich war das jedoch immer mehr ein Grund zur Rebellion und je mehr sie es taten, umso mehr entfernte ich mich von dem Bild, das sie gerne von mir gehabt hätten. Ich hatte meine eigene Persönlichkeit, ich wollte als Individuum gesehen werden, und nicht als „Kopie von ...".

Meine Schwester war als Erstgeborene der Lichtblick unserer Familie. Sie war und ist ambitioniert, redegewandt, intelligent und wissbegierig. Sie wollte Jura studieren, ich wollte lieber Tiere im Zoo pflegen. Sie hatte einen festen Freund (die Schwiegersohn-Traum-Variante), ich hingegen war nicht einmal in der Lage einen Partner für zwei Monate zu halten. Sie hatte einen genauen Plan von ihrer Zukunft – wann sie Kinder bekommen wollte, wann das eigene eigene Haus gebaut werden würde, und dem ganzen Firlefanz – ich hingegen wusste nicht einmal, was ich morgen zum Frühstück essen würde.

Ich war auch schon immer sehr schnell für Dinge zu begeistern, jedoch

149

wurde es mir auch immer schnell langweilig. Normal fand ich zugegebenermaßen aber auch immer ziemlich öde. Ich war einfach nie diejenige, die sich in den Sozialen Netzwerken profilieren wollte. Das ist auch der Grund, warum es bis heute zum Beispiel noch keinen Facebook- oder Instagram-Account von mir gibt. Ich lebe gerne etwas zurückgezogen und muss mich nicht auf dem Präsentierteller drappieren wie ein Stück Fleisch, dass jeder mal anfassen und beurteilen möchte. Stattdessen habe ich immer sehr gerne gelesen, am liebsten Biografien oder über Persönlichkeitsentwicklung. Ich fand es unglaublich spannend zu erfahren, warum Menschen so tickten, wie sie tickten; wie sie es geschafft hatten ihr Leben in entsprechende Bahnen zu lenken und was sie daraus für ihren zukünftigen Weg mitnehmen konnten.

Wer sich jetzt aber einen Hippie in Gewändern, langen zerzausten Haaren und einen hohem Marihuana-Konsum vorstellt, den muss ich leider enttäuschen. Ich war zwar innerlich immer sehr Hippie, jedoch halte ich nach wie vor viel auf gepflegte Erscheinung und rebelliere auch nicht gegen alles was die Gesellschaft derzeit beschäftigt. Ich wäre also nicht eine Person, die dir bei einem Networking-Event aufgrund ihrer äußerlichen Erscheinung sofort auffallen würde oder an der Front irgendwelcher Demos sich die Seele aus dem Körper schreit.

Als ich Doris vor einigen Monaten auf einem Event in Los Angeles getroffen habe, waren wir sofort auf einer Wellenlänge. Wir teilten eine Passion und wir verbrachten Stunden in einer Konversation über Möglichkeiten, die uns das Leben so bietet. Als sie mich dann ein paar Tage später für dieses Buchprojekt angefragt und mich gebeten hatte, meine Geschichte mit dir zu teilen, habe ich gleich zugesagt. Und das vorwiegend aus dem Grund: weil ich an eine Einheit glaube. Ich glaube an Communities, wo sich Menschen gegenseitig inspirieren und ich glaube an die Macht des Gebens. Ich glaube, dass das Universum uns die richtigen Ressourcen zum richtigen Zeitpunkt schickt und dass wir aus jeder Erfahrung anderer, zumindest ein kleines Stück für unseren Weg mitnehmen können. Nun, wenn ich dir nun meine Geschichte erzähle, wirst du dir entweder denken „die hat ja komplett einen an der Waffel", oder du wirst dir hoffentlich die Kernbotschaft herausziehen – wie auch immer sie für dich aussehen mag.

Ich habe in meinem Leben nie viel erreicht, zumindest nicht, wenn man „viel" aus einer materiellen Perspektive betrachtet und an Geld festmachen möchte. Ich bin nicht der Typ Mensch, dem Ruhm wichtig ist, eine hohe Followerzahl und schon gar kein eigenes Business. Ich liebe es minimalistisch zu leben, mit mir im Reinen zu sein, Energien zu teilen und Menschen ihre innere Schönheit zu zeigen. Ich halte mich lieber mit kleinen aber feinen Jobs über Wasser und habe gerade soviel Geld, wie ich zum Leben brauche, anstatt mir ein großes Polster anzusparen für eine Zeit, die mich jetzt noch gar nicht beschäftigt. Meine eigentliche Berufung sehe ich nämlich darin, mich selbst glücklich zu machen – jeden einzelnen Tag. Und das kann ich meistens mit Dingen, die kein Geld kosten. Ich lebe in einem kleinen 1-Zimmer Appartement in Santa Clarita, etwas außerhalb von Los Angeles. Meine Wohnung ist ganz sporadisch eingerichtet. Ich habe eine kleine Küchenzeile, ein schnuckeliges Badezimmer, ein Bett und ein paar Regale, die ich mit meinen Schätzen – meinen Büchern – gefüllt habe. Bei mir findest du keinen Fernseher, denn ich schaue nicht fern. Ich habe auch kein Auto, denn ich rege mich ohnehin nur darüber auf, wenn ich im Stau stehe oder ein Vermögen für Versicherungen, Steuern und Parktickets ausgeben muss. Ich habe jedoch einen Laptop, denn im Internet zu surfen entspannt mich. Außerdem habe ich einen kleinen aber feinen Garten nur für mich allein, den ich immer als meine kleine Power-Oase bezeichne. Wenn ich reise, dann spare ich es mir vorher mit Jobs zusammen, um mir Flug- oder Bahntickets leisten zu können. Ich bediene saisonal in Restaurants, stehe an der Kasse, oder auf Gemüse- /Handarbeits- oder Weihnachtsmärkten. Ich liebe den unmittelbaren Austausch mit Menschen und die Möglichkeit, ihnen direkt ins Gesicht schauen zu können wenn ich mich mit ihnen unterhalte. Ich liebe es, ihnen persönlich sagen zu können, dass mich das kennenlernen sehr gefreut hat oder sie heute fantastisch aussehen. Das ist beispielsweise etwas, dass mir das Internet oder Social Media einfach nicht bieten kann.

Während ich mich also vom Großteil der Trends im World Wide Web immer ferngehalten habe, habe ich in Büchern meine Leidenschaft gefunden. Ich lese viel, sehr viel sogar, und das auch unheimlich gerne. Ich liebe es mich in Bücher zu vertiefen und ich vergöttere Autoren, die es schaffen, mich mit ihren Worten in eine andere Welt zu ziehen. Ich liebe es, wenn ich nicht aufhören kann zu lesen und wenn ich wie eine Zeitreisende in eine andere Zeit oder ein anderes Leben versetzt werde. Wie es sich als Bücher-Nerd so gehört, besuche ich natürlich auch regelmässig Buchmessen. Es hat etwas entspanntes und inspirierendes für mich, zwischen den Ständen herumzulaufen, all diese Bücher in den Händen zu halten und mich durch die Fantasien der Autoren leiten zu lassen. Vor einigen Jahren tat ich also genau dies: ich ging auf eine Buchmesse und dort fiel mir ein Buch in die Hände, das nicht nur sofort meine Aufmerksamkeit auf sich gezogen hatte, sondern auch hinterher den Startschuss für eine sehr aufregende Zeit in meinem Leben gesetzt hat.

Eat.Pray.Love. – das Buch von Elizabeth Gilbert, das mittlerweile schon für einen Bestseller-Status und eine Verfilmung mit Julia Roberts in der Hauptrolle gesorgt hat. Als ich das Buch das erste mal in den Händen hielt, befand ich mich in meinem Leben in einer Sackgasse. Ich fühlte mich ausgelaugt, die Beziehung, die ich damals hatte, war mal wieder zum scheitern verurteilt und ich tat mich viel schwieriger als sonst darin, das alles wieder ins Reine zu bringen. Es stellte sich heraus, das die Hauptfigur in diesem Buch so ziemlich die gleiche Phase durchmachte. Jedenfalls, ich kaufte dieses Buch und fing noch im Zug nach Hause an darin zu lesen. *Eat.Pray.Love.* basiert auf einer wahren Geschichte der Autorin Elizabeth Gilbert und handelt von einer jungen Frau, die sich in ihrem Leben gefangen fühlte. Der Job nahm sie aus, die Beziehung fühlte sich nicht mehr richtig an und ihr ganzes Leben schien für sie aus den Fugen zu geraten. Irgendwann entschied sie sich dafür eine Auszeit zu nehmen und eine Weltreise zu machen, die sie wieder auf ihren Pfad zurückbringen sollte. Sie reiste nach Italien um die Kunst des Genießens kennenzulernen, lernte in Indien in einem Ashram die Regeln der Meditation und sie ging nach Indonesien, um auf Bali die Balance zwischen innerem und äußerem Glück zu erfahren. Ich war fasziniert und fühlte mich unheimlich inspiriert. Sie tat genau das, was ich so sehr liebte – sie ließ mich in der Zeit reisen und ich hatte das Gefühl ich wäre mit ihr gegangen. Der Fakt, dass dieses Buch außerdem auf einer wahren Begebenheit beruhte, machte es für mich umso wertvoller und ließ mich einfach nicht los. Ich sah so unglaublich viele Parallelen zu meinem Leben.

In zwei Tagen hatte ich das Buch durch und ich erinnere mich noch an den Moment, als ich es vor mir zuklappte; die letzte Seite gelesen, alles in mir aufgesogen. Ich spürte, wie diese Energie meinen Körper durchzog. Es ist schwierig zu beschreiben wie es sich anfühlte, aber es war sehr Besonders. Als hätte mir mein Körper damit ein Zeichen gegeben. Ich saß anschließend noch eine gute Weile so da, ich bewegte mich nicht, schloss meine Augen und ließ meine Gedanken für einen Moment treiben. Ich atmete tief durch und inspiriert von dem was ich da gelesen hatte, sah ich mich selbst an einem anderen Ort. Es roch nach Meerwasser, ich konnte die Sonne auf meiner Haut spüren und ich hörte im Hintergrund leise die Mönchgesänge, die ihr Gebet sprachen. Innerlich war ich ruhig, fühlte mich unbeschwert. Plötzlich war alle Last irgendwie weg und ich fühlte mich um 70kg leichter. Ich hatte plötzlich diesen nervtötenden Druck auf meiner Brust nicht mehr. Du weisst schon, den Druck, wenn du weisst du musst Entscheidungen treffen, Situationen lösen, und Probleme aus der Welt schaffen. Man schiebt immer gerne mehr auf, wohl wissend, dass sich das Problem damit nicht von alleine löst, aber in dem Moment fühlt es sich einfach besser an, nicht darüber nachzudenken. Ich verharrte circa 15 Minuten in diesem Zustand, danach wurde ich von meinem klingenden Handy unterbrochen.

Meine Mutter rief mich an. Es war wieder eines dieser Telefonate, die einem Abhören beim FBI gleichen würden. „Ist du auch was richtiges?", „Wie läuft es mit deiner Jobsuche? (Obwohl ich nie wirklich kommuniziert hatte, das ich auf Jobsuche war). Außerdem ging es natürlich darum, mich auf den neuesten Stand meiner Schwester zu bringen. Sie war nun verlobt. Ihr Freund hatte alle Register gezogen, sie zu einem Helikopter-Rundflug entführt und sie dann gefragt, ob sie seine Frau werden möchte. Natürlich freute ich mich für sie, jedoch hörte ich unterschwellig wieder die Botschaft meiner Mutter „Bei dir wird's ja auch langsam Zeit, dass du mal einen anständigen Mann kennenlernst". Meinen jetzigen Freund mochte sie nämlich gar nicht. Er war zwar ein lieber Kerl, aber konnte einfach nicht so viel „bieten", wie der Partner meiner

Schwester. Er hatte keine Mega-Karriere; hatte schon gar nicht die Ambitionen. Er war eher wie ich: bodenständig, Minimalist und er genoss sein Leben, ohne sich unnötig Stress zu machen. Dass unsere Beziehung derzeit etwas abkühlte, wusste sie natürlich nicht. Das hätte ihr nur unnötig Futter gegeben, wieder die Fühler nach einem „richtigen Mann" für mich auszustrecken.

Das Telefonat (oder auch das Interview) ging ungefähr eine halbe Stunde und als ich auflegte wurde mir etwas bewusst: Ich muss raus hier! Mir wird das einfach alles zuviel und ich brauche mal wieder Zeit für mich. Und während ich das dachte, schaute ich auf das Buch, das ich noch auf meinem Schoß hatte. Mein erster Gedanke brachte selbst mich zum schmunzeln, aber je mehr ich darüber nachdachte, desto weniger sprach etwas dagegen. Das wars: ich werde es Elizabeth Gilbert gleich tun und die Eat.Pray.Love-Route wählen. Ich werde nach Italien, Indien und Indonesien reisen und mich auf die Suche nach mir selbst begeben. Was bei ihr funktioniert hat, kann ja bei mir auch funktionieren. Und zugegebenermaßen fand ich das sogar sehr aufregend. Sich auf die Spur eines bereits gelebten Lebens zu begeben und genau die gleichen Schritte zu tun, fand ich unglaublich interessant. Ich hatte noch einiges Erspartes aus der letzten Saison, denn ich hatte ursprünglich den Plan, den Winter in diesem Jahr an einem warmen Ort zu verbringen. Ich würde mir dennoch noch ein weiteres Polster aufbauen müssen, denn wenn ich wirklich so eine große Tour machen wollen würde, würden meine derzeitigen Finanzen gerade maximal die Hälfte decken. Ich dachte ein paar Tage darüber nach, sprach mit einer meiner Freundinnen darüber. Sie war natürlich zuerst etwas perplex, weil sie so etwas nun mal gar nicht erwartet hatte, aber an sich fand sie die Idee eigentlich ziemlich cool. Ich wollte damit nur sichergehen, dass meine Schnapsidee sich nach wie vor richtig für mich anfühlte.

Ich machte mich also an die Arbeit, suchte mir zwei Jobs, und lebte nochmals einen Tick sparsamer, um soviel Geld wie möglich für den Trip meines Lebens zusammenzubekommen. Währenddessen machte ich mir einen Plan und versuchte so detailliert wie möglich meinen Trip auszufeilen. Ich entschied mich final dazu, die Tour nicht komplett zu kopieren, sprich nicht jeweils vier Monate an einem Ort zu bleiben, und ich würde mich auch nicht an

Italien, Indien und Indonesien halten. Denn je mehr ich drüber nachdachte, wurde mir bewusst, dass meine Bedürfnisse mich leiten sollten und nicht das Leben einer anderen Person. Ich wollte auch nicht, wie in dem Buch beschrieben, Italien meinem Hunger, Indien der Meditation und Indonesien der Balance meines inneren Selbst widmen, sondern mich treiben lassen und schauen, was diese Reise mit mir machen würde.

Ich entschied mich dazu meinen Anfang in der Türkei zu machen, denn Istanbul stand schon lange auf meiner „To-Travel-Liste". Danach sollte es nach Argentinien, nach Buenos Aires gehen und den Abschluss würde ich in Thailand, in Chiang Mai finden. Dort war ich ebenfalls schon einmal vor fünf Jahren und mir gefiel mir diese unglaubliche Gastfreundschaft und die Ruhe, die die Thailänder ausstrahlten. Für mich und meine Reise also perfekt. Ich arbeitete acht Monate komplett durch, nahm jeden Aushilfsjob an, der mir angeboten wurde. Jeder Euro, der reinkam wanderte sofort in meine kleine Kasse, die wie eine Weltkugel aussah. Diese fand ich auf einem Flohmarkt und sie schien mir sehr passend für diesen Anlass.

Im Frühling 2014 ging es dann los. Ich buchte erstmals nur meinen Trip nach Istanbul, den Rest wollte ich mir zeitlich noch offenhalten. Ich wollte zwar maximal drei Wochen bleiben, jedoch wollte ich mich nicht an einem bestimmten Datum orientieren müssen, sondern dann weiterziehen, wenn ich soweit war. Meinen Eltern sagte ich erst ungefähr zwei Wochen vorher Bescheid. Ihre Reaktion war für mich absehbar. Natürlich hielten sie davon nicht viel, das war mir aber an dem Zeitpunkt schon so schnuppe, dass ich es einfach ignorierte. Ich hatte monatelang darauf hingearbeitet, mich vorbereitet und würde nun endlich herausfinden, wer ich eigentlich war. Für die Zeit, die ich weg sein würde, hatte ich mir einen Untermieter für mein Appartement besorgt. Also musste ich mir auch keine Sorgen um die Miete machen.

Als ich in den Flieger stieg, hatte ich dieses kribbeln. Ich dachte noch daran, wie sich wohl Elizabeth gefühlt hatte bei ihrem Aufbruch. Ich dachte auch über meine Erwartungen an diese Reise; wunderte mich, ob ich sicher die Antworten finden würde, die ich mir so erhofft hatte. Als ich mich auf meinen

Fensterplatz setzte, kam auch schon gleich meine Nebensitzerin. Eine alte Dame, bestimmt 80. Sie grüsste mich und lächelte von einem Ohr zum anderen. Sie war sehr gesprächig und fragte mich, wo es denn für mich hingehen würde. Ich erzählte ihr voller Stolz von meinem Trip, den ich geplant hatte und sie sagte immer wieder: „Genießen sie es, solange sie können! In meinem Alter kann man solche Entscheidungen leider nicht mehr treffen." Dieser Satz brachte mich zum überlegen. Sie hatte recht, ich hatte einfach keine andere Wahl, ich musste es jetzt machen. Denn wer weiss, ob ich in Zukunft jemals wieder die Chance dazu gehabt hätte.

Der Flug fühlte sich kürzer an, als er war. Das lag sicherlich auch an der tollen Konversation mit der alten Dame. Sie erzählte mir von ihren Abenteuern und was sie alles schon mutiges in ihrem Leben gemacht hatte. Und ja, neben ihr fühlte ich mich noch ziemlich grün hinter den Ohren. Ich hätte ihr noch stundenlang zuhören können.

In Istanbul angekommen, machte ich mich gleich auf den Weg zu meinem Couchsurfing-Host. Ich hatte ein Zimmer bei einem Paar für zwei Wochen gebucht. Die zwei waren Mitte 30, beide berufstätig und so hatte ich jede Menge Zeit für mich unter dem Tag, und etwas Sozialisierung am Abend, wenn wir gemeinsam essen gingen oder sie mich ihren Freunden vorstellten. Ziemlich schnell kam in mir auch die Frage auf, was ich denn von Istanbul nun erwarten sollte? Wie Elizabeth in ihrem Buch beschrieben hatte, hatte sie ja sie sich ja in Italien komplett dem Essen gewidmet, da sie der italienischen Küche verfallen war und die Sprache erlernen wollte. Sie wollte also Liebe erfahren, die durch den Magen ging. Was also sollte Istanbul mir bieten? Darüber hatte ich mir ehrlich gesagt noch nicht mal Gedanken gemacht. Die ersten zwei Tage startete ich mit einem simplen Spaziergang und lief wie mich mein Gespür und mein Gefühl leitete. Als jemand, der sich regelmässig auf Märkten tummelte, liebte ich natürlich das Basarviertel. Die Familie einer meiner Hosts hatte dort ebenfalls einen Teestand, hatte ich mir sagen lassen, also nahm ich natürlich auch die Einladung wahr, mich auf einen Tee dort mal blicken zu lassen. Da ich noch nie in Istanbul war, klapperte ich erstmals alle Touriattraktionen ab.

Ungefähr eine Woche später hatte ich immer noch nichts gespürt, weder während ich allein war, noch wenn Leute um mich herum waren. Ich kann nicht genau sagen, was ich erwartete, aber ich dachte, ich würde auf meinen Reisen regelmäßig die Erleuchtung finden; Antworten und Lösungen, die meine Reise zu dem besonderen und reinigenden Ereignis in meinem Leben machen. Aber nichts … Immerhin gab mir diese Zeit schonmal einiges an Zeit, um über mich und mein Leben nachzudenken, Gedanken zu sortieren und einigermaßen wieder ohne Druck auf der Brust atmen zu können.

Ich schloss mich irgendwann einer Gruppe von Autoren an, die sich auf eine Art Inspirationsreise nach Istanbul gemacht hatten. Ich hatte eine dieser Autorinnen in einem Café kennengelernt. Sie lebte in Holland und machte solche Reisen einmal im Jahr, immer an unterschiedliche Reiseziele. Diese Gruppe war eine Art Autorenclub, der sich für regelmässige Retreats zum Schreiben zusammenfindet, um so an ihren Büchern zu arbeiten. Das hörte sich traumhaft an. Doreen, so war der Name der Autorin, erzählte mir von ihren Büchern und wie wertvoll solche Reisen für sie zu Kreativzwecken seien. „Die Geschichte der Stadt und das Erscheinungsbild von Istanbul, liefert eine tolle Kulisse für meinen Roman. Hier zu sein, die Gerüche einzuatmen, die Menschen zu erleben, weckt nochmals eine ganz andere Fantasie für die Dramaturgie!". Das glaubte ich ihr sofort. Sie fragte mich natürlich auch, was ich hier machen würde und ich erzählte ihr von meiner geplanten Tour. „Oh, wow! Da haben sie sich ja einiges vorgenommen! Wenn ich ihnen etwas auf ihrem Weg mitgeben darf, dann fangen sie an über ihre Erlebnisse zu schreiben! Wir erleben jeden Tag soviel Positives und Negatives, dass wir meist den Blick für die Dinge, die uns gut tun, verlieren.". Am letzten Tag vor ihrer Abreise, circa eine Woche später, schenkte sie mir ein kleines Notizbuch mit der Aufforderung „Schreiben Sie!", und ich musste ihr versprechen dieser Anforderung zu folgen.

Weiter ging es dann für mich irgendwann nach Buenos Aires. Auf dem Flug dorthin habe ich mich noch gefragt, ob es überhaupt möglich war, mich mit einer Reise wie dieser überhaupt „zu heilen". Ja, mein Leben war etwas chaotisch, aber es war ja kein Scherbenhaufen in dem Sinne. Es war ja nicht so, dass ich verzweifelt war oder gar selbstmordgefährdet. Ich hätte einfach nur gerne etwas woran ich mich festhalten und orientieren konnte. Ich erwartete nun auch nicht, dass ich nun durch göttliche Eingebung oder wundersame Heilmittel plötzlich das Geheimrezept für ein glückliches Leben bekommen würde. Ich wollte einfach nur etwas Durchblick wieder haben; das Gefühl, dass ich etwas an der Hand hatte, worauf ich hinarbeiten würde – eine Berufung oder diesen „Purpose", von dem jeder plötzlich jeder sprach.

Während ich über den eigentlichen Sinn dieser Reise nachdachte, kam ich mir mal kurz etwas lächerlich vor. Ich zog los aufgrund eines Buches, das mich inspiriert hatte. Eines Buches! Und ja, auch wenn es sich dabei um eine wahre Geschichte handelte, fragte ich mich wirklich, ob es so eine Findungsphase wirklich geben würde, oder ob das Buch vielleicht nicht doch etwas der Verkaufszahlen wegen aufgebauscht wurde. Ich hatte in meinem Leben schon viel verrücktes Zeug gemacht, aber das nun toppte so wirklich alles. Wie auch immer, nun saß ich in diesem Flieger nach Argentinien, meiner zweiten Station auf meiner Selbstfindungsreise, und ich würde sie einfach annehmen wie sie kommt – was immer auch kommt.

Die nächsten Tage ging es mir nicht sonderlich gut. Ich hatte mir wohl in der Türkei etwas eingefangen, das mich für ein paar Tage ans Bett fesselte. Ich hatte Magenschmerzen und musste mich am laufenden Band übergeben. Gott sei Dank hatte ich mir vor meiner Reise eine Hausapotheke zugelegt und für solche Fälle vorgesorgt. Während ich meine Medis aus dem Koffer kramte, fiel mir das Notizbuch von Doreen in die Hände und ich erinnerte mich gleich an ihre Aufforderung. Jetzt war ein guter Zeitpunkt dafür gekommen, denn im Moment ging es für mich ohnehin nirgendwohin. Ich setzte mich also auf mein Bett und schrieb auf was mir gerade durch den Kopf ging, besonderen Augenmerk legte ich aber auf die Dinge, die mich extrem beschäftigten.

Ich liebte meinen Freiheits- und Unabhängigkeitssinn und dass mir keine Aktion zu verrückt war. Ich liebte auch, dass ich manchmal wie ein kleines naives Mädchen Dinge ausprobierte, die andere erstmal gründlich durchdenken mussten. Auf der negativen Seite stand dann aber auch wieder mein Unabhängigkeitssinn, der mir ja erst hierher gebracht hatte. Ich hatte große Probleme mich an Dinge wirklich zu binden; mich für etwas hinzugeben, das eine längere Ausdauer erforderte. Auch wenn ich nie die Karrierefrau sein wollte, ich beneidete tatsächlich diese Frauen, die an einer Sache über längere Zeit festhalten konnten und denen es nicht so schnell langweilig wurde wie mir. Ich bewunderte die Menschen, die ihren „Purpose" in ihrem Leben schon gefunden hatten. Ich war von meinem noch weit entfernt und ich fragte mich, ob ich einen überhaupt besitzen würde.

Doreen hatte recht, darüber zu schreiben tat mir wirklich gut. Ich hatte plötzlich das Gefühl einen Frühjahrsputz in meinem Kopf hingelegt zu haben. Ich hatte selektiert zwischen positiv und negativ und es vermieden, Dinge, die mich emotional wirklich mitnahmen zu verdrängen – wie zum Beispiel die Beziehung zu meinen Eltern. Damit ins Reine zu kommen, war mir offenbar schon seit längerem ein großer Ballast auf der Seele, denn das mal ausgesprochen bzw. ausgeschrieben zu haben, tat verdammt gut und fühlte sich sehr befreiend an.

Ein paar Tage später war ich wieder fit und wie in Istanbul auch, machte ich aus dem ersten Tag erstmals einen unkomplizierten Sightseeing-Tag. Ich war noch nie hier gewesen und ich fand es äußerst spannend zu sehen, wie das Leben sich hier abspielte. Ich schloss mich Backpackern an und erkundete somit Land und Leute. Wir starteten Camping-Touren, machten Reitausflüge und verbrachten gemeinsam tolle Tage voller inspirierender Gespräche.

Eines Tages, ich war gerade auf einer Wandertour in den Bergen, bekam ich einen Anruf aus Deutschland. Meine Mutter war am Telefon. Total hysterisch und am Boden erzählte sie mir, dass mein Vater in einen Verkehrsunfall verwickelt gewesen sei und dass es nicht gut um ihn stand. In diesem Moment schoss es mir nur durch den Kopf, wie ich am schnellsten wieder nach Hause finden würde. Für mich war klar, dass diese Reise hier ihr Ende gefunden hatte. Ich kam mir auf einmal so selbstsüchtig und egoistisch vor, dass ich diese Reise überhaupt antrat. Alles drehte sich immer nur um mich und das was ich wollte. Und nun, wer weiß, ob ich meinen Vater jemals wiedersehen würde? All das hier, die ganze Reise und die Vorstellung, dass ich meine Lebensprobleme mit einem Ausflug um die Welt ins Lot bekommen würde, schien für mich einfach nur noch lächerlich.

Ich brach sofort alles ab, buchte mir ein Ticket für den nächsten Flug. Thailand ließ ich damit außen vor, denn mir wurde immer mehr bewusst, dass die Reise zu mir selbst nicht mit einem Flugticket zu erledigen war. Ich musste daheim erstmals alles klären, mich mit meinen Eltern aussprechen und diese Blockaden lösen, bevor ich weitergehen konnte. Ich hoffte nur noch, dass ich die Chance dazu bekommen würde. Meine ganze Zeit der Rebellion hatte deswegen stattgefunden, weil ich in mir einen Frust aufgestaut hatte, der nie gelöst wurde. Ich zerbrach innerlich nach und nach und ich begriff es nicht einmal. Jetzt wurde mir aber alles klarer vor Augen. Den Weg zu mir selbst hatte ich also nicht in Istanbul oder in Argentinien gefunden, sondern ich hatte die ganze Zeit die Antworten immer in mir. Mir wurde nur jetzt bewusst, dass ich mit meinem Ursprung, mit meinen Anfangsproblemen mich auseinandersetzen musste, bevor ich etwas neues angehen konnte. Der Ballast und der Druck auf meiner Brust würde erst dann wegfallen, wenn ich mit meiner Vergangenheit im Reinen sein würde. Das war immerhin eines, das mir die Reise gezeigt hatte, von dem her war sie doch für etwas gut.

Mein Vater hatte den Verkehrsunfall leider nicht überlebt und ich war nie in der Lage mich mit ihm auszusprechen. Allein mit meiner Mutter hatte ich die schon längst überfälligen Gespräche geführt. Dadurch, dass ich das mit meinem Vater nie klären konnte, fühle ich mich nur halb gereinigt, aber ich habe zumindest einen Punkt in meinem Leben erreicht, der mir eine Sicht auf viele Dinge geöffnet hat. Nun kann ich besser verstehen und sehe mehr den Sinn hinter meinen Taten.

Und dies möchte ich auch dir mit meiner Geschichte vermitteln. Wo immer du in deinem Leben auch stehst, was immer du auch geplant hast und wie sehr du deine Unzufriedenheit in deinem Leben auch spürst, räume zuerst mit deiner Vergangenheit auf, den die wird dich früher oder später einholen. Bei mir musste mein Vater erst sterben, damit ich das begriffen habe.

Mia Vielinger im Kurzportrait:

Mia Vielinger ist Freigeist und lebt heute in Santa Clarita bei Los Angeles. Bis heute ist sie schon viel herumgekommen und hat viel gesehen. Ihre liebsten Tage verbringt sie jedoch Büchern versunken an einem ihrer liebsten Orte: Zuhause, in einer Bibliothek oder irgendwo am Strand. Beruflich hat sich Mia mittlerweile neu orientiert und baut derzeit eine Tierschutzorganisation auf.

„Nun kann ich vieles besser verstehen und sehe mehr einen Sinn hinter meinen Taten."

Mia Vielinger

KATHARINA POMMER

◆◆◆

„Man soll sich von keinem Problem verführen lassen, so schwer es auch ist." – Albert Einstein.

Mit 18 Jahren wusste ich zwar, wer Einstein war, aber ich hatte keine Ahnung, was er mit diesem Zitat meinte, zumal es aus meiner Sicht jede Menge Probleme gab. Ich hatte damals auch keine Ahnung, wie das Leben richtig funktionierte und schon gar nicht, wie ich mich von den Lebensproblemen nicht verführen lassen sollte.

Klar, ich wusste, wie man chemische Formeln herleiten konnte und geometrische Figuren berechnen, aber keiner hatte mir bisher grundlegende Regeln für Glück, Erfüllung und Erfolg erklärt. Niemand sagte mir, dass es universelle Prinzipien gibt, die, sobald man mit ihnen im Einklang lebt und sie wirklich verstanden hatte, für Fülle, oder Mangel sorgten. Ich brachte mir zwar mit fünf Jahren das Lesen und Schreiben bei, weil ich unbedingt wissen wollte, warum die einen ein glückliches und die anderen ein leidvolles Leben haben, aber als ich mit sieben Jahren die Bibel durchhatte, dachte ich, wie anstrengend es sein muss, zu entdecken, dass Gott einem nicht unbedingt wohlgesonnen ist und dass es wohl das Beste wäre, immer schön artig zu sein und bloß nicht unangenehm aufzufallen. Mit zehn Jahren las ich Seneca, C.G Jung und Terese von Avilon, aber irgendwie durchblickte ich das System noch immer nicht und hoffte inständig darauf, dass das Gymnasium mir zeigen würde, wie man denn nun Erfolg und Glück generieren und Misserfolg und Leid vermeiden konnte. Ich glaube, ich war für andere ein eher seltsames Kind. Sehr introvertiert, belesen, altklug und immer damit beschäftigt, mich in die Natur zurückzuziehen und herauszufinden, wie das Leben wirklich funktioniert. Ich füllte zahlreiche Notizbüchern mit meinen Gedanken, die ich bis heute als Inspirationsquelle verwende, um meine Kurse oder Skripte zu füllen. In der Pubertät wollte ich dann plötzlich dazugehören und endlich ein „ganz normaler Mensch" sein.

Und so kam es, dass ich mir mit 17 Jahren einen Freund aussuchte, der zwar bei allen sehr beliebt war, aber leider im völlig falschen Freundeskreis. Er sah gut aus, aber trank. Er war gesellig, aber zu Hause schlug er Türen ein und machte mir schreckliche Angst. Doch irgendwie dachte ich, es wäre mein Job, ihn zu verändern oder auf den „rechten Weg" zu bringen und so kam es, dass ich weitere vier Jahre mit ihm verbrachte, ehe ich erkannte, dass das Leben ganz anderen Spielregeln, als denen der Schuld und Verurteilung, unterliegt. Es war drei Uhr morgens, der Wind ließ die ersten Blätter an den Bäumen rauschen und es duftete langsam nach Frühling. Ich hörte eine Frau im Nachbarzimmer leise vor sich hin wimmern und sah währenddessen in die schönsten blauen Augen, die ich jemals gesehen hatte. Als ich meine kleine, neugeborene Tochter zum ersten Mal in meinen Armen hielt, durchlief mich ein warmer Schauer, der mir bis heute, 18 Jahre später, in Erinnerung geblieben ist. Obgleich mein Leben damals, zumindest für Außenstehende betrachtet, alles andere als vollkommen war, wusste ich in diesem Moment, dass Einstein ein ziemlich schlauer Gefährte gewesen sein musste und ich seine Weisheiten über Wunder verinnerlichen sollte.

Es gab damals Menschen, die mich mit so einem bedauerlichen Blick ansahen, dass ich ihnen am liebsten ein Taschentuch gereicht hätte. Aus ihren Köpfen stiegen Gedankenblasen auf mit der Aufschrift: „Meine Güte, so jung und keine Zukunft in Aussicht. Ihr Leben ist vorbei!" Mein Vater untermalte die Schwangerschaft mit den Worten: „Das ist dann wohl das Ticket ins Leben einer Putzfrau.". Meine Eltern waren getrennt und sind selbst ziemlich jung Eltern geworden, arbeiteten infolge viel und wurden beide sehr erfolgreiche Geschäftsleute. Meine Mutter Psychotherapeutin, mein Vater Eventmanager. Ich schämte mich damals ihnen zu sagen, dass ich Angst vor der Zukunft hatte und mich jede Nacht in den Schlaf weinen musste. Aber nicht, weil ich dieses kleine Wunder in meinen Armen hielt, sondern weil ich noch immer keine Antwort auf die Frage gefunden hatte: „Wie funktioniert ein glückliches und erfülltes Leben?"

Ich fühlte mich mit 18 Jahren wie ein Kaugummi, der aus Versehen unter einer Schuhsohle gelandet ist. In dem Moment aber, um drei Uhr morgens, als alles noch schlief und wir einander zum ersten Mal in die Augen blickten, hatte ich weder ein Handy, noch einen Laptop, es existierte kein Profil auf Facebook von mir, wo ich diesen Augenblick hätte teilen können. Es gab nur sie und mich. Und diesen unendlich kostbaren Augenblick der Vollkommenheit. Als sie mich mit ihrem tiefen und weisen Blick direkt ansah, waren alle Zweifel und Zukunftsängste verflogen und irgendwie wurde etwas in mir wieder ganz. Das negative Gerede meines damaligen Umfeldes wurde immer leiser und in meinem Kopf wurde es still und friedvoll. Ein inneres Strahlen und tiefes Wissen, eine Art alte Weisheit ging aus dem Blick dieses kleinen Wesens hervor und verzauberte mich. Ich wusste, dass ich die richtige Entscheidung getroffen hatte, indem ich meinem Kind das Leben schenkte.

Was wäre wohl damals gepostet worden?
„Hi, mein Name ist Kate, ich bin schwanger und erst 18.
Aber ich bekomme das hin."

Gebangtes Warten auf ein "gefällt mir"? Blockieren von Freunden? Negative Kommentare oder fürsorgliche Menschen, die mir mehr Mut, als mein damaliges Umfeld gemacht hätten? Wäre ich in einer online Gruppe gelandet, die jungen Müttern Mut gibt? Wer weiß. Damals gab es nur die Möglichkeit abzuwarten, bis ich aus dem Wochenbett entlassen, wieder eine Freundin besuchen konnte, um mich zu unterhalten. Nur leider gab es da kaum noch jemanden. Denn alle meine Freunde waren damit beschäftigt auszugehen, zu lernen oder einfach Teenager zu sein. Diejenigen, die Kinder hatten, waren gut doppelt so alt wie ich. Ich fühlte mich irgendwie alleine. Einsam und sehr zerbrechlich, beinahe so, wie mein kleines neugeborenes Mädchen. Aber ich wollte es schaffen. Ich wollte ihr ein Vorbild und die mutige und selbstbewusste Mama sein, die sie auch verdient hatte. Und so schwor ich mir noch im

165

Krankenhaus, dass ich stark sein würde, um mir und meiner Tochter, entgegen der Erwartungen aller anderen in meinem Umfeld, eine glückliche Zukunft zu sichern. Egal, was ich dafür tun musste. Es gab damals nur die Möglichkeit in alten Büchern aus Bibliotheken nach Antworten zu suchen oder einen Arzt zu fragen. Deshalb würde ich sagen, dass es ein großer Kraftakt war, an umsetzbares und vor allem brauchbares und alltagstaugliches Wissen fürs Leben heranzukommen. Man muss vorsichtig sein mit Dingen, die man sich selbst verspricht, denn das Leben stellt diese Versprechen nur allzu oft auf den Prüfstand und oftmals ist es nicht einfach, sie zu erfüllen und infolgedessen ist man viel zu hart mit sich selbst.

Dass mir das Leben so viele harte Bälle ins Gesicht werfen würde, wusste ich damals noch nicht. Und das war auch gut so. Es war mehr als anstrengend, zusammen mit meiner kleinen Tochter, die letzten beiden Schuljahre nachzuholen und letzten Endes mit 21 Jahren das Abitur zu machen. Als sie acht Wochen alt war, nahm ich sie zur Latein Prüfung mit. Ich hielt sie im Arm, stand am Klavier und schaukelte sie mit der linken Hand hin und her, mit der rechten Hand schrieb ich die Übersetzung für Ovid. Ich zitterte innerlich, wollte aber allen anderen zeigen, wie gut ich zurechtkam. An diesem Punkt fragte ich mich, welchen Sinn es hatte, Ovid zu übersetzen. Ich glaube, wenn ich an dieser Frage drangeblieben wäre, hätte ich den Stift beiseite gelegt und ein anderes Leben geführt. Aber ich erkannte, dass sie mich nicht weiterbrachte. Also stellte ich mir die Frage: Was für einen Sinn hat es für mich, mein Leben und meine Tochter, wenn ich jetzt in diesem Augenblick Ovid übersetzte? Da sahen die Antworten ganz anders aus. Ich fühlte plötzlich einen starken Antrieb in mir, nicht nur diese Übersetzung herausragend zu machen, sondern auch alle anderen Aufgaben erfolgreich zu bestehen. Warum? Ich hatte meine persönliche Antwort auf dieses „Warum" gefunden. Warum tue ich, was ich tue? Solange Menschen nicht wissen, warum sie etwas tun, sind sie geneigt, ihre Träume und Visionen in den Sand zu setzen, anstatt in Stein zu meißeln. Das durfte und konnte mir in diesem Moment nicht passieren. Ich wusste, warum ich immer weitermachte. Egal, wie schlimm es noch kommen sollte. Niemand wusste, wie schwer es mir fiel, jede Nacht zu stillen, früh aufzustehen, um zu lernen und mein Kind so zu beruhigen, dass es die anderen in der Klasse nicht

„störte". Mit dem Rektor hatte ich die Abmachung, nur in den Hauptfächern anwesend sein zu müssen, in den Nebenfächern durfte ich größtenteils abwesend sein, ich sollte nur die Arbeiten abgeben und gute Noten liefern. Solange ich niemandem unangenehm auffiel, deckte mich mein Rektor. Wie ich diesem Mann dankbar bin!

Also tat ich alles, um keine Umstände zu machen. Doch das Baby in meiner Hand reichte aus, um aufzufallen. Niemand wusste von den Briefen, die unter meinem Bankfach lagen mit der Notiz: „Wir werden dich fertig machen. Du glaubst wohl, du hast Privilegien, nur weil du ein Kind hast." Niemand wusste von den Mobbingattacken der Schüler und auch mancher Lehrer, die mir, wie mir mein damaliger Mathelehrer klar zu verstehen gaben: „Eine Mutter bekommt von mir kein Abitur". Niemand wusste von den täglichen Sticheleien der Mitschüler, wie oft ich in den Pausen auf der Toilette saß und weinte. Und niemand wusste, wie schwer ich es zu Hause hatte. Eines Nachmittags, als der Druck in mir immer größer wurde, stand ich weinend an der Tür des Rektors und wollte ihm mitteilen, dass ich aufhören werde, die Schule abbreche und mir einen Job als Kellnerin suche, doch er machte nicht auf. Er war nicht da. Obwohl er eigentlich hätte da sein sollen. Da war es wieder, diese Frage nach dem „Warum", sie pochte in meinem Kopf und ließ einfach nicht locker. Das war es dann wohl das so genannte Schicksal, von dem ich oftmals in Büchern gelesen hatte. An diesem Tag erinnerte ich mich an mein Versprechen, mir selbst und meinem Kind gegenüber und zog die letzten Kraftreserven aus mir heraus. In diesem Moment, beschloss ich unter Tränen weiterzumachen. Egal, wie sehr die anderen auf mich einredeten, egal, wie gemein sie waren und egal, wie wenig Chancen ich hatte. Ich beschloss, weiterzumachen. Für mich und vor allem für meine Tochter.

Ich ging nach Hause, nahm Stift und Papier und zeichnete meinen Lebensplan auf ein A3 Blatt. In großen Buchstaben schrieb ich als Überschrift: „Mit 36 Jahren bin ich eine erfolgreiche und selbstbewusste Frau. Ich bin ein Vorbild für tausende Frauen und meine Tochter ist glücklich, stolz und dankbar, mein Kind zu sein. Ich lebe in einem Haus am See, bin glücklich verheiratet und mein Konto ist so voll, dass ich sogar genug Geld habe, etwas davon abzugeben und zu spenden.

Warum?

1. Weil ich einen großen Wert habe.
2. Weil ich wichtig bin.
3. Weil ich mein Kind liebe und es meine Pflicht ist, alles dafür zu tun, dass sie es leichter hat als ich."
4. Weil es kein Zufall sein kann, dass ich da bin
5. Weil es kein Zufall sein kann, dass mein Kind da ist
6. Weil ich alles dafür tun muss, um herauszufinden, wie man ein glückliches, erfülltes und erfolgreiches Leben führen kann.

In den nächsten 15 Jahren gründete die 18-Jährige von damals eine eigene Firma, mit mittlerweile zwölf Angestellten, kaufte ein Haus am See, schenkte drei weiteren Kindern das Leben, inspirierte pro Jahr mehr als 400.000 Frauen mit ihren Vorträgen und Reden, überstand eine Krebserkrankung und versprühte volle Lebenskraft und Liebe für das Leben und die Menschen. Ihre kleine Tochter ist mittlerweile eine junge, gebildete Frau und begleitet sie auf ihren Sprechertouren quer durch Deutschland und Österreich. Den Mann von damals hat sie verlassen und gelernt: Es ist nicht mein Job, andere zu verändern oder mich und ich muss nicht mein Leben opfern, damit andere ihr Leben weiter so leben können, wie sie meinen, es tun zu müssen. Das einzige, worauf wir Einfluss haben, sind wir selbst. Das klingt jetzt so floskelhaft, ich weiß. Und wenn ich gefragt werde, wie ich mein Unternehmen aufgebaut habe, sage ich vermutlich folgendes:

1. Ich habe immer versucht, ehrlich zu mir selbst zu sein.
2. Ich habe unendlich viele Bücher über Persönlichkeitsentwicklung, Psychologie, Philosophie, Neurowissenschaft, Spiritualität und Quantenphysik gelesen.
3. Ich habe mich selbst jeden Tag selbst reflektiert und bin erst eingeschlafen, wenn ich mir selbst alles vergeben konnte, was an dem Tag schief gelaufen ist und dankbar sein konnte, für alles, was ich geleistet habe. Täglich. Seit

18 Jahren.

4. ich habe mir ein Umfeld gesucht, dass mich nicht nur toleriert, sondern auch wertschätzt.

5. Ich habe nie mich und meine Botschaft aus den Augen verloren. Ich habe im Kern nie vergessen, wo ich herkomme und das macht mich vermutlich für viele so nah und vertraut.

6. Man darf nie vergessen, dass Menschen nur eines wollen: das Gefühl wichtig, bedeutsam und sicher zu sein. Deshalb habe ich gelernt, herauszufinden, wann sich mein Gegenüber gebraucht, bedeutungsvoll und sicher fühlt und ihm dieses Gefühl vermittelt. Mehr brauchte es nicht, um anderen nahe zu sein. Die Welt dreht sich nicht um einen alleine, schon gar nicht um die Probleme einzelner. Ich glaube, in dem Moment, als ich mich selbst nicht mehr so wichtig nahm, war ich bereit für das wahre Leben.

Die 18-Jährige von damals hat jetzt keine Angst mehr, weder vor der Zukunft, noch vor dem Leben. Und das mit dem Leben meint sie ernst. Sehr ernst.

Als ich acht Jahre später, im Alter von 26 Jahren am Heiligen Abend blutüberströmt aufwachte, fasste ich auf meinen Bauch, um sicher zu gehen, dass mein kleines Baby, das erst zehn Wochen alt war, nach wie vor am Leben war. An diesem Abend dachte ich zurück, an alles, was ich bisher erlebt hatte und wusste, dass die Ärzte, die mir versicherten, dass mein drittes Kind und ich keine Überlebenschance haben werden, im Unrecht sind. Warum wusste ich das? Irgendwo, tief in mir, wurde eine Pflanze geboren. Eine Pflanze mit dem Namen: Vertrauen. In den kommenden vier Monaten durfte ich weder aufstehen, noch zur Toilette gehen. Ich verlor Unmengen an Blut und hatte in dieser Zeit nur eines, was mir Halt gab: Die Kraft meiner Gedanken. Mit ihrer Hilfe konnte ich meine Beinmuskulatur erhalten, obwohl ich mich nicht bewegen durfte! Ich gebar mein Baby gesund zu Hause und wusste: „Mich wirft im Leben so schnell nichts mehr um!" Selbst als fünf Jahre später bei mir Muttermundkrebs diagnostiziert wurde, erinnerte ich mich daran, was ich mir selbst und meiner kleinen Tochter damals versprochen hatte. Wie ich das gemacht habe? Ich glaube nicht daran, dass uns positives Denken aus tiefen Lebenskrisen herausführt, ich glaube auch nicht an irgendwelche Parolen oder hohle Floskeln. Ich glaube aus ganzem Herzen daran, dass jeder von uns einen inneren Antrieb braucht. Etwas oder jemand woran er glaubt. Ich glaube, dass vor allem in uns Frauen eine Kraft verborgen liegt, die genau dann zum Vorschein kommt, wenn es darum geht, dass etwas aus uns heraus geboren werden will. Das können Träume, Visionen, Werte, Ideen und Inspirationen sein. Ich glaube, der femininen Seite in uns wurde von der Evolution eines geschenkt: Wir sind in der Lage, selbst unter den herausforderndsten Umständen, all jenem Leben zu schenken, das uns wirklich wichtig ist. Das müssen nicht unbedingt Kinder sein. Das können auch, wie gesagt, Visionen und Ideen sein. Und ich glaube, dass jeder in uns Anteile hat, die nur eines wollen: unser Überleben sichern. Also lassen wir sie doch zu uns sprechen, wenn es eng wird in unserem Leben.

Ich habe jedes Mal, wenn ich total verzweifelt im Badezimmer saß, solche Tage kennt ja jede von uns, und wieder dabei war, zu denken: Meine Güte, was fällt mir jetzt wieder für ein Ball zu, ich kann nicht mehr", tatsächlich an diese 18-Jährige von damals gedacht. Diese junge Frau hat mir so viel Kraft gegeben, dass ich ihr immer das Vorbild sein wollte, das sie in mir gesehen hatte. Ich weiß nicht, ob du meine Gedanken nachvollziehen kannst. Aber ich glaube, wir haben einen weit größeren Einfluss auf uns selbst und unser Leben, als wir denken. Und wir sollten es nie zulassen, dass jemand außerhalb unseres Selbst einen größeren Einfluss auf uns hat, als jener Teil in uns, der an uns glaubt. Ich weiß noch, wie ich in der Klinik lag und mich irgendeine fremde Frau anrief und sagte: „Ich weiß, warum du so krank bist. Das ist Karma. Du hast in den letzten Leben einfach viel zu viel Unheil bewirkt." Ich konnte es kaum fassen und dachte: „Himmel, sobald ich hier wieder gesund raus bin, unterstütze ich alle Menschen, denen irgendjemand irgendeinmal so einen Mist erzählt hat." Ich glaube, das einzige, was ein Mensch wirklich braucht, sobald er emotional oder physisch schwach ist, ist jemand, der ihn berührt, auf eine ehrliche und mitfühlende Weise und nicht auf eine belehrende oder verletzende Weise. Diese Art Mensch braucht die Welt und ich wünsche so jemanden jedem einzelnen von uns. Wenn du eine Geschichte hast, die du teilen möchtest, die dich berührt oder bewegt hat, dann schreib mir oder teile sie mit jemandem oder sogar auf einem Blog, behalte sie nur bloß nicht für dich. Andere Menschen an deiner Verletzlichkeit teilhaben zu lassen, ist das größte Geschenk, das du dir selbst und anderen machen kannst. Ich glaube, wenn es eines gibt, das wirklich wichtig ist, ist es folgendes: Dass du wahrhaftig bleibst und niemals versuchst, deine Persönlichkeit zu kaschieren. Sei, so gut es dir gelingt, die Frau, die du bist. Und ich bin sicher, dass es keinen Weg gibt, der zu breit oder zu weit entfernt oder zu steinig ist. Dein Weg. Wie kann der nicht der richtige für dich sein?

Katharina Pommer im Kurzportrait:

Katharina Pommer gilt für viele Frauen als Quelle der Inspiration und Kraft. Durch ihre lebensbejahende, motivierende und tiefsinnige Art gelingt es ihr, Menschen neue Hoffnung zu geben, schwere Krisen zu meistern und dem Leben einen neuen Sinn zu geben. Sie ist Therapeutin, Sprecherin und Mutter von vier Kindern. Sie lebt mit ihrer Familie in Bayern.

www.katharinapommer.de

„Ich habe keine Angst mehr, weder vor der Zukunft, noch vor dem Leben."

Katharina Pommer

TAMARA STIFTER

♦♦♦

Ich sehe mich manchmal heute noch mit meiner besten Freundin Leni am Hamburger Hafen sitzen. Wir waren beide 16, große Träumer und wir verbrachten Stunden damit, den Schiffen beim einfahren zuzuschauen. Für uns waren diese Schiffe immer ein Symbol der Freiheit. Wir spekulierten stets darüber wo sie gerade wohl herkommen, was sie beladen hatten und, wenn sie aus dem Ausland kamen, wie die Menschen auf dem Schiff unsere Kultur und unsere Gewohnheiten einschätzen und beurteilen würden. Leni und ich waren unzertrennlich. Wir teilten alles, gackerten wie die Hühner und wir genossen einfach in unserem jugendlichem Leichtsinn wahrlich jeden Tag, als wäre es unser letzter gewesen. Wir kamen beide aus gutem Hause, hatten eine schöne Kindheit und unsere Eltern liebten und förderten uns. Wir freuten uns immer ganz besonders auf die Schulferien, besonders die im Sommer, da wir eine Abmachung mit unseren Eltern hatten, dass wir immer miteinander in die Ferien fahren durften. Die einen Ferien flog ich mit ihrer Familie auf Kreta, in den nächsten Sommerferien kam sie mit uns nach Paris. Wenn ich heute zurückdenke, habe ich auch heute noch ein breites Grinsen auf meinen Lippen. Diese Zeit erfüllte mich unheimlich und ich hätte mir nie vorgestellt, das das jemals enden würde.

Eines Tages traf mich jedoch der Schlag, als Leni mich unter Tränen anrief und mir sagte, dass ihre Eltern beschlossen hatten Hamburg den Rücken zu kehren um nach Canada auszuwandern. Wie Canada?! Für immer?! Ich konnte es nicht fassen, sie war der einzige Mensch, den ich hatte; meine beste Freundin und die einzige, die ich jemals haben wollte. Sie verstand mich, sie sah mich und ich sah sie. Wir waren so seelenverbunden; niemals mehr habe ich so

173

etwas mit einer anderen Person gespürt.

Drei Monate später sollte es für sie losgehen. Sie versuchte, ich versuchte, wir versuchten beide ihre Eltern zu überreden, dass sie doch bitte in Hamburg bleiben sollten, aber da war nichts zu machen. Für uns brach eine Welt zusammen und wir wussten nicht, wie wir sie wieder reparieren sollten. Die folgenden Tage und Wochen versuchten wir uns mit der Situation zu arrangieren, feilten Pläne aus, wie wir am besten in Kontakt bleiben könnten. Wir setzen einen Plan auf, wann sie mich anrief und wann ich mich bei ihr meldete, wie oft wir uns Briefe schicken würden und wann wir uns für wie lange besuchen würden. Wir schworen auf einen Pakt, dass uns nichts trennen würde, auch nicht tausende Meilen. Der Tag an dem sie ging, war für mich unglaublich schrecklich. Ich fühlte mich, als hätten sie mir ein Teil meines Herzens herausgerissen. Wie konnte man nur so boshaft sein und einem Menschen das wichtigste nehmen, das man hatte? Wie konnte man über ein Leben bestimmen und einen Menschen aus einem Umfeld reissen, auch wenn dieser es gar nicht wollte? Ich verstand es einfach nicht und ich wollte es auch nicht verstehen. Meine Eltern waren für mich da, versuchten mich zu beruhigen, mir vieles zu erklären; mir beizubringen, dass man im Leben nicht alles kontrollieren und beeinflussen kann und dass es eben die persönliche Entscheidung von Leni´s Eltern war, dieses Jobangebot in Canada anzunehmen. Sie sei ja nicht aus der Welt und man könnte den Kontakt ja trotzdem noch irgendwie halten.

Das war 1997. Die ersten Wochen und Monate, ja eigentlich ein gutes Jahr, konnten wir den Kontakt sehr gut halten. Unsere Eltern sahen wie wichtig es für uns war und erlaubten uns einmal in der Woche miteinander zu telefonieren. Zu der Zeit waren Flatrates noch kein Thema und wir gaben vermutlich ein Vermögen für unsere Telefonate aus. Aber ich denke, dass das als Wiedergutmachung unserer Eltern geduldet wurde. Die Zeit verging und wir wurden älter. In unserem Kalender war er immer noch verankert, unser Telefontermin. Jeden Sonntag sprachen wir, tauschten uns aus und hielten uns auf dem Laufenden was Jungs, neue Freunde und neue Errungenschaften betraf. Doch wie das so ist, änderte sich auch unser Leben mit jedem Monat der verging und jedem neuen Menschen, der in unser Leben trat. Leni hatte irgendwann ein fes-

ten Freund, und so passierte es, dass sie mich immer öfter zu unserem Telefontermin vertröstete und wir ab und zu nur alle zwei Wochen, oder gegen später
auch nur einmal im Monat, voneinander hörten. Ich war traurig darüber; aber
ich verstand es auch irgendwie, denn ich hatte in der Zwischenzeit auch meinen ersten Freund. Ich konnte es daher gut nachvollziehen und kannte dieses
Gefühl der rosaroten Brille. Trotz allem war ich aber natürlich enttäuscht und
hatte Angst davor, sie komplett zu verlieren.

Monate gingen ins Land, mittlerweile lebte sie schon ein gutes Jahr in Canada, als sie mir in einem unserer Telefongespräche mitteilte, dass sie in den
kommenden Sommerferien nach Hamburg zurückkommen würde, um ihre Familie zu besuchen. Ich fiel aus allen Wolken, freute mich bis ins Unermessli-
che, dass ich sie endlich wieder sehen konnte. Da wusste ich aber noch nicht,
dass es ganz anders ablaufen würde und ich die alte Leni nicht wiedererkennen
würde.

Der Sommer kam, Leni reiste mit ihrer Familie an und wir trafen uns am
gleichen Tag noch am Nachmittag. Ich umarmte sie, strahlte, nichts konnte mir
den Moment der Freude nehmen – bis auf meine beste Freundin. Sie schien irgendwie gar nicht so begeistert zu sein. Ich tat es als Stress und Jetlag ab und
ich verstand es auch irgendwo, als sie mir nach einer guten Stunde sagte, dass
sie gerne nach Hause gehen würde um sich hinzulegen, sie sei sehr müde vom
Flug. Wir verabredeten uns für den darauffolgenden Tag und vereinbarten,
dass wir uns dann wieder an unserem Lieblingsplatz am Hafen treffen würden,
so in ganz alter Manier. Einen Tag später machte ich mich gerade auf den Weg
zum Hafen, als ich eine SMS von ihr erhielt. Sie könne nicht kommen, ihre
Familie würde geschlossen zu ihren Großeltern fahren, da sie zum Essen eingeladen wurden und sie das nicht absagen konnte. Als ich das las, blieb ich
stehen, ein Schauer lief mir über den Rücken. Aber was ist mit uns? Ich war
einfach nur traurig, schrieb ihr aber zurück, ob wir dann heute Abend miteinander telefonieren möchten, ich hätte ihr noch so vieles zu erzählen. Sie
schrieb zurück, dass sie nicht wisse, wie lange das gehen würde, dass sie sich
aber bei mir melden würde die Tage. Den ganzen Heimweg sponn ich mir Sachen zusammen, versuchte mich zu beruhigen, mir auszureden, dass es Leni

mich nicht mehr mochte. Ich wurde aber dieses komische Gefühl nicht los, dass irgendwas nicht stimmte. Bevor ich nach Hause ging, hielt ich noch an der Tankstelle und kaufte mir eine Packung Zigaretten. Ich rauchte nie, hatte es zuvor nur ein paar mal probiert. Ich weiss auch nicht, was mich ritt, aber in dem Moment war mir einfach nach Rebellion zumute.

Leni meldete sich zwei Tage lang nicht. Bis ich sie am dritten Tag anrief und sie fragte, ob sie mich vergessen hatte. „Oh nein, das habe ich nicht. Aber weisst ja wie es ist, meine Eltern haben den ganzen Urlaub komplett verplant. Lass uns doch am Wochenende treffen, wir können ja gemeinsam ins Kino gehen" – „Heute ist Dienstag! Hast du nicht davor schon Zeit? Leni, ich würde dich wirklich gerne sehen. Ich habe dich seit mehr als einem Jahr nicht mehr gesehen. Du weisst schon, so wie in alten Tagen! Wir können uns am Hafen treffen, an unserem Lieblingsplatz. Oder wir machen ganz was anderes. Hast du nicht schon davor Zeit?". Sie sagte mir, es ginge wirklich nicht, ich sollte nicht so störrisch sein und legte einfach auf. Was war denn jetzt los? Das hatte sie noch nie gemacht, sie ließ mich einfach stehen. Ich verstand die Welt nicht mehr. Ich war sauer, ich war traurig, ich war einfach nur … perplex. Was ist in meine beste Freundin gefahren? Was hatte sie so verändert? Eine weitere Woche verging und ich hatte nach wie vor nichts von ihr gehört. Ich hatte mich schweren Herzens auch nicht bei ihr gemeldet, denn ich wollte sie einerseits nicht unter Druck setzen, andererseits war ich aber auch einfach so sauer, dass sie mich so hatte stehen lassen. Bis der Tag ihrer Abreise kam. Leni meldete sich kurz per SMS bei mir „Entschuldige, dass aus unserem Treffen nichts mehr geworden ist, war aber trotzdem schön dich zu sehen. Wir telefonieren ..." – Wir telefonieren?! Das wars? Seit mehr als einem Jahr hatten wir uns nicht gesehen, nun war sie für zwei Wochen in der Stadt und nicht ein einziges Mal war ich eine Priorität für sie? Ich konnte es einfach nicht begreifen. Leni flog und seither hörte ich nie wieder irgendetwas von ihr. Jahre später bekam ich dann über mehrere Ecken mit, dass sie durch ihren Freund wohl böse abgerutscht sei. Den Anfang machte die Rebellion und Alkohol, geendet hatte das wohl in Drogen und häuslicher Gewalt. Während ich einmal rebellierte in dem ich mir damals eine Packung Zigaretten gekauft hatte, erwischte es sie schlimmer und sie verlor irgendwann die Kontrolle über sich selbst. Sie kam wohl nie damit klar, dass sie sich im Ausland nie wirklich wohl fühlte und der einzige Mensch, dem sie sich anvertraute, war der der falsche; der, der sie noch weiter herunterzog. Noch bevor sie als Erwachsene dann die Reissleine ziehen konnte, war sie wohl jemandem hörig, der ihr einfach nicht gut tat.

Was ich bis heute nie verstand, war, warum sie nicht einfach mich anrief? Ich hätte ihr vielleicht helfen können. Ich war ihre beste Freundin und war mir sicher, ich hätte ihr helfen können, auch wenn ich nicht wusste wie. Unsere Verbindung war so stark, ich verstand es einfach nicht, warum sie sich irgendwann dazu entschloss, dass ich nicht die richtige Person für diesen Support war. Gerüchten zufolge bekam sie wohl irgendwann noch zwei Kinder, von eben diesem Kerl. Ich nehme an, sie lebt heute noch irgendwo in Canada, ob sie diesen Mann noch an ihrer Seite hat, weiß ich nicht. Ich hatte über Jahre den Kontakt komplett verloren. Ihre Eltern zogen irgendwann auch wieder um, und es gab keine Telefonnummer, E-Mail Adresse oder irgendeinen anderen Kontakt, der mir einen kleinen Draht zu ihr noch sichern sollte.

Das ist jetzt über 20 Jahre her und ich denke immer noch sehr oft an die eine Freundin, die für mich einst alles war was ich hatte. Ich spüre heute manchmal noch diesen Schmerz, diese Ohnmacht, dass ich nichts unternehmen konnte und schwor mir, Leni und unserer Freundschaft zuliebe, mein Leben der Wiedergutmachung zu widmen – auch wenn ich indirekt wohl nichts falsch gemacht hatte, ich fühlte mich dennoch so schuldig.

Die darauffolgenden Jahre waren auch für mich nicht einfach. Ich machte mein Abitur, studierte Marketing und verliebte mich. Doch was sich zunächst unproblematisch anhört, schlitterte mich auch ab und an in Situationen, in denen ich mir diese tiefe Verbundenheit und den Austausch einer besten Freundin gewünscht hätte. Während der Unizeit lernte ich meinen Ex-Mann kennen. Wir studierten gemeinsam, hatten irgendwann den gleichen Freundeskreis und hatten schnell gemeinsame Zukunftspläne. Wir jobbten neben dem Studium um uns nach circa einem Jahr Beziehung unsere erste gemeinsame Wohnung leisten zu können. Ausserdem liebten wir Campingtouren; mal zu zweit, mal mit einer Horde von Leuten. 2007 wurde ich dann schwanger und brachte im November unsere Tochter zur Welt. Wir waren so glücklich. Plötzlich waren wir noch mehr eins, als wir es jemals zuvor waren. Es war zwar kein geplantes Wunschkind, aber wir liebten es von der Sekunde an, als uns mein Frauenarzt die frohe Botschaft überbrachte. Sofia, unsere Tochter, hatte die so ziemlich die gleichen Charakterzüge wie Leni. Es war wirklich skurril, aber auch wenn ich sie heute noch sehe, sehe ich ihn ihr die quirlige, neugierige und schnell zu begeisternde Art, die meine damalige Freundin ausmachte.

Mein Ex-Mann war ein Mensch mit einer sehr dominanten Ausstrahlung. Wenn er einen Raum betrat, dann hatte er ihn im Handumdrehen im Griff. Er war sehr laut, aber auch sehr lustig. Das gefiel mir am Anfang sehr und mochte es, wie er die Leute unterhalten konnte. Er war wie der Star einer Highschool-Mannschaft; die Männer fanden ihn dufte, die Frauen lagen ihm zu den Füßen – auch ich. Ich liebte es, wie er mich umgarnte, wie er mir das Gefühl gab, ich sei die begehrenswerteste Frau auf Erden. Eifersucht war aber nie ein Thema für mich, da es einfach nie einen Grund dazu gab. Er machte immer sehr klar, dass ich sein Mädchen war und das andere Frauen neben mir keinen Platz hätten.

Bis ich eines Tages einen Anruf von einer guten Freundin bekam. Sie sagte mir am Telefon, dass sie gerade in der Stadt unterwegs sei mit ein paar Freundinnen und dass sie eben an einem Restaurant vorbeikam, wo sie meinen Ex-Mann mit einer anderen Frau sah. Ich war etwas perplex und wusste nicht gleich was ich sagen sollte, schliesslich kam es öfter vor, dass er auf Geschäftsterminen mit Kunden essen ging. Meine Freundin versicherte mir jedoch, dass dies sicherlich kein Kundentermin sein würde, so vertraut wie die beiden sich geben würden. Es fuhr mir ein Schauer den Nacken herunter, ich war sprachlos, mir schossen tausend Fragen in den Kopf. Ich wusste nicht wie ich reagieren sollte. Würde er mich wirklich betrügen, während ich mit seiner Tochter daheim sitzen würde? Ich konnte und ich wollte das nicht glauben. Als er nach Hause kam konfrontierte ich ihn mit der Information. Ich hatte mir vorher noch überlegt, ob ich erstmals nichts sagen sollte und selbst erst etwas recherchieren, schnüffeln und beobachten sollte. Aber als er reinkam, platzte es so aus mir heraus und ich fragte ihn ob er mich betrügen würde. Er schaute mich verwundert an „Was ist denn mit dir los?". Ich erzählte ihm von dem Anruf und fragte ihn nochmals, ob da was dran sei. Er versicherte mir, dass das nicht stimmen würde und dass ich keinen Grund zum Misstrauen hätte. Er wäre gar nicht dort gewesen und meine Freundin hätte sich sicherlich vertan und einen anderen Mann gesehen, der ihm lediglich ähnlich sehen würde. Mich verwunderte wie ruhig er war und ich dachte mir nur, wie ich wohl reagieren würde, wenn ich mich ertappt fühlen würde oder wenn ich wirklich nichts gemacht hätte. Er antwortete mir in einem ruhigen Ton, ging mir dann aber gleich aus dem Weg.

Dieser Vorfall beschäftigte mich noch viele Wochen und ich war mir einfach nicht mehr sicher, ob ich ihm noch trauen konnte oder nicht. Die Ungewissheit liess mich erstarren. Es machte mich wahnsinnig und ich ertappte mich immer wieder wie ich in seinem Handy schnüffelte, auf der Suche nach verdächtigen Nachrichten, Bildern oder irgendwelchen Hinweisen, um herauszufinden, ob da was dran war oder nicht. Gefunden hatte ich eine lange Zeit nichts. Ich hatte so eine unglaubliche Angst, dass ich betrogen und belogen werden würde, dass ich mich selbst schon in eine Furie verwandelte. Ich war nicht mehr ich selbst, fühlte mich so hintergangen, obwohl ich nicht einmal wusste, ob ich hintergangen worden war. Wir hatten erst dieses Haus gekauft, unsere Tochter war noch ziemlich klein, unser Freundeskreis war perfekt, ich sollte in den nächsten paar Monaten wieder in meinen alten Job einsteigen – alles schien so perfekt.

Circa zwei Monate später machte er jedoch einen großen Fehler: Er schickte mir versehentlich eine Nachricht, die wohl für jemand anderen gedacht war. Er wollte sich mit jemandem in Hamburg treffen, in einem Restaurant, das ich sehr gut kannte. Es war das Restaurant, in dem eine meiner Freundinnen ihre Verlobung gefeiert hatte. Ich wurde natürlich sofort stutzig, gleichzeitig fuhr es mir gewaltig in die Magengegend, denn das könnte der Beweis dafür sein, dass diese böse Befürchtung wirklich stimmen sollte. Ich rief also die eine Freundin an und bat sie, mit mir zu diesem Restaurant zu fahren. Ich wollte wissen, mit wem er sich dort traf. Jetzt, wenn ich zurückdenke, ging alles auf einmal ganz schnell. Wir fuhren dorthin, warteten im Restaurant und sahen wie er mit dieser Frau, Hand in Hand, hineinkam. Als er mich sah, war er total versteinert. Er stammelte etwas von es würde ihm leid tun, doch ich hörte schon gar nicht mehr zu. Ich wollte keine Erklärungen, ich wollte keine Entschuldigungen und ich wollte keine Rechtfertigungen. Nicht nur, dass er mit dieser Person händchenhaltend reinkam, was man ja generell mal rein platonisch schon gar nicht tut, er hatte sich auch gleich für etwas entschuldigt, dass ich nicht mal ansprechen musste. Ich war platt und ich sah mein Leben schon förmlich vor mir zusammenbrechen. Ich hatte zum zweiten Mal einen Menschen verloren, der mir alles bedeutet hatte. Und ich hatte keine Ahnung, wie ich das unserem Kind irgendwann erklären sollte.

Die nächste Zeit verbrachte ich im Verschottungsmodus. Ich redete kaum, funktionierte eigentlich nur noch, während ich versuchte die Welt für meine Tochter noch aufrecht zu erhalten. Ich fühlte mich so meines Vertrauens beraubt und fragte mich immer wieder, warum Menschen mir das immer wieder antaten. Warum kommen Menschen in mein Leben, nehmen mein Herz in Beschlag und lassen mich dann einfach so fallen? Ab sofort hatte ich wirklich sehr große Probleme mich Menschen zu öffnen, was mich sehr schnell auch an meine Grenzen brachte. Mit der Scheidung von meinem Mann und seinem Auszug aus unserem zuvor gekauften Haus, wurde für mich ein gewaltiger Grundstein für eine finanzielle Odyssee gelegt, die mich in den darauffolgenden Jahren schier in den Abgrund trieb. Mein Ex-Mann machte sich aus dem Staub und zahlte fortan auch die Raten für das Haus nicht mehr. Da ich im Kaufvertrag gelistet war und meine Tochter nicht aus ihrem gewohnten Umfeld reissen wollte, tat ich alles um in diesem Haus bleiben zu können. Wir liebten es dort, meine Tochter hatte ihre Freunde dort und ich wollte ihr nicht das gleiche antun, was mir viele Jahre zuvor die Eltern von Leni angetan hatten. Also entschied ich mich zu bleiben; trotz des großen Schuldenberges und der hohen Verpflichtungen, die damit einhergingen. Es war taff, sehr taff. Monate vergingen; mal ging es uns besser, mal schlechter. Meine Eltern waren in dieser Zeit eine große Unterstützung für mich. Denn anstatt mir eine Tagesmutter besorgen zu müssen, war meine Mutter gewillt in ihrem Job etwas kürzer zu treten und die Kinderbetreuung zu übernehmen, während ich wieder meine Karriere ansteuerte. Ich musste schliesslich Geld nach Hause bringen und übernahm nun die Rolle von Mutter und Vater zugleich. Mein Ex-Mann zahlte weder Unterhalt, noch hatte er es geschafft seinen Job zu behalten, was ihn nicht gerade zu einem zuverlässigen Sparringpartner machte. Er tauchte alle zwei Wochen auf um Sofia abzuholen, brachte sie mal mehr, mal weniger pünktlich nach Hause. In seinem Leben schien es auch nicht mehr so rund zu gehen. Nachdem er seinen Job verlor, streunerte er nur mehr oder weniger durch die Gegend. Machte hier mal einen Hilfsarbeiterjob, und arbeitete dort mal unter der Hand. Es ging abwärts mit ihm, zu seiner Tochter war er aber hingegen immer ein toller Vater.

Teilweise hatte ich 80 Stunden-Wochen im Job, um Haus, Lebensunterhalt und ein bisschen Luxus für uns ermöglichen zu können. Mein neuer Arbeitgeber war sehr verständnisvoll und ich durfte mich auch sehr in meinen Job als Führungskraft im Marketing einbringen. Ja, ich arbeitete viel, aber das hatte sich nach einiger Zeit auch ausgezahlt denn mein Chef vertraute mir, und als ich Zeit im Homeoffice einforderte, war er ohne zu zögern mit dabei. Ich hatte mir natürlich schon öfter Gedanken darum gemacht, ob ich mich selbstständig machen würde und so ganz auf mich allein gestellt etwas verwirklichen sollte, dass gerade unglaublich im Trend lag. Eine Selbstständigkeit schien das Non-Plus-Ultra zu sein und jeder schwor auf diese tolle Unabhängigkeit und den finanziellen Frieden. Doch ich war nicht so risikofreudig und ich hatte außerdem auch überhaupt keinen Plan, wie ich ein Unternehmen aufziehen musste, geschweige denn mit was ich mich überhaupt selbstständig machen sollte. Ich hatte hingegen die Verantwortung für meine Tochter zu tragen, für das Haus, die ganzen Schulden. Es wäre was anderes gewesen, wenn es nur um mich gegangen wäre, dann wäre ich vermutlich gesprungen. Doch das Leben meiner Tochter aufs Spiel zu setzen, das war mir dann doch zu heiß.

Ich überlegte also, was es für Alternativen geben würde und ich kam auf die Idee, dass mein Job ja auch durchaus im Homeoffice erledigt werden konnte. Ich würde mir somit auch die finanzielle Sicherheit wahren können und am Leben meiner Tochter teilhaben können. Also fragte ich eines Tages nach einem Meeting mit meinem Vorgesetzten. Ich war ganz offen und sagte ihm was mir auf der Brust lag. Ich wollte keine Spielchen und ich wollte auch keine Ausreden auf den Tisch bringen, um ihn zu diesem oder jenem zu überreden. Ich wollte mich schon gar nicht in etwaigen Ausreden verheddern, denn alles kommt schliesslich raus, irgendwann. Also entschied ich mich die pure Ehrlichkeitsschiene zu fahren und brachte auf den Tisch was Sache war. Ich sagte ihm, dass das Pensum, dass gerade stemmte, nicht mehr mit meinem Leben konform war. Ich liebte meinen Job, aber ich wollte ihn nicht mein Leben vereinnahmen lassen. Ich liebte aber auch die Firma, fühlte mich pudelwohl mit meinem Team und auch mit ihm als meinem Vorgesetzten. Was dann passierte, wunderte mich etwas. „Ich hab mich schon gefragt, wie lange sie das noch machen wollen". Er sah augenscheinlich, dass ich auf dem Zahnfleisch kroch. Selbst einem Chef entgeht so etwas also nicht. Gott sei Dank war er aber derjenigen, die ein Herz für ihre Mitarbeiter hatten und denen das Wohl derer noch vor dem Umsatz stand. Long Story Short, er genehmigte mir das Arbeiten aus dem Homeoffice, zunächst unter einer Art Probezeit um zu schauen, wie das so läuft, mit der Option auf dauerhafte Lösung. Ich freute mich unglaublich, bestand die Probezeit und seit gut drei Jahren arbeite ich nun in Festanstellung, aber aus dem Homeoffice und kann trotzdem für meine Tochter da sein. Ich bin einmal in der Woche im Büro, für den Rest habe ich freie Zeiteinteilung sofern es meine Kunden bzw. Deadlines zulassen.

Heute bin ich 37 Jahre alt und blicke auf eine bewegte Vergangenheit zurück. Ich bin nicht immer von Menschen enttäuscht worden und habe auch viel Glück in meinem bisherigen Leben erfahren dürfen. Die Geschichte, die ich nun hier mit dir geteilt habe, ist natürlich nur ein kleiner Auszug, jedoch habe ich bewusst diese Anekdoten gewählt, um dir eines wichtiges zu vermitteln:

Menschen werden in dein Leben kommen und sie werden dich enttäuschen. Manche werden dich belügen, betrügen und manche werden dir den Dreck unter den Fingernägeln nicht gönnen. Die meisten dieser Menschen haben die volle Kontrolle über ihr Handeln, jedoch gibt es auch einige – wie Leni – die durch die Entscheidungen anderer in ein Leben geschmissen werden, dass sie sich so wohl niemals ausgesucht hätten. Verurteile und beurteile daher nicht. Denn auch wenn die Schmerzen in diesen Momenten groß sind und wir vieles nicht verstehen, hat alles irgendwo einen tieferen Sinn, auch wenn wir ihn später erst irgendwann einmal verstehen werden.

Wenn mir mein Leben bisher eines gezeigt hatte, dann, dass es immer irgendwie weiterging. Es gab viele Tage an denen ich das blaue am Himmel nicht mehr sehen konnte. An diesen Tagen verfluchte ich alles und wollte am liebsten alles hinschmeissen. Aber es gibt auch Tage, die das alles dann wieder zu leuchten gebracht haben und mir gezeigt wurde, dass Gutes auf dieser Welt doch noch einen Stellenwert hat.

Es geht immer weiter. Immer.

In unserem Leben werden wir immer und immer wieder vor Entscheidungen gestellt, wobei wir bestimmen, ob es links oder rechts gehen soll. Hätte ich Leni damals nicht gehabt, dann hätte ich nie erfahren, was ein bedingungsloses Zugehörigkeitsgefühl wirklich bedeutet. Und ja, auch wenn ich auf eine für mich unverständliche Weise aus ihrem Leben gelöscht wurde, so denke ich hatte es dennoch seine Gründe, die mich auch wiederum haben reifen lassen. Was mich angeht: Ich habe in der Zwischenzeit wieder gelernt zu vertrauen, habe mich neu verliebt und lebe mit einem tollen Mann und meiner Tochter zusammen. Manchmal ist es schwer für mich, nicht mein 100-prozentiges Vertrauen zu geben, aber dann erinnere ich mich daran, dass er nichts mit meiner Vergangenheit oder meinem Ex-Mann zu tun hat, und dass er es verdient hat als individuelle Person gesehen zu werden. Mein Tochter ist mittlerweile zu einer großartigen Persönlichkeit herangewachsen und ich lerne täglich von ihr. Wenn ich sie mit ihren Freundinnen sehe, ertappe ich mich noch ab und zu wie ich Bilder aus tollen Tagen mit Leni sehe. Diese Bilder sind präsent und ich denke sie werden auch niemals verblassen. Leider habe ich seither nie wieder eine solche Freundin gefunden, aber das ist auch vollkommen in Ordnung. Freundschaften sind ein solch wichtiges Gut heut zu Tage. Sie wachsen, sie entwickeln sich und im besten Falle bleiben sie ein Leben lang.

Tamara Stifter im Kurzportrait:

Tamara Stifter ist alleinerziehende Mutter und lebt mit ihrer Tochter heute bei Stuttgart. Entgegen dem heutigen Selbstständigkeitshype fühlt sie sich in ihrer Vollzeitanstellung sehr wohl und genießt dort ebenfalls ihre Freiheit, sich ihren Arbeitsplatz aufgrund ihres Fleißes und des Vertrauens ihres Vorgesetzten, so zu schaffen, dass sie es wunderbar mit ihrem Privatleben vereinbaren kann. Ihre Leidenschaft liegt außerdem im Tierschutz; seit mehreren Jahren engagiert sie sich im Ausland dafür, Hunde von der Straße zu holen und sie in einem neuen liebevollen zuhause unterzubringen.

„Es geht immer weiter. Immer."

Tamara Stifter

DORIS GROSS

◆◆◆

Sie waren nicht ganz einfach, die letzten zwei Jahre. Wenn ich rückblickend über die Berg- und Talfahrten nachdenke, dann wird mir jetzt noch ganz schummrig und schwindelig vor Augen, denn ich hätte mir in meinen kühnsten Träumen nicht ausmalen können, was das Universum für mich bereithalten sollte.

2012 wanderte ich in die Schweiz aus und folgte damit einem tollen Jobangebot. Ich konnte endlich den Beruf der Journalistin erlernen. In Deutschland wurde es mittlerweile immer schwieriger in diesem Beruf eine Festanstellung zu bekommen, daher war das für mich natürlich der Jackpot. Bis dato war die Schweiz kein Land, das für mich jemals eine große Rolle gespielt hatte – weder als Reiseziel und schon gar nicht als Wohnort. Ich war nicht direkt abgeneigt, hätte aber einfach niemals in Erwägung gezogen, dort dauerhaft meine Zelte aufzuschlagen. 2014 lernte ich dann meinen damaligen Partner kennen. Ungefähr zwei Jahre waren wir, naja, halbwegs glücklich. Hätte ich schon früher den Mut aufgebracht, hätte ich vermutlich schon nach einem Jahr die Reißleine in der Beziehung gezogen. Wir hatten nicht nur große Probleme in der Kommunikation untereinander, wir hatten auch das Problem, dass in unserer Beziehung kein Platz für Selbstverwirklichung und große Träume war – und das wurde für mich irgendwann zum großen Problem. Ein Leben, das sich nur um materiellen Status, äußerliches Ansehen und Kinder auf Kommando drehen würde? Damit kam ich einfach nicht zurecht. Meiner Familie und meinem Umkreis waren unsere Probleme lange nicht bewusst, wir hatten uns schließlich immer sehr zurückgehalten, was Streitigkeiten in unserer Beziehung anging. Das gehörte für uns in die heimischen vier Wände. Wir wahrten also ganz klar ein perfektes Bild, dass es so schon lange nicht mehr gab. Noch dazu kam, dass mein damaliger Partner relativ früh in unserer Beziehung unter einem Burnout litt, der ihn im Charakter extrem veränderte. Plötzliche Stimmungsschwankungen, purer Egoismus und einen Umgangston, den ich in keiner anderen Beziehung jemals toleriert hätte, wurden zum Alltag. Ich sah in mir den Samariter und war mir sicher, wir werden das Kind schon irgendwie schaukeln und wir würden bald zu unseren glücklichen Zeiten zurückkehren können. Leider trat dieser Zeitpunkt nie ein. Ich höre sie noch heute, die Streitereien, die gegenseitigen Vorwürfe über Egoismus, fehlendes Verständnis und kleinste Meinungsverschiedenheiten, die niemals in solchen Eskalationen hätten enden dürfen. Wir fetzten uns wie Teenager. Meine Eltern liebten ihn und sahen schon die Hochzeitsglocken läuten und nicht nur einmal wurde mir gesagt: „Mit dem hast du es gut getroffen, er ist ein guter Mensch und er kann für dich sorgen". Was sie dennoch nicht sahen, war ein Mensch, der Widerworten nicht gewachsen war und unter Stimmungsschwankungen litt, die sich innerhalb von ein paar Minuten ins Extremste drehen konnten und die Situationen zum Eskalieren brachten. Er wurde nie handgreiflich, wir beide übrigens nicht, jedoch glich unsere Beziehung irgendwann einer verbalen Vergewaltigung aneinander.

Freunde hatte ich keine, geschweige denn irgendjemanden, dem ich mich mal schnell bei einem Kaffee anvertrauen konnte. Auch wenn ich immer ein sehr aufgeschlossener und redegewandter Mensch war, ich hatte in der Schweiz aus irgendwelchen Gründen wirklich große Probleme damit, mir ein soziales Netzwerk aufzubauen. Ich hatte es einfach irgendwann aufgegeben, Leuten hinterher zu telefonieren, mich vertrösten zu lassen oder mir die Frage zu stellen, ob es an mir lag oder doch an den anderen, dass Verabredungen nie zustande kamen. Ich war es einfach leid und die ganzen Kopfschmerzen waren es mir einfach nicht mehr wert. Zu der schlechten Stimmung zuhause und dem fehlenden Freundeskreis legte sich dann auch noch das schlechte Karma auf meinen Job, was mir dann irgendwann einfach den Rest gab.

Wie viel kann ein Mensch an Unzufriedenheit ertragen, bis er selbst die Reißleine zieht? Für mich war das Pensum schon lange erreicht. Es war an

Weihnachten 2015, als ich auf dem Weg nach Hause die Entscheidung fällte, dass es so nicht mehr weitergehen konnte. Mein damaliger Freund saß neben mir und wie so oft erging aus einer kleinen Meinungsverschiedenheit ein großer Streit. Wir schrien uns an, bis er irgendwann zu mir sagte, dass ich rechts ranfahren soll. Er würde sich nun ein Taxi zurück in die Schweiz bestellen und dass er unter solchen Voraussetzungen nicht auf eine heile Welt vor meiner Familie machen könnte. Ich hingegen fuhr einfach weiter, denn so sehr ich ihn in dem Moment hasste, ich hätte ihn nicht einfach irgendwo im Nirgendwo auf einer Raststätte aussetzen wollen. Wir hatten noch drei Stunden Fahrt vor uns, und während wir die erste Stunde hitzig unsere Wortgefechte ausübten, schwiegen wir uns die restlichen zwei Stunden nur noch an. Wir wussten beide, dass an dieser Stelle Endstation war.

Als wir ankamen, wussten meine Eltern natürlich gleich, was los war und meine Mutter fragte mich in einer stillen Minute, was denn los sei. Ich sagte ihr: „Ich bin einfach müde, das ist einfach nicht das, was ich mir von meiner Zukunft vorstelle". Ich erzählte ihr von meinen Gedanken, die Beziehung zu beenden und alles in der Schweiz abzubrechen. Meine Mutter war schon immer sehr offen und direkt, riet mir aber nie speziell in die ein oder andere Richtung. Diesmal war sie aber ziemlich überrascht, dass ich gleich alles hinschmeißen wollte. Was sie aber nicht gleich realisierte, dass es nichts mit einem „ich schmeiß mal schnell alles hin" zu tun hatte. Es hatte mehrere Monate gedauert, bis unsere Beziehung dieses Stadium erreicht hatte. Und schließlich gab es da ja auch noch mein nicht vorhandenes soziales Umfeld, meine Einsamkeit und meinen Job, den ich von Tag zu Tag immer weniger ausstehen konnte. Es war also sicherlich alles andere als eine Phase, die mal kurz unangenehm wurde. Einen Plan A gab es nicht und schon gar nicht einen Plan B. Alles was ich wusste, war, dass ich dort wegmusste und jeder einzelne Tag, den ich ab sofort noch an diesen Ort verschwenden würde, ein Schritt in eine garantierte Depression gewesen wäre.

Die folgenden Weihnachtstage waren eisig zwischen mir und meinem Freund. Uns war beiden klar, dass wir fortan getrennte Wege gehen würden, sobald wir wieder Schweizer Boden betreten würden. Noch während der

Weihnachtsfeiertage machte ich mich daran, ein neues Visionboard zu kreieren. 2016 sollte für mich groß werden, ich wollte eine radikale Veränderung. Damals war mir Gott sei Dank noch nicht klar, was mir das Universum auf meine Frage bescheren würde, ansonsten wäre ich vermutlich nicht gesprungen.

Kurz nach Neujahr reichte ich meine Kündigung ein. Ich dachte seltsamer Weise nicht einmal wirklich darüber nach, was danach passieren würde. Zu diesem Zeitpunkt war mir das ehrlich gesagt aber auch ziemlich egal. Ich wollte einfach nur noch weg. Bisher hatte ich in meinem Leben immer alle Entscheidungen rational durchdacht, logisch gehandelt und das getan, was man von mir erwartete. Es wäre mir niemals auch nur im Geringsten eingefallen, einen Job zu kündigen ohne nicht zumindest einen anderen in der Hinterhand zu haben. Ich konnte mich mit meinem Arbeitgeber einigen, dass ich mit Resturlaub und Überstunden nicht mehr die komplette Kündigungsfrist im Büro absitzen musste, so ging es dann auch im Februar wieder nach Deutschland und ich zog vorübergehend zu meinen Eltern, bis ich wusste, wie es für mich weitergehen sollte. Für manche hörte sich dies nach einem gewaltigen Rückschritt an, für mich war es eine Art Anlauf zu nehmen. Ich hörte in mich hinein und brachte alle Dinge auf den Tisch, die ich in meinem Leben noch erreichen wollte. Ich nahm das Visionboard zur Hand, das ich zuvor an Weihnachten neu aufgesetzt hatte und sah eine große Konstante, die mir immer und immer wieder über den Weg lief: Mein Traum, einmal für eine längere Zeit in den USA zu leben. Über viele Jahre hatten mich regelmäßige Urlaube immer wieder auf amerikanischen Boden gebracht und ich verspürte bei jedem einzelnen Mal ein unglaubliches Heimatgefühl. Des Weiteren liebte ich das amerikanische Mindset, die Einstellung zum Erfolg und dass man selbst aus dem kleinsten Nichts das größte Etwas machen konnte. Es schien mir, als sei die USA noch einer der Plätze auf der Welt, wo ich nicht nur ohne Limits träumen, sondern diese Träume auch zu Visionen machen konnte. Der American Dream existierte noch und ich wollte nun ein Stück vom Kuchen abhaben.

Ich redete mit meinen Eltern über meinen Plan in die USA zu gehen und dass ich erstmals für zwei Monate vorfühlen wollte. Ich wollte meine Chancen testen und sehen, wie schwierig es für mich wäre, dort Fuß zu fassen, Kontakte zu knüpfen und natürlich Möglichkeiten für ein Visum zu finden. In den letzten Jahren hatte ich immer mal wieder diesen Traum aufgegriffen und sporadisch Bewerbungen in die USA geschickt, ergeben hatte sich bisher noch nie etwas, nicht einmal eine Einladung zu einem Vorstellungsgespräch. Warum ich gerade jetzt so davon überzeugt war, dass es nun funktionieren würde, weiß ich nicht. Meine Intuition sagte mir einfach, dass die Zeit dafür nun reif war.

Ich buchte also meinen Flug und im Mai ging es los. Im Vorfeld hatte ich mein Facebook Netzwerk alarmiert und jedem Menschen auf den Latz gebunden, dass ich nun in die USA gehen würde. Ich sagte jedem, wie dankbar ich für etwaige Kontakte wäre. Es war mir egal, ob ich mich „needy" anhören würde, oder ob mir Leute sagten, dass es sehr riskant sei, was ich machen würde. Nicht nur einmal passierte es, dass mir nicht nur Kontakte verwehrt wurden (obwohl ich definitiv wusste, dass welche vorhanden waren), sondern dass die Leute mir hingegen im extremsten Maße davon abrieten diesen Schritt zu gehen. Ich nahm ihr Feedback dankend an, dachte mir aber gleichzeitig: „Nichts kann die Hölle toppen, aus der ich gerade komme. Also entweder ihr helft mir, oder haltet einfach den Mund!". Egal ob Rechtsanwälte, Familie, Freunde oder Unternehmen, ich wusste überall könnte dieser eine goldene Kontakt sitzen, der mein Leben verändern und den Ofen so richtig einheizen würde. Und tatsächlich, ich flog mit fünf Telefonnummern in die USA und ich sollte mich mit jedem von ihnen vor Ort treffen.

Ich entschied mich in Sachen Unterkunft für die Couchsurfing-Variante. Nicht nur, dass diese bekanntlich kostenlos ist und mir somit eine Menge Ausgaben erspart blieben, mir wurde außerdem somit auch die Möglichkeit gegeben, mit den Locals in Kontakt zu treten, mit ihnen zu leben und ein besseres Verständnis dafür zu bekommen, was es bedeutete in Los Angeles seinen Lebensunterhalt bestreiten zu müssen. Zudem waren diese Leute ja ebenfalls berufstätig und konnten eventuell sogar einen Kontakt zu ihren Firmen herstellen oder meinen Lebenslauf zumindest an richtige Stelle weitergeben. Ich zog jede noch so kleine Möglichkeit in Erwägung mich vorzustellen und meinem Traum von der Auswanderung entgegenzukommen.

Die ersten zwei Couchsurfing-Hosts waren zwei Mädels, die in einer Wohngemeinschaft in Venice lebten. Mein Plan war, die ersten vier Tage bei ihnen zu bleiben. Aufgeschlossen wie sie waren, bestätigten sie für mich gleich das Bild eines Amerikaners, das ich erwartet hatte. Sie interessierten sich sehr für meine Pläne und waren auch sehr hilfreich in Sachen Unternehmensrecherche, Hot Spots in Los Angeles und wovon man sich am besten fernhält. Eine der beiden war nonstop in ihre Psychologie-Lehrbücher vertieft und redete wirklich nur, wenn man sie explizit etwas fragte. Eine Sache, an die ich mich selbst nach vier Tagen nicht gewöhnt hatte, war der extreme Marihuana-Konsum der beiden. Die Wohnung roch extrem und selbst alle Bemühungen nachts den Geruch aus meiner Nase zu bekommen, indem ich mein Gesicht in die Bettdecke drückte, es half alles nichts, den auch die roch schon danach. Die ersten Tage recherchierte ich viel nach Unternehmen, die Leute im Marketing oder in der Redaktion suchten, schrieb viele Initiativbewerbungen. Ich kopierte meinen Lebenslauf 100 Mal und stellte mir eine Tour zusammen mit all den relevanten Unternehmen, die ich abklappern wollte, um ihnen meinen Lebenslauf dazulassen. Meine Erfolgsquote lag hier bei 50:50. Manchmal ließen sie mich rein, nahmen meinen Lebenslauf strahlend entgegen mit dem Hinweis, dass sie sich melden würden (was natürlich nie passierte) und manchmal wurde ich nicht einmal unten zur Tür reingelassen mit dem Verweis, die Unterlagen bitte online einzuschicken. Die ganze Bewerbungsodyssee drehte sich zu einem Spießrutenlauf und mir wurde schnell bewusst, dass ich meine Taktik ändern musste, denn so würde ich definitiv nicht vorankommen. Ich hatte nur insgesamt acht Wochen Zeit, dann musste das sitzen, denn das alles von Deutschland aus zu stemmen, würde es noch um einiges schwerer machen.

An Tag vier wechselte ich meinen Host und zog in eine andere Wohngemeinschaft einen Stadtteil weiter nach Culver City. Was ich da noch nicht wusste: diese Begegnung sollte mein Leben verändern. Heather und Tim lebten schon seit mehreren Jahren miteinander, waren jedoch kein Paar. Auch sie nahmen mich herzlich auf und Mr. Butters, ein kleiner schwarzer Chihuahua-Mix, eroberte im Handumdrehen mein Herz. Heather arbeitete im Sales in einem Beautykonzern und Tim war als Eventmanager auf Konzerten für Licht-

und Tontechnik verantwortlich. Schon am zweiten Tag nahmen sie mich unter ihre Fittiche, ich durfte sie auf Events begleiten, ihre Vorgesetzten und Arbeitskollegen kennenlernen und viele andere tolle Kontakte knüpfen. Auch wenn leider keiner diese Kontakte in einem Interview oder letztendlich in einem Visum endete, so entstand aus diesen Begegnungen etwas anderes tolles: Ich lernte meinen heutigen Partner und Vater meines Sohnes kennen und Heather und Tim sind mir heute noch die liebsten Menschen in meinem Umfeld.

Wochen vergingen und ich wechselte noch ein paar Mal meine Hosts, wohnte auf Zeit in Hollywood, Redondo Beach, Santa Monica und Brentwood. Während ich versuchte, meinem Masterplan zu folgen und mir eine Visumtür zu öffnen, lief es auf privater und zwischenmenschlicher Ebene immer besser. Ich schloss schnell neue Freundschaften, wurde herzlich in einen Freundeskreis integriert und wärmstens aufgenommen. Ich wurde auf Parties eingeladen, nahm an Karaoke-Abenden in Santa Monica Teil und wurde Teil einer Laufgruppe, die sich zweimal in der Woche irgendwo in Los Angeles zur Schnitzeljagd traf.

Drei Wochen vor Abreise bekam ich aber dann doch etwas Torschlusspanik. Ich hatte noch immer nichts Festes in der Hand und wollte einfach nicht nach Deutschland zurückkehren ohne einen konkreten Plan zu haben. Ich brauchte unbedingt einen Plan B. Ich traf mich also mit einer deutschen Immigrationsanwältin, die sich auf Visa für Privatpersonen fokussiert hatte und fragte sie um Rat. Es musste doch irgendeine Möglichkeit geben an ein Visum heranzukommen. Ihre erste Antwort steuerte nicht gleich zur Hochmotivation bei, denn sie erklärte mir, wie schwierig es wirklich heutzutage sci, dic ganzen Richtlinien für ein Sponsorenvisum zu erfüllen. Noch dazu wäre ein Unternehmen, das mich anstellen möchte, noch immer kein Garant dafür, ein Visum von der US-Regierung tatsächlich genehmigt zu bekommen. Es könne bis zu einem Jahr dauern, um ein finales Ja oder Nein von Regierungsseite zu bekommen – und so viel Zeit hatte ich definitiv nicht. Ich saß auf meinem Erspartem von 4000 Euro und musste schnellstmöglich irgendwo Fuß fassen. Ich war erschüttert und sah meinen Traum schon platzen. Ich hatte noch drei Wochen auf der Uhr und irgendwie ging nichts so wirklich voran. Dann hatte die

193

Anwältin die glorreiche Idee. Sie sagte: „Du bist doch Journalistin und führst dieses Online-Magazin *Mrs Globalicious*, warum nicht dem Ganzen ein offizielles Zuhause geben? Gründe einen Verlag und sende dich selbst als US-Korrespondentin in die Staaten." Ich wusste zunächst nicht so wirklich, was ich davon halten sollte. Ich und Verlegerin? Ich hatte zwar Erfahrungen aus dem Journalismus, aber ein Verlag war ja nochmals eine ganz andere Nummer. Ich sagte ihr, dass ich überhaupt keine Ahnung hatte, wie man einen Verlag führt, doch sie ließ sich nicht so schnell den Wind aus den Segeln nehmen und ermutigte mich zumindest mal darüber nachzudenken. „Das Magazin gibt es doch ohnehin schon und das technische Handwerk eines Verlegers kann man lernen. Denke zumindest einmal darüber nach". Noch heute bin ich ihr so unendlich dankbar dafür, dass sie das Thema Female Empowerment so toll genutzt hatte, um mir bei meinem Wunsch nach Selbstverwirklichung richtig Feuer unterm Hintern zu machen. Ich wäre vermutlich wieder zurück nach Deutschland gegangen und hätte mich wieder in einem normalen Bürojob wiedergefunden, frustriert und enttäuscht.

Am selben Abend telefonierte ich mit meinen Eltern in Deutschland und sprach auch nochmals mit meinen neuen Freunden in Los Angeles über diese Idee. Wie erwartet hielten mich meine Eltern für total verrückt. Die Amerikaner fanden die Idee hingegen genial, ermutigten mich dazu, groß zu denken und meiner Vision zu folgen, auch wenn sie außergewöhnliche Schritte bedeuten würde. „So funktioniert Los Angeles nun mal. Du bist richtig hier, wenn du gewillt bist, unkonventionelle Dinge zu tun! Los Angeles wird dir alles geben, wenn du dazu bereit bist, deine Hausaufgaben zu machen!". Ich ging in mich, versucht mich trotz aller Ängste daran zu erinnern, warum ich eigentlich hier war. Und da dies anscheinend die einzige Chance war, mein Ziel zu erreichen, entschied ich mich dazu, diesen Weg einzuschlagen. Ich rief meine Anwältin ein paar Tage später zurück und fragte sie, welche Formulare ich ausfüllen musste.

Drei Wochen später, zurück in Deutschland, nahm ich das Projekt Auswanderung in die Hände und trat vor den Notar mit all den Unterlagen zur Verlagsgründung. Einen Businessplan hatte ich nicht. Ich hatte nicht vor, große Investitionen zu tätigen, nach einem Gründungszuschuss zu fragen oder mir von jemandem Geld zu leihen, daher konzentrierte ich mich erstmals auf die wesentlichen Dinge, anstatt mich von unnötigen Bürokram ausbremsen zu lassen. Ich war gerade dabei von einem Behördentermin zum anderen zu rennen und meine Visa-Unterlagen zusammenzustellen, als das Leben wieder seine eigenen Pläne machte. Eine böse Erkältung schlich sich an und ich musste für ein paar Tage den Stecker ziehen. Ich ging zum Arzt um mir Medikamente verschreiben zu lassen, doch der hingegen ließ die Bombe platzen: Mit Hilfe eines Bluttests stellte er fest, dass ich in der fünften Woche schwanger war! Schwanger? Jetzt? Nichts in Gottes Namen könnte nun unpassender sein als eine Schwangerschaft! Und auch wenn der Vater des Kindes mein neuer Freund in den USA war und es ja ohnehin mein Ziel war dorthin auszuwandern, stellte sich mir doch recht schnell die Frage, ob das ganze Projekt Auswanderung damit überhaupt noch möglich war.

Bevor ich nun aber weitergehen konnte, musste ich mich erstmals selbst wieder sortieren. Ich entschied mich zuallererst mit ihm darüber zu sprechen, noch bevor ich meine Familie einweihen würde, denn ich fand es nur fair ihm als erstes davon zu erzählen und mit ihm gemeinsam zu entscheiden, wie wir damit umgehen würden. Wie erwartet hielt sich seine Begeisterung zunächst stark in Grenzen. Konkret gesagt blieb es erstmals bei einem großen „Fuck!" und dann 15 Sekunden eiserner Stille. Ich wusste nicht wirklich, was ich erwarten sollte, schließlich kam es für mich ebenso unerwartet und abrupt wie für ihn auch. Am meisten imponierte mir jedoch eines: trotz des Schocks und des Umstandes, dass wir uns erst seit gut zwei Monaten kannten, sagte er mir nie, dass er damit nichts zu tun haben wollte. Für mich war das der Moment, als ich intuitiv wusste, dass Amerika für mich bestimmt war. Die folgenden Tage wurde viel telefoniert. Über eineinhalb Wochen stellten wir uns täglich über mehrere Stunden die verschiedensten Fragen, die für uns eine Kindererziehung ausmachten, wo wir unser Leben in ein paar Jahren sehen würden und natürlich kam in ihm auch die Frage auf, was aus uns und dem Baby wird, wenn wir feststellen, dass wir beide nicht miteinander funktionieren würden. Würde ich wieder zurück nach Deutschland gehen wollen und das Kind dann mitnehmen? Oder würde ich in LA bleiben wollen und wie wichtig wäre es mir, dass unser Kind mit einem anwesenden Vater aufwachsen würde? Wir kommen beide aus einem intakten Elternhaus, sind beide keine Scheidungskinder und konnten uns das für unser Kind ebenfalls nur wünschen, dass das auch so bleibt. Abgesehen davon war es für uns immer klar, dass wir unsere Beziehung nach wie vor hätten weiterführen wollen, nachdem ich es dann wirklich in die USA geschafft hatte. Es wäre also keine Beziehung nur des Kindes wegen gewesen, sondern da waren wirklich wahre Gefühle im Spiel.

Eineinhalb Wochen später, nachdem wir uns dazu entschieden hatten, unser Leben nun zu dritt bzw. zu fünft fortzuführen (da waren ja noch sein Rottweiler und meine Collie-Hündin, die ich mit in die USA nehmen wollte), weihten wir auch unsere Familien ein. Die Überraschung war groß, doch die Freude hielt sich natürlich wie erwartet erstmal in Grenzen. „Schwanger? Von wem? Du hattest dich doch gerade erst getrennt?!". Genau so war ebenso seine Familie stark verwundert, sie wussten ja nicht einmal, dass es mich überhaupt gab. Doch so groß der Schock auch war, ich muss unseren Familien doch sehr zugutehalten, dass sie unsere Entscheidung, das Kind zu behalten und den weiteren Weg gemeinsam zu gehen, gleich akzeptierten und es nie böses Blut oder Vorwürfe dazu gegeben haben. In meinen Augen hatte uns das Universum einfach zusammengeführt und vor uns gewusst, was wir in dem Moment brauchten – auch wenn ich mir nach wie vor einen besseren Zeitpunkt hätte vorstellen können.

Die kommenden Wochen waren sehr nervenaufreibend. Ich musste einfach an dieses Visum kommen, und das alles relativ schnell. Mir war bewusst, dass ich unser Kind in den USA auf die Welt bringen wollte, und umso länger das alles in der Vorbereitung dauern würde, umso mehr wäre meine Babykugel zu sehen gewesen und ich hätte mir am Zoll viele Fragen anhören dürfen. Und den ganzen Stress wollte ich mir definitiv ersparen.

Nun legte ich also erstrecht nochmal einen Zahn zu und gründete meinen Verlag im Eiltempo. Ich rannte vom Notar zur Handelskammer, von dort zum Steuerberater und von dort zum Frauenarzt, um die Check-Ups fürs Baby zu machen. Jetzt rückblickend erlebte ich diese Zeit in Trance, denn viele Augenblicke habe ich nur noch ganz vage in Erinnerung. Ich kann mich beispielsweise noch daran erinnern, wie der Frauenarzt zu mir sagte, der Fötus sehe aus wie ein Gummibärchen, weiß aber nicht mehr, wie er mich darüber aufklärte, wie wichtig es sei diese oder jene Untersuchung zu machen, um festzustellen, ob das Kind irgendwelche vererbbaren Krankheiten haben würde. Ich erinnere mich noch daran, wie ich mich vor dem Notar rechtfertigte keinen Businessplan zu haben, aber nicht mehr, wie ich die Visa-Unterlagen für die US-Botschaft ausfüllte. Ich funktionierte einfach nur noch, alles im Zeichen von meinem, unserem, Neuanfang. Ich dachte nicht an Konsequenzen und ich dachte nicht daran, was passieren würde, wenn das Visum nicht ausgestellt werden würde. Ich hatte einfach keine Zeit darüber nachzudenken, wie es wäre, wenn mein Leben sich nun komplett aus meinen Bahnen verabschieden würde. Ich hatte aber auch komischerweise keine Angst, und ich hatte keine Zweifel, dass es passieren würde.

Wenn das Universum jemals etwas anderes für mich vorgesehen hätte, hätte ich dann jemals diese Anwältin in den Staaten getroffen, all diese Leute und deren Support kennengelernt? Wäre ich jemals von einem Mann so unglaublich ungeplant schwanger geworden und hätte ich jemals so unkompliziert einen Verlag gründen können, ohne zu wissen, was ich überhaupt dort tue? Vielleicht, vielleicht aber auch nicht... Vielleicht hat einfach alles so sein sollen, wie es war und das war einfach mein Weg.

7. September 2016, es ist 8.20 Uhr am frühen Morgen und ich sitze nervös im Auto meiner Mutter. Ich habe gerade auf dem Parkplatz der US-Botschaft mein Auto abgestellt und hole noch einmal tief Luft. Ich fühle meine Nervosität und wie meine Hände anfangen zu schwitzen. Ich streichele mir immer wieder über meine klitzekleine Babykugel (mittlerweile sind wir schon im dritten Monat) und sage mir immer wieder „Was für dich bestimmt ist, wird nicht an dir vorbeiziehen", atme nochmals tief ein und sage mir dieses Satz noch zweimal bevor ich aus dem Auto steige. In zehn Minuten habe ich den Termin, um für das Visum vorzusprechen, bin perfekt vorbereitet, bete dafür, dass ich alle Unterlagen dabeihabe. Als ich durch den Sicherheitstrakt gehe, wird mir kurz mulmig, denn sie schicken mich durch einen dieser Sicherheits-

scanner. Ich denke mir nur, nein, du darfst nun nichts sagen, denn deine Schwangerschaft ist hier gerade absolut fehl am Platz. Also halte ich meinen Mund und denke daran, was mir mein Frauenarzt gesagt hatte, ihn hatte ich nämlich in meine Pläne logischerweise eingeweiht und habe ihn nach seinem Rat gefragt bzgl. solcher Scanner und ob ich durchgehen kann ohne große Bedenken zu haben. Er wies mich natürlich auf die Risiken hin, sagte mir aber auch, solange es bei zwei Gängen bleibt (einer bei der Botschaft und einer später am Flughafen) sollte nichts passieren und ich müsse mir keine Gedanken über spätere Schäden des Kindes machen.

Ich reihe mich also ein und gehe durch. In der Botschaft selbst ist viel los und ich werde zu drei verschiedenen Fenstern geschickt, um Fingerabdrücke abzugeben, Formulare auszufüllen oder meinen Pass scannen zu lassen. Dann wird's ernst, meine Nummer wird aufgerufen. Als ich an das Fenster trete, sitzt mir ein älterer Herr gegenüber, circa Mitte 50, graue Haare und Flauschebart. In astreinem Englisch fragt er mich, was er mir denn heute Gutes tun kann. Du kannst mein Leben verändern, denke ich mir und lächele ihn aber nur an. „Ich möchte gerne ein Journalisten-Visum beantragen. Was möchten sie zuerst sehen?". Er winkt mir nur zu und sagt, ich solle ihm einfach mal das ganze Pack an Dokumenten rüberreichen. „Was machen sie denn beruflich?"- „Ich bin Journalistin und selbstständig, führe einen Verlag für Magazin-Publikation". Interessant, wie er findet. Er fragt mich, wie lange ich das schon mache und warum ich dafür in die USA gehen möchte. „Wir berichten über Female Entrepreneurs und deren Behind-The-Scenes Geschichten ihres Erfolges. In Los Angeles boomt diese Branche und wir möchten daher unser Einzugsgebiet erweitern und die Staaten gerne mit aufnehmen. Und dazu braucht es mich dort drüben" – „Soso, Female Entrepreneurship. Immer mehr Frauen trauen sich, was?". Ich grinse ihn nur an, nicke und sage: „Wird auch höchstens Zeit, dass Frauen mal ihr Potenzial erkennen". Während ich diesen Satz sage, denke ich mir, mein Gott das hätte ich mir nun auch sparen können. Was, wenn er da noch etwas traditioneller denkt und nicht mit mir einer Meinung ist?! Er rödelt weitere zwei Minuten, macht da noch eine Kopie, haut da noch einen Vermerk drauf und schreibt hier noch ein oder zwei Sätze in seine Dokumente. Dann sehe ich den magischen Stempel hinter der Glasscheibe. Er haut ihn mit einer solchen Wucht auf das Formular, dass es noch heute in meinen Ohren hallt. „APPROVED" sehe ich auf dem Kopf des Formulars, noch glänzend, die Tinte noch nass. „Sie werden ihren Pass in drei bis sechs Tagen zurückerhalten mit dem Visum für fünf Jahre. Ich wünsche Ihnen alles Gute!"

Das wars?! Ich habe es geschafft, das Visum zwar noch nicht in den Händen haltend, aber mit einem Wisch in der Hand, der mir das alles bestätigt. Plötzlich fängt mein Bauch an zu kribbeln wie tausend Schmetterlinge, die gerade eine riesige Party in meinem Bauch schmeißen. Oder wie ein Baby, dass sich gerade unheimlich auf ein Leben in den Staaten mit einer selbstverwirklichten Mami und einem glücklichen Papi freut. Wie auch immer, ich habe es geschafft! Ich laufe im Eiltempo zum Auto, wähle mich in Skype ein und rufe meinen Freund in den Staaten an. „Was?!?! Ernsthaft? Fünf Jahre! Das ist ja gigantisch!". Ich kann mich gar nicht mehr halten und aus mir fährt eine unglaubliche Erlösung, Tränen fließen und ich weiß, dass ist der Anfang von etwas Unglaublichem.

Auf dem Weg nach Hause fängt es bei mir gleich an zu rattern. Ich denke darüber nach, was ich alles noch organisieren muss, wann ich fliegen kann, was ich alles mitnehmen soll. Denn dieses Mal fliege ich mit One-Way-Ticket! Meinen Eltern fährt es erstmals etwas unruhig in die Magengrube als ich ihnen davon erzähle, denn nun geht nicht nur ihre Tochter, sondern sie nimmt das Enkelkind auch gleich mit, zu einem Kerl und in ein neues Leben, vor dem sie mich nicht mehr so schnell beschützen können. Doch sie verstehen und akzeptieren, wissen genau, dass sie mich gehen lassen müssen, wenn ich ihnen so lieb bin und sie eine glückliche Tochter sehen möchten.

Eine Woche später sitze ich auch schon am Flughafen. Mein Gepäck habe ich auf zwei Koffer reduziert und rolle nebenher noch die Hundebox meiner Collie-Hündin vor mir her. Ich könnte platzen vor Stolz und habe das Bedürfnis jedem zu erzählen, dass ich mein Leben nun von Grund auf ändern werde. Auch wenn ich mich megamäßig nun freue, habe ich nun auch einen Heidenrespekt vor dem, was noch kommen mag. Von meiner Familie habe ich mich am Abend davor verabschiedet. Dadurch, dass alles nun sehr kurzfristig gehen musste, hatte keiner mehr Zeit sich Urlaub zu nehmen und mit mir meinen neuen Lebensabschnitt gebührend zu feiern. Doch für mich auch vollkommen in Ordnung, denn schließlich ist das nun mein neues Leben und ich bin die einzige, die dafür geradestehen sollte.

Als sie Ronja, meine Hündin, in ihrer Hundebox wegkarren, ich meine Koffer eincheckt habe und mich nun auf den Weg zu meinem Gate mache, kommt es plötzlich über mich. Plötzlich fließen die Tränen, plötzlich fühle ich mich so leer und weiß nicht mehr so richtig, ob das alles hier das richtige ist, was ich hier tue. Nicht, dass ich an all dem zweifele, aber was, wenn das alles hier nicht funktioniert? Was, wenn ich mit all dem scheitere? Alles ging in den letzten Monaten so im Schnelldurchgang. Neun Monate sind seit Weihnachten vergangen; 9 Monate, in denen ich mein Leben so dermaßen auf den Kopf gestellt habe, dass nichts mehr so ist wie es einmal war. Plötzlich bin ich nicht nur Unternehmerin, sondern auch in einer neuen Beziehung, werdende Mama und lebe am anderen Ende der Welt. Alles ging bisher so glatt und reibungslos (wenn man eine plötzliche und unerwartete Schwangerschaft als reibungslos bezeichnen kann), kann das wirklich sein? Irgendwann muss doch da mal die Quittung kommen? Und was, wenn die erst spät kommt, wenn ich schon in den Staaten bin und dann plötzlich mit einem Kind alleine dastehe?

Nun sitze ich am Terminal und es bricht nur noch über mich herein. All die Anspannung der letzten Monate, das ganze Funktionieren, weil ich meinem Traum eine Chance geben wollte, lässt sich nun auch einfach mal in Emotionen nieder und ich möchte einfach nur noch heulen. Doch ich heule nicht vor Schmerz, sondern weil ich überrascht darüber bin, was ich innerhalb kürzester Zeit geschaffen habe. Ich bin nun drauf und dran, das Leben meiner Träume zu leben, habe das alles in Eigenregie aufgebaut und nun liegt es in meiner Hand, dass alles auszubauen und mein kleines Imperium aufzubauen. Ich bin einfach so unglaublich stolz auf mich selbst. Die kommenden Stunden im Flugzeug kann ich nicht schlafen, bin sehr unruhig und mein Kopfkino ist so richtig in Gang gesetzt. Ich male mir aus, wie wir leben werden, sehe meinen Freund und mich schwer verliebt und mit kleinem Zwerg. Ich sehe mich als erfolgreiche Unternehmerin, die einen Verlag führt – wie auch immer das aussehen mag. Ich sehe mich auf Augenhöhe mit all den erfolgreichen Menschen in Hollywood, auch wenn ich noch keine Ahnung habe, wie ich dort hinkomme.

Als ich ein paar Stunden später in Los Angeles lande, steht mein Freund vor mir mit einem Strauß Blumen, empfängt mich auf die liebste Art und Weise. Ich bin bretzelfertig, aber glücklich. Habe mir noch Gedanken darüber gemacht, wie mein Hund den Flug überstanden hat, da sie im Frachtraum mitfliegen musste, aber auch sie scheint in Ordnung zu sein. An die nächsten Tage erinnere ich mich noch ganz vage. Es kommt mir vor, als wäre all das noch so total vernebelt, als wäre ich neben mir gestanden. Ich weiß noch, dass ich als erstes gleich Krankenversicherungen gegoogelt hatte, denn ich musste natürlich einen Check-Up machen lassen, um zu schauen, ob mit dem Baby alles ok war. Vier Wochen wäre der regelmäßige Rhythmus für ein Check-Up gewesen. Bis ich das alles unter Dach und Fach hatte (denn es gab wirklich nur eine einzige Versicherungsgesellschaft, die mich aufgenommen hatte), waren aber bereits schon wieder acht Wochen ins Land gezogen. Acht Wochen, in denen ich nicht wusste, ob es unserem Kind gut ging. Es hatte mich wahnsinnig gemacht. Gott sei Dank stellte sich aber alles als perfekt nach Plan heraus.

Auch wenn ich mich nach dem ganzen Stress die ersten Wochen eigentlich erholen wollte, hatte ich leider keine Zeit, mein Business schleifen zu lassen. Das war schließlich die einzige Einnahmequelle, die mir legal zur Verfügung stand. Also musste ich mich trotz Schwangerschaft in die Selbstständigkeit stürzen, ohne Zeit zu verlieren oder mich auf die faule Haut zu legen und meine bisherigen Erfolge zu feiern. Wie gründe ich also einen Verlag? Also gegründet hatte ich ihn ja schon, aber was machte ich nun damit? Ich erinnerte mich an meine Anwältin, die mir den glorreichen Tipp gab, mich an anderen zu orientieren und sie einfach zu fragen, wie sie es gemacht hatten.

Ich nutzte also die fünf Telefonnummern, die ich damals von meinem Facebook-Netzwerk bekommen hatte und ließ meine Kontakte spielen. Ich rief sie an, alle, und erzählte ihnen von meinen Plänen. Die Schwangerschaft ließ ich erstmal außen vor, da ich nicht gleich abgestempelt werden wollte. Ich fragte sie um Rat, was sie mir für einen Start in Los Angeles empfehlen würden und ob sie jemanden in der Verlagsbranche kennen würden. Mir war egal, ob es ein Autor war, ein PR-Agent, ein Journalist oder ein Verleger. Ich konnte jede Hilfe und jeden Kontakt brauchen, jeden Hinweis, der noch so wertvoll sein konnte. Über 170 Telefonate führte ich in dieser Woche, manche mehr produktiv, andere weniger. Manche fanden mein Engagement klasse, andere verbrachten die meiste Zeit unseres Telefonates damit, mich vor Dingen in Los Angeles und deren Einwohner zu warnen. Mir war in dem Moment nicht so ganz klar, wie mir das weiterhelfen sollte, also fing ich an das jeweilige Feedback in „nutzvoll" und „ich glaube, das kann dann weg" zu selektieren. Wie auch vorher schon in Deutschland bei meinem engeren Umfeld, musste ich manchen Leuten einfach damit einen Maulkorb verpassen, da mir negatives Feedback einfach nicht weiterhelfen würde. Ganz nach dem Motto „Wenn du nichts Wertvolles zu sagen hast, das mich fördert, dann sage lieber gar nichts!".

Eine dieser Kontakte war hingegen ein wirklicher Renner für mich. Nachdem ich mich durch mein Telefonbuch und das meiner mittlerweile errungenen Bekanntschaften telefoniert hatte, dachte ich mir, ich sollte mir eine Liste mit den Magazinen machen, die ich schon immer ganz toll fand. Ich schrieb eine Liste mit allem was mir einfiel. Groß, klein, große Reichweite, StartUp, einfach jedes Magazin und jedes Verlagshaus, das mir einfiel. Ich fing an zu recherchieren und suchte nach spezifischen Ansprechpartnern, die mir Antworten auf meine Fragen geben konnten. Manchmal waren das CEOs, manchmal Redaktionsleiter und manchmal auch die Gründungsmitglieder. Eigentlich war mir egal, woher ich an diese Infos kam, ich wollte sie einfach haben – alle. Eines Tages rief ich also bei einem US-Magazin an, dass sich themenmäßig sehr stark an meinem bewegt hatte, Selbstverwirklichung für ambitionierte Frauen und Female Entrepreneurs. Ich konnte online keine E-Mail-Adresse oder Telefonnummer ausfindig machen, also recherchierte ich auf Facebook und siehe da, es gab tatsächlich ein privates Profil, über das ich eine private Nachricht schreiben konnte. Ich haderte lange mit mir, dachte mir, das wird schon seine Gründe haben, warum das ein privates Profil ist und ich wollte nicht respektlos sein. Andererseits dachte ich mich aber auch: „Hey, hier geht es um deinen Traum, und wenn du nicht den Arsch hochkriegst, dann wird es keiner für dich tun". Ok, fuck it! Das ist vielleicht meine Chance zu erfahren, wie das wirklich funktioniert mit dem Verlag und ich tat es, ich schrieb sie an. Meine Finger waren nervös und meine Hände waren verschwitzt als ich den Absendebutton drückte. Ich saß noch einige Minuten vor dem Bildschirm und schaute meiner Nachricht zu, wie sie dort irgendwo im nirgendwo schlummerte und darauf wartete, von jemandem gelesen zu werden. Während ich sie immer und immer wieder durchlas, wurde mir von Mal zu Mal bewusster, wie skurril das eigentlich ist. Ich frage eine wildfremde Person, ob sie mir dabei helfen kann, das Beste aus meinem Leben herauszuholen. Wer weiß, was sie durchmachen musste, oder ob sie die Antworten auf meine Fragen überhaupt wusste. Auch wenn sie noch so stupide waren, ich fragte sie, wie sie angefangen hatte und von wem sie all ihre Skills gelernt hatte, vielleicht hatte sie die Antworten darauf auch heute noch nicht gefunden und sie wusste ebenso wenig, was sie da eigentlich tat – genauso wie ich. Vielleicht hatte sie vor kurzem ebenso jemanden recherchiert, der ihr helfen konnte, oder sie hatte einen Coach oder Mentor, der ihr auf regelmäßiger Basis das Händchen hielt, damit sie ihren Verstand als Verlegerin bewahren konnte. Vielleicht war aber auch all das nicht der Fall und sie wusste genau, was sie tat. Vielleicht war sie es sogar schon leid, immer und immer wieder die gleichen Fragen zu beantworten. Aus irgendeinem Grund hatte ich aber auch hier wieder ein tolles Signal von meiner Intuition bekommen, dass eine Nachricht an diese Frau die richtige Entscheidung war.

Zwei Stunden später, ich war gerade mit meinem Hund draußen, fiel mir mal ganz schnell die Kinnlade herunter und ich wurde sprachlos (und das passiert nicht sehr oft). Eine Antwort war in meinem Postfach gelandet. Zuerst war ich etwas versteinert, sie zu öffnen, da ich Angst davor hatte, was drinstehen würde. „Thanks for reaching out, Doris. I would love to hop on a quick phone call with you!" – sie hatte mir also nicht mal wirklich auf meine Fragen geantwortet, sondern wollte sich auch noch persönlich mit mir unterhalten. Gigantisch! Vier Tage später saß ich nervös vor dem Telefon, hatte mir ein paar Notizen gemacht, während ich darauf wartete, dass sie in die Telefonleitung kam. Ich wollte locker wirken und doch professionell. Sie wusste zwar, dass ich noch am Anfang stand, jedoch wollte ich nicht den Eindruck vermitteln, als sei ich so komplett grün hinter den Ohren. Was ich ja auch nicht war. Ich hatte einiges an Erfahrung vorzuweisen, als Journalistin hatte ich auch schon ein Buch veröffentlicht und mein Magazin gab es ja auch schon eine ganze Zeit. So komplett jungfräulich war ich also nicht. Ich wollte ja lediglich etwas Input von einer noch erfolgreicheren Unternehmerin erfahren, die in diesen Schuhen auch schon einmal war, that's it. No Big Deal. Minuten später kam eine powervolle Stimme ans Telefon, sehr nett und nicht aufdringlich, aber man konnte heraushören, dass sie wusste, was sie sagte. „Hi Doris, very nice to meet you. Let me tell you, it's pretty brave for you to reach out and ask for advice. I wish I would have done that in my beginnings!". Wow, es schien, als sei ich die erste gewesen, die sie jemals um Rat in der Art gefragt hatte, das hätte ich nun wirklich nicht erwartet. Wir telefonierten für circa 20 Minuten und ich konnte ihr alle Fragen stellen, die mir auf dem Herzen lagen. Sie war offen und ehrlich, sagte mir, das Business sei taff, aber wenn Leidenschaft eine große Rolle spielt, dann ist es ein Spiel, das man zu 100 Prozent gewinnen würde, egal, wie es ausgeht oder wie schnell der Erfolg kommt. Erfolg ist ein Kommen und Gehen von Emotionen. Wichtig sei, an dem Warum festzuhalten und das große Warum immer und immer wieder zu spüren.

Für mich persönlich hat Erfolg eine sehr große Bedeutung, eine andere Bedeutung, im letzten Jahr bekommen. Vorher hatte ich den Erfolg in meinem Leben in materiellen Dingen gemessen. Ich dachte, dass ein Traumjob oder ein Partner, der gut für mich sorgen würde, das Maß aller Dinge wäre, das man im Sinne der Selbstverwirklichung erreichen könnte. Dass das nicht so war, hat mir das letzte Jahr gezeigt. Mittlerweile lebe ich nun etwas über ein Jahr in Los Angeles und entgegen der Erwartungen derer, die mir nur drei Monate gegeben hatten, kann ich heute stolz auf mich sein und mir sagen, dass all die Entscheidungen, die ich getroffen habe, die richtigen für mich waren. Auch wenn eine Auswanderung, eine Unternehmensgründung und eine Schwangerschaft nicht gerade kompatibel in jedem Fall sind, hätte es für mich nicht anders kommen dürfen. Meine Geschichte war rein auf dem Papier von vornherein zum Scheitern verurteilt und hätte ich von vornherein gewusst, was da alles auf mich zukommen würde, wäre ich wahrscheinlich niemals gegangen. Doch das Universum hatte recht: „Was für mich bestimmt ist, wird nicht an mir vorbeiziehen!", und so war es.

Ich habe mein Leben innerhalb eines Jahres komplett gedreht, habe mich aus meinem alten Leben und von Menschen gelöst, die mir nicht mehr gutgetan haben, habe Entscheidungen getroffen, bin ausgewandert, habe mich selbstständig gemacht und habe eine Familie gegründet. Ich lebe heute zwar noch nicht in den Hollywood Hills (auch wenn das noch auf meinem Plan steht) und bin noch nicht reich, aber ich bin glücklicher Female Entrepreneur, mit einem Leben nach eigenen Maßstäben. Ich habe eine glückliche kleine Familie, einen Mann, der Gold wert ist und ich weiß, dass mir all die Dinge, die ich erreicht habe in so kurzer Zeit, kein Mensch, kein Neider und kein Hater jemals mehr nehmen kann. Im Leben geht es ausschließlich um Entscheidungen, die jeder für sich selbst trifft. Nicht alle werden gleich im eigenen Sinne funktionieren, aber über lange Sicht wird es sich immer auszahlen für seine eigenen Bedürfnisse einzustehen.

Doris Gross im Kurzportrait:

Doris Gross ist Gründerin des Verlages Fempress Media und die Initiatorin von *Mrs Globalicious,* einem Online-Magazin, dass sich an Frauen mit Ambitionen richtet. In ihrer Arbeit hilft sie als Mentorin nicht nur Frauen, ihre Bücher zu schreiben und zu vermarkten, sondern sie folgt in ihrem Magazin auch ihrer Mission, authentisch zu zeigen, wie der Erfolg von erfolgreichen Female Entrepreneurs hinter den Kulissen wirklich aussieht. Doris ist ebenfalls als Mentorin für Frauen mit Ambitionen tätig und unterstützt sie dabei, Ideen aufzugreifen, die zu Visionen zu machen und im Endresultat auch umzusetzen. Zahlreichen Frauen konnte sie somit schon helfen, das Leben zum Positiven zu drehen und das Beste herauszuholen – so unkonventionell und gesellschaftsuntauglich die Vision auch schien.

www.fempressmedia.com
www.mrsglobalicious.com

„Im Leben geht es ausschließlich um Entscheidungen, die jeder für sich selbst trifft."

Doris Gross

KAPITEL DREI

Das Soziale Umfeld

MICHAELA ARAGONÉS

◆◆◆

Es gab etliche Augenblicke, wo ich kurz davor war, einfach aufzugeben und das Leben mit mir machen zu lassen, was „es" will. Bis ich begriff, dass es das „Es" gar nicht gibt, sondern nur „mich". Bis ich dahin kam, zu erkennen, dass alles in meiner Hand liegt, war es ein weiter Weg. Es hat mich viel Kraft und Mut gekostet – besonders, mich meinen Ängsten zu stellen. Ich spanne den Bogen meiner Überlegungen weit auf, erzähle aus meiner Kindheit, Jugend sowie Erwachsenenzeit und gebe tiefste Einblicke in mein Innerstes. Diese Betrachtungen habe ich chronologisch anhand meiner persönlichen Sozialisation und beruflichen Laufbahn geordnet und dabei Situationen herausgegriffen. Situationen, die entweder für mich als Kind bildhaft in Erinnerung geblieben sind, oder solche, die ich als Erwachsene mit jeder Faser meines Herzens erlebt habe. Manchmal schön, manchmal schrecklich, zuweilen manchmal einfach und zugleich kompliziert, aufbauend und verletzend. Manchmal glasklar, dann um die Ecke kommend, komplett unergründlich, nicht immer sofort im Schnellgang für uns einleuchtend, warum es so ist, wie es ist. Meine größte Freude dabei wäre, wenn ich dich mit meinen Worten berühre, dein Herz öffne und dir Mut mache, deinen Weg zu gehen und das Leben anzunehmen, wie es ist. Wie mich diese Ereignisse und die damit verbundenen Personen beeinflusst haben und mich zu dem Menschen gemacht haben, der ich heute bin, ist mir Stück für Stück erst Jahre später klar geworden. Aber irgendwann habe ich erkannt, dass es in irgendeiner Weise Sinn macht, genau an diesem Platz zu sein und an keinem anderen.

Ist es nicht für uns alle im Verlauf unseres Lebens eine der größten Herausforderungen, nicht an uns selbst scheitern? Auch nicht an unseren Gefühlen, Gedanken, wie wir dieses oder jenes beurteilen, bewerten und handeln? Nicht auf die „Affen" in unseren Köpfen zu hören, die uns zuflüstern: „Das kannst du nicht, das geht nicht, das macht man nicht, was sollen die anderen von dir denken?" Nicht durch die Erschütterungen, die uns im Leben durch vielfältige Krisen und Konflikte rütteln, zu stürzen oder zu verzweifeln? Immer wieder aufzustehen, den Mut und die Kraft zu finden, zum Urvertrauen zurückzukehren, dass alles gut wird und wir um unser selbst willen geliebt und geschätzt werden? Dass wir uns und das Leben lieben?

Vorab etwas Grundsätzliches: Wenn du weiterliest, erwartet dich eine Zeitreise durch ein mehr als ein halbes Jahrhundert gelebtes Leben. Ich bin ein in Frankfurt am Main geborenes „1963er-Baujahr". Alles, was ich hier niedergeschrieben habe, ist für mich selbstredend in das große Ganze, in das gesamte Dasein hier auf unserer gemeinsamen Erde eingebettet. Nüchtern betrachtet und mit dem Blick um uns herum in andere Länder sind die Möglichkeiten, die das Leben bietet, und die Art und Weise, wie es gestaltet werden kann und darf, für den überwiegenden Teil der Menschheit ungerecht verteilt. Wenn ich dann mit einer Lupe auf mein eigenes Leben schaue, fühle ich mich hinsichtlich der Fragestellung, wie ich „es" gemacht oder geschafft habe, nicht besonders wohl. Warum? Weil meine Antworten angesichts von Krieg und Hungersnöten, von extremen Geldbergen auf der einen Seite und bitterster Armut auf der anderen Seite so klein und unwichtig erscheinen. Ja, ich denke, ich habe wirklich Glück gehabt. Ich habe das Privileg, in einem Land geboren zu sein, in dem es mir gut geht. Kein Bombenalarm ließ mich jemals in den Keller flüchten, keiner traf in meinem Leben die Entscheidung, ob mein Geschlecht es wert sei, am Leben zu bleiben oder Teile meines Körpers zu verstümmeln, weil ich ungehörig war oder kulturelle Regeln und Normen missachtet habe. Wenn ich Durst habe, trinke ich, wenn ich Hunger habe, ist immer etwas da, was satt macht. Ich lebe in einem Land, das im Grundgesetz verankert hat, dass die Würde des Menschen unantastbar ist, jeder das Recht auf freie Entfaltung hat, und das nicht nur bei der Auswahl von Beruf, Arbeitsplatz und Ausbildungsstätte.

Wenn du meinen Überlegungen bis hierhin gefolgt bist, dann ahnst du jetzt, dass ich eine Frau mit blühender Fantasie bin, die in ihrem Kopf ständig und mit allem um sie herum einen inneren Dialog führt. Ich bin die, die an der roten Ampel links neben sich im Stück eines abgebrochenen und verrosteten Zaunpfahles ein lachendes Gesicht entdeckt und zurück lächelt. Ich bin die, die in den Himmel schaut, in den vielen farbigen Quellwolken Elefanten, Krokodile, Schmetterlinge und noch vieles mehr sieht und sich fragt, wer so etwas Wunderbares erschaffen hat. Ich bin die, die im Beet unter den Rosen einen kleinen Steingarten arrangiert und sich dabei vorstellt, wie sich dort abends kleine unsichtbare Wesen tummeln und ein Bad im bereitgestellten kleinen Schälchen nehmen. Warum erwähne ich an dieser Stelle meine Fantasie? Im Grunde darum, weil sie einen großen Teil meiner Persönlichkeit ausmacht. Sie hat mich in vielen Situationen gerettet, weil sich mir durch diese Vorstellungskraft immer wieder die Chance eröffnet, in andere Farbnuancen des Nachdenkens zu tauchen. Wenn ich in meinem Leben etwas für mich begreifen, beschreiben, erklären und meine „Affen" beruhigen möchte, kurzum reflektiere, konnte ich mich schon immer auf meine Fantasie verlassen. Ein für mich dabei hilfreiches Werkzeug ist die Bildung von Analogien und Metaphern. Die Entwicklung einer derartigen Metapher ist in der Regel oft eng mit meinem Tun und Handeln verwoben. Erst später wird mir der Bedeutungsgehalt tatsächlich bewusst und ich verstehe dann, wie der derzeitige Status quo einer Situation ist.

In meiner Fantasie errichtete ich bereits frühzeitig ein einstöckiges Haus mit vielen Zimmern, die ich nach und nach einrichtete. Im Anschluss kamen ein Garten mit Zaun hinzu, ein Keller und viel später eine Garage. Manchmal weiß ich genau, warum sich in der Realität ein bestimmter Gegenstand immer noch in meinem imaginären Schrank befindet oder die Garage wieder und wieder „wie bei Hempels unterm Sofa" ausschaut, wie meine Uroma zu sagen pflegte. In jedem Fall steht das Haus in meinem Kopf stets für ein Abbild dessen, was mir im wirklichen Leben widerfährt. Wenn ich mir beispielsweise über etwas noch nicht schlüssig bin und ich nicht weiß, wie ich reagieren oder mich entscheiden soll, dann kommt dieses Etwas in den ersten Stock, in irgendeine Schublade oder in einen Schrank. Das hängt davon ab, wie klein oder groß eine Sache ist, über die ich mir noch nicht im Klaren bin. Über die Dinge im ersten Stock versuche ich, eine gewisse Zeit lang nicht nachzudenken und dort auch nicht „staubzuwischen". Dort oben übe ich mich in Geduld und lasse die Dinge einige Zeit ruhen und reifen. Vieles entwirrt sich irgendwann von alleine, und was mir manchmal unmöglich erscheint, löst sich plötzlich. Die Dinge immer wieder verkrampft aus der gleichen Perspektive zu betrachten, um die Frage nach dem Warum beantwortet zu bekommen, hat sich im Nachhinein schon oft als vergebene Liebesmüh erwiesen.

Das Erdgeschoss ist der Bereich, in dem ich von allen für mich zufriedenstellend geklärten Angelegenheiten umgeben bin. Dort bin ich nicht nur mit mir im Reinen, sondern auch mit Personen oder Situationen persönlicher sowie beruflicher Natur. Alles dort um mich herum erfreut mich, macht mich glücklich und stolz auf alles, was ich mit meinen Augen rund um mich herum erblicke. Wir haben einen gemeinsamen Takt und Rhythmus entwickelt, der ruhig und gelassen meine Seele streichelt, denn hier bin ich über die Jahre schon viel mehr ich selbst geworden und meine Füße bewegen sich sicher über den Boden, auch wenn dieser von Zeit zu Zeit gewischt wird, scheinbar rutschig ist und mich aus dem Gleichgewicht bringen will.

Der Keller ist der interessante Teil meines Hauses. Immer wieder passiert es, dass ich über Kisten, Pakete, Päckchen oder Koffer stolpere oder sie sich mir prompt in den Weg stellen. Mal mehr, mal weniger verschnürt oder mit diesem ekligen braunen Paketband umwickelt. Es kann sein, dass ich das jeweilige Hindernis zunächst beiseite schiebe, weil ich weder Lust noch Neugier verspüre, mich dem zu widmen, was mich dort erwartet. Vielleicht ist manchmal meine Angst vor dem Unbekannten schlicht zu groß. Es kann aber auch sein, dass ich voller Ungeduld die Schnüre und das Klebeband entferne, weil ich Platz und Luft im Keller schaffen möchte. Stück für Stück kommen dann Dinge zutage, von denen ich dachte, dass ich sie bereits entsorgt hätte. Oder – was noch viel erstaunlicher ist – von denen ich gar nicht wusste, dass ich sie überhaupt besitze. Habe ich einmal entschieden, an einer Sache dranzubleiben, sie vollends auszupacken, bin ich jedes Mal aufs Neue erstaunt, in welchem Maße mich das erleichtert. Was sich im Erdgeschoss meines Hauses an persönlichen Eigenschaften entwickelt, immer wieder neu ergänzt, verstärkt und festigt, trage ich hinaus auf die große Bühne des Lebens, wie ich das Leben da draußen insgeheim bezeichne. Ein nie endendes Schauspiel in unzähligen Akten, mit wechselnden Requisiten und Rollen, meine eigenen und die der anderen. Die Natur und die Art, wie ich ihr begegne, sind ebenso der Spiegel meiner Befindlichkeit. Nehmen wir zum Beispiel das Beet außerhalb unseres Grundstückes, das neben unseres Gartenzaunes, an einem öffentlichen Spazierweg entlang verläuft. Auf dem Beet wachsen diverse von uns gepflanzte Bäume, Sträucher, Blumen und auch Unkräuter. An einem bestimmten Punkt irgendwann realisierte ich, dass dieses Beet und insbesondere das Unkraut innere Reifungsprozesse symbolisieren stehen, die im Außen von mir in einer aktuellen Situation eine Handlung abverlangen. Manchmal ist es so, dass das Unkraut wild wuchert und durcheinander wächst. Dennoch laufe ich täglich voller Missachtung daran vorbei und es ist wahrlich keine Frage von Zeit oder Lust, es zu jäten. Glaube mir, beides finde ich immer, wenn ich wirklich will. Der Zeitpunkt des Wollens kommt immer wieder, früher oder später, darauf kann ich mich wirklich verlassen. Dann rupfe ich das Beet. So helfen wir, also die Natur und ich, uns gegenseitig. Indem ich rupfe, rupfe ich sinnbildlich das Unkraut aus meinem Kopf – meine Hände schaffen nicht nur Ordnung im Beet, sondern stellen auch das Gleichgewicht aus Ordnung und Klarheit meiner Gedanken wieder her. Plötzlich weiß ich dann, welche Entscheidungen oder Aktivitäten ich im realen Leben treffen oder angehen muss, obwohl ich vorher dachte, dass alles total chaotisch sei und ich keine Lösung für eine Situation finden werde.

Der Start in mein Leben und meine Kindheit verliefen mehr als holprig. Meinem leiblichen Vater hätte es gut getan, wenn ihm jemand geholfen hätte, nicht zu oft und vor allen Dingen nicht so tief ins Glas zu schauen und seine Hände bei sich zu behalten. Ich war zu klein, um dem Ganzen zu entrinnen, meine Mutter jedoch nutzte ihre Chance. Daraufhin brachte mein Vater mich zu seinen Eltern. Noch heute habe ich den Duft von damals in der Nase – dem der feuchten Walderde, als ich mit den bayrischen Nachbarskindern Pfifferlinge sammeln ging. Ich liebe es auch heute noch, im Dreck zu wühlen, weil es mich an die Kartoffelernte erinnert, die ich mehr als einmal erleben durfte. Ich erinnere mich an das saftige Grün der Wiesen und Wälder und ein niemals wieder gesehenes gelbes Meer von tausenden Schlüsselblumen, die am Hang wuchsen. An einen ausrangierten Eisenbahnwaggon, in dem wir Backpulver mit Vanillezucker und Wasser anrührten und unsere Puppen damit fütterten. Aber auch immer dazwischen die verhasste Blutwurst auf Butterbroten, die ich auf dem Schulweg über die Hecke warf, und die vielen Päckchen, die per Post aus dem fernen Frankfurt kamen. Oma lehrte mich auf ihre Art und Weise, was im Leben vermeintlich richtig oder falsch ist – ein roter Fleck am Oberschenkel ist bis heute nicht verblasst. Sonntags ging es in die Kirche. An einem Aschermittwoch fühlte ich die Finger des Pfarrers auf meiner Stirn und roch förmlich das aus Asche und Weihrauch bestehende Kreuz. Ich liebte das Ritual von Aufstehen, Hinsetzen und Niederknien, die vertrauten, immer wieder an der gleichen Stelle auftauchenden Lieder und Gebete, das Auswendiglernen von Worten in Liedern und Gebeten, die ich nicht verstand. Noch Jahre später dachte ich, dass der bräunliche Fleck in meiner linken Handfläche ein Zeichen von ihm sei.

Alles schien mir in dieser Zeit, als müsse es so sein. So war es für mich nicht verwunderlich, dass meine Oma eines Tages in diesem Straßengraben lag, ich sie in meinen Armen hielt und ihr Atem so stark roch, wie ich es stets ab mittags von ihr gewohnt war. Ich blickte in ihre grau-grünen Augen, solange bis der Krankenwagen kam. Opa gab es auch, er war aber lediglich anwesend, später nur sitzend, in einem Rollstuhl. Im Grunde kann ich mich nicht daran erinnern, dass er jemals etwas gesagt hätte. Aus Frankfurt kamen weiterhin Päckchen. An eines kann ich mich besonders erinnern, aus dem ich eine große Puppe mit blondem, lockigem Haar auspackte. Ich nannte sie Kathinka und ihr wurde meine ganze Fürsorge zuteil, die auch das Färben ihrer Haare miteinschloss, sodass sich die Locken karottenrot in strohige Stränge verwandelten. Nun denn, ich und Kathinka fuhren eines Tages in einem roten Auto wieder zurück nach Frankfurt, meine Mutter saß am Steuer, sie nahm mich wieder zu sich. Als wir im Dunkeln in die Stadt hineinfuhren, nahm ich als Erstes die großen Gebäude wahr, eingetaucht in grelles Licht und mit bunten Buchstaben an ihren Fassaden. Meine Heimat war ab diesem Zeitpunkt das Viertel rund um den Frankfurter Hauptbahnhof, in dem meine Oma mütterlicherseits ihre Spielsalons mit Café hatte und wo ich mich die meiste Zeit nach der Schule aufhielt. Auf einem kleinen silbernen Tablett trug ich Kaffeetassen mit einem Glas Wasser zu Menschen, die ihre Zeit mit Billard und sonstigen Spielen für Erwachsenen verbrachten. Im Hintergrund saß meine Oma und rollte Geld in farbiges Papier ein, die Ringe an ihren Händen funkelten dabei. Die Wochenenden verbrachte ich ab und an bei meiner Großmutter in einem Vorort von Frankfurt. Sie lebte mit meiner Oma und deren zweitem Ehemann zusammen in einem Haus. Großmutter hatte schneeweißes Haar, samtweiche Haut und trug eigentlich immer einen Kittel in der Farbe eines grellgelben Kanarienvogels. Wir spielten Canasta und Rommé, schoben uns gegenseitig Ein- oder Zweipfennigstücke über den Tisch, je nachdem wer gewann. Dabei aßen wir haufenweise dick mit Frischkäse beschmierte Brote. Bis heute gibt es bei mir immer noch diesen Frischkäse in meiner Küche. In diesem Haus lernte ich endlich, Nein zu sagen und mich gegen die körperlichen Übergriffe meines „Stiefopas" zu wehren, wenn er mal wieder die Hand nach mir ausstrecken wollte.

Meine Mutter heiratete zum zweiten Mal. Ich liebte es, wenn mein zweiter Vater mir die Nagelhaut nach hinten schob und mich liebevoll ermahnte, ich solle doch nicht so schlimm an meinen Fingernägeln kauen. Er hatte ein warmes, weiches Gesicht und ich freute mich immer, ihn zu sehen, wenn er mit meiner Mutter hinter dem Tresen stand und das sprudelnde Bier für die Gäste der gemeinsamen Kneipe zapfte.

Früher war es üblich, dass die Kinder in der langen Sommerzeit für sechs Wochen in die Ferienfreizeit geschickt wurden. Es war im Jahr 1974, die Zeit von Beckenbauer und Co. Ich war elf Jahre alt und die Fußball-Weltmeisterschaft wurde in Deutschland ausgetragen. Da ich ein begeisterter Fan war, schickte ich regelmäßig Postkarten nach Hause, um jeden Sieg unserer Jungs zu kommentieren. Aber eine Antwort erhielt ich nie. Als mich meine Mutter vom Bahnhof abholte, saß nicht nur ein neuer Mann am Steuer, sondern fortan auch am abendlich gedeckten Tisch. Meine Mutter und ihr dritter Mann waren extrem fleißig, bauten sich ein eigenes Geschäft auf. Es blieb ihnen wenig Zeit, weder für sich noch für das gemeinsame Familienleben. Zu einem späteren Zeitpunkt zog seine Tochter, damals etwa vier Jahre alt, bei uns ein. Ebenfalls wohnte meine über alles geliebte Uroma für eine Weile bei uns, bevor sie schließlich nach Berlin in ein Heim kam. Meine Mutter war bemüht, den Spagat zwischen extremen beruflichen Anforderungen und ihren häuslichen Verpflichtungen zu meistern. Wir waren ein zusammengewürfelter Haufen von Menschen, versuchten irgendwie miteinander klarzukommen. Das gelang uns allerdings mehr schlecht als recht. Ich wurde immer stiller, ängstlicher und dicker. Mit Chips, Flips und Schokolade kuschelte ich mich an Daisy, einen schwarzen süßen Pudel. Meine Schulzeit war ein einziges Chaos. Ich zäumte das Pferd von hinten auf: Der zweijährige Besuch eines Gymnasiums war geprägt von Angst und Sorge, es nicht zu schaffen. Der Lehrer, der alle wichtigen Fächer vertrat, hatte seine ganz eigene Art, uns zusätzlich zu piesacken. Ich verpasste danach die Anmeldung für die Realschule und fand mich plötzlich auf der Hauptschule wieder.

Mein Dicksein erschwerte nicht nur erste Liebeleien, oft wurde ich deswegen auch gehänselt. Wenn ich aber etwas wirklich gut konnte, dann war das zuzuhören. So kam ich dann wenigsten zu einigen platonischen Beziehungen, in denen ich einfach die „Kumpelfreundin" war. Mein erster Zungenkuss landete daher im Schlüsselloch der Tür meines Zimmers.

In der Rückschau auf diese Zeit kann ich mich eindringlich an dieses tiefe, schwarze Nichts in mir erinnern. Ich hatte ständig das Gefühl, dass etwas in mir wahnsinnig leer ist, dass ich unvollständig bin. Selbst wenn ich mit vielen Menschen auf Partys zusammen war, fühlte ich mich nicht dazugehörig und hatte immer den Drang, frühzeitig wieder gehen zu wollen. Oder zumindest die Tür zu suchen, durch die ich dann auf dem Balkon Luft holte und im Himmel nach Antworten auf Fragen suchte, die ich noch gar nicht explizit formuliert hatte. Ich war zwar überall präsent, aber nirgendwo richtig voll und ganz anwesend. Diese Suche nach Erfüllung hörte auch nicht auf, als ich später die „Englischen Fräuleins", eine katholische Mädchenschule, besuchte, um dort den Realschulabschluss nachzuholen. Weder auf der Fachoberschule, der folgenden Fachhochschule noch an der Frankfurter Universität. Ich bin einfach irgendwie meinen schulischen Weg gelaufen, auch die Nachwehen meiner Pubertät habe ich mit mir ausgemacht. Mit 17 Jahren zog ich von zu Hause aus, mein „Kumpelfreundeskreis" vergrößerte sich und damit auch das Feld für extreme Möglichkeiten und Exzesse. Glücklicherweise folgten meine Füße wie von selbst dem Weg in Richtung Bücher sowie Wissen und ließen Drogen und Alkohol links liegen.

Die Zeit an der Uni, in der ich Soziologie studierte, war grandios. Warum Menschen so handeln, wie sie handeln, hatte mich seit jeher brennend und das Studium stellte mir ein faszinierendes, schier nie enden wollendes Füllhorn zur Verfügung, um meinen Fragen und ihren Antworten auf die Spur zu kommen. Nicht zuletzt wollte ich mir selbst auf den Grund gehen. Per Zufall fiel mir damals ein Buch zum Thema Missbrauch in die Hand, das ich nur mit Müh und Not lesen konnte, weil es mich zutiefst berührte und ich ahnte, dass mir die Auseinandersetzung mit dem Thema sehr wehtun würde. Ich wollte mich dem Schmerz jedoch stellen, denn ich hatte es satt, zu verdrängen und im Heimlichen zu leiden. Ich wollte davon frei werden, also ließ ich es zu, zu erkennen, dass ich ein Missbrauchsopfer war. Ich akzeptierte, dass alles Verdrängte an die Oberfläche kommen durfte und nahm bei diesem Prozess professionelle Hilfe in Anspruch. Das heimliche Leiden verringerte sich und die unsäglichen Alpträume, die damit verbunden waren, plagten mich langsam aber sicher seltener. Je mehr ich darüber sprach, desto besser wurde es. Letztendlich habe ich die Unizeit extrem genossen. Ich sog alles an Büchern und Themen auf, was meinen Weg kreuzte. Reisend mit Bergen von Büchern, sehe ich mich heute noch alleine am Strand irgendwo in Tunesien schmökernd sitzen, die beste rote Melone meines Lebens dabei essend. Oder im wunderbaren Frankfurter Palmengarten – Stunden habe ich dort im Café verbracht, um meine Hausarbeiten zu schreiben.

Nach dem Studium nahm ich direkt meine erste Arbeitsstelle an. Mein Arbeitgeber war ein Marktforschungsinstitut, in dem ich bereits während des Studiums als Aushilfe tätig war. Wieder vollzog sich eine Veränderung meines Selbst. In dem Maße, wie ich durch die beruflichen Anforderungen selbstständiger und selbstsicherer wurde, zerbröckelte der Sockel des Standbildes meines damaligen, wesentlich älteren Lebensgefährten, mit dem ich bereits fünf

Jahre zusammenlebte. Es dauerte weitere zwei Jahre, bis ich endlich bereit war und mir sicher war, dass seine schrecklichen Prophezeiungen für den Fall, dass ich ihn verlasse, nicht eintreten würden. In einer Nacht-und-Nebel-Aktion – er war beruflich unterwegs – packte ich meine Sachen und ging. Ich fuhr für drei Wochen an den Gardasee, alleine. In der Armbeuge hatte ich einen Mückenstich und in der Leistengegend hatte ich mir kurz vorher ein Muttermal entfernen lassen. Beides entzündete sich dort. Tagelang saß ich mit meinem Kassettenrekorder und Vivaldi in den Weinbergen, pflegte mit Kamillen-Teebeuteln meine Wunden und schaute dabei auf den See. Erst als alle Wunden verheilten, war ich bereit, zu meinem neuen Zuhause, einer Wohngemeinschaft, zu fahren. Damit hatte ich alles Ungute besiegt, so kam es mir jedenfalls im Nachhinein vor. Ich befreite mich von seiner eloquenten Dominanz und den für mich unguten Situationen, die manches Mal durch seine Alkoholexzesse entstanden. Die Anforderungen in meinem Beruf wuchsen, weil mein damaliger Chef großes Zutrauen in mich setzte. Er stärkte nicht nur meinen Rücken, sondern bestärkte mich auch eines Tages in meinem Gedanken, zu kündigen. Realistisch gesehen würden meine Promotion und Dissertation in der Schublade verschwinden, wenn ich weiter die Karriere verfolgen würde. So saß ich nach meiner Kündigung Tag für Tag im Zimmer meiner WG und schrieb. Es war nicht einfach, ich würgte einen Satz nach dem anderen hervor und versuchte, den Vorstellungen meines strengen Doktorvaters gerecht zu werden.

Wenn ich es nicht mehr aushielt und an dem Punkt angelangt war, dass ich es nie schaffen würde, radelte ich nachts auf meinem Fahrrad durch Frankfurt. So wie auch an jenem Abend, an dem ich in die wundervollsten blauen Augen blickte, die ich jemals gesehen hatte. Er stand hinter einer Theke, mit dem Wischlappen in der Hand. Einige Tage später trafen wir uns zu einem Spaziergang im Wald und ab da waren wir ein Paar. Alles zwischen uns war sofort glasklar, ohne große Worte, ohne Wenn und Aber. Kurz danach zogen wir zusammen. Wir fühlten uns beide angekommen. Um uns herum war nur noch Sonnenschein und Lachen; alles, was wir in die Hand nahmen, ging plötzlich für jeden von uns leicht und selbstverständlich vonstatten. Wir ergänzten uns hervorragend. Er, der spontan und flexibel von Gelegenheit zu Gelegenheit sprang und ich, die eher nach dem Motto „was ich mal angefangen habe, bringe ich auch zu Ende" lebte. Er lehrte mich, das Leben spontaner zu genießen und ich ihn, mal bei einer Sache am Ball zu bleiben. Gott, waren wir verliebt. Zwei Jahre danach war die Dissertation geschrieben, wieder zwei Jahre später war der Vertrag zur Gründung unseres Unternehmens unterschrieben. Wir eröffneten in Frankfurt ein eigenes Marktforschungsinstitut, aus dem Nichts heraus, ohne finanziellen Rückhalt, ohne Kunden und mit Ikea-Möbeln eingerichtet. Uns beiden war eine extreme Naivität zu Eigen, die uns unerschütterlich vorwärtsgehen ließ – immer in dem Glauben, dass wir das gemeinsam schaffen. So war es auch. Nach und nach füllten sich unsere Auftragsbücher und wir wickelten tolle Marktforschungsprojekte für große mittelständische Unternehmen und Konzerne ab. Bedingt durch die berufliche und persönliche Verquickung waren wir 24 Stunden und sieben Tage lang zusammen. Wir konnten jedoch nie genug voneinander bekommen, hatten uns immer etwas zu erzählen oder fanden etwas zum Lachen. Unsere gegenseitige körperliche und geistige Anziehungskraft ließ mein Herz klopfen, besonders dann, wenn er mit seinem beschwingten Gang überraschenderweise um die Ecke kam.

Wieder zwei Jahre später, in einer warmen Sommernacht, machte mir die Liebe meines Lebens einen Heiratsantrag und ich sagte Ja. Plötzlich hatte ich eine Familie in einer Größenordnung und Herzlichkeit, wie ich sie mir nie zu erträumen vermochte, aber wie es in jeder spanischen Großfamilie durchaus üblich ist. Mein Schwiegervater stammt aus Madrid, meine Schwiegermutter war Deutsche. Von allen Seiten aufgehoben und unterstützt, wuchs unsere Firma stetig; wir waren rundum glücklich. Dieses Glück krönten wir. Auf einem gemeinsamen Kurztrip nach Venedig packte mein Mann ein kleines, von mir selbst gebasteltes Büchlein aus. Als er das Ultraschallbild erblickte, freute er sich so lautstark, dass nicht nur alle Gäste im Restaurant daran teilhaben konnten, sondern auch alle Menschen, die zufällig auf der Rialtobrücke standen. Er hatte das Talent, den Augenblick so besonders und gewaltig erscheinen zu lassen, dass der Eindruck entstand, die Erde hätte sich um 180 Grad gedreht und nirgendwo gäbe es etwas Schlechtes. Wildfremde Menschen stießen mit uns an und freuten sich. Ich kam mir vor wie eine Königin, der es gelingen würde, das erste Kind der Welt auszutragen. Mit diesem Glücksgefühl stiegen wir ins Flugzeug, die Schwangerschaft verlief ohne große Vorkommnisse. Groß darüber nachdenken hätte ich sowieso nicht können, denn die Arbeit nahm uns voll und ganz ein. Meine morgendliche Übelkeit erledigte ich zwischen Parkhaus und Büro.

Dann nahte der Tag der Geburt. Ich saß im Büro, mein Gefühl sagte mir, dass unsere Tochter nun zur Welt kommen wollte. Wir schnappten unser Köfferchen und fuhren ins Krankenhaus. Ich hatte mich nicht getäuscht, drei Augenpaare blickten sich kurz danach an und gaben sich ein unausgesprochenes Versprechen. Dieses Versprechen ließ uns noch stärker über uns hinauswachsen und gab uns die Kraft, Arbeit und Familie unter einen Hut zu bringen. Links die Wippe, rechts der Hörer und mir gegenüber die wunderbaren blauen Augen meines Mannes. Mit der Zeit passten wir uns den wachsenden Bedürfnissen unseres Engelchens an, waren nun jeden Tag zu dritt. Unsere gesamte Familie, sowohl seine als auch meine, wuchs eng zusammen, vor allem durch die tatkräftige Unterstützung und Zuneigung, die wir von allen Seiten erhielten. Eines Tages, während eines Rückflugs von Spanien nach Deutschland – wir hatten dort zu dritt unseren Urlaub verbracht –, zeigte mir mein Mann ein Magazin mit einem Beitrag und einer Bildstrecke einer spanischen Küstenregion, Costa de la Luz. Die Begeisterung sprang sofort auf mich über und wir entwickelten unsere Pläne, nach Andalusien auszuwandern. Wir hatten vor, uns nach und nach aus unserer deutschen Firma herauszuziehen, um sie dann letztendlich zu verkaufen. In Andalusien wollten wir uns eine neue Existenz aufbauen. Unsere Überlegungen schwankten zwischen einem Hotel in den Bergen oder einem Restaurant, direkt am Meer gelegen, hin und her. Da wir vereinbart hatten, dass sich mein Mann vorerst alleine nach einem Haus oder einer Wohnung für uns drei umschauen sollte, flog er einige Wochen später also nach Spanien und rief nur Tage danach an. Im Hintergrund rauschte der Wind und ich verstand nicht alles, was er sagte. Mir reichte es aber, zu hören, dass er einen perfekten Nestplatz gefunden habe. Auch hier begleitete unsere Familie wohlwollend unsere Pläne und freute sich mit uns – selbst meine Eltern trugen sich mit dem Gedanken, auszuwandern. Ab diesem Zeitpunkt pendelten wir also zwischen Andalusien und Deutschland hin und her, begleiteten den Bau unseres Hauses Stein um Stein. Ein Picknickkorb stand auf der halbfertigen Terrasse, wir stießen an und unser Engelchen tollte im Bauschutt vor uns. Die Abendsonne wärmte uns, der tatsächliche Ausblick und auch der auf die nahe Zukunft erschienen uns berauschend schön und nahezu perfekt zu sein. Zu Hause koordinierten und organisierten wir den Übergang. Alles kam uns so selbstverständlich und funktionierte wie von selbst. Die Euphorie gegenüber dem Kommenden, dem Neuen, beflügelte uns. Kisten und Koffer waren gepackt, der Mietvertrag der Frankfurter Wohnung gekündigt und unsere Tochter war in einer zu unserem neuen Nest relativ nahe gelegenen Schule, mit einem herrlichen Blick auf das Meer, angemeldet. Ich dachte mir nichts dabei, dass mein Mann oft müde und in sich gekehrt wirkte, denn schließlich hatten wir zu dieser Zeit extrem viel zu tun und die Tage waren lang, bis wir abends total ausgelaugt ins Bett sanken.

Dann kam der Wendepunkt.

An einem kalten Wintertag Ende Januar, acht Wochen bevor wir nach Spanien auswandern wollten, war es mir, als ob wir alle plötzlich in einem anderen Film mitspielen würden. Es war kurz nachdem ich mit unserem Engelchen aus dem Krankenhaus zurückkam. Mein Mann musste gleich dort bleiben, nachdem die Ärzte mit ihm einige Tests durchführt und eine erste Diagnose ausgesprochen hatten: Raumforderung im Hirn. Ich brachte unser Engelchen ins Bett, setzte mich vor den PC und gab bei Google das Stichwort Glioblastom ein. Was ich in wenigen Zeilen las, war erschreckend; ich wollte nichts davon wahrhaben und fuhr rasch den Computer herunter. Der schwarze Bildschirm starrte mich an. Ich war mir sicher, dass das, was ich soeben gelesen hatte, nicht für uns galt und wir auch das bewältigen würden. Hatten wir denn bisher nicht alles geschafft?

Ab da erweiterte sich mein Radius des Pendelns und der Aktivitäten. Zu dem halb eingerichteten Haus in Spanien kamen Krankenhäuser und Arztpraxen. Alles musste in Spanien rückgängig gemacht werden, Abmeldung von der Schule, der Kauf von Möbeln etc. Unsere deutsche Vermieterin war entgegenkommend und wir konnten die Kündigung unseres Mietvertrages zurücknehmen, Kisten und Koffer wurden wieder ausgepackt. Zeitgleich starteten für meinen Mann die Bestrahlungen in der Frankfurter Uniklinik. Jedes Mal bevor

223

er sich auf die Liege des Bestrahlungsraumes legte und seine Bestrahlungsmaske aufzog, beschwor ich mithilfe eines Heilsteines alle Engel dieser Welt, auf ihn aufzupassen und ihn zu beschützen. Auf dem Küchentisch zu Hause lagen die Chemotabletten, um sie herum standen Glasflaschen mit Trinkwasser, auf deren Etiketten wir die Worte Liebe, Glaube, Hoffnung und Vertrauen geschrieben hatten. Wir glaubten fest daran, dass diese drei Worte sich auf das Wasser auswirkten – wenn mein Mann es zusammen mit den Tabletten trank, würde alles gut werden. Ich joggte fast täglich am Main entlang und in Gedanken betete ich jedes Mal in einer nimmer endenden Schleife das „Vater unser". Dies gab mir Halt und Kraft. Ein paar Wochen später flogen wir zu dritt für drei Wochen in die Ukraine, um zusammen mit Delfinen zu schwimmen. Als mein Mann das erste Mal ins Wasser stieg, um sich vertrauensvoll auf den Rücken zu legen, kam Anuschka angeschwommen, nahm zärtlich seine Hand in ihre Schnauze und führte sie zu seinem Herzen. Beim zweiten Mal tat sie das wieder und deutete ihm an, er solle ihr nach unten ins dunkle Wasser folgen. Die ukrainische Betreuerin erklärte uns damals, sie wolle ihm damit ihr Reich zeigen und das würden Delfine nur zulassen, wenn sie extrem viel Vertrauen zu einem Menschen hätten. Am Ende unseres Besuches bekamen wir zwei Audio-Kassetten mit. Auf beiden wurde der Klang der Zirkulation des im Blut befindlichen Sauerstoffs aufgenommen, einmal vor und dann nach dem Kontakt mit Anuschka. Nach dem Kontakt mit Anuschka rauschte und floss der Klang gleichförmiger, harmonischer. Wir freuten uns riesig und deuteten es als gutes Zeichen, wir wähnten uns also auf dem richtigen Weg. Innig bedankte ich mich himmelwärts, dass uns solche Möglichkeiten angeboten wurden, wir sie erkannten und ergreifen durften. So empfanden wir es mit allem, was plötzlich am Wegesrand auftauchte oder uns empfohlen wurde, ob es Klangschalen, Heilsteine, Misteltabletten, Pilze und Pflanzensäfte der Natur waren. Oder mit unserem Kontakt zu einem unbekannten Arzt in Bad Salzhausen, der Krebspatienten mit einer speziellen Methode der Hyperthermie behandelte. Allein sein Name war ein weiteres Zeichen der Hoffnung für mich, Dr. Herzog. Wessen Name Herz beinhaltet, kann nur heilen.

Am Ende des Jahres kam der Anruf genau dieses Arztes. Es war vollbracht, die Bildgebung zeigte nichts mehr auf, der Tumor war verschwunden. Wir fei erten Weihnachten und Silvester, mit uns freuten sich unsere gesamte Familie und all unsere Freunde. Das Jahr 2006 fing vielversprechend an, wir alle kamen zu Kräften. Zudem hatten wir uns von den Plänen, nach Spanien auszuwandern, endgültig verabschiedet. Zwischenzeitlich waren wir von der Frankfurter Innenstadt in einen Vorort von Frankfurt gezogen, ganz in die Nähe meiner Eltern. Wie Sieger fühlten wir uns, was sollte uns nach diesen Erfahrungen noch umwerfen? Wir meldeten unser Engelchen in einer Schule vor Ort an, die uns für unsere Situation angemessen erschien, weil sie von der Philosophie her die Kinder mit Herz und Verstand in die Freiheit führen wollte. Wir fühlten uns wohl dabei, der Großstadthektik und besonders dem durch den Verkehr verursachten Lärm entflohen zu sein. Das Grün der Natur beruhigte unsere Gemüter. Mein Mann entdeckte für sich stundenlange Spaziergänge durch den Wald zu seinem Lieblingsbaum, den er täglich umarmte. Es begann einige Wochen vor Ostern. Die Stolperer, während er sich bewegte, nahmen zu, auch die Zeiten, in denen er sich still und leise in die Ecke verkrümelte.

Mit Erlaubnis des betreuenden Arztes flogen wir zu dritt, diesmal nach Kuba. Heißer Sand, warmes Wasser, den Rollstuhl und eine Tasche voller Medikamente immer mit dabei. Er wollte die Delfine sehen – aber dieses Mal war es anders. Ich fühlte es, etwas Ungutes passierte mit ihm. Ausgerechnet in Kuba verlor mein Mann seine kompletten Körperfunktionen; er fiel in ein Delirium, glitt mehr und mehr in seine Welt. Ich stellte auf den Funktionieren-Modus um und betete wie eine Irre, dass wir es nur noch irgendwie wieder nach Hause schaffen. Sieben Wochen. Genau sieben Wochen stand das Krankenbett bei uns im Wohnzimmer, wo wir uns mit all unserer Hingabe um meinen Mann sorgten und ihn pflegten. Im Geheimen, vor allen verborgen, flossen meine Tränen. Dann kam der Abend des Abschieds; ich setzte mich hinter ihm auf sein Bett und hielt ihn ganz fest, solange bis er ging. Sein und mein Atem waren nicht mehr im gleichen Takt. Einen Tag vor seinem Geburtstag. Ich nahm unseren Hund Lilly, den er und unser Engelchen sich Wochen zuvor im Internet gemeinsam ausgeschaut hatten, und zusammen gingen wir an die frische Luft. Ich konnte nicht weinen, fühlte mich wie ein Roboter und dabei schämte ich mich für den Gedanken, froh zu sein, dass alles Leiden für ihn und uns endlich ein Ende hatte. Ich rief den anthroposophischen Arzt an, der uns während dieser sieben Wochen betreute. Bis spät in die Nacht saßen wir gemeinsam am Bett meines Mannes. Als der Arzt den Totenschein ausfüllte, sagte er, das Gesicht schaue so friedlich und würdevoll aus, wie das eines Engels. Ja, ich kann mich an keinen Tag erinnern, an dem sich mein Mann jemals über sein Leid beklagte, warum es gerade ihn getroffen hatte. Oder an dem er daran zweifelte, dass er wieder gesund werden würde. Nachdem der Arzt gegangen war, ohne vorher abgeklärt zu haben, dass ich meinen Mann für mindestens drei Tage in seinem Bett in unserem Wohnzimmer liegen lassen wollte, bevor er endgültig abgeholt werden würde. Auch dies wollte ich nicht in einem Sarg, sondern auf einer Bahre geschehen lassen, so wie er sieben Wochen zuvor hereingetragen wurde. Als alles besprochen war, rief ich am frühen Morgen seines Geburtstages seine Eltern an, um ihnen die traurige Nachricht zu übermitteln. Dennoch wollten wir seinen Geburtstag feiern, alle kamen: Eltern, Verwandte, Freunde und Bekannte. Es gab seinen Lieblingserdbeerkuchen, wir alle standen um sein Bett herum, erzählten uns Geschichten von ihm, lachend und weinend zugleich. Draußen schien die Sonne, wirklich und unwirklich zugleich.

Alles ist jetzt genau elf Jahre her und manchmal denke ich, mein Mann hätte gewollt, dass ich schneller oder leichter zum Glanz der Lebensfreude zurückgekehrt wäre. Aber es war mir in den kommenden neun Jahren nicht möglich. Kurz nach seinem Tod funktionierte ich nach außen regelrecht wie ein Schatten meiner selbst. Ich setzte keinen Fuß mehr in unsere gemeinsame Firma. Es wäre mir unerträglich gewesen, wieder am gleichen Bürotisch zu sitzen und so zu tun, als sei nichts passiert. Ich fühlte mich schuldig, weil ich damals diejenige war, die das Unternehmen gründen wollte, und fragte mich, ob es für ihn nicht alles zu viel, zu anstrengend war und er vielleicht sogar deswegen krank wurde. Zudem lastete auf mir die Schuld des persönlichen Versagens: Ich hatte es nicht geschafft, ihn am Leben zu halten und unserer Tochter weiterhin einen Papa zu geben. Ich verlor meinen Glauben an die Macht des Universums und mit ihm an all die wunderbaren, unsichtbaren Wesen und Zeichen, die uns beide immer wieder gestärkt hatten. Ich kehrte allem den Rücken zu und machte mich auf die Suche nach einem neuen beruflichen Anfang. Das einzige, was mich vorantrieb, war das unausgesprochene Versprechen, das wir uns gegenseitig bei der Geburt unserer Tochter gegeben hatten, nämlich um nichts in der Welt aufzugeben und immer wieder die Kraft aufzubringen, für unser Engelchen weiterzumachen und für sie da zu sein. Mein Mantra, daran hielt und halte ich mich.

Zurückkehrend zu dem eingangs erwähnten imaginären Haus in meinem Kopf, füllte sich der Keller mit Paketen voller Schmerz und Trauer. Ins Erdgeschoss gesellte sich der weitaus größere Teil der schönen Bilder von Erlebnissen und Ereignissen, die wir seit unserem Kennenlernen bis hin zum endgültigen Abschied gesammelt hatten. Was ich aus den Erinnerungen zog, wie sie mich formten, erschloss sich für mich selbst erst nach und nach. Dies geschah auch dank der Hilfe einer weisen, therapeutisch tätigen Frau, die ich in dieser Zeit regelmäßig besuchte.

Heute schaue ich in die braunen Augen einer jungen Frau, die ausgeschlafen, im Sportdress, voll motiviert ihr Leben angeht. Unterm Tisch schnarcht unser Hund Lilly, der bereits in Jahre gekommen ist. Während ich diese Zeilen schreibe, ist ein Teil meiner großen Familie im Urlaub; ab und zu kommen in der WhatsApp-Familiengruppe Bilder an, die vom Rest der Familie herzlich kommentiert werden. Unsere gemeinsame Geschichte hat uns extrem zusammenwachsen lassen und wir lassen keine Gelegenheit verstreichen, uns zu sehen, ganz zu schweigen von der Selbstverständlichkeit, dass wir alle Geburtstage und Feiertage wie Ostern, Weihnachten zusammen in großer Runde verbringen. Mein inneres und äußeres Sein verschmolz zunehmend, wurde kompatibler, und zwar in der Geschwindigkeit und in dem Maße, in der/dem ich bereit war, den Keller meines Kopfhauses aufzuräumen und Frieden zu schließen. Damit schuf ich Raum für berufliche Optionen … für Privates wäre ich erst jetzt wieder bereit.

Nun kennst du einen Teil der Bilder meines Lebens. Seit der ersten Begegnung mit der Liebe meines Lebens sind real fast 24 Jahre vergangen, mir kommt es doppelt so lange vor. Manchmal denke ich, dass die tatsächlich gelebte und die subjektiv gefühlte Zeit zwei gänzlich andersgeartete Angelegenheiten sind. Beide forderten mich unterschiedlich heraus. Die tatsächlich gelebte Zeit beinhaltete ohne Wenn und Aber oder Ausreden die Notwenigkeit meines Tuns und Handelns. Manchmal auch schnelle, unbedachte Entscheidungen, die ich im Nachhinein bereute. Oder einfach nur das Funktionieren, die verschiedenen Rollen auf der Bühne des Lebens zu spielen. Die gefühlte Zeit hingegen bat mich um das Annehmen, Zulassen und Loslassen. Hier konnte ich nichts mit Gewalt und Verstand erreichen, die Zeit tickte in ihrem eigenen Rhythmus. Wenn ich versuchte, mich dagegen aufzulehnen oder dies zu ignorieren, konnte ich mir ziemlich sicher sein, dass es mich an einer anderen Stelle wieder einholte. Ich lernte, mich diesem Rhythmus anzupassen und übte mich in Geduld und Tränen. Mein Aushaltenkönnen wuchs; die Zuversicht, dass es gut werden würde, vergrößerte sich ebenfalls. Ich öffnete mich, nahm berufliche sowie persönliche Möglichkeiten und Optionen wahr und probierte vieles aus. Ich weiß nicht genau, wann mein Glauben an etwas Übergeordnetes und seine Prinzipien zurückkehrte, aber ganz bestimmt begann er in mir zu keimen, als ich wieder mir vertraute. Mit dem Vertrauen zu mir selbst kehrten der Mut und die Kraft zurück, auch mir selbst zu vergeben. Nun konnte ich zulassen, dass nichts und niemand Schuld an allem hatte. Wenn ich das schreibe, hört sich dieser Prozess einfach an – aber leicht war er ganz und gar nicht. Ich war mein stärkster Kritiker, sehr streng und hart zu mir selbst.

Über viele Jahre war es so, als ob ein Teil in mir erstarrt war und nur noch der Teil regierte, der vieles nicht wahrhaben und besser wissen wollte, was gut für mich sei. Bei vielen Dingen wollte ich mit dem Kopf durch die Wand. Ich dachte beispielsweise, dass ich das Bild der heilen Familie wieder beschwören könnte, wenn ich einfach einen anderen Mann suchen würde, der in die Rolle meines Mannes schlüpft. Wuups, er weg, neuer Mann rein. Die Hauptsache bei allem war, dass ich mich meinem Schmerz und Verlust nicht stellen wollte. Leidvoll lernte ich, dass alles in dieser Zeit in irgendeiner Form als Lektion um die Ecke kam, an der ich mich reiben sollte. Je mehr ich mich widersetzte und mein Ego regieren lassen wollte, umso heftiger „straften" mich die Lektionen und ihre Auswirkungen, auf die ich in den meisten Fällen mit körperlichen Erscheinungen wie Hautreaktionen oder heftigem Durchfall reagierte. Jemand oder etwas wollte, dass ich mich mit mir, meinem Schmerz und Verlust auseinandersetzte. Ich begriff, dass es keinen Sinn macht, davor wegzulaufen oder zu entweichen. Vor mir wegzulaufen, vor mir zu entweichen. Hier und jetzt würde ich nun, im Einklang mit den Prinzipien, die ich in meinem Glauben an das große Ganze erfahren habe, sagen: Es steckte immer mehr in mir, als ich meinte! Um mich herum war und ist immer mehr, als ich vermeintlich im ersten Augenblick sehen wollte. Direkt vor mir ist und war vieles, was ich in die Hand nehmen konnte, um etwas in sich, um sich herum zu verändern. Man muss nur sich selbst vertrauen, auf sich hören, nachspüren und dabei öfter zur eigenen, inneren Sonne zurückkehren, die immer da ist und einen von innen heraus führt. Ich bin auf ewig dankbar für die Begegnung und Liebe, die ich durch Thomas erfahren habe. Durch unser Glück der Liebe und noch mehr durch die Erfahrungen, die seine Krankheit und sein Tod mit sich brachten, bin ich gewachsen. Auch dafür bin ich ihm unendlich dankbar, wenngleich ich mir natürlich von Herzen wünschte, dass er noch unter uns wäre. Dennoch liebe ich das Leben und es lohnt sich immer weiterzugehen.

Michaela Aragonés im Kurzportrait:

Michaela Aragonés, die Stärkenstärkerin, lebt heute mit ihrer Tochter nahe Frankfurt am Main. Seit dem Verkauf ihrer eigenen Marktforschungs-Firma, ist die promovierte Soziologin mit systemischer Ausbildung als selbstständige Beraterin tätig: Sie hat eine mehrstufige, interdisziplinäre Methode entwickelt, wie Unternehmer Krisen, Orientierungslosigkeit oder Stillstand überwinden. Sie kommen dadurch wieder zum Kern ihrer Mission und mit ihren Produkten und ihren Geschäftsideen in Einklang. Das Ergebnis ist, dass Unternehmer authentisch werden und wieder mit frischer Energie und Leichtigkeit ungeahnte Erfolge verwirklichen: Selbst-verständliche Ausrichtung zum sicheren Fortschritt! Sie ist unter 0171-47 40 447 persönlich zu erreichen, im Web kann man auf XING oder www.michaela-aragones.com mehr über sie erfahren oder einfach per Mail michaela-aragones@t-online.de Kontakt aufnehmen.

„Mit dem Vertrauen zu mir selbst kehrten der Mut und die Kraft zurück, auch mir selbst zu vergeben."

Michaela Aragonés

BRIGITTE KENDLBACHER-SCHULTERMANDL

◆◆◆

Kinder in meinem Umfeld zu haben war für mich immer ganz normal, denn als letztes von sieben Kindern komme ich aus einer sehr großen Familie. Auch meine älteren Geschwister hatten bald ebenfalls ihren eigenen Nachwuchs. Während meiner Kindheit war es aufgrund dessen auch lange mein Wunsch Kindergärtnerin oder Lehrerin zu werden (dies sollte sich auch auf eine andere Art wirklich noch bewahrheiten). Ich selbst hatte mich in der Schule nur zum Teil wohl gefühlt. Ich hatte ständig das Gefühl nicht richtig dazuzugehören und dem allen nicht entsprechen zu können. Erst viele Jahre später, als ich ein Buch über Indigo Kinder las, konnte ich mich darin wieder finden und verstand so auch viel mehr über die Gefühle, die mich in diesen Zeiten beschäftigen.

Meine erste Berufswahl war der Einzelhandel und ich durfte ebenfalls einen erfolgreichen Weg bis in die Führungsebene gehen. Da angekommen, stellte ich mir die große Sinnfrage. Mich interessierte schon immer das MEHR an Energie, das MEHR des Seins. Und dieses MEHR wollte ich auch für mich erfahren. So geschah es dann auch, dass ich viele Bücher im Spirituellen Sinne verschlang. Ein großer Schritt war dann auch 2004, als ich mich für die Seminare und Ausbildungen bei Ingrid Auer entschied; umso mehr ist es mir eine sehr große Freude, dass sie mit ihrer Geschichte auch ein Teil dieses Buches ist.

Ich kann mich noch sehr gut an die Meditationen erinnern, wobei für mich unter anderem zwei wesentliche Informationen hängen geblieben sind:

- o Ich habe mir in diesem Leben die Kinder zur Aufgabe gemacht
- o Meine Vision: ein Zentrum mit spiritueller Schwangerschafts-begleitung

Zum damaligen Zeitpunkt konnte ich noch nicht wirklich etwas damit anfangen und es beschäftigte mich eher die Frage, wie ich dies in mein Leben und meinen Beruf integrieren und umsetzen konnte. Der Ruf nach MEHR wurde immer lauter und lauter, was letztendlich darin endete, dass ich von Tag zu Tag immer unzufriedener mit meiner Berufssituation war.

Anfang 2008 durfte ich dann meine Tochter empfangen, ein absolutes Wunschkind. Natürlich holten mich aber auch Zweifel ein, ob ich eine gute Mutter wäre, ob ich das alles schaffen würde was auf mich als Mutter zukommen würde und ob ich all dem gerecht werden würde. Ich hätte mir wirklich eine wertvolle und auch spirituelle Begleitung in der Zeit meiner Schwangerschaft gewünscht, denn ich wollte mehr von der Seele und dem Wesen meines ungeborenen Kindes erfahren. Ich wollte intuitiv und kommunikativ verbunden sein. Zu dieser Zeit gab es aber leider nicht wirklich viele Angebote und Möglichkeiten. Ich dachte oft daran, wie sehr ein solches Zentrum Frauen wie mir helfen würde. Ein Ort, wo man mit all seinen Belangen hingehen könnte – ein Ort für eine ganzheitliche Begleitung. Ich durfte und darf noch immer eine sehr schöne und auch intensive Mutterschaft erleben. In der Zwischenzeit habe ich mich nun mit vielen Gesellschaftsstrukturen auseinandergesetzt, sie hinterfragt und auch meine eigenen Werte neu entdeckt, so auch manches altes Frauenwissen angezapft. Es war dabei natürlich nicht immer einfach den eigenen Weg zu gehen. Von außen wurde ich von der Gesellschaft konfrontiert, unterschwellig merkte man wie und wann man etwas zu machen hat, welche Dinge sich gehörten und welche nicht der gesellschaftlichen Norm entsprechen würden. Meine Werte hingegen, ein Baby bedürfnisorientiert und achtsam beim Wachsen begleiten zu dürfen, entsprachen aber meiner tiefen Wahrheit, sodass ich diesem Weg auch immer mehr folgte. Dieses Wesen, das einem anvertraut wird, das keine Worte zu kommunizieren hat, darf intuitiv gehört werden und es darf gleichWERTig gesehen werden, wie auch wir Erwachsenen. Da gibt es einfach kein klein und groß. Es als dieses Wesen wahrzunehmen und sein zu lassen, seine Fähigkeiten anzuerkennen und diesen Raum zu geben, seine Einzigartigkeit zu feiern, das lag mir am Herzen. Wenn ich hier auch in der Ich Form schreibe, so war mein Mann mir aber ebenfalls eine große Unterstützung. Er machte sich darüber zwar weniger Gedanken, spürte aber die gleichen Werte und lebte diese mit mir. Auch meine Mutter, die bei uns im Haus lebt, ist hier nach wie vor eine wertvolle Hilfe.

Mir war klar, dass ich nicht in meinen alten Job zurück gehen wollte. Ich wollte für meine Familie da sein und nun auch die Möglichkeit nutzen, den feinen Faden meiner Berufung aufzugreifen. Also machte ich mich 2012 in der Einzelbegleitung selbständig. Damit wurde natürlich auch der Wunsch nach dem Zentrum für Familien wieder sehr präsent. Es war eine herausfordernde Zeit, aber um eine Vision in die Welt zu bringen, bedarf es viel Zeit und viel Ausdauer. Vor allem war die Geschäftsform des Zentrums absolut neu und ich musste mir sehr vieles selbst erarbeiten und aneignen, das alles natürlich von vielen Höhen und Tiefen geprägt. Doch die Essenz der Vision und die Unterstützung meiner engeren Familie, bestärkten mich darin, Schritt für Schritt weiterzugehen.

Im Mai 2014 war es dann soweit und ich durfte das Matea – Zentrum für Neues Leben eröffnen. Trotz der sehr intensiven Aufbauzeit, war es uns wichtig die Betreuungszeit von Sarah, unserer Tochter, innerhalb der Familie abzudecken. Durch meine Selbständigkeit konnte ich mir nun aber die Zeit selbst auch gut einteilen. Die anfallende Büroarbeit erledigte ich somit zu einem Großteil abends wenn Sarah schlief. Wenn ich geschäftlich unterwegs war, waren mein Mann oder meine Mutter für sie da.

Spannend war auch zu beobachten, wenn Sarah gewisse Altersstufen erreichte und die Normen der Gesellschaft griffen. Als sie drei Jahre alt war, wurden wir mit dem Thema Fremdbetreuung konfrontiert. Für uns war klar, dass wir es in der Familie so einteilen konnten, damit sie (noch) nicht in den Kindergarten gehen musste. So verging dann auch ein Jahr um Jahr. In Österreich ist lediglich das letzte Jahr vor der Einschulung ein verpflichtendes Kindergartenjahr. Irgendwann würden wir also ohnehin vor die Frage gestellt, wie wir damit umgehen würden. Für mich war es jedoch nach wie vor wichtig mein Kind in seiner Größe und seinen Fähigkeiten zu sehen. Die Strukturen von Kindergarten und Schule gingen aber mit eben diesen Werten nicht konform. Alle Kinder wurden in das gleiche Schema gesteckt. Ein Zeit/Entwicklungsschema, das besagte, wann ein Kind was zu können hatte. Dazu kam noch das jeweilige Bewertungssystem. Nicht verwunderlich, dass es damit schon im Kindesalter oft darum ging, wer etwas schneller und besser konnte, als die anderen. Sehr viele Spiele und selbst der Sport wurde auf das reine Leistungsprinzip des Besser Seins aufgebaut. Wollte ich das wirklich für mein Kind?

Nehmen wir mal an, dass sich jedes Kind frei nach eigenem Tempo, nach eigenen Fähigkeiten und nach eigenen Interessen entwickeln könnte? Wäre das nicht eine tolle Bereicherung? Vielleicht hast du ja selbst schon mal beobachtet, welche Energie du hast, wenn dir etwas Spaß macht und deine Fähigkeiten zum Einsatz kommen. Und umgekehrt, wenn dir etwas nicht leicht von der Hand geht. Es kostet dich viel mehr Zeit und auch Anstrengung. Wie schwer tun wir uns schon als Erwachsene, unsere Fähigkeiten anzuerkennen, wenn diese in der Schule oder in der Kindheit schon keinen Wert hatten? Ein anderes Problem ist auch das Bewertungssystem: Wie viele Bewertungen bekommt man für die Dinge, in denen man vielleicht nicht so gut ist oder nicht seine Stärken hat? Man stelle sich einmal eine Welt vor, in der jeder seine Fähigkeiten und seine Kreativität leben könnte – wäre das nicht genial? Die Schöpfung macht keine Fehler. Warum also nicht einfach darauf vertrauen, dass wir mit all den Fähigkeiten und Stärken bereits ausgestattet sind, die für unser Leben so wichtig sind? Können wir nicht einfach vertrauen, dass unsere Kinder mit allem ausgestattet sind was sie zur Entwicklung brauchen? Wenn wir genau diesem Potential Raum geben würden, anstatt jeden gleich formen zu wollen und Wissen „reinzuprügeln", man überlege sich mal was dann alles möglich wäre.

Ich erinnere mich noch gut an eine Situation als Sarah ungefähr vier oder fünf Jahre alt war; sie wollte Schule spielen. Von meinen eigenen Schulerfahrungen geprägt, ließ ich mich anfangs nicht wirklich auf das Spiel ein, sondern forderte Disziplin. Als sie ihren Namen schreiben lernte, sagte ich ihr, sie solle eine ganze Zeile den Buchstaben A schreiben – so wie wir es eben alle selbst in der Schule machen mussten. Natürlich fragte sie mich „Warum?". „Damit du es übst und besser lernst ..."– „Das ist aber nicht lustig". Widerwillig hatte sie natürlich geschrieben. Nach dem zweiten A machte sie aber über die ganze Zeile einen Strich und setzte dann das Dach des A drauf. Ich musste mich zurückhalten um es nicht zu bewerten, aber auch innehalten, weil ich erkannte wie kreativ sie war. Ich war erstaunt, wie sie selbst eine Idee für eine schnelle und einfachere Umsetzung gefunden hatte. Nun machte ich mir Gedanken darüber, ob ich wollte, dass meine Tochter sich anpasst und den Anforderungen entspricht oder ob ich sie zu kreativen Ideen ermutigen und diese gut heißen sollte? Sollte ich ihre Kreativität schätzen und stärken?

Ihr bei ihrem Lernprozess zuzuschauen, lehrte auch mich wieder Schule zu spielen. Dinge nicht ernst und konsequent durchzuziehen, selbst wenn eine Schulstunde auch nur zehn Minuten dauerte und sie vielleicht nur ein Wort oder zwei Rechnungen erledigt hatte. Es machte ihr großen Spaß und sie hatte dabei gelernt – das war letztendlich ja auch das was ich wollte und meine tiefe Wahrheit widerspiegelte. So entschieden wir uns fortan, dass Sarah nicht in den Kindergarten und in Folge nicht zur Schule ging. Das Gesetz in Österreich besagt hierbei, dass es lediglich eine Unterrichtspflicht gibt, aber keine Schulpflicht. Häuslicher Unterricht (auch im verpflichtenden Kindergartenjahr) ist dadurch durchaus möglich. Am Jahresende muss man jedoch trotzdem eine Externistenprüfung über den Schulstoff ablegen, auf die gehe ich noch später ein. Auch hier wurden wir aber nie von Zweifeln verschont, denn für uns als Eltern in der Verantwortung stellte sich die Frage „Was ist der richtige Weg?". Natürlich eine große Herausforderung, jedoch war unsere Entscheidung niemals in Stein gemeißelt und wir konnten jedes Schuljahr gemeinsam aufs Neue entscheiden, ob Sarah eine Schule besuchen würde oder nicht. Mittlerweile, nach zwei Jahren Lernen ohne Schule, fühlt es sich aber noch viel stimmiger an, als in der Zeit der Entscheidungsfindung.

Das ein Kind nicht in die Schule geht, ist hier vollkommen neu und für viele auch nicht nachvollziehbar. Ich habe dafür auch Verständnis. Menschen, die sich damit noch nie im Detail auseinandergesetzt haben, haben von außen auch nur einen schweren und sehr limitierten Einblick. Auch waren die Konfrontationen nicht immer leicht. Manchmal ist man selbst gefestigter und es macht einem nicht so viel aus, doch in den Zeiten in denen es einem selbst nicht so gut geht, können solche Situationen einen schon ins Wanken bringen. Dennoch traf sich Sarah am ersten Schultag mit den anderen Nachbarskindern und sie hatten sich untereinander ihre Schultüten gezeigt. Welch eine Bereicherung für Kinder, Toleranz und Verbundenheit zu spüren, auch wenn man unterschiedliche Wege geht. Ich finde es von meiner Tochter sehr mutig, bewusst einen Weg zu wählen, der nicht im Strom der Masse ist, aber dafür ihrem Herzen entspricht. Eine Erkenntnis, dass es in allen Situationen Dinge gibt, wo man eben nicht alles haben kann. Wenn man beispielsweise ein Einzelkind ist, hätte man hin und wieder gerne ein Geschwisterkind. Wenn man Locken hat, hätte man gerne hin und wieder glatte Haare. So ist es auch für Sarah. Es gibt Dinge, die reizvoll für sie in der Schule wären, wie beispielsweise Schulbus fahren, Wandertage, Schulfeste. Dann aber abzuwiegen und zu erkennen, dass diese Aspekte kleine Bruchteile vom ganzen Schulwesen sind, das hat sie für sich sehr gut geschafft.

Wir haben keinen exakten Ansatz, nicht eine Linie. Generell liebe ich es, in allen Bereichen des Lebens die Vielfalt zu nutzen und picke mir einzelne Aspekte aus dieser Vielfalt heraus. Wir lassen uns darauf ein, so wie es uns Spaß macht, so wie es für uns stimmig ist und da kommen wir auf die unterschiedlichsten Methoden. Diese sind auch immer wieder in der Veränderung. Grundsätzlich separieren wir das Lernen nicht vom Alltag und vom Leben. Vielmehr „passiert" das Lernen im Alltag oder im Spiel, denn schließlich ist das Leben auch nicht in Unterrichtsfächer unterteilt. Durch die verschiedenen Bezugs- und Betreuungspersonen in der Familie erfährt unsere Tochter auch verschiedene Lernthemen im Alltag. Mein Mann ist beispielsweise handwerklich und sportlich begabt, nimmt sie daher überall mit und so lernt sie in diesen Bereichen sehr viel. Sarahs Oma liebt Blumen und den Garten, die Handarbeit, Kuchen und Mehlspeisen backen. Bei ihrer Tante erlebt sie die Pferde am Bauernhof und lernt was es heißt, für Tiere zu sorgen. Von Grund auf sind Kinder wissbegierig und immer bestrebt, sich weiter zu entwickeln. Das beginnt schon als Baby und auch im Mutterbauch, das ist für uns nur noch nicht ersichtlich. Wenn wir allein von den ersten Babymonaten und den Kleinkindjahren ausgehen, ist es doch enorm was sie alles lernen, denke man allein nur das Sprechen aber auch das laufen lernen. Ist das nicht schon ein Phänomen? Genau dieses Bestreben, das ständige Weiterentwickeln, ist immer gegeben, auch bei uns Erwachsenen. Der Bedarf, die Begeisterung und die Freude ist eine wichtige Voraussetzung für das Lernen und diese Momente sind im Alltag permanent da, dafür brauchen wir keinen Unterricht an einer Schule.

Ich selbst bin durch das gemeinsame Lernen ebenso dazu aufgefordert, mein Wissen wieder abzustauben und auch zu hinterfragen, denn oft bin ich mir einfach nicht sicher, ob mein Wissen wirklich stimmt oder ob es vielleicht von einer Redensart kommt; von gewissen „Regeln" oder Überlieferungen der älteren Generation, wie beispielsweise Bauernregeln oder der Wetterkunde. In diesen steckt zwar sehr viel Weisheit, diese sind aber oft nicht unbedingt mit dem Schulwissen konform. Wie sich das Lernen im Alltag gestaltet, möchte ich gerne in ein paar Anekdoten erzählen, denn jene, welche sich damit noch nicht so sehr auseinandergesetzt haben, können es sich vermutlich nur schwer vorstellen und doch ist es so selbstverständlich und einfach.

Eines Tages bei einem Spaziergang mit Sarah, hatten wir den Kühen auf der Weide zugesehen. Sarah beobachtete wie sie auf der Wiese lagen und obwohl sie nichts fraßen, hatten sie dennoch gekaut. In dieser Situation wurde meine Kenntnis gefordert und es lag an mir, diese Beobachtung zu reflektieren. Stimmt es wirklich, dass Kühe vier Mägen haben oder wird das oft im Volksmund so gesprochen? Ich erzählte Sarah, dass ich ich mir nicht ganz sicher war, ob die Dinge, die ich darüber weiß, auch wirklich der Wahrheit so entsprachen. Zuhause angekommen, hatten wir uns somit gleich an den Computer gesetzt und haben es gemeinsam recherchiert. Jetzt wissen wir beide, dass Kühe vier Mägen haben. Als sie sechs Jahre alt war, schaute sie sich beim Einkaufen den Kassenzettel an. Sie fragte mich, wofür man eigentlich eine Rechnung brauchen würde. Wir schauten uns gemeinsam alle Teile einer Rechnung an und ich zeigte ihr welche Teile darauf abgedruckt waren. Ich erklärte ihr, dass diese beispielsweise für Garantiefälle notwendig wären, für die Buchhaltung oder für einen Umtausch. Wir warfen einen Blick auf den EAN-Strichcode und ich zeigte ihr, dass jeder Artikel einen individuellen Strichcode haben würde, damit das Kassensystem das Produkt an der Kasse auch erkennt. Um ihre Beispiele zu zeigen, verbildlichte ich ihr das an den gekauften Taschentücherboxen. Daheim angekommen, ging sie durch die Wohnung und suchte nach EAN-Strichcodes – auf den DVD´s, Nagellack oder Lebensmitteln. Alltagssituationen ergeben Lerninhalte, die oftmals nicht der jeweiligen Schulklasse entsprechen. Doch Sarah zeigte Interesse und sie konnte sich selbst durch mein Eingehen und Reflektieren Wissen aneignen. Die Informationen hatten ihr gereicht und sie holte ihre Spielkasse, die ebenfalls einen Scanner hat. Mit dem Spielen hat sie das gerade „Gelernte" in ihre Welt integriert. So ganz nebenbei war das Rechnen damit auch ein Bestandteil. Dadurch, dass wir uns nicht mit einem „Die Rechnung bekommt man immer beim Einkaufen" abgegeben hatten, sondern dieses Thema mit ihr gemeinsam und detailliert beleuchtet hatten, hat sie für sich daraus das nötige Wissen gelernt.

Es braucht die Bereitschaft der Eltern und die des Umfeldes, um auf Fragen einzugehen, sie zu reflektieren. Dies erfordert von mir natürlich eine Präsenz und ich muss mein Kind wahrnehmen. Ich muss mir meiner Werte bewusst sein und derer Dinge, die ich sie lehren möchte. Bei all den Fragen, die meine Tochter stellt, muss mir klar sein, was ich ihr vermitteln möchte. Und jeder, der bereit ist, dies einmal auszuprobieren, wird schnell feststellen, dass da soviel Magie zugange ist und das man gleichzeitig die Verbundenheit zu seinem Kind spürt.

Ich habe für unsere Tochter eine große Österreichkarte und Weltkarte gekauft. Sie selbst hatte entschieden, diese direkt über ihrem Bett aufzuhängen. Mit Pinnnadeln haben wir die Orte markiert, die für Sarah wichtig sind oder die, die wir selbst schon besucht hatten. Dadurch hat sie nun Anhaltspunkte und kann sich orientieren. Aber auch das Lesen hat dadurch einen Anreiz für sie bekommen. Zu Beginn hatte sie sich mit der Legende vertraut gemacht und weiß nun wo beispielsweise die Autobahnen sind. „Ich besuche jetzt meinen Onkel Josef in Tirol", und schon fuhr sie mir ihrem Finger los, suchte sich die kürzeste Verbindung. Einmal sind wir dann die neun Bundesländer Österreichs durchgegangen. Sie zählte sie der Reihe nach auf. Bei Tirol stockte sie dann.

„Mir fällt jetzt das Wort nicht ein. Naja ist ja egal, ist es halt das Josef-Land." Sie hatte mit ihrer Kreativität einen Bezugspunkt hergestellt, der für sie logisch war und sie hatte sich Gedanken darum gemacht, wie sie diese Region mit ihrem Wissen betiteln konnte, auch ohne das ihr der Name Tirol eingefallen war. Das sind Momente, die mich tief berühren, denn sie hat recht. Wie würde es ihr mit dieser Antwort in der Schule gehen? Beurteilung falsch, vielleicht sogar ein Lachen der Mitschüler?

Beim Autofahren ergeben sich ebenfalls spielerisch so viele Möglichkeiten: Die Zahlen der Autonummern zusammenrechnen, schauen von welchen Staaten die Autos sind, die Ausfahrten von Autobahnen lesen. Wenn es mal langweiliger ist, nutzen wir Google Maps und schauen während der Fahrt wo wir uns gerade befinden und wo wir hinfahren. Auch beim Kochen ist Sarah immer dabei (wenn sie Lust dazu hat). Wir brauchen vier Eier (Mathematik). Daraus ergeben sich dann Fragen wie: „Wie viele Eier legt die Henne? Täglich eines oder mehrere?" (Biologie). Dann brauchen wir Kartoffeln (Mathematik). Unsere Kartoffeln kommen aus der Region, also „Wie werden sie angepflanzt? Wie geerntet?". Roh sind sie giftig (Biologie und Geografie). Mehl 200g mit der Waage abwiegen und dann noch der eigentliche Ablauf des Kochens. Dazu braucht man gar nicht mehr Zeit, sondern einfach ein Bewusstsein, ein Kommunizieren, das Lernen nicht vom Leben trennen. Ich bin immer wieder selbst erstaunt, wie gut sie selbst schon kochen kann, das Dressing von ihrem Tomaten/Mozzarella ist so lecker. Dabei geht es auch darum, ihr Dinge zuzutrauen und ihr Dinge zu erlauben. Ich erlaube ihr beispielsweise, dass sie die Kochplatte benutzen darf, sie kann es, und ich weiß, dass sie vorsichtig ist. Wenn ich das Funkeln in ihren Augen sehe, wenn sie selbst ein Spiegelei braten darf und es dann anschließend zum Frühstück genießt, erfüllt es mir einfach das Herz.

Wenn wir uns bewusst hinsetzen und schreiben, dann fordert sie das Schule spielen ein. Somit sitzen an unserem großen Küchentisch neben ihr noch weitere imaginäre Kinder - Anna, Leon, Lisa und Hannah. Sarah kommt mit ihrer Schultasche und auch mit ihrer Pausenbox, denn es gibt natürlich auch eine Unterrichtspause. Für mich ist dabei die Herausforderung, auch im Spiel zu bleiben. Die Rollen einzunehmen, selbstverständlich als Lehrerin, und es fordert mich das Spiel mit dem Lernen zu verbinden. Nicht zu sehr auf die Disziplin meiner mir selbst bekannten Strukturen der Schule zurückzugreifen. Wenn ich diesen Bogen überspanne, kommt es nicht selten zu Streitigkeiten und die Freude ist weg. Sarah nutzt auch das Internet als wertvolles Instrument zum erforschen. Sie liebt Wissenssendungen, schaut sich gerne Sendungen wie Universum, Galileo oder die Sendung mit der Maus an. Selbst scheinbar nicht so sinnvolle Sendungen oder Videos, haben oft etwas positives. Manchmal sieht sie sich Videos an, in denen mit Playdoh-Knetmasse was gestaltet wird, oder in denen zwei Mädels etwas kochen. Es fördert ihre Kreativität. Im Falle von englischen Videos fordert es unter Umständen sogar ihre Sprachkenntnisse und ja, es bleiben in der Tat sehr viele Wörter hängen. Wir sprechen auch oftmals auf Englisch gewisse Wörter, Phrasen, Sätze, wie „You are welcome", „Bless You", „Thank you mum", „I Love you", „Good Night", „Sleep Well", „Please close the door" usw.

Die Art wie Kinder am besten lernen ist unterschiedlich. Man kann beobachten, dass manche Kinder in der Bewegung besser lernen. Manchen fällt es einfacher über das Gehörte oder das Gesehene. Manchmal ist wiederum Musik im Hintergrund dienend. Oft kann ich erkennen, je mehr Dinge Sarah gleichzeitig macht, desto produktiver ist sie. Es ist schwer für sie, sich auf eines zu konzentrieren. Die Herausforderung meinerseits ist dann, nicht auf auf Muster zurück zu greifen und ihr zu sagen sie solle sich auf eines konzentrieren. Ich erinnere mich hier an eine besondere Situation: Am Abend im Bett hatte Sarah noch Rechnungen machen wollen. Es waren eher anspruchsvolle Rechnungen. Sie hatte die Rechnung auf Englisch laut gesprochen, einen Purzelbaum geschlagen, in dieser Zeit hat sie gerechnet und danach das Ergebnis gesagt. Interessanterweise ergeben sich gerade abends ganz viele Themen und Möglichkeiten des Lernens. Wer weiß, vielleicht ist es auch eine Taktik von Sarah, das Schlafen so hinauszuzögern. Und auch das darf sein, denn wir müssen in der Früh ja nicht zu einer bestimmten Zeit aus dem Bett um in die Schule zu kommen. Mit ein Grund ist aber auch, dass die Alltagstätigkeiten nachlassen, man nimmt sich Zeit füreinander. Wir haben von Anbeginn praktiziert, dass wir am Abend im Bett noch viel plaudern. Sie erzählt was sie am Tag alles erlebt hat, was sie schön gefunden hat, was ihr nicht so gefallen hat. Es war mir immer sehr wichtig zu wissen wie es ihr geht und auch wenn sie etwas beschäftigt. Mir war es wichtig, dass wir darüber sprechen konnten. Daraus sind auch immer die schönsten Gespräche entstanden. Selbst daraus entstanden schon oft Lerneinheiten, denn eigentlich lehrt uns das Leben den ganzen Tag.

Die größten Bedenken der Gesellschaft bei dieser Art der Schule ist der soziale Umgang. Man müsste doch mit Gleichaltrigen zusammen sein, nur dann lerne man den sozialen Umgang. Doch ist das wirklich so? Sind wir auch im späteren Leben ausschliesslich mit Gleichaltrigen zusammen? Wo ist man selbst am meisten gefordert die Toleranz und den sozialen Umgang zu pflegen? Ist es nicht genau die Andersartigkeit, die am meisten herausfordert? Die Familie, die Gemeinschaft, ein Netz von wertvollen Menschen, kann sich auf so vielfältige Weise gestalten. Wir sind ja nicht nur zuhause in unseren Räumen eingesperrt, überall begegnen wir Menschen. Sarah hat immer die Option, mit mir ins Matea-Zentrum zu fahren oder zuhause bei ihrer Oma zu bleiben. Wenn sie mitkommen möchte, kann sie hier ebenfalls einen achtsamen Umgang mit anderen Menschen lernen. Ich glaube ehrlich gesagt nicht einmal, das man das lernen muss. Es ist sicherlich ein Segen die Oma im Haus zu haben und dazu noch ein Umfeld von Tanten und Cousinen, bei denen unsere Tochter jederzeit bleiben kann. Durch die verschiedenen Bezugspersonen hat sie auch so eine große Vielfalt an Lernräumen. Da wären wir auch wieder bei sozialen Komponenten. Sie kann sich auf verschiedene Menschen und Umgebungen einlassen und lernt einen achtsamen Umgang mit Menschen. Meiner Meinung spielt die Vorreiterrolle und die Verantwortung der Eltern und des Umfeldes eine grosse Rolle. So wie ich mit meinen Mitmenschen umgehe, so wird das auch mein Kind tun. All die Bezugspersonen haben wiederum unterschiedliche Fähigkeiten und das ergibt eine wunderbare Vielfalt an denen sie sich jederzeit orientieren kann. Lernen muss man nicht in abgeschlossenen Räumen tun, sitzend und ausschließlich aus Büchern, sondern Lernen findet im Leben und im Spiel statt.

Um auf die Externistenprüfung nochmals einzugehen: Ich verstehe grundsätzlich den Beweggrund, warum diese von der Regierung und den Schulbehörden eingefordert wird. Um sicher zu gehen, dass das Kind den altersgerechten Lehrstoff inne hat und nicht als Analphabet heranwächst, dafür ist dies sicherlich sehr wichtig. Doch ehrlich gesagt bin ich der Überzeugung, dass sich Eltern, die einen häuslichen Unterricht praktizieren, sich sehr wohl viele Gedanken dazu machen. Sie übernehmen die volle Verantwortung für die Bildung ihrer Kinder, und welche Eltern wünschen sich von ihrem Kind, dass es ohne Bildung bleibt? So stellt sich mir wiederum doch die Frage, ob die Externistenprüfung überhaupt notwendig ist. Wenn man das freie und natürliche Lernen praktiziert, ist es nur logisch, dass oft der Wissensstand des Kindes nicht mit dem Schulstoff konform geht. Unsere Erfahrung hat gezeigt, dass unsere Tochter durch ihre Landkarten ein geographisches Wissen hat, das nicht der ersten Klasse entspricht. Genauso ist es Englisch, sie hat schon Sprachkenntnisse lange bevor das in der Schule zum Lehrstoffthema wird; die Werte und das Wissen, das im Lehrplan überhaupt nicht vor kommt sind dabei noch nicht mal mit eingerechnet. Sie lernt auf ihre eigene Intuition zu achten, Körperbewusstsein wahrzunehmen, Fähigkeiten und Stärken zu nutzen. Im Gegenzug dazu, sind die Buchstaben X und Y im Moment noch nicht interessant für sie, weil sie noch keinen Bedarf dafür hatte – außer vielleicht das Y für YouTube.

Wir haben nun zwei Jahre häuslichen Unterricht hinter uns. Im ersten Halbjahr waren wir jeweils sehr im Fluss des natürlichen Lernens, ab dem zweiten Halbjahr – so um Ostern –merkte ich, dass ich selbst durch die Prägungen meiner Schulzeit in alte Herangehensweisen rutschte. Ich tendierte unterbewusst dazu, dem Anspruch des gesetzlichen Schulstoffes entsprechen zu können. Genauigkeit, Disziplin und auch Strenge schlichen sich ein, was mir im Herzen weh tat. Daraus resultierte dann, dass man nicht wirklich einen größeren Fortschritt erkennen konnte, teilweise sogar eher einen Rückschritt. Nach den bestanden Prüfungen ist immer eine große Anspannung abgeflossen und wir waren wieder in unserem Flow und Rhythmus. Vor allem stellte ich mir dann die Frage: Ist es für unsere Kinder wirklich gut mit Druck innerhalb eines Zeitraumes zu lernen, wenn es vielleicht ein halbes Jahr später viel leichter und selbstverständlicher ginge? Dieses halbe Jahr würde sich definitiv nicht nachteilig auf das Leben unserer Kinder auswirken. Wenn man betrachtet, wie viel Stoff vermittelt wird und wie wenig am Ende davon übrig bleibt. Oder was weiß man heut zu Tage wirklich noch aus Schulzeiten? Und wie viel nutzen wir effektiv davon in unserem Leben? Wenn man es dann wirklich benötigt, hätte es dann nicht trotzdem auch irgendwie funktioniert, wenn man es sich außerhalb der Schulzeit angeeignet hätte, dann wenn der Bedarf dafür gegeben war? Das möchte ich als Abschluss einfach nochmals zum Denken geben.

Aus heutiger Sicht kann ich sagen, dass das Mama werden und Mama sein eine große Transformationszeit für mich gebracht hat. Es kommen Themen zum Vorschein, die mich nur als Mutter beschäftigen. So lange man alleine ist, ist man nur für sich selbst verantwortlich. Das kann sich aber dann schlagartig ändern, sobald Nachwuchs ansteht. Auf einmal ist da ein anderes Geschöpf, dass sich auf dich verlässt und dir sein Wohlergehen und seine Entwicklung komplett in deine Hände legt. Jede Entscheidung die wir treffen hat Einfluss auf unsere Kinder. Mich persönlich hat diese Zeit sehr wachsen lassen. Zu hinterfragen, was mir wichtig ist und wo ich aus den Normen der Gesellschaft aussteigen will und nicht mehr Regeln tolerieren möchte, wenn ich eigentlich ganz andere Werte für mich und mein Kind vertrete. Es hat auch einen Pioniergeist in mir hervorgerufen. Zuerst schon mit meiner Berufung und dann auch noch mit dem Weg des Lernens ohne Schule. In dieser Zeit habe ich auch die Erkenntnis und auch das Vertrauen gewonnen, dass ich im Leben alles so gestalten kann, wie ich es mir wünsche. Es braucht dazu Schritte der Umsetzung, und diese zu gehen ist sicherlich nicht immer leicht. Aber Veränderungen in diesem Ausmaß bringen immer ein bisschen Schmerz mit sich.

Für uns wünsche ich mir, dass ich noch mehr aus den Dingen, die mich damals in der Schulzeit geprägt hatten, nämlich dem Druck des Systems, aussteigen kann. Dass wir in unserem Flow des natürlichen Lernens bleiben können und das unsere Tochter mit ihrer Einzigartigkeit ihr Leben lebt. Meiner Tochter möchte ich auch die Zeilen dieses Buches widmen. Für alle Kinder wünsche ich mir, dass auch ihre Einzigartigkeit erkannt wird und sie ihre Fähigkeiten und Potentiale in die Welt bringen können.

Brigitte Kendlbacher-Schultermandl im Kurzportrait:

Brigitte Kendlbacher-Schultermandl wohnt mit ihrer Familie im schönen Salzburger Land. Durch ihr Herzensbusiness zieht sich das Thema der bewussten Mutterschaft, denn das Erleben selbst Mama zu werden und ein Kind in der neuen Zeit begleiten zu dürfen hat sie geprägt und auch dazu berufen, in diesem Bereich tätig zu sein. Brigitte ist die Gründerin des Matea – Zentrums für Neues Leben – einem Ort, wo verschiedene Dienstleister eine ganzheitliche Begleitung für Familien anbieten. Sie persönlich begleitet und coacht dabei Mütter – mittlerweile auch online – ihre eigenen Prägungen und Muster zu erkennen und aufzulösen, um dadurch losgelöst und gestärkt sich selbst leben zu können. Dadurch ist die Mutter die Basis und der Schlüssel für eine gestärkte Familie. Brigitte und ihre Familie haben sich geschlossen dazu entschieden, dass ihre Tochter, mittlerweile neun Jahre alt, nicht zur Schule geht und zuhause im Natürlichen Lernen ihre Fähigkeiten entwickeln kann.

www.brigitte-kendlbacher.at
https://www.facebook.com/b.kendlbacher/

„Ich wünsche mir für die Kinder, dass ihre Einzigartigkeit erkannt wird und sie ihre Fähigkeiten und Potentiale in die Welt bringen können."

Brigitte Kendlbacher-Schuttermandl

ISABEL SPECKMANN

♦♦♦

Wenn ich als Vorbereitung auf dieses Buch über den Weg nachdenke, den ich in den vergangenen Jahren gehen musste, habe ich immer wieder das Bild einer Achterbahn vor Augen. Erst ging es gleichmäßig steil bergauf, dann folgte eine reißende Abfahrt nach der anderen, bis ich komplett durchgeschüttelt ganz unten angekommen war, um dann ganz langsam und mit knarzenden Ketten wieder bergauf zu fahren. Mittlerweile bin ich Anfang dreißig, lebe ein Leben, das sicherlich nicht alltäglich ist und bei dem ich nie weiß, wie lange ich dieses Leben noch leben kann. Und trotzdem bin ich heute glücklich.

Vom Glücklichsein war ich lange Zeit weit entfernt, denn im Alter von 16 Jahren schlichen sich Sorgen, Gefühle und Themen in mein Leben, die mir bis dato völlig fremd waren. Meine Eltern erzogen meinen Bruder und mich mit viel Liebe, aber auch mit einer ordentlichen Portion Konsequenz und Strenge. Die Schule fiel mir glücklicherweise leicht, so dass ich mich voll und ganz auf meinen Sport konzentrieren konnte. Ich war Leichtathletin und durfte dank viel Talent und noch etwas mehr Training so manche Erfolge auf nationaler und internationaler Ebene feiern. Mir standen alle Wege offen, das Leben war schön und ich ging ohne Ängste meiner Zukunft entgegen.

In den Osterferien befand ich mich mal wieder in einem Trainingslager in Spanien und es kam der Tag, von dem an sich mein Leben komplett verändern sollte. Alles begann mit Rückenschmerzen. Bei so viel Training, da beißt man eben mal die Zähne zusammen, dachte ich. Doch die Schmerzen wurden immer intensiver. Irgendwann ließen sie sich nicht mehr verheimlichen und sobald wir wieder in Deutschland waren, folgte mein erster Untersuchungsmarathon. Schnell stand die Diagnose fest, ich hatte mit 16 Jahren meinen ersten großen Bandscheibenvorfall. An Leistungssport war erstmal nicht mehr zu denken. Doch trotz der Pause und der vielen Therapien trat keine Besserung ein. Ganz im Gegenteil, ich bekam immer stärkere Schmerzen und Lähmungserscheinungen. Irgendwann stand fest, ich muss operiert werden. Ehrlich gesagt war ich über diese Entscheidung dankbar, denn in diesem Moment dachte ich: „Ok, eine OP, dann ein bisschen Reha und danach kann ich wieder voll durchstarten."

Also bekam ich mit gerade einmal 17 Jahren meine erste Bandscheiben-OP. Die OP verlief gut und die Schmerzen danach waren gering, oder zumindest nicht vergleichbar mit dem, was in den Monaten vorher alltäglich war. Ich ging täglich zu meiner ambulanten Reha, meine Physiotherapeuten waren zufrieden, die Ärzte positiv gestimmt und es schien, als sei dieser Abschnitt ein für alle Male erledigt. Doch nach knapp sechs Wochen setzten die starken Schmerzen plötzlich wieder ein und mit den Schmerzen zusammen waren von jetzt auf gleich auch die Lähmungserscheinungen wieder da. Diagnose: erneuter Bandscheibenvorfall an derselben, zuvor operierten Stelle.

Da ich direkt starke Lähmungserscheinungen hatte und die Gefahr bestand, dass ich diese Lähmungen behalten würde, musste eine schnelle Entscheidung her. Das Problem bestand allerdings darin, dass die Ärzte nicht einfach nochmal so operieren konnten wie zuvor. Die erneute OP würde viel größer und aufwändiger werden, da man die Bandscheibe nicht mehr retten konnte und die Wirbel herum mit Platten und Schrauben versteifen musste. Bevor es endgültig in den OP ging, hatten meine Ma und ich noch ein ausführliches und ganz ruhiges Gespräch mit dem Chefarzt der Neurochirurgie. Dabei wurden mir die Konsequenzen dieser Operation ganz deutlich gemacht. Meine Wirbelsäule sei schon angegriffen und auch die anderen Bandscheiben sahen zu diesem Zeitpunkt schon nicht mehr ganz normal aus. Man sagte mir, dass eine lange Reha folgen würde und ich den Leistungssport aufgeben müsse. Meine Aufgabe bestünde darin, ein normales Leben zu leben, was auch so sein wird, wenn die OP und die Reha gut verlaufen. Aber an Leistungssport mit dem Metall im Rücken wäre nicht mehr zu denken.

Natürlich habe ich in dem Moment verstanden was mir der Doc da gesagt hat, aber geglaubt habe ich ihm nicht! Eine 17jährige Göre, die bisher alles geschafft hat und kurz vorher ihren ersten Vereinsvertrag unterschrieben hat, die denkt schnell: „Ja, ja rede du mal!" Ich war mir sicher, dass der Doc nicht weiß. was ich kann und erst recht nicht, wie groß mein Wille ist. Nur meiner Ma war die Aussage des Arztes so richtig bewusst und ich glaube, dies war der erste Tag in meinem Leben, an dem sie sich große Sorgen um mich machte.

Meine Augen öffnete ich zum ersten Mal wieder am nächsten Abend nach der OP. Ich lag auf der Intensivstation, hatte 9 Stunden OP hinter mir und fühlte mich unglaublich mies. Durch die Lagerung während der OP war mein Gesicht stark geschwollen und ich konnte meine Augen kaum öffnen. Ich hatte Schmerzen durch die OP, aber noch mehr durch die vielen Drainagen. Das ständige Gepiepe der vielen Geräte nervte mich und erst als ich spürte, wie viele Schläuche und Zugänge in meinem Körper steckten, wurde mir bewusst, wie groß diese OP wirklich gewesen war. Meine Ma saß an meinem Bett, wie auch in jeder freien Minute der folgenden Wochen und Monate. Heute tut es mir oft leid, wie eklig, zickig und bösartig ich mich in diesen Situationen ihr gegenüber verhielt. Ich war genervt, hatte Schmerzen und war auf alles und alle in meinem Leben unglaublich wütend.

Nach einigen Tagen und Wochen in der Klinik folgte die Reha und obwohl es mir augenscheinlich von Woche zu Woche besser ging, war ich noch lange nicht wieder die Alte. Zum ersten Mal in meinem Leben sank meine Stimmung drastisch. Ich war nicht nur langsam, ich fühlte mich total gehandicapt. Ständig sackte mein Kreislauf ab, immer wieder bekam ich Schmerzen, bei denen ich dachte, es zerreißt mich und am allerschlimmsten waren die geschädigten Nervenbahnen in den Beinen. Alle Ärzte waren begeistert, schließlich spürte ich wieder etwas in den Beinen und konnte auch wieder einigermaßen laufen. Doch ich dachte, mir würden brennende Blitze durch das Bein schießen. Ehrlich, ich hätte in diesen Momenten lieber die Lähmung in Kauf genommen. Wie sehr ich diesen Wunsch noch bereute, sollte ich Jahre später erfahren.

Nach gut sechs Wochen wurde ich wieder aus der Reha entlassen, an Sport war weiterhin nicht zu denken, aber zumindest konnte ich langsam wieder in die Schule gehen. So bescheiden die Monate waren, zwei gute Sachen haben sie mir gebracht. Ich habe die erste große Krise meines Lebens überstanden und dabei meine große Liebe kennengelernt. Frisch verliebt war die ganze Situation viel besser zu ertragen und kurzfristig schien es so, als seien die vergangenen Monate nur eine "unangenehme Phase" gewesen, die bald überstanden sein sollte. Doch mein Schicksal hatte andere Pläne für mich.

Mein Rücken kam leider nicht zu Ruhe. Kurz nachdem ich die Reha beendet hatte und wieder zuhause war, folgte der nächste Bandscheibenvorfall. Diesmal über dem operierten und versteiften Bereich. Es ging alles wieder von vorne los, OP, Reha, neuer Bandscheibenvorfall, Versteifung, Reha, neuer Bandscheibenvorfall und immer so weiter. Insgesamt wurde ich in den kommenden acht Jahren noch weitere 18 Mal operiert, bis meine gesamte Lendenwirbelsäule und große Teile meiner Halswirbelsäule versteift waren. Zudem bekam ich auch immer mehr Probleme mit anderen Körperregionen, meine Kreuzbänder, Innenbänder und Menisken im Knie rissen einfach so, ich brach mir x-mal die Knöchel und erkrankte zudem an einer Lungenkrankheit, die eigentlich nur in Asien vorkam. Dabei war ich noch niemals in Asien und zu dem Zeitpunkt nicht einmal asiatisch essen gewesen.

Diese acht Jahre, zwischen meinem 16. und 24. Lebensjahr, waren einfach unglaublich. Ich entwickelte mich von einem sportlichen Mädchen mit besten Zukunftschancen in einen kranken, niedergeschlagenen Problemfall. Mein gesamtes Wesen veränderte sich in diesen Jahren, mein Körper baute immer weiter ab und psychisch war ich am Boden zerstört. An manchen Tagen glich ich eher einem zickigen Zombie, als einer jungen Frau um die Zwanzig. Ich reiste zusammen mit meinem Freund oder meinen Eltern zu den besten Wirbelsäulen-Spezialisten des Landes und bis heute kann sich niemand erklären, woher meine Probleme stammen. Doch diese ständigen Krankenhaus- und Reha-Aufenthalte plus die vielen Sorgen und Schmerzen betrafen nicht nur mich, auch meine Eltern, mein Bruder und die weitere Verwandtschaft machten sich große Sorgen.

Doch an einem hielt ich trotz allem fest: an meiner Disziplin. Ich wollte unbedingt mein Abitur machen ohne ein Schuljahr zu wiederholen und so schrieb ich meine letzte Abi-Klausur nüchtern und im Stehen nach, weil ich noch am selben Tag mittags im OP lag. Tatsächlich habe ich mein Abitur mit guten Noten bestanden und fing nach einigem Hin und Her an, Physiotherapie zu studieren. Eigentlich wollte ich immer Polizistin werden oder Medizin studieren, beides war zu dem Zeitpunkt ausgeschlossen. Durch das Physiotherapie-Studium lernte ich auch mit meiner eigenen Erkrankung besser umzugehen und obwohl ich insgesamt fast eineinhalb Jahre versäumte, bestand ich auch mein Staatsexamen in der Regelzeit. Leider bekam ich durch die vielen Medikamente kurz vor dem Staatsexamen auch noch ein Leberversagen, was zu meinem ersten Helikopterflug in ein Transplantationszentrum führte. Allmählich waren also nicht nur meine Knochen, Muskeln und Gelenke betroffen, auch die inneren Organe wurden geschädigt. Doch nachdem mittlerweile so viele Teile meiner Wirbelsäule versteift waren, beruhigte sich mein Gesundheitszustand etwas. Ich wurde von einem Schmerztherapeuten auf verschiedene Morphinpräparate eingestellt und hatte seit Jahren zum ersten Mal ein knappes Jahr ohne Operationen vor mir, das ich zur Jobsuche und Probezeit nutzen konnte. Doch wie das mit dem Schicksal so ist, meistens kommt es anders als man denkt.

Ich arbeitete endlich, mit körperlichen Höhen und Tiefen, in einer kleinen orthopädischen Praxis als Physiotherapeutin. Dort wurde mir schnell bewusst, dass ich mit meiner damaligen Chefin ich auf Dauer nicht warm werden würde. Aber ich hatte erstmal einen Job, wollte diesen auch unbedingt behalten und ließ mir keine Schwächen anmerken. Doch circa 14 Tage vor dem Ende meiner Probezeit kränkelte ich schon wieder. Tagelang fühlte ich mich schlichtweg nicht gut. Mein Kopf dröhnte, mein gesamter Körper schmerzte, ich hatte Fieber, Halsschmerzen, die typischen Symptome eines fiebrigen Infekts. Nachdem ich das gesamte Wochenende im Bett verbracht hatte, wachte ich montagmorgens verschwitzt und fiebrig auf. Mich krank zu melden war in dieser Situation keine Alternative, denn ich hatte den Praxisschlüssel bei mir, da ich zusammen mit meinem ersten Patienten die Praxis aufschließen sollte. Also quälte ich mich aus dem Bett, schluckte als erstes einige Erkältungsmedikamente, setzte mich ins Auto und fuhr zur Praxis. Meinen tauben Zehen schenkte ich keine weitere Beachtung. In der Praxis angekommen, stellte sich allerdings schnell heraus, dass ich an diesem Tag nicht arbeitsfähig war. Ich zitterte am ganzen Körper vor Kälte, dabei war ich nassgeschwitzt. Doch das größte Problem lag darin, dass nicht mehr nur meine Zehen taub waren, ich spürte bereits meine gesamten Füße nicht mehr, was sich auch immer mehr an meinem Laufstil bemerkbar machte. Nach einem heftigen Streit mit meiner Chefin, in dem es sich um Themen wie Zusammenreißen und Disziplin drehte, packte ich meine Arbeitskleidung und fuhr samt Taxi auf direktem Weg zu meinem Orthopäden. Ich dachte zu diesem Zeitpunkt noch, dass sich das viele Liegen der letzten Tage auf meinen Rücken auswirkte, doch mein Orthopäde hatte sofort das Gefühl, dass ich unter einem viel, viel größeren Problem litt.

All mein Flehen, Betteln und Heulen half nichts, mein Doc bestellte umgehend einen Krankenwagen und so fand ich mich bereits am frühen Mittag in der Notaufnahme des nächsten Krankenhauses wieder. Mittlerweile breitete sich die Lähmung bis zu meinen Knien aus. In der Klinik folgten sofort die ersten notfallmäßigen Maßnahmen und Untersuchungen, während mir das Fieber, der Schüttelfrost und die Lähmung immer weiter zusetzte. Ich fror unglaublich stark, zitterte aber auch durch die große Angst und Aufregung, dabei war ein mürrischer Arzt, der während der Rückenmarkspunktion x-mal an sein Telefon geht und mich dabei anpfifft, ich solle aufhören zu zittern, wahrlich keine große Hilfe. Doch irgendwann hatte ich auch diese Situation überstanden und befand mich bereits am Nachmittag mit gelähmten Beinen, unzähligen Schläuche und Kabel in einem Wärmebett auf der Intensivstation. Meine Lage konnte ich meiner Ma nicht mehr verheimlichen. Ich versuchte sie immer soweit wie möglich zu schonen und erzählte schon seit Jahren immer weniger, doch mein Zustand ließ nur noch ein klärendes Telefonat zu. Nachdem meine Ma nun wusste, wo ich mich befand, ließ sie sofort alles im Büro stehen und liegen und machte sich postwendend auf den Weg zu mir in die Klinik. Ich werde nie vergessen, wie nervös, traurig und voller Sorge im Blick sie mein Intensivzimmer betrat und wir uns beide weinend in die Arme fielen.

Schon wieder hatte es mich erwischt, diesmal allerdings schlimmer als je zuvor. Am späten Nachmittag kam der Chefarzt zu uns und klärte mich über meine Verfassung endlich auf. Ich litt unter dem Guillain-Barré-Syndrom, wodurch es zu der aufsteigenden Lähmung kam. Zum Zeitpunkt dieses Gespräches zog die Lähmung bereits bis auf die Höhe des Bauchnabels hoch. Das bedeutet auch, dass ich keine Kontrolle mehr über meine Blase und meinen Darm hatte. Dass ich plötzlich in meinen eigenen Ausscheidungen lag, keine Kontrolle darüber hatte und eigentlich nicht mal merkte, was da gerade passiert ist, war das bis dato niederschmetterndste Erlebnis überhaupt.

Ich war erst 24 Jahre alt, ich wollte leben und dieses Leben auch auskosten, mein erstes richtiges Geld verdienen, meine Zukunft planen, war immer auf der Suche nach „Höher, Schneller, Weiter" und wollte so viel mehr erleben. Stattdessen lag ich schwach in meinen eigenen Ausscheidungen und es benötigte zwei Schwestern, um mich im Bett hin und her zu wälzen. Aber es sollte noch schlimmer kommen, denn das viele Cortison und die Medikamente schlugen nicht wie erhofft an, die Lähmung stieg weiter auf und meine Werte sanken von Stunde zu Stunde. In der Nacht verschlechterten sich meine Sauerstoffwerte. Allmählich erreichte die Lähmung die Lunge und würde man mich nicht künstlich beatmen, würde ich bald schlichtweg ersticken. Mit klappernden Zähnen rief ich mitten in der Nacht bei meinen Eltern und meinem Freund an, während um mich herum bereits die Vorbereitungen auf das liefen, was mich erwartete. Diese letzten Telefonate waren grausam. Mir ging es körperlich schlecht, aber viel schlimmer war für mich, dass ich meiner Familie und meinem Freund noch mehr Sorgen bereitete. Natürlich versuchte ich, genau wie meine Familie, meine Angst und meine gesamte Situation am Telefon zu unterdrücken, aber eigentlich war allen klar, dass wir nicht wussten, ob und wann wir uns nochmal sprechen würden. Kurz nachdem ich aufgelegt hatte, war es auch schon so weit. Das Kopfteil des Bettes wurde herunter gestellt, die Bettdecke ein Stück weggezogen und während der Doc noch sagte, ich solle mich entspannen, sie würden schon gut auf mich aufpassen, schlief ich ein. Insgesamt dreieinhalb Monate lag ich von da an in einem künstlichen Koma.

Viel weiß ich nicht mehr von dieser Zeit. Ich weiß aber noch, dass ich insgesamt viel mehr mitbekommen habe, als wenn man z. B in der Nacht tief und fest schläft. Es gab immer wieder Wellen und Phasen, in denen ich halb wach war. Ich hatte keine Schmerzen, aber ich weiß, dass ich in diesen wachen Momenten extrem viel Angst verspürt habe. Eine laut zufallende Tür, das Waschen am Morgen, ohne dass mit mir vernünftig gesprochen wurde, oder die vielen Leute in meinem Zimmer wie es beispielsweise bei einer Visite üblich ist, führten in meinem Unterbewusstsein zu echter Todesangst.

Heute weiß ich, wie wichtig es für mich war, zu spüren, dass jemand auf mich aufpasst, dass jemand an meinem Bett sitzt und mir leise etwas erzählt oder meine Hand hält. Im Nachhinein habe ich erfahren, dass meine Ma sich in dieser Zeit Sonderurlaub nahm und auch auf dem Klinikgelände geschlafen hat, um möglichst oft an meinem Bett zu sein. Gerade in der Zeit, in der die Medikamente langsam gedrosselt wurde, um mich ganz langsam wieder aufwachen zu lassen, hat die Station mehr als einmal meine Mutter gebeten an mein Bett zu kommen, weil sich dann mein Pulsschlag augenblicklich verlangsamte. Nachdem die Dosierung der Medikamente langsam zurückgestuft wurde, verging nochmal eine ganze Woche bis meine Erinnerung wieder vollständig einsetzt. Ich wurde weiterhin beatmet, aber die Lähmung war langsam rückläufig und reichte bis zum Becken. Um mich von der Beatmung zu entwöhnen, wurde ich als erstes in eine andere Klinik ins Sauerland verlegt, danach ging es für mich weiter in verschiedene Reha-Kliniken. Niemand wusste, ob überhaupt und wenn ja, wie schnell die Lähmung rückläufig sein würde. Da mein gesamter Krankheitsverlauf überaus schwer war, traute sich kein Arzt eine Prognose zu stellen. Es reichte also nicht nur aus, dass mich diese seltene Erkrankung überhaupt traf, nein, ich zog natürlich auch noch den Jackpot, indem mein Krankheitsverlauf sehr viel heftiger ausfiel als in den meisten anderen Fällen. Insgesamte dauerte es gute 2 Jahre, die ich fast ausschließlich in verschiedenen Reha-Kliniken verbrachte, bis ich wieder halbwegs laufen konnte. Neben meinem Gesundheitszustand gab es allerdings noch ein weiteres Thema, um das ich mich kümmern musste und das meine Zukunft dauerhaft verändern sollte. Dass ich nicht mehr als Physiotherapeutin arbeiten konnte, war mir schnell bewusst. Nach dem Streit mit meiner damaligen Chefin hatte ich bereits wenige Tage, nachdem ich im künstlichen Koma lag, die Kündigung im Briefkasten. Wie es hieß, aus wirtschaftlichen Gründen, klar! Allerdings war ich während der Rehabilitation fest davon überzeugt, dass ich eine Umschulung bekäme bzw. ein neues Studium beginnen könnte. Das sahen meine Ärzte, der Sozialdienst und die Rentenversicherung anders und so wurde ich während der Reha rückwirkend mit 24 Jahren voll berentet. So kehrte ich also nach fast zwei Jahren, die ich immer wieder in verschiedenen Kliniken verbracht habe, zurück nach Hause. Ich war allein, denn meine Beziehung hat diese schwere Zeit nicht überstanden. Anscheinend war die Versuchung nach einer anderen, gesunden Partnerin zu groß und auch mein Freundeskreis hatte sich im Laufe der Zeit drastisch reduziert. Zu meinen Trainern, Sportkameraden oder Vereinsmitgliedern hatte ich bereits gar keinen Kontakt mehr. Ich war geschwächt, alleine nach dem morgendlichen Anziehen war ich bereits wieder verschwitzt und müde und meine Psyche befand sich auf dem Tiefpunkt. Ich fühlte mich nutzlos, hatte Tage, an denen ich vor Schmerzen stöhnen musste und mir wurde von Tag zu Tag bewusster, dass ich von nun an ein Leben am Existenzminimum führen werde. Denn mal ganz abgesehen davon, dass es mir schon so schlecht ging, war es durch die Berentung auch ausgeschlossen, dass ich nochmal in einem Angestelltenverhältnis arbeiten konnte. Ich war nie ein Mensch, der sich schnell hängen gelassen hat, aber diese Wochen waren dunkler als alles je zuvor. Alles, was mit zuvor Halt gegeben hat, war plötzlich dahin. Mein Abitur und mein Studium waren vollkommen sinnlos, meine große Liebe hatte sein eigenes Sommermärchen erlebt, während ich im Koma lag und alle Träume und Wünsche, die eine junge Frau mit Mitte Zwanzig haben kann, waren unerreichbar. Ist das ein lebenswertes Leben? Für mich ganz sicher nicht! Ich wurde schwer depressiv und tat mehr als einmal dumme Dinge, die mich für jeweils sechs Monate in die Psychiatrie brachten. So furchtbar das klingen mag, aber heute muss ich sagen, dass diese Monate in der Psychiatrie meine Rettung waren. Natürlich war es für meine Eltern kaum zu ertragen, dass ihr Kind auch noch in der Psychiatrie saß, aber ich bekam dort die Chance, mein Leben in einem sicheren und klar strukturierten Rahmen wieder aufzubauen. Nach vielen Wochen kam ich mit dem Alltag und meinem Leben innerhalb der Klinik immer besser zurecht. Doch sobald ich probeweise aus dem goldenen Käfig entlassen wurde, stürzten alle Zweifel, Ängste und

Probleme wieder auf mich ein. Ich igelte mich tagelang in meiner Wohnung ein und blickte stundenlang einfach an die Decke. Doch eines Tages schlug mir mein Psychologe die beste Therapie vor, die jemals ein Arzt für mich hatte. Er fragte mich, ob ich mir nicht vorstellen könnte, einen Hund bei mir aufzunehmen. Als erstes war ein richtiger Therapiehund im Gespräch, allerdings beträgt die Dauer der Wartezeit auf ein solches speziell ausgebildetes Tier oft mehrere Jahre, das hätte mir in meiner Situation aber nicht geholfen. Ich klärte die Idee meines Psychologen mit meinen Eltern und meinem Bruder ab. Schließlich mussten viele Dinge und mögliche Probleme, die so ein Hund mit sich bringt, vorab geklärt werden. Und obwohl wir nie eine Haustierfamilie waren und vor allem meine Ma immer großen Respekt vor Hunden zeigte, standen alle mit helfenden Händen hinter mir. So kam es also dazu, dass pünktlich mit meiner Entlassung aus der Klinik ein kleines Hundemädchen aus Ungarn bei mir einzog, dass mindestens genau so viel erlebt hatte ich wie.

Es war Liebe pur. Dieser kleine, verängstigte Hund vertraute mir wie keinem anderen und tapste sich innerhalb kürzester Zeit tief in meine Seele. Durch Milla wurde ich gezwungen, wieder rauszugehen, ich musste laufen und wurde wieder gebraucht. Was mir Milla bis heute bedeutet, kann ich nicht in Worte fassen. Sie ist so unglaublich viel mehr als ein Hund, sie ist neben meiner Familie das Wichtigste in meinem Leben. So überstand ich auch die ganz dunklen Zeiten meines Lebens und fasste in den kommenden eineinhalb Jahren mehr und mehr neuen Mut. Ich begann mich mit meinem neuen Leben auseinanderzusetzen und baute um Milla herum einen neuen Bekanntenkreis auf. Endlich schien es bergauf zu gehen. Die Lähmungen blieben zwar irgendwann in der Mitte der Unterschenkel stehen, aber damit kam ich zurecht. Ich konnte wieder laufen und sogar Autofahren war nach einigen Fahrstunden wieder möglich. Neben Milla war vor allem meine Familie und ganz besonders meine Ma in dieser ganzen Zeit meine größte Stütze. Sie half mir körperlich wo sie nur konnte und ertrug auch meine unglaublichen Stimmungsschwankungen und Boshaftigkeiten. Ein knappes Jahr lang schien mein Leben wieder einigermaßen normale Formen anzunehmen. Ich arrangierte mich langsam mit den chronischen Schmerzen und meinem Alltag als Rentnerin.

Trotzdem befand ich mich ständig auf einem Schleuderkurs. Auf der einen Seite war da mein Körper und diese ganzen medizinischen Termine, die mir immer wieder bewusst machten, dass ich mich endlich damit abfinden musste, krank und geschwächt zu sein. Auf der anderen Seite waren da mein Kopf, mein Wille und auch die Familie und die Freunde, die genauso wenig wie ich verstehen wollten, dass ich krank bin. Ich war so froh, endlich auf dem Weg der Besserung zu sein und trotzdem war ich mit allem immer noch komplett überfordert. Es gab in diesem Jahr viele Abende, an denen ich über und über mit Tränen alleine zuhause auf meiner Couch saß. Vor Familie und Freunden spielte ich ständig die starke, aktive und gesellige junge Frau, die glücklich war, wieder am Leben teilhaben zu können. Wodurch natürlich alle Leute dachten, sie könnten mir immer mehr zutrauen und meinen langweiligen Alltag mit ihren Aufgaben zuschütten. Mehr als einmal sah ich diesen Blick in ihren Gesichtern, der mir sagte: Nun reiß dich mal ein bisschen zusammen und lass dich nicht so hängen." Sobald ich wieder alleine war, bemerkte ich erstmal wie enorm anstrengend diese Aufgaben für mich waren. An manchen Tagen kam ich nach Hause und schon im Treppenhaus liefen mir die Tränen übers Gesicht, weil ich mich körperlich elend fühlte und vor Krämpfen nicht wusste wie ich atmen sollte, aber auch weil mich dieses ganze Schauspiel so extrem anstrengte. Aber was sollte ich tun?

Meine Familie hatte sich in den vergangenen Jahren so viele Sorgen um mich gemacht, ich wollte sie nicht wieder enttäuschen. Mein Freundeskreis war auf ein Minimum geschrumpft, und ich befürchtete, dass wenn ich den Mädchenabend jetzt wieder absagen würde, sie mich bald gar nicht mehr einladen würden. Davon abgesehen befand ich mich auch ständig in einem ständigen Kampf mit mir selbst. Immer wieder fragte ich mich, ob ich mich vielleicht zu sehr hängen lasse, ob ich mittlerweile nicht vielleicht doch selbst für meine Situation zu lahm und schwerfällig war. Hatte ich dann allerdings einen Tag hinter mir, an dem ich viel reden und zuhören musste, bzw. aktiv an dem Leben anderer teilhaben musste, war ich abends wieder absolut überfordert. Alle waren so froh, dass es mir wieder besser ging und auch ich war froh, dass es in meinem Leben wieder mehr gab als die Klinik, aber ich fühlte mich so müde, so schlapp und ausgebrannt. Zu dieser Zeit wusste ich allerdings noch nicht, dass ich den absoluten Tiefpunkt meines Lebens noch immer nicht erreicht hatte.

Draußen wurde es langsam kälter, was auch bedeutete, dass meine Lieblingsjahreszeit, der Winter, anbrach. Und ich ahnte noch nicht, dass meine Schicksalsuhr erneut begann, immer lauter zu ticken. Weihnachten wurde bei uns seit jeher groß gefeiert, die gesamte Familie und Verwandtschaft trifft sich, es wird gesungen, gegessen und als großer Familienbund zusammen gefeiert. Da meine Ma unbedingt vermeiden wollte, dass ich am ersten Weihnachtsmorgen alleine in meiner Wohnung sitze und es vielleicht dazu kommen könnte, dass ich im Selbstmitleid versinke, bestand sie darauf, dass ich zusammen mit Milla bei ihr im Gästezimmer übernachte. Eigentlich wollte ich das alles nicht, aber nach langem Hin und Her ließ ich mich bequatschen und so kam es also dazu, dass wir gemeinsam zu ihr nach Hause fuhren. Meine Ma hatte nicht viel getrunken, aber da ich aufgrund der Medikamente sowieso nüchtern bleiben musste, saß ich am Steuer. Kurz nachdem wir die Landstraße erreicht hatten, drehte sich meine Ma zu mir und sagte aus heiterem Himmel: „Isi mir wird schlecht, Isi mir wird so schlecht, Isiiiiiii...“ Ich setzte sofort den Blinker und fuhr, soweit der viele Schnee es zuließ, rechts ran, aber meine Ma war bereits bewusstlos. Ich schaltete das Warnblinklicht ein, suchte hektisch nach meinem Handy und wählte den Notruf, da hatte meine Ma bereits kaum noch Puls. Trotz aller möglichen Erste-Hilfe-Maßnahmen starb mir meine Ma noch an Ort und Stelle unter meinen Händen. Das durfte einfach nicht sein! Das durfte nicht sein!

Es folgten Tage und Wochen, die schwerer waren als alles Vorangegangene. Jetzt hatte ich auch noch meine wichtigste Stütze verloren. Ich war so unglaublich wütend, wütend auf mich, wütend auf meine Ma, wütend auf alles und jeden. Und dann noch diese gut gemeinten Sprüche von den Leuten aus meinem Umfeld, „Isa, du hast es aber auch schwer.“ „Isa, du tust mir aber auch leid.“, ich konnte das alles nicht mehr ertragen. Ich wollte das alles auch nicht mehr ertragen. Ich wäre am liebsten augenblicklich vor allem geflüchtet. Einfach raus, weit weg von allem, was mir die Luft raubte. Ich verbot mir ernsthaft über den Tod meiner Ma und alles, was in den letzten Jahren geschehen war, nachzudenken, sonst wäre ich verrückt geworden. Sobald diese Gedanken kamen, habe ich begonnen, laut zu singen, mit Milla zu sprechen, was auch immer, hauptsache ich dachte nicht weiter darüber nach. Neben meiner Trauer wurde aber auch noch ein weiteres Problem immer deutlicher. Viele meiner Blutwerte waren nicht ok und meine Morphindosis musste immer weiter ansteigen. Also wurde es mal wieder Zeit, die verschiedenen Götter in Weiß unseres Landes zu besuchen und zu hoffen, dass sie eine Lösung für meine körperlichen Probleme hatten. Leider bekam ich allerdings immer wieder dieselbe Antwort. Durch die vielen OPs, das massenhafte Narbengewebe und dem im Körper aktiven Virus werden meine Nerven und das Rückenmark immer weiter geschädigt, was dazu führt, dass ich irgendwann wieder im Rolli sitzen werde. Wann es soweit ist, das weiß niemand, das kann in 5 Jahren oder in 20 Jahren der Fall sein, die Ärzte legen sich da nicht fest. Aber nach aktuellem Stand der Wissenschaft gilt als sicher, dass ich irgendwann dauerhaft im Rolli sitzen werde.

Langsam konnte ich über mein Leben nur noch lachen! Würde man mein Leben als einen Blockbuster im Kino sehen, würde man sicher nach der Vorstellung mit einem Tränchen im Auge aus dem Kino gehen und lachend sagen: „Ganz schön übertrieben, dieser Film." Aber genau das ist mein Leben! Auf dem Weg von Heidelberg ins Ruhrgebiet saß ich laut lachend im Auto, weil das alles so unglaublich war und auf dieser Fahrt begann ich zum ersten Mal, umzudenken. Meine Eltern haben ihr ganzes Leben gearbeitet und gerade meine Ma hat immer wieder gesagt, wenn ich erstmal in Rente bin, dann möchte ich reisen, malen und mir Träume erfüllen. Im November war sie noch zum komplett Check-up bei ihrem Hausarzt, alles war bestens und nur einen Monat später bricht sie zusammen und stirbt an einem Riss der Aorta. Worauf sollte ich also noch warten? Sollte ich wirklich mein Leben in meiner kleinen Wohnung verbringen und darauf warten, dass ich irgendwann im Rolli sitze? Nein, ich beschloss: Nicht mit mir! Mir wurde schlagartig bewusst, dass ich mein Leben ändern muss. Es wird niemals jemanden geben, der mich an die Hand nimmt, mich täglich bedauert und mein Leben regelt. Wenn ich nicht bald aufwachen würde und, egal wie steinig der Weg auch werden wird, mein Leben in meine eigenen Hände nehme, damit beginne, mir meine Träume zu erfüllen, würde ich auch die nächsten Jahre noch in meiner Bude sitzen und warten bis es Zeit ist, in den Rolli zu wechseln. Ich dachte ganz intensiv, aber auch realistisch über mich, meine Zukunft und darüber, wozu mein Körper noch in der Lage war, nach. Mir war klar, dass ich versuchen musste, aus meinen 4 Wänden heraus zu kommen. Nur wenn ich zu allem, was zuhause auf mich einprasselte, Abstand bekäme, konnte ich mich voll auf mich und mein Leben konzentrieren.

Schon als Kind war ich immer vom Reisen begeistert. Wenn andere nach 14 Tagen das Gefühl hatten sich wieder auf zuhause zu freuen, hätte für mich der Urlaub noch monatelang weitergehen können. Obwohl meine Eltern nie mit uns Kindern campen waren, träumte ich seit Kindertagen immer denselben Traum: Ich sitze mit einem dicken Strickpullover zwischen den Dünen, der Wind weht, die Dünengräser biegen sich und im Hintergrund steht mein eigenes kleines Wohnmobil samt einer roten Markise. Wie ich dabei auf diese rote Markise komme, weiß ich nicht.

Doch genau das war es, was ich wollte und was mein Körper dringend brauchte. Noch am selben Abend begann ich mich zu informieren und träumte in dieser Nacht zum ersten Mal von einem alleinigen Roadtrip. Nachdem ich mich mit dem ganzen Thema einige Wochen beschäftigt hatte, weihte ich meinen Bruder und meinen Vater in meine Pläne ein. Ich rechnete mit erheblicher Kritik, die von den beiden aber ausblieb. Ganz im Gegenteil zu Freunden und meiner Verwandtschaft. Von denen hagelte es Kritik, wie ich nur mit meinem Gesundheitszustand alleine verreisen wollen könne und wie ich auch nur auf so eine hirnrissige Idee käme. Aber ich wollte weg, ich wollte mir diesen Traum erfüllen und da war es mir auch egal, wenn der Kühlschrank am Ende des Monats nur noch altes Brot und zwei Eier beinhaltete. Mein Pa und mein Bruder standen sofort hinter mir. Gerade mein Vater konnte zwar nicht unbedingt verstehen, warum es ein Wohnmobil sein musste, aber er unterstützte mich. Wir schauten uns gemeinsam unzählige kleine, gebrauchte Wohnmobile an, denn vielleicht wollte mein Bruder samt Familie das Womo dann auch mal nutzen, bis es ein knappes Jahr später tatsächlich so weit war. Milla und ich saßen das erste Mal hinter dem Steuer unseres eigenen Wohnmobils und obwohl wir nur zu einem Probe-Wochenende 100km von zuhause entfernt aufbrachen, fühlte ich mich mit einem Schlag unglaublich befreit. Seit Jahren war es das Erste, was ich nur für mich tat.

Obwohl ich keine Ahnung hatte, was mich erwartete, saß ich am ersten Abend bei Dosenravioli im Wohnmobil und wusste, dass es der richtige Schritt war. Einzig die Massen an Anrufen, die mich jeden Abend mit denselben Fragen erreichten, nervten mich auf Dauer ziemlich. Auch wenn ich wusste, dass es alle nur gut meinten. Also habe ich mich nach einer Möglichkeit umgesehen, meine Freunde und Familie zu informieren, ohne jeden Abend stundenlang telefonieren zu müssen. So kam ich relativ schnell auf die Idee, einen eigenen kleinen Blog zu schreiben. Dieser war aber wirklich nur für Familie und Freunde bestimmt und ich hätte im Traum nicht dran gedacht, was sich daraus entwickeln würde. Ich begann also auf einer ganz einfachen kostenlosen Portalseite zu schreiben und bereits dort folgten mir Tag für Tag mehr Menschen, die ich gar nicht kannte. Was mir zu dieser Zeit zugutekam, war, dass über einen Roadtrip dieser Art so gut wie keine Informationen im Netz zu finden waren. Natürlich gab es bereits Campingblogs und natürlich fand auch ich Informationen über Alleinreisende Backpacker, aber echte Erfahrungen von anderen Alleinreisenden mit Wohnmobil gab es so gut wie keine. So kam es also dazu, dass ich meine ersten Erfahrungen im Bloggen sammelte, allerdings war die Seite sehr unprofessionell gestaltet, es handelte sich also um eine ganz kleine Hobbyseite mit mehr Lesern als ich für möglich hielt.

Nach circa einem Jahr, ich hatte bereits meine ersten langen Auslandstouren hinter mir, bekam ich die Info, dass das Portal, über das ich meine Seite erstellt hatte, sein gesamtes Angebot einstellen würde. Ich dachte mir: „Ok, das ist nicht weiter tragisch, dann stelle ich das Bloggen eben wieder ein." Mittlerweile war die große Aufregung bei Freunden und der Verwandtschaft verflogen, da sollten meine Abende wieder ruhiger werden. Bei einem gemeinsamen Frühstück mit einer guten Freundin, bei dem wir natürlich auch über meine Touren quatschten, erzählte ich ihr, dass die Seite demnächst eingestellt würde. Und was sagte meine Freundin wie aus der Pistole geschossen? „Wenn das so ist, dann versuche es doch richtig! Du schreibst doch eh schon und sagst, dir macht das Schreiben Spaß, also was hast du zu verlieren, baue dir doch eine richtige Seite auf." Ja klar, und als nächstes werde ich Youtube-Star! Ich hatte keinerlei Ahnung von Internetseiten. Weder vom Aufbau, noch vom Design, noch von dem, was alles dazugehört. Mein Laptop hatte viele Jahre auf dem Buckel, mal ganz abgesehen davon, dass ich auch kein Geld hatte, um in ein Business zu investieren. Eigentlich war das Thema für mich nach dem Frühstück bereits vergessen, doch meine Freundin ließ nicht locker. Immer wieder fragte sie mich in den kommenden Tagen am Telefon, ob ich schon begonnen hätte zu recherchieren. Dazu kam noch, dass mich fast täglich die Frage erreichte, wie man mir denn weiter folgen könnte, wenn das Portal seinen Dienst einstellte. Nach einigen Tagen begann ich also heimlich im Internet zu schauen, was so eine eigene Seite kostet und wie man überhaupt beginnen könnte, so eine Seite ohne Erfahrung und Wissen aufzubauen. Ich begann ganz langsam zu realisieren, dass die Kosten gar nicht so hoch sind, wenn ich es schaffen würde, meine Seite komplett selber zu erstellen. Und nachdem mir das klar war, packte mich mal wieder der Ehrgeiz. Wenn andere das geschafft haben, dann kann es nicht unmöglich sein!

So fing ich also an zu recherchieren und zu lernen. Ich suchte mir über alle möglichen Wege Informationen, verbrachte unzählige Nächte, in denen ich sowieso nicht schlafen konnte damit, Youtube-Videos zu dem Thema anzusehen und schaffte es so tatsächlich schon 4 Monate später mit meiner eigenen Seite an den Start zu gehen. Heute muss ich natürlich sagen, dass diese Seite zu Beginn bei weitem noch nicht perfekt war, aber sie war ok und vor allem hatte ich alles selbst erstellt. Vom Aufbau der Seite über Bilder und Texte bis hin zum eigenen Logo hatte ich alles allein aufgebaut. Ich nutzte jede freie Minute zum Schreiben und um mich immer weiter fortzubilden. Ganz wichtig war mir von Anfang an, dass ich ehrlich schreiben wollte. Ich wollte keinen "Schönwetter"-Blog, sondern die Dinge so beschreiben, wie ich sie selbst erlebte. Also habe ich über wunderschönen Touren berichtet, schrieb aber genauso von Zeiten, in denen ich total einsam war, oder über die Probleme, die ich als Alleinreisende immer wieder hatte. Dieser Mix aus tollen Erfahrungsberichten, guten Tipps, aber auch sehr deutlichen Worten schien anzukommen, denn meine Leserzahlen stiegen rasant an. Bei meinen Recherchen las ich irgendwann einmal, dass mehr als die Hälfte aller Blogs innerhalb der ersten 6 Monate wieder eingestellt würden, weil den jeweiligen Bloggern bewusst wird, wie unglaublich viel Zeit für einen guten Blog draufgeht. Zudem sollten Blogger sich darauf einstellen, dass ein guter Blog mindestens 2 Jahre Arbeit und ein gutes Social-Media-Konzept benötigt, bevor einem die ersten brauchbaren Kooperationen und Anfragen zuflattern.

Bei mir war alles etwas anders und die vielen Tage und Nächte vor meinem alten, schwachen Laptop schienen sich gelohnt zu haben, denn bereits nach drei Monaten erhielt ich die ersten Kooperationsanfragen und Einladungen zu Messen. Diese Kooperationen nutzte ich natürlich direkt dazu meinen Bekanntheitsgrad zu erhöhen und mir ein Netzwerk aufzubauen. Zudem suchte ich mir die E-Mail-Adressen von unzähligen Reiseblogger-Kollegen raus, schrieb alle persönlich an und fragte, ob ich nicht vielleicht einen kostenlosen Gastartikel für sie schreiben könnte. So kam es dazu, dass ich für viele verschiedene Blogger schreiben durfte und sich mein Bekanntheitsgrad von Woche zu Woche erhöhte, was wiederum dazu führte, dass ich mehr Follower in den sozialen Medien und Klicks auf meinen Blog bekam. Diese rasche Zunahme bekamen natürlich auch andere Firmen, Veranstalter und Kollegen aus der Branche mit, was mir noch mehr Kooperationsanfragen und Einladungen einbrachte. Innerhalb weniger Monate war es soweit, dass ich auch erste finanziell interessante Anfragen bekam. Damit ich diese auch annehmen konnte, meldete ich ein Gewerbe an. Das war der erste Schritt in meine Selbständigkeit.

Immer häufiger erreichten mich neben den Anfragen für den Blog auch Anfragen bezüglich des Aufbaus meiner bzw. fremder Internetseiten und da ich meine eigene Seite komplett selbst erstellt hatte, konnte ich auch anderen Leuten mit ihren Seiten weiterhelfen. Mittlerweile hatte ich mich tatsächlich zu einer echten digitalen Nomadin hochgearbeitet. Jeden gesparten Euro investierte ich in die passende Wohnmobil-Ausstattung, schließlich wollte ich genauso gut von unterwegs arbeiten können wie von zuhause. Dabei war es aber immer noch so und ist es auch bis heute geblieben, dass ich versuche, alles selbst zu machen. Das ist weiß Gott nicht der einfachste Weg, denn wenn sich andere Blogger z. B. weitere Autoren suchen, schreibe, bearbeite, zeichne oder optimiere ich weiterhin alles allein. Um immer auf dem Laufenden zu bleiben, muss ich mich natürlich immer wieder fortbilden und informieren, alleine dazu benötige ich viel Zeit. Dafür hat aber auch jeder Text und jedes Kundenprojekt meinen ganz persönlichen Style und ich kann sagen, ich habe schließlich wieder etwas geschafft.

So baute ich also über ein Jahr meinen Blog und mein Online-Business immer weiter aus. Größere Firmen wurden auf mich aufmerksam, ich durfte die ersten Vorträge über mich und mein Business halten und ergatterte dafür sogar die ersten Auszeichnungen. Vor einem guten Jahr erhielt ich dann tatsächlich die erste Anfrage von einer Film-Produktion. Dieses Team begleitete mich über drei Monate immer wieder auf meinen Touren und bei Aufträgen. Einige Monate später wurde es noch besser, die ersten TV Sender wurden auf mich und meinen Blog aufmerksam und ich durfte als Bloggerin und Camping-Expertin in verschiedenen TV Formaten der öffentlich-rechtlichen Sender teilnehmen. Das war natürlich super, denn neben den spannenden Erfahrungen war die Ausstrahlung auch eine zusätzliche Werbung für mich und meinen Blog. Es ist gerade wenige Tage her, da feierte mein Blog den magischen zweiten Geburtstag und ich kann immer noch kaum glauben wie sich mein Leben in den letzten Jahren nochmal komplett gedreht hat.

Da ich dieses Buchprojekt wahnsinnig toll finde und es auch darum gehen soll, was sich hinter den Wegen von so vielen tollen Frauen versteckt, möchte ich unbedingt noch eines loswerden:

Ich denke, dass meine Vergangenheit nicht die leichteste war, hingegen mein Weg zur hauptberuflichen Bloggerin aber vielleicht sehr einfach und von reinem Glück gesegnet wirkt. Ich möchte niemandem widersprechen, dass zu diesem Weg auch eine Portion Glück gehört, aber dieses Business bedeutet trotzdem auch ganz viel Arbeit. Mein Gesundheitszustand lässt es leider nicht zu, dass ich mehr als 2 Stunden am Stück am Laptop sitzen kann. Was allerdings nicht bedeutet, dass es damit getan ist. Dadurch muss ich mich natürlich sehr gut ordnen und versuchen, andere Möglichkeiten zu finden. Ich nehme Texte und Ideen über die Diktierfunktion auf, telefoniere im Laufen oder arbeite viel mit dem Handy oder höchstens dem Tablet, damit ich beispielsweise ganz flach liegen kann. Ich sehe so häufig diese wunderschönen Fotos oder Artikel vom Leben, Arbeiten und Reisen in den schönsten Ecken dieser Erde. Dass das allerdings ganz oft nicht die Realität ist, möchte ich wirklich ganz deutlich sagen.

Damit man in diesem Business überhaupt eine Chance hat, muss man sich äußerst professionell verhalten und es gehört eben viel mehr dazu, als einfach ein nettes Bild auf Instagram zu posten. Ein Beispiel, das das noch einmal verdeutlichen soll: Ich kam gerade aus Südfrankreich zurück und hatte mich unter anderem mit einer Freundin und ihrem Mann getroffen, die im Süden ihren Jahresurlaub verbrachten. Wenn die Beiden morgens um neun Uhr verschlafen aus ihrem Wohnmobil kamen, saß ich bereits 1,5 Stunden am Laptop und war in den sozialen Medien unterwegs. Während die Beiden entspannt am Strand lagen, saß ich vor dem Wohnmobil am Laptop und habe geschrieben und wenn wir mit den Hunden eine Runde gedreht haben, hatte ich ständig das Handy in der Hand und habe Fotos oder Live-Videos gesendet. Es ist egal, wie schön das Wetter ist oder wie schlecht der Internetempfang. Meine Kunden und Kooperationspartner haben ein Recht auf die pünktliche Abgabe meiner Texte oder das pünktliche Erscheinen auf einer Messe bzw. an einem Treffpunkt. Ein schlecht geplanter Termin, ein kompletter Ausfall und der Auftrag ist für immer weg. Auf dem Weg zurück von Südfrankreich ins Ruhrgebiet konnte ich eine weitere Kooperation abschließen. Da diese Kooperation sehr aufwändig war, kam ich 3 Tage lang nicht dazu, meine E-Mails zu bearbeiten. So lagen kurz darauf bereits 716 E-Mails in meinem Postfach, die dann alle gesichtet und bearbeitet werden mussten. Ich möchte mich auf keinen Fall beschweren, ich bin unglaublich glücklich über mein Business. Ich möchte nur mit dem eventuellen Vorurteil aufräumen, dass das Leben als Reiseblogger nur schön und entspannt ist.

Aktuell ist es so, dass es mir gesundheitlich ganz gut geht. Ja, ich habe Höhen und Tiefen und ich nehme hohe Dosen Morphium, damit ich dieses Leben auch so leben kann. Aber, ich weiß nicht wie lange ich dieses Leben noch in der Art führen kann, denn aus dem Rolli heraus diesen Alltag zu erleben, ist fast aussichtslos. Aber ich habe es mir abgewöhnt zu planen. Ich kann mein

Leben nicht planen, das musste ich mittlerweile oft genug, auf die ganz harte Tour, lernen. Ich frage mich häufig, was meine Ma wohl von meinem Leben halten würde?! In einigen Tagen geht es wieder los. Zusammen mit meiner Hundeomi geht es zur nächsten Kooperation ins Allgäu. Was danach kommt, weiß ich nicht. Das einzige, was ich weiß: Heute bin ich glücklich!

Isabel Speckmann im Kurzportrait:

Isabel Speckmann ist Anfang Dreißig, Hunde-Mami, Physiotherapeutin, Rentnerin, Reisebloggerin und jetzt auch Mini- Autorin. Wenn sie nicht gerade in einem alten Wohnmobil durch Europa reist, lebt sie im wunderschönen Dortmund. Auf ihren Reisen wird sie von ihrer Hündin Milla begleitet, tourt ansonsten aber allein. IsasWomo, ihr Reiseblog, war eigentlich nur als Hobby-blog geplant. Zu Beginn ihrer Reisen wollte sie ihre Familie und Freunde informieren und anderen Menschen zeigen, dass ein Road Trip allein wunderschön sein kann und sie mit echten Camping Erfahrungen unterstützen. Durch Glück und ein bisschen Fleiß, entwickelte sich IsasWomo in den vergangenen Jahren aber so gut, dass sie aktuell hauptberuflich als Reisebloggerin arbeitet und viele Monate im Jahr unterwegs sein darf.

www.isaswomo.de

IsasWomo auf Facebook:
https://www.facebook.com/IsasWomo/

„Ich kann mein Leben nicht planen, das musste ich mittlerweile oft genug auf die ganz harte Tour lernen"

Isabel Speckmann

MATHILDA SERENGA

◆◆◆

Ich war schon immer ein typisches Mädchen. Lange Haare, Zöpfe und Haarklammern in den verschiedensten Variationen; viele Kleidchen und nichts war mir zuviel rosa. In meiner Familie war ich immer die Prinzessin. Ich liebte es, meiner Mutter beim Schminken zuzuschauen; am Morgen wenn sie sich für die Arbeit stylte und am Abend, wenn sie ausging. Ich hingegen ergriff die Chance und schlüpfte dann in ihre Kleider und ich trug ihren Schmuck, wann immer sie es mir erlaubte. Meine Mutter hatte immer einen ganz tollen Kleidungsstil und trug am liebsten enganliegende Shirts und sie liebte Jeans, Leder und Stiefel. Es war aber nie zu leger und ich bewunderte sie sogar immer dafür, wie sie es schaffte, sich trotzdem elegant anzuziehen, auch wenn sie sich nur selten in Kleider schmiss. Sie war so ganz anders, als die Mütter die ich kannte, die entweder im Schlabberpulli und Jogginghose oder aufgetakelt im Kleidchen und viel Ausschnitt, herumliefen. Was meinen Vater betrifft: Ich war ich sein Mädchen und obwohl ich noch einen Bruder hatte, fühlte sich trotzdem keiner von uns in irgendeinem Maße benachteiligt oder bevorzugt. Meine Eltern schafften es, uns wirklich auf eine selbe, aber doch unterschiedliche Art und Weise zu lieben; jeder ganz nach seinen Bedürfnissen.

Mein Eltern waren früher selbstständig und hatten eine große Werbeagentur. Ich verbrachte viel Zeit dort, besonders nach der Schule, da meine Mutter am Nachmittag meist Kundentermine wahrnahm und sie meinen Bruder und mich nach Schulschluss daher immer in die Agentur, anstatt nach Hause schickte. Für uns war das immer ein toller Abenteuerspielplatz, daher hatten wir daran auch gar nichts auszusetzen. Wir spielten zwischen den großen Druckmaschinen, blödelten mit den Mitarbeitern und mit der Zeit wussten wir auch, welcher Mitarbeiter welche Süßigkeiten in seinem Schreibtisch versteckt hatte. Ich erinnere mich wirklich gerne an diese Zeit zurück.

Als mein Vater 1996 von einem Bekannten das Angebot erhielt in seine Firma, ebenfalls eine Werbeagentur, als Partner einzusteigen und damit nach Los Angeles auszuwandern, fackelten meine Eltern nicht lange. Sie hatten nämlich schon immer diesen großen Traum – den American Dream. Uns ging es zwar gut soweit, aber nach 35 Jahren in diesem Business, in einem kleinen Vorort von Nürnberg, packte sie dann final die Abenteuerlust; sie wollten dann doch mal wieder etwas neues ausprobieren. Der Plan war, dass meine Eltern als gleichberechtigte Unternehmenspartner einsteigen sollten, da sie mit ihrer Expertise und der deutschen Skills hinsichtlich der Abläufe, der Technik und des deutschen Marktes, groß punkten konnten. Der Bekannte war US-Ameri-kaner und sein Plan war zu expandieren; meine Eltern sollten damit den Euro-päischen Markt unter ihre Fittiche nehmen.

Bis wir jedoch tatsächlich unsere Hintern in das Flugzeug mit One-Way-Ticket begeben konnten, waren noch einige Dinge abzuwickeln. Unsere Agen-tur wurde an einen ehemaligen Mitarbeiter verkauft, unser Haus wurde eben-falls verkauft und ein Großteil unseres Hausstandes wurde aufgelöst. Wir gin-gen wirklich nur mit dem Nötigsten, dafür aber mit einem guten finanziellen Polster. Es dauerte ein gutes Jahr bis alles abgewickelt war, wir das Visum in den Händen hielten und wir auf gepackten Koffern saßen.

Ich war 14 Jahre alt, als wir in Los Angeles 1998 ankamen. Wir zogen vor-übergehend in ein Appartement in Santa Monica, welches unser zukünftiger Geschäftspartner für uns organisiert hatte. Das sollte uns Zeit geben, etwas ei-genes, ganz nach unseren Vorstellungen zu finden. Die ersten zwei Monate lebten wir somit auch noch ganz sporadisch, da unser Umzugscontainer aus Deutschland erst nach sechs Wochen mit unserem Hab und Gut eintrudelte. Ich erinnere mich noch daran, wie fremd ich mich am Anfang fühlte, denn ich sprach kein Englisch und hatte wirklich große Hemmungen mit Amerikanern ins Gespräch zu treten. Unsere Nachbarn hatten ebenfalls zwei Mädels in meinem Alter, die zwar immer wieder interessierte Annäherungsversuche zeigten, ich aber so scheu, dass ich mich so überhaupt nicht darauf einließ. Ungefähr sechs Monate dauerte das an und meine Mutter machte sich schon langsam sorgen, ob sie mir mit dem Umzug keinen großen Gefallen getan hätte. Mein Vater jedoch sagte ihr immer und immer wieder, ich würde mich schon eingewöhnen; das brauche einfach noch ein bisschen Zeit. Als dann im Herbst die Highshool hier losging und ich somit gezwungen wurde aus meiner Haut zu fahren, wurde auf Anhieb schon alles viel leichter für mich. Die Lehrer und auch meine Mitschüler machten es mir wirklich sehr einfach mich zu öffnen. Ich war einfach gezwungen zu kooperieren, zu sprechen und mich am Unterricht zu beteiligen, also fuhr ich auch irgendwann meine Barrieren herunter.

In meiner Klasse war auch Hailey. Sie war ebenfalls mit ihren Eltern erst Monate zuvor von Alabama nach Los Angeles gezogen und ich fühlte mich somit gleich mit ihr verbunden. Sie war mir ziemlich ähnlich. Sie war ebenfalls sehr Girly unterwegs, jedoch schminkte sie sich schon und hatte schon einen viel gewagteren Kleidungsstil, den meine Eltern mir zu der Zeit niemals erlaubt hätten. In der Schule trug sie Jeans und Shirts, in unserer Freizeit war sie aber mit kurzen Tops und Miniröcken unterwegs. Sie hatte immer perfekt gemachtes Haar und ließ sich auch gerne von Jungs umgarnen. Neben ihr fühlte ich mich manchmal wie das schwarze Schaf, aber nur was das äußerlich betraf.

Haileys Mutter war Modelscout, früher selbst ein semi-erfolgreiches Model, und hatte sich gerade in Los Angeles ein Business aufgebaut. Ihre Hoffnung war, in LA nun endlich groß aufzusteigen, da in Alabama nunmal die Models nicht auf den Bäumen wachsen. Sie bot Workshops an, machte Lauftrainings und unterrichtete ebenfalls im Posing vor der Kamera. Ich liebte es, wenn Hailey mich in die Agentur ihrer Mutter mitnahm, denn für mich, die Prinzessin, die mädchenhafter nicht sein konnte, war das natürlich wie der heilige Gral, einmal hinter die Kulissen eines Fotoshootings schauen zu dürfen. Manchmal durften wir auch ein paar Outfits der Models anprobieren.

Während ich lange Zeit den Wunsch hegte, dass mich Hailey´s Mutter auch irgendwann mal für ein Fotoshooting oder eine Kampagne scouten würde, musste ich mehrere Jahre warten, bis sie mich dann mal endlich anfragte, ob ich nicht Lust hätte mich als Model bei einem Kunden vorzustellen. Mittlerweile war ich 19 und hatte gerade die High School zu Ende gebracht. Natürlich war ich gleich Feuer und Flamme und konnte meine Eltern ziemlich schnell überreden, Ja zu sagen. Ich war zwar schon quasi volljährig (wenn auch nicht nach dem amerikanischen Gesetz), jedoch lebte ich noch zu Hause und war daher auf die Unterstützung meiner Eltern angewiesen. Ich erzählte ihnen von meinem Plan, dass ich vor dem College gerne ein Jahr Lernpause einlegen und mich gerne als Model versuchen würde. Da mich Hailey´s Mutter nun als Agentin vertreten würde, würde ja nichts dagegen sprechen.

Jedoch hatte ich mir das dann doch einfacher vorgestellt. Ich hielt ziemlich einfache Stücke darauf, mal eben über den Laufsteg zu wandern, ein bisschen Posieren hier und ein bisschen Kleidchen austragen dort. Was mir meine Agentin nun mitteilte war aber, dass sie mich erstmals zu mehreren Workshops schicken würde um mein Handwerk zu lernen, bevor sie mich dann wirklich ihren Kunden vorstellen würde. Vier Monate geballt von Laufstegtraining, Posing-Unterricht und Schulungen unter anderem im „How to-MakeUp" wurden mir aufgesetzt, da ich mich unter Umständen in Zukunft auch notfalls selbst schminken müsste und nicht immer eine Stylistin für den ersten Vorstellungstermin vorhanden wäre. Über mehrere Wochen wurde ich getrimmt, dressiert und mir wurde auch beigebracht, wie Models am besten Essen und ihr Essverhalten in den Griff bekommen, sodass sie auch langfristig diesen „Job" ausüben konnten. Zu derzeit war das Thema der zu dürren Models groß und meine Agentin wollte sich sicher nicht nachsagen lassen, sie würde kranke Mädels dazu nutzen um erfolgreicher Modelscout zu sein.

Zum Teil war es wirklich hart, denn es stellte sich schnell raus, dass dies nicht nur ein hart umkämpftes Genre ist, sondern das dort auch viele verschiedene Charaktere mit Beisszangen unterwegs waren, die einem nicht immer wohlgesonnen waren – dabei ging es nicht zwingend um Modelkolleginnen, sondern auch Fotografen, Stylisten, Kameramänner und sogar die Vermieter von unseren Modelapartements in denen wir wohnten, wenn wir Workshops außerhalb von LA besuchten. Ich erinnere mich im speziellen an einem Vermieter, der uns nach unserer Bleibe in seiner Wohnung in San Diego, Randale und Zerstörungswut anhängen wollte, um mehr Geld von unserer Agentur zu bekommen. Irgendwie hatte er es geschafft, die Wasserleitung so zu manipulieren, dass wir am letzten Abend in einer gefluteten Wohnung standen, mit den Füßen knöcheltief im Wasser. Gott sei Dank war nichts nachweisbar und er blieb auf den Kosten sitzen.

Meinen ersten Job, eine Fotostrecke für ein lokales Motorsport-Magazin, bekam ich ungefähr sechs Monate nach meiner Trainingsphase. Die Zeit dazwischen war für mich pure Tortour, denn ich stellte mich zwar bei vielen Castings vor, jedoch hatte ich auch viele Absagen kassiert. Das war wirklich frustrierend. Ich hatte meinen Eltern nämlich versprochen, dass ich mich in einem Jahr wieder Richtung Schule und College richten würde. In der Zwischenzeit wollte ich aber soviel wie möglich hiervon mitnehmen, da mir das wirklich lag und ich trotz der ganzen Anstrengungen meine Berufung hierin sah. Ich wollte Model werden.

In der Zwischenzeit hatte sich Hailey´s Mutter, meine Agentin, auch schon einen guten Namen in der Industrie gemacht und sie arbeitete mit tollen Kunden an Werbekampagnen. Eines Tages rief sie mich an und sagte, sie hätte da einen einen Kunden, der eine Sommerkollektion geplant habe und dafür noch Models meines Typs braucht. Ich war natürlich bereit. Ich sollte mich am Tag danach am Nachmittag bei jener Adresse melden. Gesagt getan; vorbereitet und meine Referenz-Mappe unter dem Arm geklemmt tauchte ich in diesem großen Loft in Downtown auf und stellte mich vor. Der besagte Fotograf war Mitte 40, etwas dicklich und wirkte auf mich anfangs eher mürrisch und schlecht gelaunt. Ich machte mir dennoch nichts daraus, denn wenn ich eines gelernt hatte in der Zwischenzeit, dann mit den verschiedensten Persönlichkeiten am Set umzugehen. Mir war klar, dass das nichts mit mir zu tun hatte.

Offenbar gefiel ich ihm, denn er behielt mich gleich da, nachdem er sich meine Arbeiten in meiner Mappe angeschaut hatte. Er stellte mich seinem

Team vor, uns zeigte mir die Kollektion die ich anprobieren sollte für das Fitting. Das Fotoshooting sollte gleich am nächsten Tag stattfinden, deshalb wollten sie nun schonmal meine genauen Maße nehmen und schauen, ob sie an den Kleidungsstücken noch etwas anpassen müssten. Nach einer guten Stunde war alles vorbei. Zuhause angekommen erzählte ich dann noch meinen Eltern, wie reibungslos alles ablief und ich nun einen tollen neuen Job bekommen hatte. Sie waren stolz und freuten sich für mich.

Einen Tag später: Pünktlich, wie meine deutsche Tugend mich nie verlassen hatte, tauchte ich am Set auf und ließ mich ankleiden und bepudern. Der Fotograf war schon dabei, das Set einzurichten. Der erste Durchlauf lief super und geschmeidig, der zweite ebenso. Beim Dritten passierte dann etwas, was mir bis heute noch den Atem stocken lässt, wenn ich darüber nachdenke. Ich begab mich in die Maske, die Stylistin wartete bereits auf mich mit neuem Outfit, als sie mir sagte, dass sie mal eben kurz verschwinden müsse, um Accessoires für das Outfit zu holen. Während ich mich also umzog und quasi splitternackt im Raum stand, hörte ich wie auf einmal die Tür ins Schloss fiel. Ich drehte mich um, da ich kurz ziemlich verwundert war, hatte die Stylistin doch erst den Raum verlassen. Plötzlich sah ich das einer der Mitarbeiter vom Set, ich glaube er war für die Deko zuständig, hinter mir stand und mich mit einem Blick fixierte, den ich heute noch vor Augen habe. So eindringlich, so angsteinflössend. Er zögerte nicht lange und kam auf mich zu. Ich denke, dass er wusste, dass die Stylistin gleich wieder zurückkommen würde, und ergriff daher gleich seine Chance. Er packte mich am Arm, zog mich hinter die Kleiderständer. Alles um uns herum fiel um; Schuhkartons, Kleiderständer, Make-Up Koffer. Er griff mir in den Schritt und an die Brüste, hauchte mir ins Gesicht, sagte dabei aber keinen Ton. Ich wehrte mich, schrie, schlug um mich und traf ihn dabei höchstwahrscheinlich in seine Kronjuwelen, denn er ließ von mir los und rannte aus dem Zimmer. Ich hingegen packte meine Klamotten, zog mich schnell was über und rannte aus dem Gebäude. Ich war versteinert, verängstigt und konnte nicht glauben was mir da gerade passiert war.

Ich lief für einige Zeit durch die Stadt, wusste nicht was ich mit mir anfangen sollte, mit wem ich reden sollte. Sollte ich meine Eltern anrufen, meine

Agentin, oder meine Freundin? Ich versuchte zu begreifen, ob ich etwas falsch gemacht hatte; versuchte immer und immer wieder die Situation durchzuspielen um herauszufinden, ob ich vielleicht irgendwelche Anmerkungen oder derartige Zeichen gegeben hatte. Ich wurde einfach nicht schlau daraus.

Nach circa zwei Stunden ging ich nach Hause. Während ich gerade reinkam, rief mich meine Agentin an und fragte mich, warum ich das Set verlassen hätte. Die Stylistin, die Frau, die mich angezogen hatte, wäre verwundert und der Fotograf sauer gewesen, dass ich auf einmal weg war. Ich aber machte dicht, sagte es ginge mir nicht gut und das ich da einfach raus musste. Ich erzählte ihr nichts davon, da ich selbst erstmal begreifen wollte, was da gerade passiert war. Ich hätte ihr ohnehin keine Antwort geben können.

Ein paar Tage später wurde ich in die Modelagentur zitiert. Ich ahnte schon was los war, deshalb liess ich mich verleugnen und schickte meine Mutter ans Telefon, sie solle ausrichten, dass es mir nicht gut ging. Das zog ich durch für mehrere Wochen. Mittlerweile war mir klar, dass das eindeutig ein sexueller Übergriff war, was dort passierte. Ich wusste aber nicht wie ich am besten damit umgehen sollte. Modeljobs sagte ich erstmals alle ab. Es dauert auch mehrere Monate bis ich mich jemandem anvertrauen konnte und einigermaßen klar denken konnte. Die erste Person war eine Freundin, aber nicht Hailey; mit war das Risiko zu groß, dass sie das gleich an ihre Mutter rausposaunen würde. In erster Linie ging es mir nämlich darum, dass ich mich mit jemandem Austauschen konnte; Gedanken abladen und sortieren. Natürlich riet sie mir, die Polizei einzuschalten. Das was dort passierte, ging gar nicht. Und wer weiß, wie oft dieser Kerl das schon gemacht hatte und wie oft er es noch machen würde.

Im Grunde war ich immer ein sehr selbstsicherer Mensch; manchmal etwas schüchtern, aber im Grunde doch sehr selbstsicher. Es gab wirklich wenige Dinge, die bei mir schnell die Luft rausliessen. Dieser Vorfall machte jedoch etwas mit mir, dass innerlich nie wieder so richtig geheilt werden konnte. Wenn Frauen solchen Vorfällen ausgesetzt sind, dann geht es nicht nur um einen Körper, den man unsittlich anfasst, sondern es passiert noch soviel mehr mit unserer Psyche. Es ist nicht nur eine körperliche Vergewaltigung, egal wie

275

weit der eigentliche „Akt" geht, sondern vor allem ein mentaler Missbrauch, der nicht so schnell wieder reparabel ist. Ich für mich habe mich seither nie wieder als Model vor eine Kamera gestellt, habe nie wieder zugelassen, dass mich ein fremder Mann nackt sieht, geschweige denn, dass mich irgendwer unsittlich anfasst. Arztbesuche sind für mich heute noch ein schwieriges Thema. Mein Freund, den ich ungefähr ein Jahr nach dem Vorfall kennengelernt habe, hat es am Anfang ziemlich schwer mit mir gehabt was körperliche Nähe anging. Sex war monatelang ein Thema, das aber meist in einer Geduldsfrage endete. Er wusste aber immer weshalb es so war wie es war, und ich bin ihm so dankbar, dass er dieses erforderliche Verständnis für mich und unsere Beziehung aufbringen konnte.

Ungefähr anderthalb Jahre nach dem Vorfall habe ich mitbekommen, dass dieser Kerl sich wohl wieder an einem Model vergriffen hatte und es aber diesmal zur Anzeige gebracht wurde. Dieses Model hatte definitiv mehr Eier in der Hose, als ich es jemals hatte. Dennoch bin ich natürlich erleichtert, dass dieser Typ nun von der Bildfläche verschwunden ist. Seitdem ich das nun weiß, hat es auch bei mir irgendwie einen Schalter im Kopf umgelegt und ich bin in der Lage offen darüber zu sprechen und auch zu schreiben. Auch meine Familie und auch meine damalige Agentin wissen mittlerweile darüber bescheid.

Das Modelbusiness ist ein hartes Business. Und auch wenn ich es mit meiner Geschichte nicht verschreien möchte, möchte ich ganz klar sagen, dass leider immer ein erhöhtes Missbrauchsrisiko dort herrscht, wo sich eine große Anzahl an schöner und ambitionierter Frauen zusammenfindet. Oft sind das junge Mädels zwischen 16 und 22 Jahren, die für ihre Karriere auf dem Laufsteg so einiges liegen lassen und sich dafür auch auf so einige illegale Spielchen einlassen würden. Wenn ich mir heute diese ganzen Shows ansehe, wo Topmodels gesucht werden und/oder ich Mädchen begegne, die Träume in dieser Richtung hegen, versuche ich ihnen offen und transparent zu zeigen, wie das Business wirklich funktioniert. Sicherlich, vergleichsweise kommen solche Fälle in der Minderheit vor, aber dennoch sind sie da und man sollte immer ein Blick dafür haben, wer sich in seinem Umfeld befindet. Man muss aber natürlich kein Model sein, dass einem so etwas passiert, jedoch kommen die meisten Nachwuchsmodels noch ziemlich grün hinter den Ohren ins Business – so wie ich damals. Oft stehen nicht mal Familien oder Eltern dahinter, sondern sie kommen auf eigene Faust. Besonders dann, wenn junge Mädchen sich in den Flieger setzen, um in den Metropolen wie New York, Paris, London oder Tokyo Fuß zu fassen, sind sie oft auf sich allein gestellt.

Mittlerweile bin ich aus meiner aktiven Zeit als Model schon raus, habe aber meine Passion dafür noch nicht aufgegeben. Ich liebe nach wie vor Fashion, die Laufstege und die Kooperationen mit Designern, jedoch habe ich mittlerweile mein Augenmerk auf die Aufklärung für Nachwuchsmodels gelegt. Ich biete mittlerweile in Zusammenarbeit mit ein paar Agenturen und Sicherheitsfirmen Workshops an, die in die Nachwuchstrainings einfliessen. Es ist mir ein großes Anliegen ihnen Hilfestellungen und Ansprechpartner zu bieten. Aber natürlich auch, dass die Mädels wissen, wie sich sich in Form der Selbstverteidigung in solchen Situationen wehren können. Wie gehe ich mit sexueller Belästigung um? Wo fängt sexuelle Belästigung an? Wie wehre ich mich und wo finde ich zuverlässige und geeignete Ansprechpartner, die mich im Nachhinein dabei unterstützen können, damit umzugehen?

Ich habe lange überlegt, ob ich mit meiner Geschichte den richtigen Part zu diesem Buch beitragen kann. Doch mir wurde schnell bewusst, dass in meiner Geschichte eine wertvolle Message steckt, die ich unbedingt jedem ans Herz legen möchte: Hole dir Hilfe, wenn du nicht weiter weißt oder dich in die Ecke gedrängt fühlst!

Ich dachte damals lange, dass ich mit meiner Situation alleine klarkommen muss. Das war allerdings ein sehr großer Fehler, denn im Nachhinein, dann, als ich angefangen habe mit jemandem über meinen Frust und meine Sorgen zu reden, habe ich die Erleichterung gespürt. Ich habe mich wieder lebendig gefühlt und meinem Kopf erlaubt sich wieder zu ordnen und voranzugehen. Wir tendieren immer noch so oft dazu alles allein machen zu wollen. Doch auch wenn es nur darum geht, sich einen Gesprächspartner zu suchen, jemandem der auch nur zuhört, erlauben wir uns selbst etwas durchzuatmen, Luft zu schnappen, Energien zu bekommen und Motivationen und Zeichen, dass es immer irgendwie weitergeht.

Ich habe für mich gelernt, dass ich im Leben teilen muss. Nicht nur materielles, sondern vor allem auch mentales, dass mich beschäftigt. Ich habe gelernt zu meditieren, mein Inneres regelmässig zu säubern, zu ordnen, aber auch darüber zu sprechen, wie ich Dinge, die mich beschäftigen, lösen kann. Seitdem ich das als eines meiner Erfolgstools verwende, bin ich ein viel ausgeglichenerer Mensch und kann dies auch an meine Schützlinge weitergeben.

Mathilda Serenga im Kurzportrait:

Mathilda Serenga ist 35 Jahre alt, verlobt und Hausfrau und Mutter eines Sohnes. Sie lebt heute noch in Los Angeles. Ehrenamtlich engagiert sie sich in Zusammenarbeit mit Personaltrainern und Modelagenturen für die Ausbildung und das Sicherheitstraining von Nachwuchsmodels.

„Ich habe mich lebendig gefühlt, sobald ich über meine Sorgen gesprochen habe."

Mathilda Serenga

KATARZYNA GRECO

◆◆◆

Herzlich willkommen zu meinem Kapitel, zu meiner Geschichte. Mein Name ist Katarzyna (Kasia) Greco, ich bin 46 Jahre alt, glücklich verheiratet sowie leidenschaftliche Mutter und Unternehmerin. Ich habe ein schönes Heim, viele Freunde, reise gerne und spreche sechs Sprachen. Das perfekte Leben, oder?! Doch so ganz einfach und unkompliziert ist es dann leider doch nicht – aber eine gute Nachricht schon mal im Vorfeld: Es muss nicht perfekt sein, um perfekt zu sein!

Um mich herum sehe ich ständig Frauen, die in einem klassischen Dilemma gefangen sind. Sie arbeiten gerne, fühlen sich aber gleichzeitig Familie und Kindern gegenüber verpflichtet. Sie sind tolle Unternehmerinnen und liebende Super-Mamas zugleich, gehen in ihrem Beruf und in ihrem Privatleben gleichermaßen auf. Eine ständige Begleiterscheinung ist häufig ein schlechtes Gewissen Familie und Beruf gegenüber, gepaart mit ewigen Rechtfertigungen. Denn es kommen viele (mehr oder weniger gut gemeinte) Tipps. Tipps von Freunden und Bekannte, über Babywickel und Kinderkost, bis hin zu Zeitmanagement und Karrieretipps. Viele gut gemeinte Ratschläge belagern uns aus dem Umfeld wie man dieses und jenes es leichter machen könnte. Mir ging es zumindest so. Aber ich konnte diesen vielen Tipps und Meinungen nicht immer etwas Gutes abgewinnen. Meistens war ich sogar überfordert und anstatt dass sie mich aufbauen, hatten sie den gegenteiligen Effekt: sie schürten noch mehr mein schlechtes Gewissen meiner Familie und meinem Job gegenüber und ich stellte mir häufig die Frage: Kann ich das? Bin ich eine gute Mutter?

Jede von uns hat ihre eigene Geschichte und ihre eigenen Bedürfnisse.

281

Auch ich. Meine Reise in die Selbstständigkeit hat bereits 2002, kurz nach der Geburt meines ersten Sohnes, begonnen. Ich saß nachts stillend auf dem Sofa und überlegte mir, was ich tun könnte, um nicht gleich wieder in den alten Trott meines damaligen Arbeitsplatzes fallen zu müssen. Einen neuen Job suchen? Nein, da hätte ich mich wieder beweisen und etablieren müssen. Also war es besser, in meinem aktuellen Job zu bleiben; den konnte ich aus dem Effeff und er machte mir ja auch immens Spaß. Zu Hause bleiben war keine echte Option, Wohnungskredit & Co sprachen eindeutig dagegen. Nun gut, ich arrangierte mich mit der Situation. Es verstrichen knapp drei Jahre und Sohnemann Nummer Zwei wurde im April 2005 geboren. Same procedure, ich saß wieder auf dem Sofa und dachte darüber nach, intensiv etwas in meinem Leben zu verändern. Ich wollte arbeiten, das war für mich immer ganz kristallklar, aber auch mehr Zeit für meine zwei Jungs haben. Wieder stillend und mitten in der Nacht googelte ich den Begriff „How To Become a Millionaire" und keine vier Monate später saß ich schon im Flieger nach Daytona Beach in Florida um an einem sogenannten *Millionaire Training Camp* teilzunehmen. Verrückt, oder? Aber es war genau richtig. Ich durfte dort an vier Tagen unterschiedliche Self-Made-Millionäre kennenlernen und auch von ihnen lernen. Ich erkannte schnell, wie aus Leidenschaft Produkte und Geschäftsideen entstehen, wie man Blogs schreibt. Blogs waren damals besonders in Europa noch ein absolut neuer Begriff, den kaum jemand kannte. Aber vor allem durfte ich lernen, mich selbst zu motivieren und klare Ziele stecken. Es war spannend und lehrreich. Und so kam der Zeitpunkt, an dem mir klar wurde: Was die können, das kann ich auch!

Bei all meinen Abenteuern sei an dieser Stelle erwähnt, mein Mann war in dieser Zeit meine größte Stütze und ist es auch immer noch. Er ist mein größter Fan und ohne seinen Zuspruch wäre ich sicher heute noch am Überlegen, wie ich mein Leben ändern soll. Nun kam aber die nächste große Frage: Mit was sollte ich mich denn selbstständig machen? Alles, was ich gelernt hatte und konnte, war gut geeignet für große Konzerne, aber reichte das für eine Selbstständigkeit? Ich suchte weiter nach Ideen. Ich sprach mit Freundinnen und Freunden über meine Stärken und Schwächen, ich bat Kunden, mir zu sagen was Ihnen an mir gefiel und was nicht. In meinem Beruf hatte ich eine sehr kundennahe Rolle mit bis heute hervorragenden Geschäftsbeziehungen. Ich war ja immer noch bei meinem Arbeitgeber angestellt und in dieser Funktion auch sehr viel im europäischen Ausland unterwegs. Auch da hatte ich Gelegenheit, mich umzusehen, was es für Geschäftsmöglichkeiten gab und mir gleichzeitig genug Feedback über mich einzuholen. Parallel dazu absolvierte ich einen sogenannten Online-Master in e-Commerce, das war ein Fernstudium, welches sich rein über Internet und Videokonferenzen abspielte. Den machte ich, da aus dem Millionaire Training Camp in Daytona eines klar herausgekommen war: Ich wollte in Zukunft einen ortsunabhängigen Job haben, und das war nur über Onlineaktivitäten möglich. Ich probierte verschiedene Affiliate-Programme aus, bewarb somit Produkte anderer und erhielt eine entsprechende Provisionen dafür. Das hörte sich zunächst super an, war aber eindeutig nicht meine Erfolgsstrategie. Ob es an dem noch sehr jungen Onlinemarkt in Europa lag oder an meiner eigenen Unfähigkeit das volle Potential auszuschöpfen, das werde ich wohl nie herausfinden. Ich sehe es als Teil meiner persönlichen Lernkurve an. Immer noch in meiner alten Firma angestellt, flog ich im Jahr 2007 wieder nach Florida, diesmal nach Orlando, um dort bei einem Online-Marketing Training Bootcamp teilzunehmen; eine sensationelle Erfahrung. Da erlebte ich meinen persönlichen Durchbruch und machte somit den ersten großen Schritt Richtung Selbstständigkeit. Meine Idee war es, ein Buch zu schreiben und es online zu verkaufen. Dazu ein spezielles Programm für individuelle Coachings zu entwickeln, um Frauen und jungen Müttern in genau dem Dilemma zwischen Familie & Job begleiten zu können und mit ihnen zu analysieren, was für sie der beste Weg für ihre jeweilige Situation und Wünsche sein könnte. Ich machte mir einen Plan was ich dazu alles benötigen würde. Ein Buch schreiben – Scherzkekse alle miteinander! Wie sollte ich bitteschön so ganz planlos ein Buch schreiben? Ohne großes Expertenwissen über Buchpublikation begann ich einfach meine Geschichte aufzuschreiben und schmückte diese mit Tipps, Beiträgen und Recherchen. So entstand peu à peu mein Buch mit dem Titel *MomsUCan*. Ich kaufte mir meinen ersten Laptop, auch das war keine leichte Sache, denn alles was mit PC, Technik & Co zu tun hatte, wurde bis dato von meinen fantastischen Kollegen erledigt. Nun musste ich mich selbst mit dem technischen Fachvokabular auseinandersetzen. Mittlerweile war es Juni 2008 und meine beiden Jungs in der Zwischenzeit schon drei und sechs Jahre alt. Als ich vor der Entscheidung stand: Sollte ich es wagen oder nicht? Würde mein Buch und meine Idee des Online-Coachings für junge Mütter erfolgreich sein? Sollte ich wirklich einen guten und sicheren Job aufgeben? Ich tat es! Am Freitag, den 4. Juli 2008 kündigte ich. Heute, knapp zehn Jahre später, kann ich nur eines sagen: Ich würde es jederzeit wieder tun! War es leicht? Nein! Ist es leichter geworden? Nein! Würde ich es trotzdem wieder tun? Ja! Warum? Ich konnte sehr viele neue Erfahrungen sammeln, wie beispielsweise ein eigens Unternehmen zu gründen. Gleichzeitig hatte ich gewünschte Flexibilität mir die Arbeit so einzuteilen, wie es mir mit den Kindern gerade am günstigsten in den Tagesplan passte. Auch hatte und habe ich die Möglichkeit beispielsweise im Sommer zwei Monate im Ausland zu verbringen und trotzdem Umsatz zu machen. Ich habe kein Schulfest verpasst und konnte auch bei jedem Fieberschub bei meinen Söhnen sein. Denn, wie das Leben so spielt, sind Kinder immer am falschen Tag krank, Männer immer am falschen Tag auf Geschäftsreise und selbst bei einem sehr gut organisierten Netzwerk passiert es oft, dass gerade dann, wenn es am meisten brennt, kaum jemand verfügbar ist.

Ich bin keine Liebhaberin der Work-Life-Balance. Meiner Meinung nach geht es hier vielmehr um die persönliche Flexibilität, also sich je nach Bedarf der Familie und/oder dem Beruf zu widmen. Ich hatte viele schlaflose Nächte. Mein Projekt war lieb gemeint, hat aber in Österreich außer einem WOW Effekt keine großen Erfolge gebracht und meine Arbeit mit den Müttern aus Amerika und teilweise Australien und Südafrika habe ich irgendwann nach fast fünf Jahren aufgegeben bzw. auslaufen lassen. Irgendwann war ich einfach zu müde und musste auch mal wieder richtig schlafen. Es hatte sich nämlich so eingependelt, dass ich an Vormittagen Coachings und kleine Beratungsaufträge vor Ort durchführte; zwar sehr viel noch in meinem ehemaligen Arbeitsumfeld, aber hierfür war ich sehr dankbar. Nachmittags war ich Mama und abends ab circa 20 Uhr gab ich bis zwei Uhr früh meine Online-Coachings und jeden Donnerstag Nachtdienst, denn da arbeitete ich vorwiegend mit Müttern in Kalifornien. Wenn ich zu jammern begann, dann sagten mir Freunde und Verwandte: „Das hast du dir selbst so ausgesucht." Ein guter Trost war das nicht. Ich hatte plötzlich keinen Chef mehr, auf den ich alle Schuld schieben konnte, keine Firma mehr, wegen der ich so viel arbeiten musste. Ich war für alles alleine verantwortlich. Ich musste mich ordentlich am Riemen reißen und mich immer wieder neu erfinden, einen Tagesrhythmus finden. Früh aus dem Haus, Kinder in Schule und Kindergarten bringen, wieder zurück nach Hause – aber ich kam nicht einfach nur nach Hause, sondern war schon voll auf Arbeit eingestellt. Also ins Homeoffice. Keine Waschmaschinen zwischendurch, keine Jogginghose, sondern Business Code. Das war für mich sehr wichtig und es hilft mir bis heute.

Heute ist alles anders. Ich hatte Gott sei Dank sehr schnell verstanden, dass ich flexibel sein musste. Sprich, ich durfte nicht an meiner Ursprungsidee festhalten, sondern ich musste den Markt beobachten, ständig dazulernen und neue Chancen ergreifen. Das tat ich auch. Meine Geschäftstätigkeit hat sich immer mehr in Richtung Trainings zum Thema „Erfolgreich Kommunizieren und erfolgreich Verkaufen" entwickelt, und das mache ich bis heute mit großer Leidenschaft. MomsUCan, mein erstes Buch, wird immer das Ursprungsprodukt bleiben. Fotos von mir mit übergroßen Kopfhörern und Baby auf dem Schoß beim Skype Call mit einer Kundin in Amerika gehören zu den schönen Erinnerungen der ersten euphorischen Tage. Ich bin heute noch nicht reich und frei von allen Schuldgefühlen, aber ich freue mich, auf einen wunderbaren Mann zählen zu können, der immer an mich geglaubt hat. Ich habe Wege gefunden, mir meine Anerkennung zu holen, indem ich in mehreren Netzwerken aktiv tätig bin, in denen ich andere Frauen und auch Start-Ups aktiv unterstütze. Ich engagiere mich bei der Krebshilfe und freue mich, Gutes tun zu können. Aber auch das kostet Zeit, viel Zeit sogar. Zeit, die noch dazu meistens in die Abendstunden fällt. Natürlich sind meine Jungs nun schon grösser, aber das Familienleben kommt zwischen Schule und Arbeit und den verschiedenen Engagements doch immer wieder zu kurz. Aber auch hier gibt es eine klare Familienregel: Ich bin maximal zwei Abende pro Woche weg, ich muss also Prioritäten setzen.

Als One-Woman-Show habe ich die Flexibilität, mir meine Arbeit gut einteilen zu können, dennoch ist der Kunde König. Ich bin also auch nur so flexibel, wie meine Kunden es mir erlauben. Umsatzlose Zeiten, auch die gibt es noch; und das ist weiss Gott kein leichtes emotionales Werk. Aber das eine sind die Fakten, die Buchhaltung, das Angesparte, usw, und das andere sind die Schuldgefühle, die immer wieder aufkommen, wenn es darum geht, dass wir wegen meinen Terminen nicht alles unternehmen können, wie den Tenniskurs oder ein gemeinsames Pizzaessen. Für manche mag das nun nach Jammern auf hohem Niveau klingen, aber für mich schmerzt es trotzdem.

Zeit für mich habe ich kaum noch. Ich bin aber eine Sorte Frau, die stets meint, das nicht zu brauchen. Ich bin am aller glücklichsten, wenn ich mit meinen drei Männern, wie ich sie immer liebevoll nenne, etwas unternehmen kann. Von einer Joggingrunde bis zu einer Reise zu den Schwiegereltern nach Süditalien oder eine einfache Kuschelrunde auf dem Sofa mit vielen Chips und einem Actionfilm. Ich denke, dass ein jeder Mensch, ob Mann oder Frau, ganz individuelle Momente der Ruhe und Stille braucht. Ich verziehe mich manchmal mit einer Klatsch-Zeitung für eine halbe Stunde oder schaue mir um Mitternacht einen Gruselkrimi an. Aber viel mehr brauche und will ich auch nicht. In der aktuellen Lebensphase genieße ich es, noch jede freie Minute mit den Jungs verbringen zu können. Wenn die außer Haus sind, dann werden vielleicht wieder mehr ich-bezogene Augenblicke kommen.

Ich höre bis heute immer wieder folgende Sätze: „Ja bist du denn wahnsinnig?", „Wieso hast du nur einen sicheren Job aufgegeben?", „Du bist doch Mutter!", „Wieso tust du dir das an?" „Du Arme, hat man dich damals gekündigt?", „Du musst wohl, in deinem Alter findet man keinen fixen Job mehr." Letzteres höre ich seit ich vierzig bin. Und das ist nur ein kleiner Auszug aus den vielen negativen Reaktionen aus meinem Umfeld. Manchmal gibt mir das auch tatsächlich zu denke. Ich frage mich, ob ich vielleicht damals eine falsche Entscheidung getroffen hatte. War es so absurd, Unternehmerin mit Kind zu sein? War ich unfähig, Unternehmerin zu sein? Sollte ich lieber ein Produkt statt einer Dienstleistung anbieten? Ich frage mich immer wieder, warum mein Umfeld so negativ reagiert. „Karriere Dank Kindern", ganz bewusst möchte ich meine Antwort hier unter diese Motto stellen. Es ist nicht immer einfach, aber ich würde es sofort wieder tun, denn mehr Selbstbestimmung und mehr Selbstverantwortung. Ich durfte viele Sachen lernen, die ich sonst niemals gelernt hätte. Ich begegne unterschiedlichsten Menschen und darf auf verschiedensten Bühnen stehen, von denen ich früher nicht einmal zu träumen gewagt hätte. Summa summarum bin ich eine sehr zufriedene Frau, die viel arbeitet und sehr engagiert ist. Vor allem aber bin ich unglaublich stolz auf meine beiden zwei Söhne, Lorenzo und Alessandro. Und ohne meinen Mann Francesco wäre dies alles für mich nicht nur nicht möglich, sondern auch noch denkbar. Wir sind ein wirklich gut eingespieltes Team und dafür bin ich sehr dankbar. Wir sind zusammengewachsen, haben einander vertrauen gelernt. Denn auch das ist in Theorie und Praxis teilweise leicht unterschiedlich. Ich habe keine Scheu bitte zu sagen – noch möchte ich meinem Mann sagen, wie er was zu machen hat. Für mich ist mein Mann meine grösste Stütze, meine Kinder meine beste Energiequelle.

Zum Schluss möchte ich sagen, dass es für mich immer immens wichtig war, zu wissen, dass ich nicht komplett alleine bin und nicht alles alleine machen muss. Aber um etwas zu bitten, war für ich nicht immer einfach, denn für mich war es lange Zeit ein Zeichen von Schwäche, wenn ich etwas nicht allein machen konnte. Ich wollte alles schaffen; wollte Wondermom, Wonderwoman, Wondercoach und einfach immer und rund um die Uhr wonderful sein. Heute hole ich mir aktiv Hilfe und bekomme sie auch ganz problemlos, ob zu Hause (mein Mann macht beispielsweise seit Jahren den Einkauf) oder für die Firma (eine ehemalige Arbeitskollegin hilft mir immer wieder mal mit der Administration – ich mag das ganz und gar nicht). Ein weiterer Ort, an dem ich viel Unterstützung erfahre, betrifft verschiedene Netzwerke in denen ich tätig bin. Dazu gehören die Wirtschaftskammer, Frauennetzwerke oder Einpersonen-Unternehmernetzwerke. Ich bin in dem (Irr)Glauben aufgewachsen, dass wenn man brav ist, man ein „Zuckerl", eine gute Note, einen guten Job, einen guten Auftrag bekommt. Nun, ganz so einfach ist das besonders in der Arbeitswelt nicht. Erst seit ich signalisiert habe, dass ich gerne mehr Umsatz hätte, dass ich neue Aufträge benötige, dass ich mich über weitere Kontakte freuen würde, da hat es auf einmal begonnen, zu funktionieren, das Netzwerken. Und ich mache das gleiche auch für andere. Aus voller Überzeugung. Denn es ist ein gegenseitiges Geben und Nehmen. Und es funktioniert!

Katarzyna Greco im Kurzportrait:

Dr. Katarzyna (Kasia) Greco ist Unternehmerin, Autorin, Trainerin und Coach mit über 20 Jahren Berufserfahrung als Managerin in international-renommierten Unternehmen. Sie hält ein Studium der Internationalen Betriebswirtschaft, spricht sechs Sprachen und ist zertifizierter Leadership und Life Coach. Im aktiven Einsatz setzt sie sich für Frauen in der Wirtschaft ein und ist ebenso aus Leidenschaft Mutter! Ihr sind besonders drei Dinge wichtig: Offen sein für Neues, ein liebevoller Umgang mit anderen und sich selbst und niemals aufgeben.

www.KasiaGreco.com

„Um etwas zu bitten, war für mich fälschlicherweise lange Zeit ein Zeichen von Schwäche."

Katarzyna Greco

PRISKA HELENA BAUMANN

◆◆◆

„Was für ein Jahr. Was in den letzten zwölf Monaten mit mir geschah, lässt mich beim zusammenfassenden Gedanken beinahe schwindelig werden. Emotional kletterte ich in die höchsten Höhen und kroch in den tiefsten Tiefen. Die wohl größte Krise meines Lebens warf mich zurück auf die Essenz meines Seins. Ich lernte endlich, nach 28 Jahren des Suchens, still zu werden - und da traf ich jemanden, der lange auf mich gewartet hatte: Mich selbst. Es war ein vorsichtiges Antasten an mein inneres Selbst. Hallo? Wer bist du denn? Was wünschst du dir? Wo hast Du denn so lange gesteckt?

Es war keine einfache Beziehung, die ich bis dahin mit mir geführt hatte. Ich ignorierte viele Aspekte meiner Selbst, spiegelte, projizierte sie ins Außen oder war zu beschäftigt um hinzuhören, was ich mir zu sagen hatte. Plötzlich stand ich nun da und stellte mit Entsetzen fest, dass ich in dem Moment, in dem ich mich am meisten brauchte, keine Ahnung hatte, wo ich eigentlich war. Dies war der Startpunkt für die Suche nach meinem Kern, meinen wahren Wünschen, Sehnsüchten und meinem wahrhaftigen Sein. Es ist nach wie vor eine Reise, doch ich bin auf dem Weg und lerne tagtäglich viele neue Lektionen, die mich Stück für Stück komplettieren und mich wachsen und reifen lassen.

In meiner Krise erkannte ich die unglaubliche Kraft, die eine solche Lebenssituation in sich trägt. Ich spürte, wie aus den aufgebrochenen Strukturen meines Lebens neue Pflänzchen wuchsen, deren Samen ich irgendwann mal gesät hatte. Nun ging es darum geduldig zu sein, diese Zöglinge zu gießen und sie vor Sturm und Sonne zu schützen. In der Zeit der Stille, fand ich zurück zu meinem Ursprung. Ich erinnerte mich an viele Dinge, die ich als Kind versuchte zu verstecken, zu vergessen, da sie nicht in diese Welt hineinzupassen schienen. Nun war ich wieder konfrontiert mit denselben Fragen, die mir als 5jährige durch den Kopf gingen. Ich zog Menschen in mein Leben, welche mich in meinem Glauben bestärkten und mir Halt gaben, je mehr ich mich meinen neuen/alten Lebensansichten öffnete – dort wo ich mich ansonsten nur auf meine Gefühle verlassen konnte. So fand ich zurück zu meinem starken Glauben an die Liebe. Ich durfte beobachten, wie sich mein Leben veränderte; wie sich das Glück in mir vermehrte, ich meine Flügel langsam begann auszubreiten und sich meine Wurzeln tiefer in die Erde schlugen.

Es war ein sehr, sehr wichtiges Jahr für mich; ein Jahr der Reinigung und Heilung. Ein Jahr, indem ich mich auf meinen persönlichen Heldinnenweg begeben habe, um den heiligen Gral der inneren Sicherheit, Freiheit und Liebe zu finden. Viel Altes hat mich von hinten überrollt, mich durcheinander gewirbelt und mir den Boden unter den Füßen weg gezogen. Doch nun habe ich eine Mitte gefunden, wie ich sie vorher noch nie verspürt habe. Ich befinde mich auf dem Weg zu mir selbst - und bin wild entschlossen, diesen Weg weiterzugehen, in der Hoffnung, viele Menschen damit zu inspirieren und sie auf ihrem Weg zu sich zu begleiten und zu unterstützen."

Dies ein Auszug aus meinem Tagebuch im Dezember 2011.

Als ich mich am tiefsten Punkt meines bisherigen Lebens wiederfand, vor dem Trümmerhaufen meiner Herzenswünsche auf dem Küchenboden kniend, bat ich um ein Wunder. Ich hatte gekämpft, so lange gekämpft, doch nun musste ich mich geschlagen geben. Und mein Flehen wurde erhört. Es wurde mir kauernd zwischen Vorratsschrank und Kochherd, von irgendwem oder etwas da draußen neue Kraft geschenkt - gepaart mit dem grossen Willen, einen neuen Weg zu meinem Glück zu finden. Ich wollte lernen, was mir das Leben offensichtlich auf den verschiedensten Arten zu lehren versuchte. Mein Anspruch war es, endlich zu begreifen, warum ich mich immer am selben Punkt wiederfand. Also entschied ich mich für ein Experiment mit mir selbst und beschloss, die Lektionen des Lebens bedingungslos anzunehmen, zu wachsen und eine bessere Version meiner selbst zu werden. Ich wollte das Geheimnis finden, welches Menschen in den stürmischsten Zeiten von Innen hält. Diese Zeit der Transformation ließ mich in die höchsten Höhen steigen und in meine tiefsten Tiefen meiner Seele blicken. Doch als ich nach dieser Reise den gröbsten Staub von den Kleidern geklopft hatte, die neue Kraft, Energie und Wahrhaftigkeit in mir spürte, meldete sich der dringliche Wunsch in mir, wichtige Schlüssel, welche ich unterwegs gefunden hatte, zu teilen. Wie wundervoll war das neue Lebensgefühl, die Fähigkeit, sich selbst endlich zu spüren; die Sicherheit und Geborgenheit, welche man so verzweifelt im Aussen gesucht hatte, plötzlich ganz still in seinem eigenen Herzen zu finden. Dieses überwältigende Gefühl der Freiheit, des Glückes, der bedingungslosen Liebe konnte und wollte ich nicht für mich behalten.

Wie das Leben so spielt, wurde mir ein Gebet zum Kompass, welches ich früher verachtet habe. Wahrlich verachtet. Ein starkes Wort, ich weiss, doch ist es die Wahrheit. Dieses „Vater Unser", welches von jedem Gläubigen und gänzlich unreligiösen Kirchengänger unmotiviert und lustlos runtergebrabbelt wurde, schien mir hohl, eng und diktatorisch - bis ich meinen ganz persönlichen Zugang in einem Buch und einer Jerusalem-Reise gefunden habe. Einer der wunderschönsten Orte, die ich bisher besucht habe, ist die Paternoster Kirche auf dem Ölberg. Dies ist der Garten, in welchem Jesus seinen Jüngern das Vater Unser weitergegeben haben soll. Heute befindet sich dort eine Kirche mit dem Gebet in 140 verschiedenen Sprachen. Diese sind eingebettet in hellen Stein, wunderschöne Blumen und eine Ruhe, die ich vergleichbar nirgendwo sonst verspürt habe. Ein Ort, an dem sich meine Seele ausruhen konnte. Das besagte Buch stammt aus der Feder von Kathleen McGowan. Die Autorin war mit ausschlaggebend für die Pilgerfahrt nach Israel, welcher viele Reisen in den Süden Frankreichs folgen sollten. Sie hat mir durch ihre „Magdalena-Reihe" nicht nur meine Seele an meine ureigene Wahrheit zurückverbunden, sondern brachte mich ebenso physisch nach Hause - an Orte, wo ich Puzzlestücke meiner selbst einsammeln konnte.

Ausgelöst wurde die besagte Lebenskrise durch den Bruch meiner damaligen Partnerschaft, bei welcher ich das Gefühl hatte, alles gegeben zu haben.

Ich hatte gekämpft, zurückgesteckt, bin Kompromisse eingegangen und hatte mich angepasst. Und trotzdem wollte diese Beziehung nicht funktionieren. Es war mir unbegreiflich, warum dieser Mann einfach keine Nähe zulassen wollte. Warum er sich immer mehr zurückzog und wortwörtlich vor meiner Liebe flüchtete. Abgesehen davon, dass ich ihn zu verlieren schien, „musste" ich mich von meiner großen Liebe des Lebens, der Schauspielerei verabschieden, da sie mich im gelebten Berufsleben regelrecht krank machte. Ich war wütend, fühlte mich vom Leben verraten. Hatte ich nicht alles dafür getan, um eine gute Partnerin, eine herausragende Schauspielerin, stark und angepasst zu sein? Hatte ich nicht viel geopfert, um es allen Recht zu machen, mich halb zu Tode geschuftet und immer und immer wieder die Fehler bei mir gesucht; an mir und meiner Bedürftigkeit gearbeitet und die Ansprüche zurückgeschraubt? Warum sollte ich nicht endlich für alle meine Arbeit belohnt werden? Warum schien mir das Leben wiederholt verachtend ins Gesicht zu grinsen und mich alleine inmitten eines Trümmerhaufens zurück zu lassen?

Ich war nicht bereit, diese partnerschaftliche Liebe so einfach aufzugeben – war sogar davon überzeugt, es wahrlich nicht zu können. Ich fühlte mich diesen Gefühlen einfach ausgeliefert und spürte, dass etwas Größeres dahinter stecken musste. In dieser Zeit kamen die Bücher von Eva-Maria Zurhorst und Dr. Chuck Spezzano in mein Leben. Stundenlang verschlang ich eines nach dem anderen. Da schienen Menschen direkt in mein Herz zu blicken. Sie beschrieben Gefühle, Zustände und Abläufe, unter welche ich nur kopfnickend aus tiefstem Innern eine Unterschrift setzen konnte. Dann kam der Schock, als ich irgendwo sinnübertragen las: „Sie sind der Spiegel Ihres Partners". Da versuchten mir diese mich so beeindruckenden Autoren doch tatsächlich weiszumachen, dass ich in diesem mir nicht erklärbaren Verhalten meines Partners mich selber erkennen sollte; dass ich das in ihm sehen sollte, was ich bei mir selber verdrängte oder anders auslebte; dass er dabei war, mir das aufzuzeigen, was bei mir noch nicht „ganz", nicht „heil" war. Ein innerer Aufschrei der Empörung war meine erste Reaktion auf diesen scheinbaren Affront und ich spürte, wie sich dicke Mauern des Widerstandes in mir auftürmten. Ich, die sich so selbstlos Aufopfernde, sollte dieselben Bindungs- und Egoprobleme haben, wie ich sie in meinem Partner erkannte? Ich, die sich immer so viel Mühe gab und Rücksicht auf alles und jeden nahm? Irgendetwas riet mir, diesem Chuck und dieser Eva-Maria zu vertrauen und wenigsten den Gedanken an eine derartige Möglichkeit weiter zu verfolgen und einige Forschungsarbeiten in Angriff zu nehmen. Das tat ich auch. Ich beschloss einmal so zu tun, als ob dem so sei. Was ich dabei entdeckte, hat mein ganzes Sein erschüttert; ich erkannte, dass sie Recht hatten.

Ich kam meinem Muster der Opferrolle auf die Spur, in der sich mein eigenes Ego zu nähren versuchte, indem ich oft nur gab, um zu bekommen; wie ich mich hinter der Beziehung versteckte, um mich nicht zeigen zu müssen. Ich stellte mit größtmöglichem Entsetzen fest, dass nicht nur mein Partner, sondern auch ich auf der Flucht war, wenn wir auch in die entgegengesetzten Richtungen rannten. Mit Erschrecken sah ich zum ersten Mal in den Spiegel, welcher mir bereits so lange vorgehalten wurde und erkannte mein eigenes Antlitz, welches ich bisher für das Gesicht meines Gegenübers hielt. Wie wenig ich über mich wusste. Wie viele Ängste in mir schlummerten, die mich verdrängen liessen, wer ich in Wahrheit war und bin. So waren diese ersten Erkenntnisse mit und durch meine mitmenschlichen Spiegel eine sehr erschreckende und aufschlussreiche Erfahrung, die ich heute als wertvoller Barometer immer wieder übe; In der Familie, dem Freundeskreis oder auf der Arbeit.

Wie konnte ich ein Leben führen, dessen Glück komplett und vollständig davon abhing, was um mich herum geschah? Ich wollte meine persönliche Erfüllung von nun an in meinem Inneren finden, auch wenn ich keine Ahnung hatte, wo diese stecken könnte, da sich alles in mir wund und schmerzhaft anfühlte. Ich verstand, dass ich durch meine verletzten Gefühle etwas von mir zurückhalten wollte. Nur was, war die große Frage. Ich hatte zu dem Zeitpunkt nicht den Hauch einer Ahnung, was ich wollte, wer ich überhaupt war und was mir guttun könnte. Aber ich wollte diese Erkenntnisse ernst nehmen und meiner Bedürftigkeit auf die Spur kommen. So erkannte ich viele Muster, die sich wie ein roter Faden durch mein Leben zogen. Ja, ich war tatsächlich dabei, immer von mir zu geben, Rücksicht zu nehmen und zurückzustecken, erwartete aber jedes Mal von meinem Gegenüber - sei es von meinem Partner oder sonst wem - dass ich irgendwie etwas zurück bekam und/oder wollte mich damit beliebt machen. Ich entlarvte den Glaubenssatz, nur liebenswert zu sein, wenn ich etwas leiste oder tue oder gebe. Warum war das so? Ich ging dem Ganzen auf den Grund, zog mich regelmässig nach der Arbeit zurück und reiste in meine Vergangenheit. Ich durchlebte nochmals die verschiedensten Stationen in meinem bisherigen Leben, die mich glauben liessen, nicht zu genügen. Ich sah hin und versuchte allen an der Situation beteiligten Menschen zu vergeben. Ich erkannte, dass sie einen Grund hatten, so zu re- oder agieren, wie sie es taten. Auch wenn mich ihr Verhalten damals verletzte, wurde mir in Retrospektive bewusst, dass sie mir ein (wenn auch ziemlich hässlich verpacktes) Geschenk gaben, welches ich nun bereit war auszupacken. Ich versuchte diese alten Muster in mir durch neue zu ersetzen. Ich begann mit vielen verschiedenen Listen; sammelte alle meine Glaubenssätze, welche ich über mich besass, um neue an ihre Stelle zu platzieren. Ich versuchte jede „Schwäche", die ich hatte, in eine „Stärke" zu transformieren und zu erkennen, dass hinter jeder Eigenschaft ein grosses Potenzial steckt, wird es nur von der richtigen Seite her beleuchtet.

Gerade durch meinen Beruf der Schauspielerin, fand ich es logisch, dass ich einen Hang zum Drama hatte. Wenn man meinen emotionalen Kurvenverlauf aufgezeichnet hätte, wäre dieser der Silhouette des Himalaya-Gebirges nahe gekommen. Für mich gab es keine „durchschnittlichen" Gefühle. Ich konnte sie auch nicht spüren - Ich WAR meine Gefühle. Ich identifizierte mich zu hundert Prozent mit diesen inneren Befindlichkeiten, was das Leben unglaublich anstrengend und unausgeglichen, jedoch auch spannend und intensiv machte. In einem Lebenshilfebuch las ich dann von der Unterscheidung zwischen Emotionen und Gefühlen. Diese Theorie war mir persönlich bis zu diesem Zeitpunkt völlig unbekannt. Ich behandelte diese Terme bis anhin als Synonyme. Doch mit dieser Vorstellung wurde dann ordentlich aufgeräumt: Währenddessen Gefühle im Augenblick entstehen, eine der Situation angepasste Reaktion auslösen und ich mit mir selber stets verbunden bleibe, so wird bei Emotionen ein ganz anderes Karussell von unverarbeitetem Schmerz in Bewegung gesetzt.

Wie bereits erwähnt, versuchte ich selbst während der schwierigen Phase unserer Partnerschaft immer alles „recht" zu machen. Ich verbog mich in alle Himmelsrichtungen, um irgendwie, irgendetwas zu retten. So sehr, dass ich schlussendlich keine Ahnung mehr hatte, wo Priska überhaupt noch war. Als es dann immer schlimmer wurde und die Schmerzen kaum noch auszuhalten waren, brachte ich die scheinbar ausweglose Situation auf den Tisch. Ich breitete mein Herz vor ihm aus und sprach endlich meine Wahrheit, auch wenn sie noch so verkümmert daherkam. Meine Wahrhaftigkeit erlaubte es ihm, die seinige darzulegen und endlich, seit Monaten der inneren Distanz, begegneten wir uns wieder. Wir sassen weinend auf dem Sofa und redeten miteinander. Ich konnte wieder atmen. Ein Gefühl der tiefen Befreiung breitete sich in meinem ganzen Körper aus. Endlich wurde das ausgesprochen, was so lange in uns gebrodelt hatte und vor dessen Ausbruch wir uns beide unglaublich fürchteten. - Was dann folgte, war sehr schmerzhaft und ganz bestimmt nicht einfach, doch es war unsere Wahrheit. Wir gaben unsere gemeinsame Wohnung auf und trennten uns.

Gerade wenn wir in einer schwierigen Lebenslage stecken, drehen sich hunderttausend Gedanken in unserem Kopf, die sich nicht zu Ende denken lassen wollen. Ich selber hatte oftmals das Gefühl, bald durchzudrehen, wenn ich nicht endlich etwas Struktur in das Stimmengewirr bekommen sollte. Und gleichzeitig fürchtete ich die Stille, in der die Gefühle umso stärker in mir aufstiegen und mich zu ersticken drohten. Dies war jedoch der einzige Weg, um endlich aufzuräumen. Ich suchte die schweigende und gleichzeitig schreiende Ruhe. Liegend auf dem Bett und ohne Ablenkung, erlaubte ich den Gefühlen hochzukommen. Dies benötigte von mir den gesamten Mut, welchen ich aufbringen konnte – denn ich hatte oft ernsthaft Angst, dass ich an dieser Masse von Schmerz sterben könnte. So unglaublich wie das klingt, so wahrhaftig fühlte sich dies an. Ich liess die Wellen über mich ergehen, beobachtete jedes Gefühl ohne Verurteilung, und liess sie in meiner Umarmung transformieren. Nach und nach fand die Ruhe ihren Weg zurück zu mir.

Aus heiterem Himmel, hatte ich unerwartet den grossen Wunsch, mich in die Heilenergie „Reiki" einweihen zu lassen. Dies war das grösste Geschenk, das ich mir machen konnte. Worte sind zu beschränkt um auszudrücken, was diese Einweihung in mir ausgelöst hat. So begann ein vollkommen neues Leben in einem neuen Bewusstsein und einer damit verbundenen Spiritualität. Ich bekam Antworten, wo bisher nur grosse Fragezeichen standen und welche ich so schnell wie möglich versuchte in meine bisherige Welt zu integrieren. Eine nicht ganz einfache Aufgabe, wären mir nicht grosse und gütige Helfer zur Seite gestellt worden. Die geistige Welt, und besonders die Energie der Engel wurde für mich zur neuen Heimat. Plötzlich waren diese wundervollen Geschöpfe da, wenn für mich meistens nicht sichtbar, doch definitiv spürbar. Ich hatte mich bis zu dem Tag noch keine Minute wirklich bewusst mit meinem Schutzengel oder irgendeinem anderen himmlischen Helfer auseinandergesetzt, auch wenn ich oft spürte, dass da irgendetwas war. Nun war es auf einmal glasklar. Ich begann mit meinen „neuen" Freunden zu kommunizieren und bekam zu meiner Freude immer öfters auch Antworten auf den verschiedensten Wegen. So erkannte ich, dass Einsamkeit oder Getrenntheit nichts anderes als eine riesengrosse Illusion sind; ich begriff, dass ich zu jeder Zeit von vielen wundervollen Freunden umgeben bin, welche mir von Herzen gerne zur Seite stehen, mir Trost und Geborgenheit spenden, wenn ich sie nur darum bitte. Durch diese Wesen hat sich mein Vertrauen in das Leben tief gestärkt. Und genau dieses Vertrauen hat alles verändert. Dieses Vertrauen hat mein Leben von Grund auf revolutioniert. Neugierig wie ich bin, habe ich daraufhin massenhaft Bücher über die Engel verschlungen und mich im Empfangen der himmlischen Botschaften spezialisiert; es folgt eine Ausbildung zur medialen Engelbotschafterin.

Neben den Engeln konnte ich mir endlich auch erklären, warum ich an gewissen Orten oder Plätzen körperliche Reaktionen hatte. Aus dem Nichts heraus kann ich mich in einem Raum schrecklich fühlen; es wird mir schwindlig und ich habe das Gefühl ohnmächtig zu werden. Im Gegenzug werde ich an bestimmten Orten von einer tiefen Ruhe durchströmt oder von freudiger Erregung gepackt. Dasselbe passiert mir auch manchmal in der Kommunikation mit Menschen. Früher dachte ich immer, ich sei verrückt und ein Sensibelchen (wofür ich mich immer verurteilte). Nun erkannte ich endlich, dass ich Energien spüre und mein Körper mir klare Zeichen gibt, welche Grundenergien gerade vorherrschen. So bin ich diesem Weg weiter gefolgt und wurde ein Jahr später nach den zwei ersten Graden in die Reiki-Meisterschaft eingeweiht. Es ist für mich eines der wunderschönsten Dinge zu spüren, wenn Energien zu fliessen beginnen; zu fühlen, wie sich mein Sein öffnet und im Einklang mit dem Universum zu tanzen beginnt. Die Schleier werden sehr dünn und alles scheint möglich. Wann immer ich mich mit „der anderen Welt" verbinde und beginne, mit meinem Herzen zu kommunizieren, finde ich mich an einem Ort des Friedens und der Liebe wieder. Dann bin ich frei.

Geduld. Diese Lektion war und ist für mich als im Sternzeichen des Widders und im Aszendenten des Löwen Geborenen eine der herausforderndsten. Ich erwischte mich immer wieder dabei, wie ich die Zeit ankurbeln wollte, unruhig nach Lösungen oder Umsetzungen suchte, die jedoch einfacher zu mir finden hätten können, wäre ich nicht so verkrampft und hektisch herumgehastet. Ich habe erkannt, dass ich oft ungeduldig war, wenn ich jemandem etwas beweisen, als Superwoman dastehen und Lob ernten wollte – sei es auch „nur" von mir selbst. „Dinge geschehen lassen" klang in meinen Ohren einfach nicht so heroisch, wie „kämpfen". Doch ich sah in dieser Zeit der Transformation ein, wie unendlich wichtig die Balance zwischen „Aktion" und „Sein" ist. Und welche enorme Magie in der Geduld liegt, wenn wir sie zulassen und umarmen. Welche Klarheit sie uns schenken kann, wenn wir auch mal innehalten und das Leben „machen lassen."

Als kleines Kind konnte ich mich daran erinnern, dass ich mit einer bestimmten Mission, einem Plan hierhergekommen bin. Nur wusste ich nicht mehr, wie dieser aussehen sollte. Dieses Wissen habe ich bis heute mit mir herumgetragen und mich immer wieder gefragt, wie ich diese Berufung umsetzen kann. Früher dachte ich, dass es meine Aufgabe sei, mit der Schauspielerei, meiner grossen Leidenschaft, die Menschen zu berühren; ihnen Geschichten zu erzählen, die sie in eine andere Welt entführen und sie an etwas Grösseres, etwas Höheres erinnern. Ich persönlich kann mich vollkommen in Geschichten auflösen und Wochen davon zehren. Wie mir mein Körper aufzeigte, war der Weg der Schauspielerin (zu der Zeit) jedoch nicht der meinige. Er wurde immer öfters krank und machte mir schmerzlich, kurz vor einem Burnout stehend klar, dass ich dem Druck des Businesses nicht gewachsen war.

Auch wenn mich die Theaterwelt später wieder verführte, zog ich mich damals nach und nach aus dem Künstlerinnenleben zurück und versuchte weiterhin herauszufinden, welches meine wahre Mission hier auf Erden war. Je mehr ich mich auf diesen bewussten Weg der (Selbst)Liebe einliess, desto stärker wurde der Wunsch, Menschen zu berühren, sie an dieses wundervolle Licht zu erinnern, welches irgendwo hinter oft dicken Mauern leuchtet und sich zeigen möchte. Es ergab sich das eine nach dem anderen; der Reiki-Einweihungen folgten die Ausbildungen zum Integral-, sowie Life-, Emotion-, Soul und Spirit Coach und zur medialen Engelbotschafterin. Danach Kurse in der Handanalyse, Kartenlegen, den Urprinzipien, sowie einer Ausbildung zur Paarberaterin. Ich begann mich mehr und mehr mit dem Schamanismus zu beschäftigten und lerne das Reisen in den „anderen" Welten kennen und in Seelenrückholungen auch anzuwenden. Mit jedem Schritt fühlte ich mich meiner wahren Bestimmung näher.

Ich wollte die als esoterisch verschrienen Praktiken auf eine geerdete Weise mit der Welt hier verbinden, denn ich wusste, dass diese Dinge Hand und Fuß haben, wenn ich sie auch nicht mit meinen physischen Augen sehen konnte. Die Wahrheit dahinter war nicht zu leugnen; mein Körper gab mir eindeutige Signale, meine Gefühlswelt veränderte sich und ich begann Dinge so zu verstehen, wie ich es vorher nicht konnte. Ich erinnerte mich. Nein, ich bin nicht die birkenstock-tragende, in Glitzerstaub und rosa Gewänder gehüllte Fee. Ich bin nun einmal Priska, die auch gerne (Kunst-)Lederjacken und Bikerboots trägt, sich oft schminkt und deren Sprechstil nicht immer ganz so gewählt daherkommt. Ich mag Rotwein und ich mag Bier. Ich tanze wild und manchmal bin ich auch richtig laut und impulsiv. Und gleichzeitig spreche ich mit meinen Engeln, esse vegan und folge meinem Wahrheit, wo es mich auch immer hinträgt. Mein ungezähmtes Herz lässt sich in keine Schublade stecken. Ich mag keine Regeln. Ich mag keine Stigmatisierungen. Und ich mag mich nicht in eine Ecke drängen lassen. Ich bin, wie ich bin und ich tue, was ich tue und dies mit vollem Herzen. Das Wichtigste ist mir, dass ich meinen Werten treu bleibe. Dass die Liebe mein Leitstern ist und ich mich in mir selber frei fühle. Und diese Freiheit wurde mir durch das Verbinden dieser Welten mehr und mehr geschenkt.

Man kann sich noch so dagegen wehren; einer der hunderttausend Wunscherfüllungs-Ratgeber, die sich in allen Büchereien tummeln, ist wohl jedem von uns schon in die Hand geraten. Aus meiner Sicht begann der grosse Hype nach „Bestellungen beim Universum" von Bärbel Mohr definitiv mit „The Secret" von Rhonda Byrne und das Spiel mit dem Gesetz der Anziehung konnte beginnen. Ich möchte hier keinesfalls die Kraft der mentalen Fähigkeiten anzweifeln oder sie gar ins Lächerliche ziehen, jedoch gibt es auch noch andere Gesetze, welche es zu beachten gilt. Zu diesem Fazit komme ich, da es sonst nur noch reiche, schlanke, gesunde Menschen mit dem perfekten Partner, Auto und Haus geben würde. Tatsache ist, dass wir mit unserem Denken unglaublich viel beeinflussen können. Dies wird jedem klar sein, der sich schon einmal mit dieser Theorie auseinandergesetzt hat. Schlussendlich ist alles Energie; unsere Gedanken, unsere Worte, unsere Gefühle. Sie alle kreieren ihre ganz besondere Wesenheit und ziehen ebensolche an. Doch wir leben hier in der Dualität und wenn wir diese nicht einbeziehen, dann werden wir uns immer wieder den Kopf stossen. Es ist unendlich wichtig zu erkennen, dass „Kontrast" nicht unser Feind ist und wir lernen, mit Persephone, der Göttin der Unterwelt, zu tanzen und sie als unsere Lehrmeisterin zu ehren. Das Leben bringt uns immer das was wir wollen, oder das was wir brauchen. Alles ist Rhythmus. Alles hat einen Gegenpol. Alles verändert sich. Jede Aktion hat eine Reaktion. Alles gleicht sich aus. Und ja, Gedanken erschaffen Materie. Daher besteht das Geheimnis darin, die Krisen als Chancen zu erkennen und nicht zu glauben, dass das Leben uns vergessen hat, wenn unsere Wünsche nicht über Nacht erfüllt werden. Die Wege zum Ziel sind manchmal verstrickt und wir müssen erst noch andere Erfahrungen sammeln, um dann schlussendlich das gewünschte Gefühl hinter der Manifestation zu empfangen.

Während meiner besagten Krise habe ich ein Tagebuch geführt, in welchem ich täglich positive Erlebnisse festhielt. So stand da beispielsweise „Mein Chef hat mir heute ein Kompliment über mein Kleid gemacht! Merci!", „Ich bin so dankbar, dass der Tramchauffeur noch gewartet hat! Yes!" oder „Ich habe heute eine wunderschöne Blume am Strassenrand gesehen. Ihre Schönheit spiegelte das Wunder der Natur. Danke!". Diese Dankbarkeitsübung machte ich stur jeden Tag. Ohne Unterlass. Ich glaube heute, dass mir dieses

Tagebuch in dieser Zeit das Leben gerettet hat. Ich konnte mich aufrichtig an kleinen Dingen freuen, während ich dann am Abend die Stille suchte, Vergebungsarbeit leistete und teilweise durch die emotionale Hölle ging. Durch dieses Tool konnte ich jedoch die Energien ausgleichen und trotz allem mit einem guten Gefühl durch den Alltag kommen. Ich konnte den dreckigen Keller meines Lebens ausmisten, ohne das Wunder des Lebens aus den Augen zu verlieren.

Nach der Trennung von meinem damaligen Partner, konnte ich den Stöpsel zum Leeren dieses Liebestanks einfach nicht finden. Ich konnte diese Liebe weder ignorieren, noch einordnen. Und ich spreche hier nicht nur von der romantischen oder sexuellen Liebe, dem sogenannten Eros (welche, um das Ganze auch noch die nötige Würze zu geben, zu dem Zeitpunkt natürlich auch noch in voller Kraft am Wirken war), sondern was ich fühlte, beschreibt eine andere Qualität der Liebe, welche ich nicht ignorieren konnte. Eine Liebe, von der ich wusste, dass, egal was geschehen würde, sie nicht zerstört werden konnte. Und so wurden dieser Mann und meine Verbindung zu ihm zu meinen grössten Lehrmeister. Ich würde lügen, wenn ich die hunderttausend Kämpfe nicht erwähnen würde. Denn ja, die romantische Liebe war ebenso da. Und auch die Verletzungen. Und manchmal hätte ich mich gerne einfach losgesagt, hätte alles hingeschmissen, jeglichen Kontakt und jegliche Verbindung durchschnitten – aber das Universum hatte andere Pläne mit mir. Denn diese Bänder liessen sich nicht durchtrennen. Egal was passierte, diese Liebe blieb einfach unangetastet. Und so lernte ich. Ich wuchs an diesem Schmerz, liess immer wieder los, was mir nicht länger dienlich war, nahm an, was war und transformierte immer und immer wieder alte Muster und Gefühle in die Freiheit. Niemand, wirklich niemand konnte mich verstehen. Nicht einmal ich mich selbst. Viele Freunde sorgten sich um mich und hatten Angst, dass ich mich niemals für einen neuen Mann öffnen könnte, wenn ich mich nicht endlich von diesem klar trennen konnte. Und ja, natürlich hatte kein anderer Mann Platz in meinem Leben – und dennoch wollte meine Seele diese Lektion lernen. Was ich auf diesem Weg kennenlernen durfte, ist das grösste Geschenk, dass mir das Leben schenken konnte. Die Liebe zu mir selber. Diese Liebe war der Schlüssel zu meinem Glück, welches ich so lange im Aussen gesucht hatte. Und nein, ich fand und finde mich auch heute seither nicht 24 Stunden am Tag, 365 Tage im Jahr supertoll. Im Gegenteil. Ich hadere manchmal noch immer. Ich stolpere, schlage mich blutig, ertappe mich in Verurteilungen und Wertungen, - doch ich bin mir bewusst, dass ich auf dem Weg bin. Selbstliebe ist eine Reise, begleitet von unendlich viel Mitgefühl. Mitgefühl mit sich selbst.

So ging ich meinen Weg der Heldin. Schritt für Schritt. Ohne zu wissen, wo mich die Reise genau hinführte. Wenn ich auf all die Stimmen im Aussen gelauscht hätte, wäre ich meinem Seelenplan nicht nachgekommen. Ich hätte mich angepasst, mich in die gängigen Standards gepresst, und würde heute nicht hier sitzen und diese Zeilen schreiben. Ich hätte mich niemals der echten, wahren Liebe geöffnet. Und ja, ich hatte die Wahl. Ich entschied mich damals für den einsamen Weg. Den Weg, welcher nur und ausschliesslich für mich Sinn ergab und der wirklich, wirklich steinig und unbequem war. Doch er hat sich tausendfach ausgezahlt. Und ich würde ihn immer wieder gehen. In den sechs Jahren, welche zwischen dem einleitenden Tagebucheintrag und der Geburt dieser Zeilen liegen, ist viel geschehen. Und ja, die Liebe blieb weiterhin meine Lehrmeisterin. Ich habe mich vor zwei Jahren neu verliebt. In einen verheirateten Vater aus Holland. Während mich vor sechs Jahren der Verlust einer Beziehung auf die Knie zwang, war es diesmal die Wucht und Kraft einer Liebe, welche nicht sein durfte. Wir beide wollten uns nicht verlieben und dennoch ist es geschehen. Wie zwei Magnete, von einer unsichtbaren Macht angezogen, hatten wir keine Chance unserer Wahrheit zu entfliehen. Kennen gelernt haben wir uns auf Facebook. In einer internationalen Gruppe gleichgesinnter Menschen.

Als wir uns ein paar Monate und Nervenzusammenbrüche später in „Real Life" trafen (was „zufälligerweise" auch der Name des Theaterstückes war, in welchem ich zu genau dem Zeitpunkt Première feierte und eine verheiratete Mutter spielte, welche sich im Internet in einen jüngeren Mann verliebte...), war es klar, dass unsere Liebe nicht einfach nur auf Seelenebene existierte, sondern auch in dieser Welt sehr echt war. Und zwar so gross, dass wir sie trotz wiederholt gescheiterten Versuchen einfach nicht ignorieren konnten. Ich fand, wonach ich mich mein gesamtes Leben gesehnt hatte – und gleichzeitig bedeutete dies, meinen hässlichsten Dämonen ins Auge zu blicken und tonnenweise Glaubensmuster zu durchbrechen. Auch wenn Bas, mein Liebster, und ich niemals eine Affäre hatten, er von Beginn an offen und ehrlich mit seiner damaligen Frau über uns sprach und sich gleich nach unserem ersten Treffen von ihr trennte, klopfen selbst nach zwei Jahren „harter" emotionaler und mentaler Arbeit die Schuldgefühle noch regelmässig von innen und aussen an meine Tür.

Ein halbes Jahr nach dem tränenreichen ersten Aufeinandertreffen am Flughaften in Basel, war Bas von seiner Frau geschieden und ich mit meinem Strassenhund und den Dingen, welche nach der Auflösung meines Hausstandes übrig blieben (und in den Kofferraum meiner Freundin passten), in die Niederlanden ausgewandert. Ich gab alles auf. Mein gesamtes Leben in der Schweiz, inklusive Schauspielaufträgen, Freunden, meiner Familie, meiner geliebten Wohnung, meinem Praxisraum... einfach allem. Ich mietete ein kleines Zimmer, liebevoll Hippie-Den genannt, mit Küchenecke, Bett und Pult, in welchem ich für eineinhalb Jahren lebte. Dusche und WC teilte ich mit meinem Vermieter und seinen beiden Söhnen. Zu Beginn sprach ich kein Wort Holländisch, kannte keine Menschenseele und nachdem ich zwei Monate für ein Reisebüro gearbeitet hatte, beschloss ich an einem Abend, mich selbständig zu machen. Ich fühlte, dass ich in diesem Job krank werden würde. So schrieb ich meine Kündigung noch vor Mitternacht. Bas war mitten in seiner Scheidung, kümmerte sich um seine Kinder, seine Arbeit und seine Ex-Frau, welche erst ein Jahr nach der Trennung ein eigenes Haus fand. Ich war daher lange Zeit auf mich allein gestellt. Ich tat Dinge, von denen ich niemals zu träumen wagte – telefonierte herum, besuchte Ämter, fand (oft mit Google Translate) heraus, was zu tun war, um mein Business hier in den Niederlanden anzumelden und ging einfach Schritt für Schritt weiter auf meinem Weg, den ich manchmal selbst nicht mehr ganz klar sehen konnte. Ja, es war teilweise verdammt hart, und ja, in vielen Momenten fühlte ich mich unglaublich alleine - doch das Leben schenkte mir die Chance meine ureigene Wahrheit und Stärke auf einem ganz anderen Level zu leben. Mich selbst neu zu erfinden und in wirklich JEDER Situation die Geschenk zu empfangen. Es klappte.

Ich kann heute nicht nur von meiner Selbständigkeit leben, sondern auch meine neue Familie damit finanziell unterstützen. Das Geheimnis: Ich sprang. Ich sprang - ohne Flügel und ohne Sicherheitsnetz. Alleine im Wissen, dass ich nur dann mein Glück finden kann, wenn ich meiner Wahrheit folge. Wenn ich meinen eigenen Wert lebe. Und siehe da - im freien Fall wuchsen die Flügel. Die Flügel, die mich weiterhin tragen und mir erlauben, die Welt aus einer ganz neuen Perspektive zu betrachten. Ich darf nun den ganzen Tag lang nur noch das tun, was ich wirklich liebe und worin ich gut bin – Heldinnen wachküssen und diese Frauen auf ihrem persönlichen Weg zu sich unterstützen. Mit meinem gesamten Arsenal an Krisenerfahrung im Gepäck. Ich darf einen Traum leben, weil ich ohne meine volle Wahrheit keinen Schritt mehr gehen wollte. Weil der Wunsch nach Freiheit und Wahrheit grösser war als die Angst, die mich klein halten wollte. Um Missverständnissen gleich vorzukommen – hätte ich darauf gewartet, dass die Angst verschwindet bevor ich sprang, würde ich noch heute oben an dem Kliff stehen. Die Angst ist immer Teil der Reise. Doch wann immer sie sich auf dem Fahrersitz breitmachen will, verweise ich sie liebevoll auf die Rückbank. Denn hey, ich bin die einzig und alleinige die dazu befugt ist, das Steuer in der Hand zu halten.

Mittlerweile bin ich bei Bas und seinen zwei Kindern eingezogen. Jede zweite Woche bin ich nur in der Rolle der Stiefmutter unterwegs, was mich wiederum auf einer ganz neuen Ebene herausfordert und erfüllt. Und um die Geschichte noch etwas spannender zu machen, kämpften wir die letzten Monate um Bas' Gesundheit. Im Frühling wurde bei ihm einem Burnout diagnostiziert und ein halbes Jahr später, nachdem wir in einer Nacht notfallmässig ins Spital fahren mussten, ein Tumor in seinem Kopf gefunden. Als chemaliger Krebspatient schlugen seine Ärzte Alarm, als das Blutbild vorübergehend so aussah, wie bei der Diagnose des Lymphkrebses vor sieben Jahren, welcher er eigentlich nach 18 Chemos und einer Stammzellentransplantation als geheilt galt.

Anfangs meiner Geschichte erzählte ich etwas von persönlicher Hölle – diese Momente bis zur Entwarnung überstiegen alles vorher erlebte. Doch Gott sei Dank - Bas ist gesund. Er ist gesund. Die starken Schmerzen, welche noch immer in seinem Kopf toben, können nicht auf den gutartigen Tumor zurückgeführt werden und wir beschreiten nun den Heilungspfad alternativer Heilmethoden, da seine verschriebenen, starken Medikamente auf Dauer keine Lösung sind.

Falls du auf mein HappyEnd gewartet hast – DAS IST ES!

Dies ist das Leben – mit all seinen Wellen-Bewegungen, seinem Rhythmus, seinem ureigenen Tanz. Mit dem strahlenden Sonnenschein und den dunklen Regenzeiten. Zusammen machen sie „ein Ganzes". Nur weil ich mit meiner Heldin unterwegs bin, bedeutet das nicht, dass Herausforderungen aus meinem Leben verschwunden sind. Ich lebe mein Leben mit einer neuen Verantwortung. Mit einem neuen Bewusstsein und einer tiefen Dankbarkeit für alle Lehrmeister die mir begegnen – in allen möglichen Verkleidungen. Im grossen Vertrauen, dass alles für mich geschieht und niemals gegen mich. Worte können nicht ausdrücken wie dankbar ich bin, dass ich mich damals auf den Weg gemacht habe. Vom Küchenboden aufgestanden bin und mich auf die Reise begeben habe – auf die Suche nach meinem heiligen Gral.

Ich habe viel gefunden.

Unter anderem: Mich. Das Wissen darum, dass Glück, Freiheit, Wahrheit und Liebe mein Geburtsrecht sind. Und das Bewusstsein, dass ich die Schlüssel zu alledem in mir trage und sie nur eine klare Entscheidung von mir entfernt sind.

Priska Helena Baumann im Kurzportrait:

Priska Helena Baumann studierte an der Universität Bern Kindergärtnerin und Unterstufenlehrerin, diplomierte danach an der European Film Actor School als Schauspielerin und war die darauffolgenden Jahre als freischaffende Künstlerin tätig. Wiederholte tiefgreifende Lebenskrisen brachten sie auf den Weg der Persönlichkeitsentwicklung. So beschäftigte sie sich intensiv mit verschiedenen Alternativen und spirituellen Heilmethoden und diplomierte 2012 als Emotion-, Life-, sowie Soul- and Spirit- Coach ECA. In den folgenden Jahren arbeitete sie als Dozentin für werdende Coaches, wirkte als Seminarleiterin und führte eine eigene Praxis in Bern. Im April 2016 ist Priska zu ihrem Partner in die Niederlanden ausgewandert, wo sie nun online Frauen in ein selbstbestimmtes und authentisches Leben begleitet.

www.PriskaBaumann.com
www.SheroesWomenOfFreedom.de

„Glück, Freiheit, Wahrheit und Liebe sind ein Geburtsrecht"

Priska Baumann

KAPITEL VIER

Wenn aus einer Vision Realität wird

CAROLIN OTZELBERGER

◆◆◆

Da saß ich nun. Alleine inmitten voller Umzugskartons in meiner neuen Wohnung in meiner neuen Wahlheimat im Allgäu. Einige Wochen zuvor war ich auf der Suche nach einem neuen Zuhause mit meinem VW Bus hier gestrandet. Hinter mir lag eine achtmonatige Reise mit meinem Freund im Bulli quer durch die Klettergebiete Europas. Nach deren Ende war eigentlich ein gemeinsamer Neustart irgendwo an den Bergen geplant. Mein größter Wunsch sollte in Erfüllung gehen – hatte ich doch schon Jahre lang davon geträumt, an die Berge zu ziehen. Doch leider war aus dem Freund zum Ende unserer Tour ein Ex geworden und der Realität gewordene Traum hatte somit einen kleinen Schönheitsfehler bekommen. Egal, ich war da, wo ich sein wollte und tatsächlich auch ein bisschen stolz darauf, diesen Schritt nun endlich auch alleine gewagt zu haben. Und überhaupt war ich bester Dinge. Hatte diese Reise mit all ihren Erlebnissen und Erfahrungen mich doch enorm gestärkt und das Ur-Vertrauen ganz tief in jede meiner Zellen eingebrannt. Das war allerdings auch bitter nötig. Denn realistisch betrachtet, hätte man mich entweder als hoffnungslos naiv oder völlig verrückt erklären müssen. Oder beides. Da stand ich mit komplett leeren Händen vor der größten Herausforderung meines Lebens: Ich war gerade an einem völlig fremden Ort angekommen, wo mir nicht nur das soziale Netz fehlte, sondern vor allem auch ein fester Kundenstamm. Meine Ersparnisse waren nach hohen Ausgaben in den ersten beiden Jahren der Existenzgründung und der anschließenden Reise auf genau 1000 Euro reduziert. Bei einer Warmmiete von 750 Euro kein allzu sicheres Polster. Im Nachhinein frage ich mich manchmal selbst, woher ich diese sture Zuversicht nahm, dass das schon alles irgendwie funktionieren würde. Klar war, dass ich sofort zahlende Kunden brauchte. Nun war ich allerdings alles andere als eine gewiefte Geschäftsfrau und konnte leider nicht von mir behaupten, überhaupt schon einmal erfolgreich ein Business aufgebaut zu haben. Denn ehrlicherweise muss ich zugeben, dass die ersten beiden Jahre der Selbstständigkeit eher von Existenzängsten, Selbstzweifeln und Verdrängungsmechanismen geprägt waren, als von nennenswerten Einnahmen. Die eingeschobene Reise war also nicht nur Mittel zum Zweck gewesen (um mich räumlich zu verändern), sondern auch die Flucht vor einer schier überwältigend erscheinenden Herausforderung: nämlich finanziell mit meinem eigenen Business auf eigenen Beinen zu stehen.

Ein Jahr später war ich genau an diesem Punkt wieder angelangt, hatte dem Ganzen allerdings noch das i-Tüpfelchen aufgesetzt: Finanzieller Druck aufgrund der aufgebrauchten Reserven und völlig auf mich alleine gestellt, kam es mir vor wie eine Mount Everest Besteigung ohne Sauerstoff und Sherpas. Doch etwas war völlig anders als im ersten Anlauf zur Selbstständigkeit vor der Reise: „Alles ist möglich" war nicht mehr nur der plakative Titel meines Blogs, sondern inzwischen eine tiefe, innere Überzeugung. Ich zog gar nicht erst in Erwägung, dass es nicht klappen könnte. Wild entschlossen, das Leben meiner Träume zu verwirklichen, hatte ich schon längst entschieden, dass es funktionieren musste. Nur wie, das wusste ich nicht. „Was immer du tun kannst oder erträumst zu können, beginne es. Kühnheit besitzt Genie, Macht und magische Kraft. Beginne es jetzt." Dieses Goethe Zitat war mein Leitmotto – und ist es bis heute geblieben. In dieser Zeit habe ich sehr eindrücklich erlebt und gelernt: Unterstützung kommt dann, wenn du sie brauchst. Und keine Sekunde früher. Du kannst Hilfe nicht auf Vorrat kaufen, sie kommt immer genau zur rechten Zeit. Aber sie kommt, definitiv. So auch bei mir: Neben unzähligen, schier wundersamen Begegnungen mit wildfremden Menschen, die mich mit offenen Armen im vermeintlich verschlossenen Allgäu empfingen, kam sie vor allem in Form einer Business Mentorin. Bis zu jenem Tag im September 2014 wusste ich überhaupt nicht, dass es so etwas wie Business Mentoren gibt. Klar, ich hatte zu Beginn meiner Selbstständigkeit eine Gründungsberatung bekommen und gelernt, was man als Existenzgründer so alles zu tun hat. Diese klassische Vorgehensweise ging jedoch völlig an mir und meinem Naturell vorbei. Ich war jung, anders und vor allen Dingen sehr freiheitsliebend. Bei all den Konzepten und Vorgehensweisen, die man mir bis zu diesem Zeitpunkt als den goldenen Weg zur erfolgreichen Selbstständigkeit vorgeschlagen hatte, zog sich in mir alles zusammen. Konnte ich mir doch beim besten Willen nicht vorstellen, wie das für mich funktionieren sollte. Gegangen bin ich diesen Weg trotzdem, zumindest habe ich es mangels Alternativen versucht. Bis eine gute Freundin mir an besagtem Tag vor inzwischen drei Jahren den Link zur kostenlosen Teleclass (Vortrag via Telefonkonferenz) einer Business Mentorin schickte. Mit den Worten: „Schau mal, hab ich grad entdeckt. Vielleicht ist das was für dich?" Und wie das was für mich war. Dem Call habe ich gebannt und beinahe atemlos gelauscht. Völlig gefesselt von all der Klarheit, die diese Frau ausstrahlte und die mir bewusst machte, wie eben genau diese Bestimmtheit mir fehlte. In den Minuten nach diesem Call schaute ich dem Konstrukt meines Bauchladen-Business, einem Kartenhaus gleich, beim Einsturz zu. „Gehen Sie zurück auf Los" schien auf der Karte zu stehen, die mir dabei in die Hände fiel. Ohne zu wissen wie mir geschah, buchte ich ein kostenloses Infogespräch bei besagter Mentorin, deren Wissen mir wie eine Offenbarung erschien. Wenig später war ich zu ihrem Business Aufbau Programm angemeldet – verbunden mit einer Investition von über 3600 Euro innerhalb der nächsten vier Monate. Da war es wieder, dieses Vertrauen. Du erinnerst dich? Hilfe kommt dann, wenn man sie braucht. Und die brauchte ich jetzt dringend, denn auf meinem Konto herrschte Allzeit-Tiefststand. Wieder einmal wusste ich nicht, wie es gehen würde. Ich wusste nur, dass sich eine Möglichkeit finden wird. Und ich tat etwas, was ich kurze Zeit vorher noch für völlig unmöglich gehalten hätte: Ich fragte meine Eltern nach Geld. Da sie gerade im Urlaub waren, schrieb ich ihnen eine E-Mail und fragte, ob sie mir vorübergehend 2000 Euro (für die ersten Raten) leihen würden. Ich hatte keinerlei Erwartungen. Umso mehr überraschte mich ihre Antwort wenige Stunden später. „Wir haben dir soeben 5000 Euro überwiesen, damit du etwas disponieren kannst", teilte mein Vater mir mit. Ein paar Zeilen darunter fügte meine Mutter hinzu, sie könne überhaupt nicht verstehen, wie man so viel Geld für ein Coaching ausgeben könne. Aber wenn ich der Meinung sei, dass es das Richtige für mich wäre, dann solle ich das tun.

Dieser Meinung war ich in der Tat und ich war zu Tränen gerührt.

Nun ging es ans Eingemachte. Oder besser gesagt, zunächst erstmal ans Ausmisten. Fokussierung was das Zauberwort und so durfte ich mich von meinem Bauchladen verabschieden. Ich lernte, meine ideale Kundin zu definieren, also die Person, die ich mit meinen Angeboten gerne erreichen möchte (Wie, ich darf mir aussuchen, mit wem ich arbeiten möchte?! Das wird ja immer besser!) und Angebotspakete zu schnüren anstatt Einzelsitzungen zu verkaufen. Ich tauchte ein in die Geschäftsmöglichkeiten von Facebook & Co und lernte Menschen kennen, die ausschließlich online arbeiteten. Der Streber in mir hatte Feuer gefangen. Die Inhalte des Programms lerne ich nicht nur in Rekordtempo, sondern setze sie auch augenblicklich um. Klar, ich musste schnell Geld verdienen. Doch das war bei weitem nicht alles. Mir hatte sich eine völlig neue Welt aufgetan. Und obwohl ich voller Bewunderung vor all jenen stand, die sich mit scheinbar müheloser Leichtigkeit absolut selbstverständlich und erfolgreich auf diesem Terrain bewegten, spürte ich instinktiv, dass das auch für mich möglich ist. Diese Freiheit, Flexibilität und Kreativität wollte ich auch haben. Dennoch war mir klar, dass es eine Weile dauern würde, ehe ich den nötigen Bekanntheitsgrad erreicht sowie die technischen Voraussetzungen geschaffen haben würde, um online durchzustarten. Ich entschied also, vorerst zweigleisig zu fahren und machte mich daran, parallel dazu Vorträge vor Ort zu organisieren. Ein weiterer Meilenstein: Früher hatte ich an Vorträgen alles mitgenommen was ging. Vom Gartenbauverein über Unternehmensverbände bis hin zu Geschäftshotels – mir war keine Gelegenheit zu skurril. Diesmal wählte ich die Orte mit Bedacht und suchte gezielt Locations, an denen meine Wunschkundin sich aufhielt, wie beispielsweise Yoga-Studios oder mein Lieblingscafé. Die Strategie ging auf. Durch diese Vorträge gewann ich meine ersten Kunden und da ich inzwischen ja ganze Pakete verkaufte, hatte ich schnell höhere Umsätze als je zuvor. Hoffnung keimte auf. Sollte es tatsächlich möglich sein, komplett „mein Ding" zu machen, mein Business und meine Angebote so zu gestalten, wie ich wollte und damit auch noch ein enormer Beitrag für andere Menschen zu sein?

Damit wir uns nicht falsch verstehen: Ich bewegte mich an diesem Punkt bei Monatsumsätzen von 500 bis 1500 Euro. Das war ein großer Erfolg für mich und dennoch reichte es gerade so, um über die Runden zu kommen. Natürlich meldeten sich auch hier Existenzängste und Zweifel hin und wieder zu Wort. Doch ich hatte gelernt, dass die Energie meiner Aufmerksamkeit folgte und übte mich darin, meinen Fokus auf meine Ziele zu richten, anstatt im emotionalen Sumpf stecken zu bleiben. Die meiste Zeit klappte das auch recht gut. Und natürlich wurde ich auch mit jedem Erfolg selbstbewusster. Die erste Kundin, die zu mir ins Coaching kam (damals nutzte ich ein Zimmer meiner Wohnung als Coachingraum und arbeitete am Esstisch), entsprach fast zu 100% meiner zuvor definierten Wunschkundin. Sensationell. Meine Vorträge kamen gut an und meine Angebote wurden mehr und mehr gebucht. Vor allen Dingen aber hatte ich eine Wahnsinnsfreude am Erstellen neuer Inhalte sowie am Lernen, Lernen und Lernen. Stunden, Tage und Wochen verbrachte ich mit dem Schauen von YouTube Videos und Webinaren zum Thema Business Aufbau, ich las Blogs über die Nutzung von Facebook zur Kundengewinnung und hatte ganz nebenbei ja auch noch mein Business Mentoring Programm bei besagter Mentorin, das ich in meiner Begeisterung direkt verlängert hatte.

Meiner Meinung nach sollte man gar nicht erst versuchen, ein eigenes Business aufzubauen, wenn man keine Freude am Lernen hat. Von anderen Menschen zu lernen, ist eine absolut grundlegende Voraussetzung, um erfolgreich zu werden. Auch heute ziehen mich andere Unternehmer noch in ihren Bann, wenn sie ihre Erfolgsrezepte teilen oder neue Techniken und Strategien vorstellen. Ein paar sehr grundlegende Dinge habe ich auf meinem Weg von der Beamtentochter zur Geschäftsfrau gelernt: Ein eigenes Unternehmen zu führen bedeutet ausprobieren: Es gibt keine Patentrezepte und das, was bei einem anderen funktioniert hat, muss keineswegs auch für mich und meine Kunden passen. Ich betrachte mein Business als Spielwiese – hinfallen ausdrücklich erlaubt! Und noch eins: Nie wieder ohne Mentoren! Nachdem ich am eigenen Leib erfahren habe, wie viel schneller und leichter alles ging und wie viel klarer ich wurde, seitdem ich begonnen hatte, mit meiner damaligen Business Mentorin zusammenzuarbeiten, habe ich mir auch für andere Themen Sparringspartner gesucht. Obwohl ich inzwischen selbst einen gigantischen Werkzeugkasten und sehr viel Erfahrung mit persönlichen und business-spezifischen Themen habe, hole ich mir heute viel früher Hilfe von außen als noch vor drei bis vier Jahren. Ich habe ein Netzwerk an Experten für verschiedenste Gebiete und stehe regelmäßig (virtuell) bei ihnen auf der Matte. Und obwohl ich inzwischen selbst Menschen beim Aufbau einer Selbstständigkeit begleite, lasse ich mich immer wieder von Business Mentoren unterstützen und gebe dafür jedes Jahr sehr viel Geld aus. Ich habe kaum jemals sinnvoller investiert. Und nicht zuletzt deshalb, weil ich mir Ausbilder gesucht habe, die für mich echte Vorbilder sind, kann ich heute wirklich voller Überzeugung behaupten, zu 100 Prozent meine Bestimmung zu leben. Ich kann mich in meiner Arbeit absolut austoben, habe wunderbare Kunden und ein sensationelles Team. Es hat sich für mich definitiv gelohnt, stur bei meinen Prioritäten zu bleiben. Eine freie Woche pro Monat, weitestgehend freie Zeiteinteilung sowie ortsunabhängiges Arbeiten geben mir das Gefühl, wirklich selbstbestimmt zu sein. Inzwischen gebe ich mich auch mit nichts Geringerem zufrieden als einem Leben, das mich absolut glücklich macht. Und ich ermutige meine Kunden, es mir gleich zu tun. Denn es stimmt tatsächlich: Alles ist möglich. Du musst nur danach fragen!

Eines möchte ich aber zum Schluss noch hinzufügen: Auch wenn meine Geschichte von außen betrachtet bilderbuchmäßig erscheinen mag, so war sie doch mit vielen großen Herausforderungen und tiefen Prozessen verbunden. Ich musste eine Menge Ängste und Selbstzweifel bewältigen und mir meiner begrenzenden Überzeugungen erst einmal bewusst werden, um sie anschließend zu überwinden. So hatte ich beispielsweise als Tochter eines Finanzbeamten mein Leben lang zu hören bekommen, dass Selbstständige entweder Gauner und Ganoven sind, weil sie Steuern hinterziehen oder Pleite gehen. Das klingt krass aber dieser Eindruck ist aus den Erzählungen meines Vaters bei mir automatisch entstanden. Um mich zu schützen, versuchte er mich zu Beginn meiner Selbständigkeit mental auf's Scheitern vorzubereiten. Er meinte, ich solle mir darüber im Klaren sein, dass es nicht an mir läge, wenn es mit der Selbständigkeit nicht klappen würde. Schließlich wäre es an der Tagesordnung, dass Coaches, Berater und Heilpraktiker nicht von ihrer Arbeit leben können. Hier war viel innere Arbeit gefragt, um für mich eine Perspektive entstehen zu lassen, bei der ich weder betrüge noch in der Gosse landen würde.

Außerdem hatte ich sehr lange Zeit mit einer besonders hartnäckigen Angst zu kämpfen: Ich traute mir nicht zu, finanziell wirklich langfristig auf eigenen Beinen stehen zu können. Vor allen Dingen befürchtete ich körperliche Einbrüche, die es mir unmöglich machen könnten zu arbeiten. Der Grund dafür liegt vermutlich in den vielen Krankheiten, die meine Kindheit prägten. Obwohl ich viel unternahm, diese Ängste aufzulösen, hat es mehrere Jahre gedauert, ehe sie mich nicht mehr plagten. Letztendlich war es erst das „Tun", das diese Befürchtungen allmählich beiseite wischte. Je länger ich das stetige Wachstum meines eigenen Unternehmens erlebte und auch mal körperliche Schwächeperioden unbeschadet überstand, umso stärker wurde mein Selbstvertrauen und die Verankerung in mir selbst. Ich habe meine Fähigkeit zu manifestieren anerkannt und mein momentaner Erfolg ist meine Kreation. Und wenn es irgendwann mit diesem Business nicht mehr sein sollte, werde ich andere Dinge bzw. auf anderen Wegen Einkommen kreieren. Diese Gewissheit gibt mir inzwischen die Sicherheit nach vorne zu gehen anstatt in Zweifeln stecken zu bleiben.

Am eigenen Money Mindset zu arbeiten, ist sozusagen ein „Must" für jeden Neu-Selbstständigen und auch für viele alte Hasen. Das ist ein sehr individueller Prozess, denn jeder hat andere Hürden und Hindernisse. Ich spüre inzwischen förmlich, wenn ich wieder ein oberes Limit erreicht habe. Also zum Beispiel eine Umsatzgrenze, über die ich – gefühlt – nicht hinausgehen kann. Zu Beginn war es für mich völlig unvorstellbar, konstant über 1000 Euro pro Monat zu verdienen. Später waren 5000, dann 10000 Euro die Grenzen des Vorstellbaren. Das ist wie das Höherlegen einer Latte im Hochsprung: Du erreichst ein gewisses Level und dann wünschst du dir, höher zu springen und verschiebst das Limit nach oben. Gibt es da irgendwann einmal eine Grenze? Im Sport ja, im Business nicht wirklich. Die Umsatzmöglichkeiten sind im Grunde genommen nach oben offen, sofern dein Mindset mitmacht. Ob immer mehr, immer höher für dich erstrebenswert ist, steht natürlich auf einem ganz anderen Blatt Papier.

Ich habe für mich da eine ganz klare Aufteilung der Prioritäten getroffen: Ja, ich möchte meine Umsätze erhöhen. Aber nicht um jeden Preis. Mir ist meine Freizeit sehr wichtig und ich bin nicht bereit, dem Business alles unterzuordnen. Auch das war ein Prozess. Lange Zeit hatte ich ein schlechtes Gewissen, wenn ich an einem normalen Arbeitstag tagsüber nicht gearbeitet habe. Vor allem meinen Eltern gegenüber, die sich in meinem Alter den Allerwertesten aufgerissen hatten, um uns Kindern ein gutes Leben zu ermöglichen. Ich habe erkannt, dass jeder Mensch für seine Entscheidungen verantwortlich ist und für sich wählen kann. Und so wie meine Eltern (und viele andere) Kinder zu bekommen und ein Haus zu bauen zur obersten Priorität machten, habe ich mich entschieden, mit meinem Business die Welt zu verändern und mir möglichst viel Freizeit zum Klettern, Bergsteigen und Reisen zu gönnen. Und es funktioniert: Immer öfter bekomme ich zu hören: „Carolin, so wie du lebst, möchte ich auch leben!" Es hat mich sehr viel Überwindung gekostet, zu meinem Freiheitsdrang zu stehen, anstatt ihn zu verstecken. Viele Menschen haben mich für verrückt erklärt, als ich nach anderthalb Jahren Selbstständigkeit nochmal ein Jahr auf Reisen gegangen bin – hätte ich doch viel eher das Klischee von „selbst und ständig" erfüllen sollen. Jetzt bin ich damit ein Vorbild für andere und fühle mich ein Stück weit als Vorreiterin einer neuen Unternehmens- und Arbeitskultur. Denn für mich steht fest: Der Mensch bleibt nur mental, emotional und körperlich gesund, wenn er seinen individuellen Selbstausdruck lebt. Und der passt nun mal in den seltensten Fällen in starre, vorgegebene Jobbeschreibungen und Karrierepläne.

Und so ist der Titel meines Blogs „Alles ist möglich" nicht bloß eine Plattitüde. Vielmehr sehe ich darin eine Aufforderung an jeden einzelnen von uns, mehr möglich zu machen als bislang normal ist und damit das Level an Glück, Erfüllung, Gesundheit und Wohlstand für uns alle nach oben zu schrauben. Denn sowohl für uns selbst als auch für unsere Gesellschaft sind Dinge möglich, von denen wir jetzt nicht mal zu träumen wagen. Und es erfüllt mich jeden Tag auf's Neue, mit meiner Arbeit meinen Kunden und Lesern diese unbegrenzten Möglichkeiten zugänglich zu machen. Auf dass wir gemeinsam die Welt zu einem besseren Ort für uns alle machen!

Carolin Otzelberger im Kurzportrait:

Als *Die Möglichkeitsmacherin* unterstützt Carolin Otzelberger Menschen dabei, ihre Bestimmung zu finden und ein für sie zutiefst erfülltes Leben zu gestalten. Aus ihrem großen Freiheits- und Freizeitbedürfnis macht sie keinen Hehl und ist dadurch ein inspirierendes Vorbild für alle, die „mehr" vom Leben haben wollen. Privat findet man sie bevorzugt an steilen Felswänden kraxelnd – unterwegs in den Kletterhotspots dieser Welt.

www.carolin-otzelberger.de
https://www.facebook.com/die.moeglichkeitsmacherin

„Realistisch betrachtet, hätte man mich entweder als hoffnungslos naiv oder völlig verrückt erklären müssen."

Carolin Otzelberger

ASTRID VARCHMIN

◆◆◆

Das Saatkorn für meine Selbständigkeit wurde während einer Visionsübung zum Abschluss meiner systemischen Coaching-Ausbildung im Januar 2009 gepflanzt. Wir lagen alle auf dem Boden im Kreis, hatten die Augen geschlossen und dann kam die Frage: „Stellt Euch vor, es ist 2011 – was steht auf Eurer Visitenkarte?" Diese Frage traf mich wie ein Blitz und hat gefühls- und gedankenmäßig einiges in mir ausgelöst. Ich wusste zwar nicht, was genau auf meiner Visitenkarte in zwei Jahren stehen würde, aber ich wusste, dass ich etwas verpasst hätte, wenn noch der Name meines Arbeitgebers auf ihr stehen würde. Ich war damals Managerin bei einer internationalen Unternehmensberatung im Bereich Change Management und Human Performance. Dann kam der Sommer 2009 und nach der globalen Finanzkrise sah es nicht besonders rosig in der Beratungsbranche aus. Deshalb galt bis auf Weiteres: Resturlaub nehmen, wer nicht unabkömmlich auf einem Projekt eingesetzt war. Bei mir hatten sich drei Monate angesammelt – ideale Voraussetzung, um mein Saatkorn zum Keimen zu bringen. Ich nutzte die Zeit, um mich intensiv mit meinen Werten auseinanderzusetzen und gemeinsam mit Freunden eine Geschäftsidee („futuretrails") voranzutreiben. Zu beschreiben, was für mich die Werte Unabhängigkeit, Familie, Weiterentwicklung bedeuten, hat für Klarheit in Bezug auf meine nächsten Schritte gesorgt und mir Orientierung bei wichtigen Entscheidungen gegeben. Die Geschäftsidee „futuretrails" basierte auf dem Bedürfnis, junge Erwachsene bei ihrer Berufsplanung durch ein Seminar- und Coachingkonzept kombiniert mit Outdoor-Erfahrungen in den Bergen zu unterstützen. Anfang 2010 standen Konzept und Webseite von „futuretrails", so dass meine Zukunftsvision klar war und ich wusste, was auf meiner neuen Visitenkarte ste-

323

hen sollte.

Wie in der Liebe braucht man auch manchmal im Job einen Fußtritt, um sich endgültig zu trennen. Nachdem ich im Frühjahr 2010 nicht auf die nächste Management-Ebene befördert wurde und davon ausging, dass sich meine Chancen als Working Mum in Teilzeit nicht verbessern würden, war der richtige Zeitpunkt gekommen, um zu gehen. Und zwar im Guten, denn zwölf Jahre mit tollen Kollegen und spannenden Projekten, mit denen ich mich ständig weiterentwickelt habe, waren eine Zeit, die mich sehr geprägt hat und an die ich mich heute noch gerne erinnere. Im Sommer 2010 fiel dann der Startschuss für mein eigenes Business „Varchmin Consulting – Training, Coaching, Beratung". Neben „futuretrails" – hier waren wir mittlerweile mit schicken Flyern am Start - ergab sich über die Referenz eines ehemaligen Kollegen die Zusammenarbeit mit einer Personalberatung. Diese beauftragte mich für die Entwicklung ihres neuen Change Management-Angebots. Geplant war, dass ich meine Expertise im Change Management einbringe, um diesen Bereich konzeptionell aufzubauen und Projekte zu akquirieren. Im Gegenzug sollte ich von ihrer Kernkompetenz in der Führungskräfteentwicklung und im Management Audit profitieren und in diese Themen hineinwachsen. Eine Win-Win-Situation für alle Beteiligten!

Und jetzt bitte noch einmal zurück auf Start! Zwei Kooperationen, Entwicklungschancen sowie die Aussicht auf herausfordernde Projekte, und attraktive Honorare – alle Zeichen standen auf Erfolg! Und dann fiel das ganze Zukunftsszenario innerhalb von Wochen in sich zusammen. Zunächst versandete „futuretrails" langsam, weil keiner mehr mit der richtigen Motivation dabei war und sich um die aktive Vermarktung und Akquise gekümmert hat. Rückblickend sind wir meiner Meinung nach zu schnell in die inhaltliche Zusammenarbeit eingestiegen und haben uns die wesentlichen Fragen zu Motivation, Risiko und Rollenverteilung nicht gestellt. Als die ersten Anzeichen der Storming-Phase innerhalb unseres Teams aufkamen, haben wir uns diesen entzogen und sind nicht in den Diskurs gegangen. Vielleicht war uns allen insgeheim klar, dass aus der Geschäftsidee nichts werden wird und der Erhalt der Freundschaft einen höheren Wert hat. Ich persönlich habe viel über die Zusammenarbeit in Teams gelernt und dass es wichtig ist, sich vorher über die gegenseitigen Erwartungen auszutauschen. Nichtsdestotrotz hätte mir ohne die Vision „futuretrails" vielleicht der Mut gefehlt, meinen alten Job zu kündigen. Leider hatte sich auch die Zusammenarbeit mit der Personalberatung schnell erledigt. Mein Bauchgefühl hatte mir von Anfang an signalisiert, dass die zwischenmenschliche Beziehung zum Geschäftsführer nicht stimmt und ich mit meinem Ansatz und meinem Verständnis von Zusammenarbeit nicht in die Unternehmenskultur passe. Geblieben ist ein leicht bitterer Nachgeschmack, da meine Expertise noch zu einem Zeitpunkt abgefragt wurde als sich die Geschäftsführung schon längst entschieden hatte, nicht mehr mit mir zu kooperieren und sich telefonisch verleugnen ließ. Dennoch hat sich meine Haltung, anderen einen Vertrauensvorschuss zu geben und in Vorleistung zu gehen, grundsätzlich nicht geändert. Und seitdem ich besser auf mein Bauchgefühl höre, habe ich keine weiteren negativen Erfahrungen mehr gemacht.

Die Situation nach wenigen Monaten Selbständigkeit: keinerlei Aussicht auf Kunden, Projekte oder Einkünfte. Ich wollte immer noch in die Führungskräfteentwicklung gehen, hatte aber keinerlei praktische Trainererfahrung oder didaktische Grundkenntnisse. Um schnell fit zu werden, absolvierte ich also eine Kompaktausbildung zur Trainerin. Ausgezahlt hat sich diese Investition bereits wenig später, als mir eine Freundin den Kontakt zu einer Boutique Beratung für Change Management und Führungskräfteentwicklung vermittelt hat. Mein Glück war, dass diese Beratung gerade ein großes Projekt gewonnen hatte und dringend auf der Suche nach Trainern war. Manchmal ist man zur richtigen Zeit am richtigen Ort! Zeitgleich hat mich ein Freund gefragt, ob ich mit ihm an seinem neu gegründeten Weiterbildungsinstitut eine Coaching Ausbildung konzeptionieren und durchführen möchte. Eine große Einnahmequelle war das nicht - nach Abzug der Raumkosten blieben jedem von uns ca. 50 Euro für das erste 2-Tages-Training. In keiner Weise vergleichbar mit dem Gehalt, das ich als angestellte Beraterin verdient hatte, und meilenweit entfernt von den Honoraren, die ich in meinem Businessplan angesetzt hatte. Doch ich bin gut damit gefahren, meine Ansprüche herunterzuschrauben und mein Engagement als Investition in meine Qualifizierung zu sehen. Denn dieses gemeinsame Projekt war für uns beide eine große Spielwiese, auf der wir uns ausprobieren und lernen konnten. So wurde 2011 ganz unerwartet zu einem guten Jahr in Bezug auf Auslastung, Verdienst und persönlicher Entwicklung!

Etwas Neues zu lernen, neue Impulse bekommen – daraus ziehe ich meine Energie und die Motivation, andere Menschen in Ihrer Entwicklung zu unterstützen. Ich habe in den letzten Jahren viele Fortbildungen besucht und meine Kompetenzen und mein Know-how kontinuierlich erweitert. Dass man heute nicht auf seinem Wissensstand verharren kann, ist klar. Allerdings gehört für mich neben der Entwicklung der fachlichen Kompetenzen auch die Persönlichkeitsentwicklung dazu, um professionell erfolgreich zu sein. Ich denke, dass viele Menschen Glaubenssätze und Einstellungen in sich tragen, die sie daran hindern, ihr Potential voll auszuschöpfen, ihren eigenen Weg zu gehen oder ihre Ziele zu erreichen. Als Coach unterstütze ich meine Klienten mit ganz unterschiedlichen Methoden, diese Blockaden für sich zu lösen. Doch wenn es um die eigenen Blockaden geht, ist es manchmal hilfreich, diese mit einer Kollegin oder einem Kollegen zu bearbeiten. So ist es mir zum Beispiel früher sehr schwer gefallen, über mich und meine Erfolge zu sprechen. Ich bin damit aufgewachsen, dass man nicht angibt oder von sich glaubt, besser zu sein als andere. Das verträgt sich jedoch nicht damit, im Rampenlicht zu stehen oder aktives Selbstmarketing zu betreiben. Heute bin ich zwar immer noch keine „Rampensau", aber ich kann mich auf meine Art ins rechte Licht rücken und fühle mich damit wohl. Besonders das Introvisionscoaching hat mich persönlich weitergebracht, weil sich damit ganz hartnäckige innere Verbote und Anweisungen auflösen lassen. Mein Ausbildungscoach Ulrich Dehner hat einmal gesagt, dass „dort am meisten Wachstum stattfindet, wo es weh tut". Sich mit seinen blinden und dunklen Stellen auseinanderzusetzen ist schmerzhaft, aber mich hat es privat und beruflich weitergebracht. Heute kann ich gelassener, selbstbewusster und in Einklang mit meinen Werten agieren.

Wie schon gesagt, wir haben alle unsere persönlichen Vorgeschichten. Ich musste meine persönlichen Entscheidungen oft gegen den Widerstand meiner Eltern erkämpfen. Und der Entzug finanzieller Unterstützung war eines der Druckmittel, mit denen versucht wurde, mich zu beeinflussen. Diese Erfahrung hat sich bei mir eingebrannt und erklärt vielleicht, warum Unabhängigkeit so wichtig für mich ist, und welche Kräfte ich mobilisieren kann, wenn dieser Wert gefährdet ist. Das war für mich gegeben, als einer meiner Kooperationspartner ankündigte, die vertraglichen Rahmenbedingungen der Zusammenarbeit zu verändern. Für mich waren das Anzeichen dafür, in eine Dienstleistungsrolle zu kommen und meine Tagessätze nach unten anpassen zu müssen, um weiterhin berücksichtigt zu werden. Diese Ängste haben Wut und Widerstand in mir ausgelöst und die Energie mobilisiert, die ich brauchte, um mehr ins eigene Business zu investieren und meinen eigenen Kundenstamm aufzubauen.

Besonders mein ehemaliger Arbeitgeber, bei dem ich durch den Einstieg direkt nach dem Studium ja sozusagen „sozialisiert" worden war, spielte eine große Rolle bei der Gewinnung meiner eigenen Kunden. Es existierte dort eine Unternehmenskultur, in der viel Wert auf Wissensaustausch, Community und Qualität gelegt wurde. Es wurde hart gearbeitet, aber man hat auch viel gemeinsam miteinander unternommen und gefeiert. Die Bindungen zu Kollegen und Kunden, die sich über die Jahre entwickelt hatten, wollte ich erhalten, denn mir waren die Menschen und deren Themengebiete wichtig. Ich fand es immer interessant zu erfahren, was sich in den Projekten abspielte und welche persönlichen Veränderungen es im Zuge dessen gab. Dass aus einigen ehemaligen Kunden und Kollegen meine eigenen Kunden wurden, lag – glaube ich – an zwei Hauptgründen. Zum einen hatte ich einen guten Ruf in meinem alten Unternehmen. Ich galt als Expertin für bestimmte Themen und hatte immer einen sehr guten Job gemacht, so dass bereits eine gute Vertrauensbasis vorhanden war. Zum anderen bin ich ja leicht für spannende Inhalte zu begeistern. Wenn mir jemand etwas über seine aktuellen Themen erzählt, fallen mir immer zwei, drei Dinge ein, die hilfreich sein könnten. Sei es ein gedanklicher Impuls, eine Buchempfehlung, ein Link oder auch ein Kontakt, den ich herstellen kann. Ich glaube, dass die Menschen, mit denen ich in Verbindung bin, spüren und schätzen, dass ich ein ehrliches Interesse an ihnen habe und ich mich freue, wenn ich ihnen weiterhelfen kann. Manchmal ergibt sich daraus ein Auftrag oder ein geschäftlicher Vorteil für mich und manchmal nicht. Das Bereichernde für mich ist, miteinander in Verbindung zu bleiben und sich gegenseitig etwas geben zu können. Was mein Business in den letzten Jahren extrem gepusht hat, war die Idee, mich aus der Komfort-Zone in die Stretch-Zone zu begeben. Also in die Zone, in der das, was man nicht kann, gerade noch überschau- und machbar ist, ohne dass einen die Panik beherrscht (das wäre die Panik-Zone). Als Unternehmensberaterin bin ich damit aufgewachsen, dass es wichtig ist, dem Kunden immer einen Schritt voraus zu sein. In dieser Zeit habe ich gelernt, mich schnell in neue Themen einzuarbeiten, zu analysieren und strukturieren und dann umsetzbare Konzepte zu entwickeln. Diese Fähigkeiten sind meine großen Stärken und meiner Meinung nach hilfreich, um auch in Zukunft erfolgreich zu sein. So vieles verändert sich, wird immer komplexer und unsicherer. Die Digitalisierung ist eine der wichtigsten Entwicklungen, die unser Leben und Arbeiten zukünftig noch stärker beeinflussen und verändern wird. Hier inhaltlich auf dem neuesten Stand zu bleiben, die Konsequenzen für das eigene Business zu verstehen und entsprechende Angebote zu entwickeln, birgt so viele Herausforderungen und Chancen, auf die ich mich freue!

Verschiedene Themen, spannende Projekte, neue Herausforderungen sind meine Energiequelle. Deshalb liebe ich mein Berufsfeld seit 20 Jahren. Doch Trainer, Coaches und Berater gibt es wie Sand am Meer und im letzten Jahr habe ich mir immer mehr die Frage gestellt: „Wie unterscheidest Du Dich eigentlich in diesem Wettbewerb von anderen?" Nachdem mich meine eigenen Überlegungen ab einem bestimmten Punkt nicht mehr weiterbrachten, entschloss ich mich zu einem Strategietag mit einer Personal Branding Agentur, um Klarheit bezüglich meiner Positionierung zu bekommen. Neben den klassischen Führungskräftetrainings biete ich schon seit Jahren Seminare für Fach- und Führungsfrauen an und meine Coaching-Kunden sind hauptsächlich Frauen. Durch den Strategietag ist mir klargeworden, dass genau hier mein Fokus liegt: Zum einen Frauen unterstützen, im Business erfolgreich zu sein. Und zum anderen Unternehmen bei ihrem Kulturwandel begleiten, um gleiche Chancen für Männer und Frauen zu schaffen und somit ihren zukünftigen Erfolg zu sichern.

Bevor ich mich voll zu meiner neuen Positionierung bekennen konnte, musste ich einige Zeit mit ihr „schwanger gehen". Denn mit einer Spezialisierung sind sowohl Chancen als auch Risiken verbunden. Mit einer klaren Positionierung habe ich die Chance, als Expertin aus der Menge herauszuragen und dadurch für die Zielgruppe, mit der ich zusammenarbeiten möchte, interessant zu werden. Allerdings kann es gleichzeitig auch passieren, dass ich für andere Themen und Kunden nicht mehr interessant bin und somit auf Einnahmequellen verzichten muss. Neben der Abwägung der Chancen und Risiken habe ich letztlich bei der Entscheidung auch auf mein Herz gehört. Frauen und Unternehmen erfolgreich machen ist ein Herzensthema. Ich möchte einen Footprint oder zumindest einen Fingerprint hinterlassen, etwas bewegen, meinen Beitrag leisten. Und meine Kompetenzen und Erfahrungen in Change Management, Coaching, Kulturwandel, Führungskräfteentwicklung ergeben genau die richtige Mischung, um meine Kunden wirksam zu unterstützen. Das fühlt sich ein bisschen so an, als ob auf einmal alle Puzzleteile ein sinnvolles und schönes Gesamtbild ergeben. Das Tolle und Mutmachende ist, dass sich auf einmal neue Türen öffnen, seitdem ich mit meiner Positionierung im Reinen bin und diese kommuniziere. Ich komme mit neuen Menschen ins Gespräch, man bietet mir die Zusammenarbeit an oder empfiehlt mich weiter. Auch die Mitarbeit an diesem Buch ergab sich überraschend, aber genau zur richtigen Zeit!

Ich kann gut nachempfinden was viele Frauen beschäftigt, denn ich kenne das Spannungsfeld, in dem sich viele Frauen befinden, sehr gut. Familie, Arbeit und die eigenen Bedürfnisse unter einen Hut zu bekommen, ist oftmals ganz schön anstrengend. Ich bekam meine beiden Kinder während meiner angestellten Beraterzeit. In der Unternehmensberaterbranche, die auch heute noch mehrheitlich männlich besetzt ist, war ich als Teilzeit-Mutter damals eher die Ausnahme auf Kundenprojekten. Ich fand es relativ unproblematisch, mit zwei Kindern meinen Job gut zu machen und die Arbeit zu schaffen. Als herausfordernd empfand ich es allerdings, weiterhin als vollwertiges Teammitglied anerkannt zu werden, über die gleichen Informationen zu verfügen und in Entscheidungen einbezogen zu werden. Wenn man zu einer bestimmten Zeit gehen muss, um die Kinder abzuholen, und die Kollegen noch mindestens drei bis vier Stunden länger bleiben, bekommt man zwangsläufig vieles nicht mit. Auch Telefonkonferenzen, die gerne in der Zeit zwischen 18 und 21 Uhr stattfanden, waren für mich nicht so leicht in meinen Familienalltag zu integrieren.

Das ist nämlich das Zeitfenster, in dem arbeitende Eltern in der Regel für ihre Kinder da sein müssen, wenn nicht alles komplett an Au-Pairs und Nannys übergeben werden kann oder soll. In der Zeit wird entweder gekocht und die jüngeren Kinder nach dem Essen ins Bett gebracht. Wenn alles gut läuft, bleibt sogar noch etwas „Quality Time" übrig: Spielen, Reden, eine Geschichte vorlesen. Da mein Mann ebenfalls Unternehmensberater war und in London arbeitete, war ich unter der Woche quasi alleinerziehend. Kurzum und wie bereits zu Beginn erwähnt, war diese Situation ebenfalls ausschlaggebend dafür, mich selbständig zu machen und meinen Fokus auf Führungskräfteentwicklung und Coaching zu legen. Der große Vorteil als Trainerin oder Coach zu arbeiten, liegt darin, dass die Einsätze zeitlich klar abgegrenzt und planbar sind. Die Seminarvorbereitung kann im Homeoffice erfolgen und mit Seminarende ist der Job abgeschlossen und man kann nach Hause gehen. Natürlich hätte es hier ohne externe Hilfe nicht funktioniert. Wir hatten wahnsinniges Glück, dass uns die Mutter von meinem besten Freund gute zehn Jahre lang als Nanny begleitet hat. Dank ihrer Unterstützung war es mir möglich, auch Jobs anzunehmen, für die ich mehrere Tage im Ausland unterwegs war.

Ich denke, jede Mutter muss für sich selbst bzw. mit dem Partner gemeinsam entscheiden, in welchem Rahmen sie die Betreuung der Kinder an andere Menschen abgibt. Das heißt Loslassen und Vertrauen in andere Menschen und die eigenen Kinder zu haben. Aber nicht immer haben Familien den Luxus, sich das auszusuchen oder zu überlegen, denn es spielen auch immer finanzielle Überlegungen mit hinein. In vielen Familien müssen Frauen in Vollzeit arbeiten, weil es sonst nicht zum Leben reicht. In anderen Familien wiederum können sie vielleicht nicht arbeiten, weil sie sich eine Betreuung nicht leisten können. Hier gibt es noch sehr vieles, was sich gesellschaftlich und politisch ändern muss, damit Frauen und Familien flexibler handeln können! Ich hatte das Glück, dass ich auch als Selbständige nie den Druck hatte zu 100 Prozent arbeiten zu müssen, weil mein Mann genug Geld nach Hause bringt. In gewisser Hinsicht handelt es sich dabei um ein klassisches Rollenmodell: Der Mann als Hauptverdiener und die Frau verdient hinzu - trägt aber die Hauptverantwortung für die Organisation des Familienlebens. Darüber kann man trefflich diskutieren. Für uns hat dieses Modell gepasst. Und wir ziehen beide Vorteile daraus, bezahlen aber auch einen gewissen Preis dafür. Mein Mann musste vergleichsweise wenig an seinem Lebensstil ändern. Er kann sich unter der Woche nach wie vor voll auf seinen Job konzentrieren, ist flexibel und muss sich nicht mit den Problemen des Alltags auseinandersetzen. Dafür hat er den Erwartungsdruck, für die Familie zu sorgen, Frau und Kindern etwas zu bieten. Mir war es möglich, meine Rolle als Mutter so zu gestalten, dass ich (zumindest meistens) das Gefühl hatte, noch genug für meine Kinder da zu sein. Zum anderen hatte und habe ich durch die „relative" finanzielle Sicherheit die Freiheit zu entscheiden, welche Aufträge ich annehme und welche ich ablehne. Dafür muss ich mich jedoch um tausend Dinge gleichzeitig kümmern, organisieren, besorgen, koordinieren. Und ich bin fast immer auf Stand-by, falls irgendetwas nicht nach Plan läuft, z. B. eines der Kinder krank wird oder die Kinderbetreuung keine Zeit hat. Die Zeit und Energie, die ich in mein Business stecken kann, hängt maßgeblich davon ab, ob zu Hause gerade alles „smooth" läuft. Auch wenn unser Familienmodell sicherlich nicht perfekt ist, so passt es für uns in diese Lebensphase und ermöglicht uns beiden, den Job zu machen, der uns erfüllt, die Rechnungen bezahlt und dazu noch Spaß macht. Es macht Sinn, in Lebensphasen zu denken, weil sich die Rahmenbedingungen über die Jahre hinweg stets verändern. Vieles, was vor einigen Jahren nicht möglich war, beispielsweise früh morgens zu einem Seminar zu fahren ohne eine Kinderbetreuung zu haben, ist heute machbar. Die Kinder stehen alleine auf, machen sich fertig und gehen zur Schule. Für mich bedeutet das mehr Flexibilität und ich bin sehr stolz auf meine Kinder, weil sie so viel eigenständiger geworden sind und an Selbstvertrauen gewonnen haben. Außerdem bekomme ich Arbeit und eigene Bedürfnisse immer besser unter einen Hut. Für mich ist es wichtig, dass ich genügend Zeit für meinen Sport habe. Ich bin leidenschaftliche Berg- und Ausdauersportlerin und liebe so ziemlich alle Sportarten, die man im Sommer (Bergsteigen, Wandern, Mountainbiken) und Winter (Skitouren, Skifahren) in den Bergen machen kann. Und seit diesem Jahr ist Surfen als neuer Sport hinzugekommen. Sport ist für mich ein elementarer Teil meines Lebens – ich kann beim Arbeiten durchpowern, doch wenn ich mich zwei Tage hintereinander nicht sportlich austoben konnte, werde ich unerträglich. Ich brauche Sport nicht nur, um ausgeglichen und fit zu bleiben, sondern auch, um neue Energie und frische Ideen zu bekommen. Viele gute Übungen für Seminare oder Blogideen sind mir beim Laufen im Olympiapark gekommen. Zeit für die eigenen Bedürfnisse freizuschaufeln, ist auch in einer Anstellung schwierig. Doch wenn man ein eigenes Business hat, muss man besonders darauf aufpassen, dass sprichwörtlich aus ‚selbstständig‘ nicht ‚selbst‘ und ‚ständig‘ wird - was mich zum nächsten Punkt bringt.

Weiterwachsen geht nur mit professioneller Unterstützung. Ohne externe Hilfe bei der Betreuung der Kinder oder im Haushalt wäre ich als Beraterin und Trainerin nicht einsatzfähig. Eine derartige Entlastung ist eine notwendige Voraussetzung. Doch wie sieht es eigentlich bei Aufgaben aus, die in direktem Zusammenhang mit dem eigenen Business stehen? Muss man das alles alleine schaffen? Oder ab wann und wofür bezahlt man jemanden für Tätigkeiten, die man eigentlich selbst erledigen könnte? Ich habe letztens einen Artikel über erfolgreiches Geschäftswachstum von Solopreneuren gelesen, der unter anderem diesen Aspekt beleuchtet hat. Der Ratschlag der Autoren war, bestimmte Aufgaben, die nicht mittelbar zum Umsatz beitragen, an externe Dienstleister zu geben – auch wenn man sich das eigentlich nicht leisten kann. Das ist gar nicht so leicht umsetzbar, denn wenn man nicht gerade mit Aufträgen ausgelastet ist und noch zeitliche Ressourcen hat, tendiert man eher dahin, die Dinge selbst zu machen: zum Beispiel Powerpoint-Folien schick zu machen, die Einnahmen-Ausgaben-Rechnung zu erledigen, einen Flyer zu entwerfen, an der eigenen Website zu basteln. Professionelle Tools sind ja mittlerweile sehr anwenderfreundlich und oftmals sogar kostenfrei nutzbar, so dass heute jeder fast alles selbst machen kann – sei es mit Wordpress eine eigene Website zu erstellen, mit Canva einen Flyer zu designen oder Videos mit Camtasia zu produzieren. Ich muss gestehen, dass es mir Spaß macht, mich in neue Tools „hineinzufuchsen“ und kreativ zu arbeiten. Doch steckt man oftmals mehr Zeit hinein als ursprünglich geplant, weil man viele Tricks und Kniffe nicht kennt und es eben keine Routinetätigkeiten sind. Und hat das Ergebnis wirklich die gleiche Qualität als wenn ein professioneller Webdesigner oder Graphikdesigner den Job übernommen hätte? In den letzten Monaten habe ich einige wertvolle Lektionen hinzugelernt, als ich zusätzlich zu meinen Aufträgen am Relaunch meiner Website gearbeitet, einen Artikel für ein Magazin und den Beitrag für dieses Buch geschrieben habe. Glücklicherweise habe ich von Anfang an bei der Entwicklung meiner neuen Website mit einer professionellen Agentur zusammengearbeitet, so dass die Hauptarbeit nicht von mir erledigt werden musste. Zudem gab es keine zeitlichen Verzögerungen und das Ergebnis hat meine Erwartungen bei Weitem übertroffen. Die Übersetzung der Texte ins Englische wollte ich selbst übernehmen, um Geld zu sparen. Doch nachdem ich die Akquise für einen potentiellen Auftrag ablehnen musste, weil ich mit den ganzen Marketingaktivitäten einfach nicht mehr hinterherkam, wurde mir klar, dass ich hier an der falschen Stelle gespart hatte. Letztlich habe ich einen Übersetzer beauftragt, der einen super Job in einem Bruchteil der Zeit geleistet hat, die ich gebraucht hätte. In Zukunft werde ich versuchen, mich auf meine Kernkompetenzen zu konzentrieren und die Aufgaben zu übernehmen, die einen Wert für meine Kunden schaffen und mittelfristig einen Umsatz versprechen. Bei allen anderen Aufgaben werde ich, wenn es meine finanziellen Möglichkeiten erlauben, Experten einbinden, damit ich den zeitlichen Puffer habe, mich um die wirklich wichtigen Themen kümmern zu können.

Mit Blick auf das zukünftige Geschäftswachstum stellt sich die ebenfalls spannende Frage, wie sich mein Business skalieren lässt. Im Moment bin ich eine „One-Woman-Show", und wenn ich nicht persönlich in einem Seminar oder in einem Beratungsprojekt präsent bin, verdiene ich kein Geld. Die Arbeitszeit, die mir zur Verfügung steht, ist zeitlich begrenzt. Da ich mir momentan nicht vorstellen kann, mich mit anderen zusammenzuschließen oder Angestellte zu haben, denke ich also eher in Richtung digitaler Angebote. Vielleicht ein E-Book oder Webinare, mit denen ich auch weltweit eine größere Zielgruppe erreichen kann. Ehrlich gesagt habe ich noch keine Ahnung, welchen Inhalt ich als bezahlbares Produkt online anbieten kann, wie das alles produziert wird und mit welcher Strategie ich das Angebot vermarkten kann. Doch ich habe das Gefühl, dass es klappen könnte, weil ich bereits einiges an Kompetenzen und Voraussetzungen mitbringe: Die Lust am Entwickeln von guten Inhalten, den Spaß am Schreiben, digitale Affinität, das Interesse, mit Menschen weltweit in Verbindung zu sein. Und für alles, was mir noch fehlt, gibt es doch Netzwerke und Partner, mit denen man zusammenarbeiten kann. Bis jetzt hat mich mein persönliches Motto „Wege entstehen, wenn man sie geht" immer ans Ziel gebracht!

Astrid Varchmin im Kurzportrait:

Astrid Varchmin ist Change Guide, Coach und Impulsgeberin, wenn es darum geht Frauen und Unternehmen erfolgreich zu machen. Sie möchte eine Basis schaffen, damit Frauen ihren Weg finden und gehen können – in einer Kultur geprägt von Chancengleichheit und Möglichkeiten. Ihren professionellen Background als Unternehmensberaterin und Führungskraft verbindet sie mit ihren persönlichen Erfahrungen im Spannungsfeld Frau - Karriere - Familie. Empathisch, strukturiert und mit modernen Ansätzen begleitet sie Veränderungsprozesse ihrer Kunden. Gemeinsam mit Mann, Sohn, Tochter und zwei Katzen lebt sie in München. Sie schätzt kulturelle Vielfalt und findet es erfrischend mit Menschen aus aller Welt zusammenzuarbeiten. Sie ist schnell zu begeistern und offen für Neues und Vielfalt: Konzerte, Ausstellungen, Bücher, Städte, Filme ... Ihre besondere Leidenschaft gilt dem Bergsport: Am liebsten unternimmt sie Touren, die landschaftlich schön und konditionell herausfordernd sind.

www.astrid-varchmin.com
www.linkedin.com/in/astrid-varchmin-88042946/

„Es macht Sinn, in Lebensphasen zu denken, weil sich die Rahmenbedingungen über die Jahre stets verändern."

Astrid Varchmin

INGRID AUER

◆◆◆

Bevor man überhaupt beginnt, sein Business zu rocken, braucht man erst einmal eine gehörige Portion Mumm. Oder zwei, oder drei. Zu den Mutigsten zähle ich mich nicht gerade, obwohl meine Freundinnen das ganz anders sehen. Doch wer weiß, ob ich tatsächlich ein Leben als Selbstständige gewagt hätte, hätte mich nicht „das Schicksal" da hineinkatapultiert. Ich sehe mich - vor gefühlt hundert Jahren – in meinem Büro sitzen und Däumchen drehen. Als Assistentin der kaufmännischen Geschäftsleitung eines großen Betriebes hatte ich gerade einen neuen Chef bekommen. Sein Vorgänger war eher ein Philosoph, der mit mir über seine Ideen und Projekte sprach und mich auch tief in seine Psyche Einblick nehmen ließ. Er war als internationaler Berater sehr gefragt und ich hatte jede Menge zu tun, um ihn und seine Termine zu managen. Doch der neue Chef war ein reiner Praktiker, der am liebsten draußen im Werk herumlief, um sich vor Ort um die Produktion zu kümmern. Er ließ sich deshalb kaum im Büro blicken. Ich ordnete also meinen Schreibtisch von links nach rechts und wieder zurück und überlegte in meiner Langeweile, welche neuen Bücher und Zeitschriften ich wohl als nächstes für die Firmenbücherei anschaffen sollte. Das war wenigstens eine Beschäftigung, wenn auch keine sehr zeitfüllende. Deshalb stellte ich mir immer wieder folgende Fragen: Was mache ich eigentlich noch in dieser Firma? In diesem Job? Auf diesem Platz? Doch ich fühlte mich in meiner Situation gefangen und war gezwungen, regelmäßig Geld zu verdienen. Schließlich hatten mein damaliger Mann und ich ein Wohnhaus aus dem 17. Jahrhundert gekauft und aufwändig renoviert, und der Kredit war ebenso aufwändig, wie man sich sicherlich vorstellen kann. Ich war auch Mutter von zwei Schulkindern und mein Leben verlief in festen Bahnen, es ließ mir keinen Spielraum, nach links oder rechts zu schauen. Wir wohnten damals auf dem Land und die Chance auf einen inter-

337

essanteren und zumindest gleich gut bezahlten Job war gleich null. Also hieß es durchhalten. In meinen Mittagspausen traf ich mich regelmäßig mit zwei Kolleginnen. Sie waren die einzigen, mit denen ich mich über spirituelle Themen austauschen konnte. Ich hatte damals gerade die Bachblüten für mich entdeckt, die Astrologie, die Heilarbeit mit Kristallen und die Farböle-Therapie von Aura-Soma. Mich faszinierten die Schmetterlingsessenzen, die Australischen Buschblüten, das I Ging, das Tarot, der Mondkalender, der Mayakalender, die Heilkräuter und natürlich auch die Homöopathie. Habe ich irgendetwas vergessen? Ja, natürlich! Mich faszinierte auch die Welt der Engel, obwohl ich darüber noch wenig wusste. Mit den beiden Frauen konnte ich mich über das austauschen, was mich wirklich faszinierte und berührte, aber nach längstens einer Stunde musste ich dann den Schalter schnell wieder umlegen. Denn ich wurde einem neuen Vorgesetzten zugeteilt, der seine Karriere in großen Sprüngen schnell vorantreiben wollte. Meine Güte, wie langweilte ich mich in Businessmeetings, bei Zahlen, Tabellen, Protokollen und Verkaufsstrategien. Ich begann allmählich meinen Job richtig zu hassen. Gleichzeitig fühlte ich mich wie ein Kaninchen in der Falle. Ich steckte beruflich einfach fest.

In meiner kargen Freizeit zwischen Beruf und Familie begann ich eine Ausbildung zur Kinesiologin und belegte einige für mich sehr bereichernde Astrologie-Kurse. Von beidem war ich sehr fasziniert. Als potenzielle Kinesiologin würde ich mit dem Unterbewusstsein meiner Klienten in Verbindung stehen, ihnen helfen, verdrängte Probleme ans Tageslicht zu bringen und diese zu bearbeiten. Für eine Skorpion-Frau wie mich war das eine mehr als faszinierende Vorstellung. Und als Hobby-Astrologin bekam ich ebenfalls tiefe Einblicke in das Seelenleben der Menschen. Ich sah zum ersten Mal einen Sinn in dem, was ich lernte und irgendeines Tages umsetzen wollte. Doch wie sollte ich je von Kinesiologie oder Astrologie leben können? Wie mein Einkommen sichern, um den finanziellen Verpflichtungen nachzukommen? Meine Lage schien aussichtslos. Außerdem hätte mich mein Mann gelyncht, hätte ich meinen Job hingeschmissen, ohne einen anderen adäquaten Ersatz in der Tasche zu haben. Schließlich gab es da einen gemeinsamen Kredit für das Haus, den wir zu stemmen hatten. Ich resignierte und fühlte mich immer schlechter und schlechter. Dabei war ich erst Anfang dreißig und hatte das ganze Leben noch vor mir. Doch das fühlte sich plötzlich so weit entfernt an. Es fand irgendwo da draußen statt, dort, wo es mich nicht erreichen konnte. Dazu kam, dass meine Ehe seit Längerem kriselte und allmählich ihrem Ende zuging, sodass die bevorstehende Trennung nur noch eine Frage der Zeit war.

An manchen Tagen war meine Stimmung sehr gedrückt, meine Lebensenergie wie eine dünne Suppe und meine Hoffnung auf Veränderung einfach verflogen. Ich musste aus diesem beruflichen Hamsterrad rauskommen, aber wie? Von Astrologie würde ich nicht leben können, denn dafür fehlte mir noch jede Menge an Ausbildung und Erfahrung. Eher konnte ich mir vorstellen, als Kinesiologin meinen Lebensunterhalt zu bestreiten. Aber auch das war noch ein weiter Weg. Dazu muss man wissen, dass Kinesiologie bei uns auf dem Land damals noch zu den sehr exotischen Dingen gehörte. Kein Mensch wusste, worum es dabei ging. Sogar meine damalige Schwiegermutter machte sich darüber große Sorgen, dass ihre kinesiologiebegeisterte Schwiegertochter einer „Kinesen-Sekte" zum Opfer gefallen sein könnte.

Also gedanklich wieder zurück an den Ausgangspunkt. Was tun? Welche Chancen hatte ich auf Veränderung? Womit wollte ich in den nächsten Jahren meinen Lebensunterhalt verdienen? Ich fand keine passenden Antworten auf meine Fragen. Nichts, es gab einfach keine positiven Perspektiven für eine Veränderung. Was mir wirklich Freude bereitete, waren meine kinesiologischen Sitzungen. Ich war fasziniert davon, was man nur mit dem Muskeltest alles herausfinden konnte: Seelische und mentale Blockaden, Allergien und Unverträglichkeiten, Vitamin- und Mineralmängel, Fähigkeiten und Ressourcen, die in Menschen schlummerten, Blockaden aus der vorgeburtlichen Zeit und noch vieles mehr. Ich begann, all mein angeeignetes Wissen aus dem Bereich der alternativen Methoden mit meinem kinesiologischen Wissen zu verknüpfen und meine Begeisterung wuchs und wuchs. Die ersten Klientinnen waren meine Tochter, die sich bereitwillig für Versuche zur Verfügung stellte sowie ein, zwei Freundinnen. Schritt für Schritt tastete ich mich vorwärts. Es blieb natürlich längst nicht mehr nur bei den Tests, sondern meine Sitzungen wurden allmählich immer erfolgreicher, was sich nach und nach im Bekanntenkreis herumsprach.

Dann kam die Trennung. Alles, was mir aus meiner Ehe geblieben war, waren meine beiden Kinder und ein Berg Schulden für ein Haus, in dem ich nicht mehr länger wohnen konnte und auch nicht wollte. Also suchte ich mir eine kleine Wohnung und richtete sie notdürftig ein. In einem Möbelhaus fand ich günstige Holzregale für den Keller, die ich jedoch in meiner Mietwohnung in das Wohn- und Schlafzimmer stellte, weil ich mir ordentliche Möbel überhaupt nicht leisten konnte. Mein Auto war klapprig, mein Geld steckte im Haus und eine Waschmaschine bekam ich von meinen Eltern, damit ich wenigstens die Wäsche waschen konnte. Aber ich fühlte mich nach Jahren unglücklicher Ehe erstmals wieder sehr lebendig! Ein Jahr später kam der nächste Supergau! Ich verlor völlig unerwartet meinen Job. Mein neuer Chef und ich waren einfach nicht kompatibel, und dass ich ihn nicht ernst nehmen konnte, war ihm natürlich auch nicht entgangen. Zur gleichen Zeit wurden einige weitere Mitarbeiter über Nacht gekündigt und mein Arbeitsplatz wurde einfach aufgeteilt und eingespart. Die große Freude, aus dem ungeliebten und inzwischen fast schon verhassten Job aussteigen zu dürfen, mischte sich natürlich mit meinen Existenzängsten. Außerdem fühlte ich mich in meinem Selbstwert geschwächt. Doch eins wusste ich: Ich muss nach vorne blicken und nicht nach links und nicht nach rechts. Das war meine einzige Chance zu überleben. Und noch etwas war mir ganz deutlich klargeworden: Ich kehre nie, nie, nie mehr wieder in einen ungeliebten Bürojob zurück! Ich werde Kinesiologin!

Glücklicherweise gibt es in Österreich eine Unterstützung für Arbeitslose. In dieses staatliche System muss jeder Dienstnehmer monatlich einen prozentuell vorgegebenen Beitrag seines Gehalts einzahlen und im Falle seiner Arbeitslosigkeit kann er einige Monate lang daraus finanzielle Zuwendungen beziehen. Als ich dem Beamten am Arbeitsamt von meinen Plänen erzählte, Kinesiologin zu werden und mich selbstständig machen werde, lachte er mich aus: „Ich wäre auch gerne Hubschrauberpilot geworden!", war seine lakonische Antwort. Ich schwor mir: „Dir, Kerl, werde ich es zeigen!" Ich musste es irgendwie schaffen, innerhalb der wenigen Monate, in denen ich das Arbeitslosengeld bekommen sollte, eine Praxis als Kinesiologin aufzubauen. Dazu war ich jedenfalls wild entschlossen! Also begann ich, in meiner Mini-Mietwohnung die ersten Kinesiologie-Sitzungen abzuhalten. Zu Dumping-Preisen, denn keiner wusste genau, was ich da tat, und war deshalb auch nicht bereit, Geld dafür auszugeben. Meine Klienten waren Freunde, Bekannte und Nachbarn. Ich bastelte einfache Flyer und legte sie überall aus. Außerdem klapperte ich Geschäfte und Banken ab und bat, in deren Vitrinen und Auslagen meine Produkte (ich war damals nebenher auch in meinen Anfängen als ausgebildete Aura-Soma-Beraterin tätig) ausstellen zu dürfen. Ich brauche wohl nicht extra zu erwähnen, wie oft ich dafür nur mitleidig belächelt wurde. „Was wollen Sie mit diesem Sekten-Zeugs?", wurde ich einmal gefragt, als ich meine Kooperation als Aura-Soma-Beraterin einem Esoterikladen anbot. Dann bat ich meine Eltern, in einer leerstehenden Wohnung, die ihnen gehörte, zumindest ein Zimmer als Praxisraum nutzen zu dürfen. Den malte ich dann selber aus und stellte ein paar einfache Gegenstände hinein. Meine ersten Kinesiologie-Klienten waren meine alten Kunden, die ich von meiner Privatwohnung an meine Mini-Praxis umleitete. Einige kamen, andere fielen weg. Doch mit Hilfe von Mundpropaganda baute sich ganz langsam ein Kundenstock auf. Ein halbes Jahr später konnte ich dem Arbeitsamt-Menschen dankbar die Hand schütteln und ihm mitteilen, dass ich ab sofort keine Arbeitslosenunterstützung mehr benötigte. Wenn ich sehr bescheiden lebte, würde ich es schon alleine schaffen, für mich und für meine beiden Kinder zu sorgen. Er aber ist, so glaube ich, bis jetzt noch nie mit einem Hubschrauber geflogen.

Zur selben Zeit hatte ich die Idee, eine zweite kinesiologische Praxis in einem etwa 50 Kilometer entfernten Ort aufzumachen. Mich stach damals echt der Hafer, anders kann ich es heute wirklich nicht bezeichnen. Doch mein Plan ging auf! Ich hielt einige Vorträge über Kinesiologie und Aura-Soma ab und meine zweite Praxis füllte sich ebenfalls mit Klienten. Der finanzielle Druck fiel erstmals in meinem Leben von mir ab. Doch meine Geschichte geht noch weiter. Etwa zwei Jahre später geschah etwas Wunderbares: Ich bekam auf medialem Weg den Auftrag, Engelsymbole und Engelessenzen zu channeln, herzustellen, zu verbreiten und ein Begleitbuch zu schreiben. In der Zwischenzeit war ich in eine größere Wohnung gezogen, hatte zwei gut gehende Praxen und einen vollen Terminkalender. Also setzte ich mich abends an den Computer und begann das Buch zu schreiben und die ersten Essenzen am Küchentisch abzufüllen. Mein Vater, dem mein Stress nicht lange verborgen blieb, fragte mich eines Tages, was ich da eigentlich mache und was es mit diesen Symbolen, den Essenzen und dem Buch auf sich habe. Da ich wusste, dass er (damals) keinen spirituellen, sondern nur einen religiösen Zugang zur Engelwelt hatte, tat ich mich schwer, ihm von meinen Engelsymbolen und Engelessenzen zu berichten. Doch er ließ nicht locker und so brachte ich ihm eines Tages einige Fläschchen zum Abfüllen vorbei. Ich vertröstete ihn damit, dass er alle Informationen in meinem Buch finden würde, von dem ich damals nicht einmal wusste, wer es überhaupt verlegen würde. Aber auch das sollte sich bald fügen. Ich fand einen Verleger, dessen Cheflektorin eine flammende Rede für mich und meine Arbeit hielt und sich dafür einsetzte, dass mein erstes Buch über die Engelsymbole erschien. Es wurde seitdem schon 17 Mal neu aufgelegt.

Was sich anfangs mehr oder weniger wie ein Hobby anfühlte, wurde irgendwann zur kleinen Firma. Wieder stand ich am Anfang, wieder musste ich mein ganzes Geld zusammenkratzen, um in die Fläschchen, die Etiketten, die Öle usw. zu investieren. Dann hatte ich die ersten Mitarbeiterinnen, ich brauchte größere Räume, und so ging es immer weiter. Mein „Bauchladen" war zu einem kleinen Unternehmen geworden, mit dem ich seitdem nicht nur Höhen, sondern auch immer wieder nicht ganz schwindelfreie Zeiten erleben darf. Es gibt oft neue Herausforderungen in meinem Berufsalltag, doch ich habe meine Entscheidung nie bereut! Und so werde ich wohl noch eine ganze Weile weiterarbeiten, denn ich kann mir einfach nicht vorstellen, irgendwann in Pension zu gehen.

Heute ist es sicher noch um einiges schwieriger, sich beruflich selbstständig zu machen, weil es so viel Menschen gibt, die ähnliche Ideen haben und umsetzen wollen, um damit Erfolg zu haben. Gleichzeitig erleichtern das Internet sowie die Social-Media-Kanäle die Kommunikation mit neuen und alten Kunden ungemein. Man muss nicht mehr so viel herumreisen, um mit Kunden in Kontakt zu bleiben bzw. man kann problemlos von zu Hause aus Online-Seminare statt Live-Seminare abhalten. Bücher können als eBooks veröffentlicht werden, ohne sie selber vorzufinanzieren, zu drucken und an Buchläden oder Privatpersonen zu verschicken. Trotzdem braucht es immer noch eine große

Portion Mut und Vertrauen in sich selbst, um seinen Lebensweg zu gehen! Deshalb hoffe ich, dass ich mit meiner Geschichte einige Leser ermutigen kann, es einfach einmal selbst zu wagen. In meinem Fall kam noch das bedingungslose Vertrauen in meine Führung von oben dazu, die mir in den dunkelsten Stunden immer wieder Wege aus der Sackgasse gezeigt hat.

Ganz egal welche Lebensphilosophie du auch haben magst: Vertraue deiner inneren Führung und deinem Gefühl. Lerne zwischen Mut und Leichtsinn, zwischen Vertrauen und Dummheit und zwischen Intuition und Naivität zu unterscheiden. Bleibe realistisch und visionär zugleich und verliere nie den Boden unter den Füßen! Dann werden dir Flügel wachsen und du wirst etwas Neues, Einzigartiges in die Welt bringen. Das wünsche ich dir von ganzem Herzen!

Ingrid Auer im Kurzportrait:

Ingrid Auer erhielt 1998 den Auftrag von der geistigen Welt, Engelsymbole und Engelessenzen zu channeln, herzustellen und weltweit zu verbreiten. Diese „energetischen Werkzeuge" unterstützen den persönlichen und spirituellen Bewusstseinsprozess und werden seit vielen Jahren weltweit nicht nur von Privatpersonen, sondern auch von Ärzten, Therapeuten, Heilpraktikern, Hebammen, Pädagogen und Energetikern, sondern auch in der Sterbe- und Trauerbegleitung sehr erfolgreich verwendet.

Ingrid schrieb über ihre Arbeit 14 Bücher, die in viele Sprachen übersetzt wurden und veröffentlichte acht Meditations-CDs. Sie ist international als Vortragende, Seminarleiterin, spirituelle Lehrerin und Channelmedium tätig und hat eine eigene eAcademy für online-Trainings. Sie verbreitet ihr spirituelles Wissen und ihre Erfahrungen auch auf mehreren Blogs und FB-Seiten.

www.ingridauer.com
https://ingridauer-frauenblog.com

„Bleibe realistisch und Visionär zugleich und verliere nie den Boden unter den Füßen."

Ingrid Auer

SERENA GOLDENBAUM

♦♦♦

Ich wusste schon immer, dass ich Make-up-Artistin und Hairstylistin werden wollte. Schon seit ich als kleines Mädchen mit meiner Ballettgruppe auf der Bühne stand und die Ballettlehrerin sagte: „Du da hinten bist viel zu groß und weiblich gebaut für eine Balletttänzerin, du bist nicht richtig dafür, aus dir wird nie etwas." Ich wusste es schon, seit ich bei meinem Vater im Cabaret saß und sah, wie sich Männer mit Hilfe von Kleidern, Styling, Frisuren und Make-up in schillernde Frauen verwandelten und im glitzernden Licht der Bühne standen.

Das faszinierte mich, diese Welt aus Scheinwerfern, Licht und Glitzer. Aber viel mehr noch interessierten mich die Menschen hinter diesen Fassaden. In dcm Travestie-Cabaret meines Vaters waren es Männer, die ihre feminine Seite ausleben wollten und großes Glück dabei empfanden, sich als Frau zu zeigen und eine oft sehr künstlerische Bühnenshow kreierten. Diese Männer sind dabei in Rollen geschlüpft und gingen völlig darin auf. Ich konnte das Glück in ihren Augen sehen. Sie fühlten sich richtig gut dabei. Und tagsüber, in ihren männlichen Körpern, fühlten sie sich falsch. Ich war unglaublich fasziniert davon und mir war klar, was für ein großes Werkzeug dieses Styling, Frisieren und Schminken war. Man konnte damit in eine Rolle schlüpfen und sich ausleben. So begann ich mit 15 Jahren eine Friseurlehre, um die Kunst des Hairstylings zu lernen. Ich fand es schön, den Menschen die ideale Frisur für ihre Gesichtsform und Proportion zu schneiden. Ich liebte es, durch geschickte Fragen die Bedürfnisse der Menschen in Bezug auf ihr Äußeres heraus zu kitzeln. Und ich liebte diesen Gesichtsausdruck, wenn Frauen und Männer sich anschließend im Spiegel sahen und sich als richtig in ihren Körpern und Outfits empfanden. Dieses Selbstbewusstsein, das man in ihren Augen sah, der aufrechte Gang, wenn sie sich schön fanden, das gefiel mir sehr.

Mein Friseur-Kalender füllte sich stetig und besonders die Kunden, die meine Kollegen als zu schwierig empfanden, empfand ich als Herausforderung und ich wollte wissen, warum man diese Menschen als schwierig einstufte und was diese Menschen glücklich und zufrieden machen würde. Manchmal war es nur ein bisschen Zuhören, manchmal eine neue Haarfarbe und manchmal ein komplett neuer Look, der einfach ihrer jeweiligen Lebenssituation besser entsprach.

Doch irgendwann reichten mir die Frisuren nicht mehr, ich wollte den ganzen Kopf von den Menschen verändern, die kamen und sagten: „Etwas stimmt mit meinen Haaren nicht, die sind so störrisch, so dünn, so kraus…, aber das liegt sicher an meinem Gesicht, der Nase, den kleinen Augen, dem Körper…" Es machte mich traurig, wie manche Menschen über sich selbst dachten. während sie mir ihre Makel aufzählten. Listenweise führten sie auf, dass sie sich zu dünn oder zu dick, fühlten, dass sie zu dünnes Haar, zu große Nasen oder ähnliches hätten.

Natürlich kannte ich das auch aus meiner eigenen Geschichte. Als Mädchen mit einem homosexuellen Vater aufzuwachsen, hat mich nicht gerade darin bestärkt, meine Weiblichkeit und Femininität zu akzeptieren, zu lieben und zu genießen, sondern erst einmal als zu sensibel, zu feinfühlig, zu mitfühlend, eben als zu weiblich zu empfinden. Zum Glück zeigte mir mein Körper mit seinen weiblichen Formen, dass ich meine Weiblichkeit und Femininität nicht den Vorlieben, Trends und Umständen meiner Umgebung anpassen konnte, sondern einfach akzeptieren und leben musste. Aber das ist eine andere Geschichte. Sicher aber hat mich meine persönliche Geschichte in meiner Berufswahl bestärkt. Ich wollte den Menschen zeigen, wie schön sie eigentlich sind und wie man mit diesen Werkzeugen Styling, Frisur, Kleidung und Make-up so vieles verändern kann, mit ein paar Tricks sogar das Selbstbewusstsein.

Und so bin ich schließlich nach England gegangen, um Make-up zu studieren. Ich wollte schon immer international arbeiten. Mein ganzes Leben in einer Stadt verbringen? Nein, warum? Die Welt ist so groß und vielfältig. Genauso vielfältig wie das Aussehen der Menschen. Genauso vielfältig wie die vielen unterschiedlichen Hautfarben. Ich finde es immer noch spannend zu sehen, dass z. B eine pakistanische Haut deutlich mehr gelbe Pigmente hat als eine afrikanische Haut. Und dass sich auch die dunkle Haut in Afrika von Norden nach Süden hin stark voneinander unterscheidet. Das heißt, dunkelhäutig ist nicht gleich dunkelhäutig. Und ein Lidschatten kommt auf einer dunklen Haut ganz anders rüber als auf einer hellen Haut. Ich fand das alles unglaublich aufregend und spannend. Für mich war das ein großes Naturereignis, das mich immer noch sehr demütig macht. Wie unterschiedlich die Menschen doch aussehen. Jeder ist anders und einzigartig. Und so ging ich also nach London, um die Kunst des Make-ups zu lernen und bald darauf arbeitete ich schon für Modenschauen, Fotoshootings und Werbefilme. Ich habe mit vielen wundervollen kreativen Persönlichkeiten zusammengearbeitet: Fotografen, Filmdirektoren und vielen Topmodels wie Claudia Schiffer, Heidi Klum, Naomi Campbell und vielen anderen mehr.

Ja, der Anfang war hart. Wenn man international arbeiten möchte, muss man auch internationale Erfahrungen sammeln und sich einen Namen im Ausland machen. Und so nahm ich alle meine Ersparnisse und bin nach London, Madrid, New York und Miami gezogen. Mich kannte dort noch keiner, also ich hatte auch keine bezahlten Jobs und ich musste mir erst einmal einen Namen und Kundenstamm aufbauen. Das Leben im Ausland war sehr teuer und so bin ich in Modelappartements, dort wohnten viele noch unbekannte internationale Models und Fotografen, untergekommen. Mit den unterschiedlichsten Charakteren lebte ich so auf engstem Raum zusammen und versuchte einen Fuß in die schillernde Medien- und Modebranche zu bekommen und mich für alle möglichen Jobs zu bewerben. Für das passende Abend-Make-up nahmen mich die Models manchmal auf Events und zu Openings von Clubs und Diskotheken mit, so dass ich mich am Buffet der Veranstaltungen satt essen konnte. Denn am Anfang waren die bezahlten Jobs noch nicht so zahlreich, die Ersparnisse aufgebraucht und kein Geld mehr für Essen da.

Meine Ausbildung in London war sehr teuer, aber das Leben im Ausland auch eine sehr wichtige Erfahrung. Ich musste mir erst einmal einen Kundenstamm aufbauen und die Kunden davon überzeugen, warum gerade ich perfekt für den jeweiligen Job bin. Ich hatte zwar eine Agentin, die mir bezahlte Jobs versprach, aber das Geld, das ich für sie verdiente und das sie verwaltete, investierte sie leider in ihre eigenen Partys und zahlte mich nicht aus. Aber mein Wille, mein Können in dieser Welt zu beweisen, war stärker als dass ich mich von Geldsorgen erdrücken ließ.

Models, Fotografen und ich brauchten erst einmal Fotos für ein Portfolio, um zu zeigen, wie wir arbeiteten. Mit diesem Portfolio sind wir dann von Kunde zu Kunde, Redaktion, Fotograf, Werbefilmproduktion, Fernsehsender gegangen und haben uns vorgestellt. Ein sogenanntes Go and See, um zu sehen, ob das Make-up und Hairstyling vom Stil her geeignet ist und ob man eventuell zusammenarbeiten konnte und in ein gemeinsames Team passt. Diese Team-Arbeit habe ich schon immer geliebt. Ein Team aus Models, Fotografen, Stylisten, Grafikdesignern, Artdirektoren und Kunden findet sich zusammen und eine neue Idee entsteht. So durfte ich mit den besten und kreativsten Menschen der Medienbranche arbeiten und habe dabei unglaublich interessante Persönlichkeiten kennengelernt. Alle immer auf der Suche nach dem Kick, der Herausforderung, Idee, Aufgabe, Style, Look. Natürlich haben nicht immer alle Teams mit ihren ausgeprägten Charakteren und kreativen Persönlichkeiten auf Anhieb zusammengepasst. Aber mit der Zeit lernt man, sich auch in schwierigen Situationen anzupassen, schnell zu improvisieren und eine Lösung zu finden, mit der alle glücklich sind und die das jeweilige Produkt in das beste Licht rückt.

Langsam trudelten die Jobs ein und ich wurde per Mundpropaganda weiterempfohlen. Mit verschiedenen Fototeams bin ich dann nach Jamaika, Kalifornien, auf die Bahamas oder nach Südafrika gereist, um z. B. die neue Kollektion für einen großen Modekunden zu fotografieren. Wir sind um 3 Uhr nachts aufgestanden, um schon um 6 Uhr beim ersten Sonnenlicht top gestylt, geschminkt und mit perfekter Frisur und entsprechendem Styling am Strand ganz natürlich und frisch die perfekte aktive Frau zu fotografieren. Ja, so ein

Hairstyling kann einige Stunden Zeit in Anspruch nehmen. Dazu kommen die Nägel, das Make-up und ein Body-Make-up, um den Körper auf dem Foto auch wirklich perfekt aussehen zu lassen. Wir sind an die schönsten Plätze dieser Welt gereist, die manchmal ganz schön abgelegen waren und eine ziemliche Anreisezeit hatten, aber die eine atemberaubende Kulisse für unsere Fotos oder Werbespots boten.

Bei einem anderen Job sollte ich vier Models gleichzeitig beim ersten Sonnenstrahl mit Haarstyling und Make-up fertig haben. Ich habe geföhnt, mit verschiedenen Bürsten gewirbelt, gestylt, geschminkt und gleichzeitig die aufgebrachten Gemüter besänftigt, weil sich zwei der Models benachteiligt fühlten, weil sie früher aufstehen mussten als die anderen. Und als dann endlich alle vier Models perfekt gestylt in ihren Posen standen und das Licht gerade richtig schien, gab es einen tropischen Regenguss, der alle zuvor glattgeföhnten Haare in krause Locken verwandelte. Ein anderes Mal musste das Model acht Stunden lang still an einer Klippe stehen, weil man auf ihren Körper diverse Bilder projizieren wollte. Erst war es bitterkalt, dann kam die Sonne und es wurde unerträglich heiß und am Abend wieder kalt und windig. Auch dann stand ich neben dem Model und richtete nicht nur das Haar im Wind und ließ die verfrorene Haut wieder strahlend und frisch wirken, sondern versuchte das Model mit etwas Entertainment und Herzenswärme von der Kälte abzulenken und später bei der Hitze mit einem Sonnenschutz zu schützen und einem Wasserspritzer zu erfrischen.

Ja, mit der Zeit habe ich mir eine große Trickkiste angeeignet, Augenringe vom wenigen Schlaf, trockene Hautschüppchen von den unterschiedlichen Klimazonen und schlaffes Haar, das man bekommt, wenn man so lange in der Aircondition-Luft des Fliegers sitzt, mit unzähligen Beauty-Tricks und wundervollen Produkten zu überdecken, um das perfekte Image aufrecht zu erhalten und dem Menschen Selbstsicherheit und Selbstbewusstsein durch ein authentisches Styling zu geben, das seinem inneren und äußerem Befinden entspricht Aber auch die seelische oder menschliche Unterstützung ist wichtig, um in einem fremden Team mit vielen menschlichen Charakteren zu bestehen und erfolgreich zu sein.

Die gute Stimmung im Team ist ein wichtiger Bestandteil einer Foto-, Video- oder Filmproduktion, aber der Mensch vor der Kamera ist essentiell, denn in der Kamera sieht man, ob der Mensch sich wohl fühlt. Und damit trotz der vieler Umstände wie Hitze, Kälte, Menstruation oder die gerade zurückliegende Trennung vom Freund die Ausstrahlung nicht zu sehr beeinträchtigt wird, habe ich eine Coaching-Ausbildung gemacht, um die Menschen auch vor der Kamera dahingehend perfekt unterstützen zu können.

Vor der Kamera kann man sich nämlich ganz schön einsam anfühlen, wenn ein Team aus ca. 10 bis 60 Leuten aus Beleuchtern, Kamera-Assistenten, Stylisten, Designern, Produzenten und Kunden hinter der Kamera steht und jede Bewegung und Aussehen der Person analysiert und bewertet, damit im fertigen Produkt die beste Wirkung und Verkaufskraft erzielt werden kann. Diese Ausbildung und Erfahrung kommt mir jetzt mit meiner Arbeit mit großen Persönlichkeiten, Celebrities und Stars sehr zugute.

Die meisten Models, Fotografen, Make-up-Artisten, Hairstylisten und Stylisten sind dabei hoch professionell und arbeiten wie Schweizer Uhrwerke. Sie sind stets sehr gut vorbereitet, arbeiten Hand in Hand, sind jederzeit gut gelaunt, fit und zu jeder Herausforderung bereit. Keine Zeit für große Egos. Die Künstler, die da nicht mitziehen, sind auch ganz schnell wieder raus aus dieser schnelllebigen Branche und meistens auch komplett aus dem Rampenlicht verschwunden. Man arbeitet in der Regel von früh bis spät, je nachdem wie lange das Sonnenlicht für die entsprechende Location ausreicht, oder so lange, bis die erforderlichen Fotos oder Videos produziert sind.

Meine Zusatzausbildung zum Coach und meine Ausbildung zur Energetikerin sprach sich schnell herum und ich begann mit vielen Topmodels, Stars und Celebrities zu arbeiten. Schließlich hatte ich keine Scheu oder Angst vor großen, internationalen Persönlichkeiten, die in der Branche als schwierig galten, denn ich wusste, dass sich meistens kleine Unsicherheiten dahinter verbargen, die mit einigen Coaching-Techniken schnell in Selbstsicherheit und Selbstbewusstsein verwandelt werden konnten.

Models und Stars werden für ihre Arbeit vor der Kamera in Rollen gesteckt und verwandelt, um ein bestimmtes Gefühl, eine Figur oder ein Image zu transportieren, das gerade für eine Mode- oder Automarke, einen Film oder einen Werbespot gebraucht wird. Und genau das fand ich, neben der Kreativität, künstlerischen Freiheit und der Arbeit am Selbstbewusstsein der Menschen ebenfalls sehr spannend. Wie man mit vielen Styling-Werkzeugen ein Image kreiert, so wie es damals in dem Travestie-Cabaret meines Vaters der Fall war. Ein Image, das zu den Anforderungen des Jobs und der Außenwirkung und zu dem Charakter der betreffenden Person passt. Nur etwas natürlicher und so, dass sich die Menschen damit authentisch fühlen. Denn eines war mir klar: Ich wollte eben keine Maske als Image kreieren, sondern nur das betonen, was schon von Natur aus da war und genau das einfach positiv verstärken. Ich wollte die Einzigartigkeit der Menschen betonen, um ihnen zu zeigen, wie schön sie eigentlich sind.

Nach 25 Jahren in der Medienwelt fiel mir auf, dass die Werbeversprechungen und das eigentlichen Beauty-Verhalten der Frauen sehr stark auseinandergingen. Ich fing gerade damit an, für etliche Zeitschriften die Vorher-Nachher-Geschichten und Umstyling-Geschichten zu übernehmen, weil ich eine der wenigen Make-up-Artisten und Hairstylisten war, die auch Haare schneiden konnten. Ich liebte diese Jobs, denn meistens wussten die Frauen gar nicht, was für ein Potential in ihnen steckte und wie sie auch noch anders aussehen konnten. Das war ein großer Unterschied zu den Models. Denn Models haben über Jahre gelernt wie sie am besten aussehen können, wie man posiert, sich am besten vor die Kamera stellt, sich dreht und wendet, damit man etwas besser proportioniert wirkt, das Haar noch voluminöser erscheint, der Teint noch mehr strahlt. Die ganz normalen Frauen waren schon überfordert mit dem Angebot der Parfümerien und wussten oft nicht, was sie alles aus sich machen konnten. Während der Fotoproduktion hörte ich immer wieder von den Frauen: „Ach, lass doch, das mit der Wimperntusche hilft bei mir sowieso nicht, denn ich bin doch…" Und da waren sie wieder, diese Zweifel, die lange Liste der vielen Makel und das, was die Frauen alles über ihr Äußeres dachten. Es scheint ein weibliches Phänomen zu sein, denn Männer haben ein ganz anderes Selbstbewusstsein. Obwohl sich Männer auch sehr viele Gedanken über ihr Aussehen machen, empfinden sie sich aber nicht gleich als nicht richtig oder unpassend so wie viele Frauen es tun. Und Männer vergleichen sich nicht auch viel seltener mit Vorbildern aus den Medien.

Ich dachte, die Tricks und Tipps, die ich bei den Models und Stars anwende, damit sie sich wohler und schöner vor der Kamera fühlen (ja, auch Models und Stars fühlen sich manchmal zu dick oder nicht schön genug) müssten doch eigentlich auch für ganz normale Frauen zugänglich sein. Ich war ehrlich gesagt erschüttert, dass sich so viele Frauen als nicht schön genug empfanden. Und so kam mir eine Idee und ich schrieb mein erstes Buch mit dem Titel „BEAUTY FOR YOU - inside out - ich zeige Ihnen, wie schön Sie sind". Denn ich bin überzeugt davon, dass jeder Mensch auf seine eigene Art schön ist, bloß einigen Menschen muss man erst einmal zeigen, worin diese Schönheit liegt und wie man sie hervorheben und betonen kann.

Im ersten Teil von BEAUTY FOR YOU zeige ich unterschiedliche Coaching-Techniken, mit denen Frauen sich selbst wieder schöner fühlen und dadurch mehr Ausstrahlungskraft erhalten können. Im zweiten Teil zeige ich konkrete Tipps bei Fragen, wie z. B.:

1. Wie sehe ich morgens frischer aus?
2. Was mache ich gegen störrisches Haar?
3. Wie sehe ich auf Fotos gut aus?

Bald darauf riefen die Menschen bei mir an und wollten, dass ich ihnen einen neuen Look verpasse. Sie hatten das Gefühl, dass etwas mit ihrem Äußeren nicht stimme und ihr Äußeres nicht authentisch mit ihrem inneren Erleben sei. Inneres und Äußeres passten ihrer Meinung nach also nicht zusammen. Sie wollten sich authentisch fühlen und auch so aussehen, sie wollten keine Masken tragen und auch nicht geschminkt oder übermalt aussehen, sondern einfach nur natürlich schöner.

Es war mir fast wie ein inneres Drängen, einen Ort für diese Leute zu schaffen, wo man auch über Beauty-Themen in Verbindung mit dem Älterwerden offen sprechen konnte. Und die Fragen der Menschen waren so zahlreich: „Stehen mir graue Haare?", „Soll ich meine Haare färben?", „Was kann ich gegen Fältchen tun?" Ich nutzte mein ganzes Wissen aus Friseurhandwerk, Make-up-Artistry, Stil, Styling, Kleidung und Farbberatung, denn viele Menschen wissen gar nicht, dass es z. B. gerade die richtigen oder falschen Farben sind, die uns müde und abgespannt aussehen lassen. Und so kam es, dass ich meine eigene Make-up & Stylebar in Hamburg eröffnete, in der ich zusammen mit meinem Team Frauen und Männern zeige, wie sie sich von ihrer schönsten Seite zeigen können. Authentisch, natürlich, aber immer so, dass sie die Technik des Stylings auch am nächsten Tag selbst ausführen können. Ich helfe ihnen dadurch, sich selbst zu helfen und ihre Wünsche an einen Friseur oder in einer Boutique in ihrer Heimat weiter zu kommunizieren.

Wir bieten Workshops, Seminare und Beauty-Coachings an und zeigen, welches Make-up oder Hairstyling der Person steht, welches Styling zu welcher Körperform passt, welche Farben dem jeweiligen Menschen stehen und ihn frischer erscheinen lassen und mit welchem Stil die Persönlichkeit noch mehr unterstützt und herausgearbeitet werden kann und vieles mehr. Die Make-up & Stylebar bekam schnell einen Online-Shop mit unterschiedlichen Produkten, die ich auf meinen vielen Reisen um die Welt entdeckt und mitgebracht habe, damit meine Kundinnen nicht lange nach den perfekten Produkten für sich suchen müssen. Für die Kundinnen, die nicht zu mir nach Hamburg kommen können, biete ich online Coaching-Programme an, die ganz einfach von zu Hause downloadbar sind. So kann ich weiterhin die vielen Stars vor der Kamera und auf der Bühne unterstützen und sie z. B auf Tourneen begleiten, aber auch den ganz normalen Frauen helfen, sich schön zu fühlen und stimmig auszusehen.

Es kommen Frauen, die sich mit zwei kleinen Kindern zu Hause abgespannt und ausgelaugt fühlen, die sich nicht mehr als Frau oder als begehrenswert empfinden. Frauen, die sich noch nie geschminkt haben und mit 55 Jahren (O-Ton einer Kundin: „Bevor ich alt werde.") sehen wollen, was Make-up für sie tun kann und wie sie noch lange gut aussehen können. Frauen, die das

Gefühl haben, nicht sichtbar zu sein beziehungsweise wie eine graue Maus auszusehen. Frauen, die nun langsam erste Schritte gehen wollen und bereit sind, mehr von sich zu zeigen und ihre Schönheit zu zeigen und zu betonen. Es kommen Frauen, die sich für ein Vorstellungsgespräch und für den perfekten Job einen authentischen, aber auch repräsentativen Look wünschen und Frauen, die in einer Männer-Business-Welt feminin, aber nicht zu girly aussehen wollen. Aber es kommen auch Menschen, die durch Krankheiten keine Haare, Augenbrauen oder ähnliches mehr haben und sich dadurch als hässliche Menschen empfinden. Es kommen Männer, die sich ein paar kleine Tricks wünschen, die nicht sichtbar sind, aber optisch einen großen Unterschied machen. Und natürlich kommen Stars, die sich auf der Bühne wohlfühlen wollen. Authentisch, natürlich, aber trotzdem „star-like", um damit eine große Aufmerksamkeit auf dem roten Teppich zu erzielen, um auf ihren neuen Film, ihren Werbespot oder ihr Produkt aufmerksam zu machen.

Das Spannende und zugleich Schöne an meinem Beruf ist, dass es so viele unterschiedliche Menschen sind, mit einzigartigen Gesichtern, Köpfen, Figuren aus den unterschiedlichsten Berufen und Kategorien. Ob ein Star, Topmodel oder eine ganz normale Mutter mit Kindern oder eine Businessfrau, sie haben doch alle das gleiche Bedürfnis nach Akzeptanz, Authentizität, Schönheit und Selbstannahme. Sie alle ähneln sich in ihrem Bestreben, sich bestmöglich und stimmig nach außen hin zeigen zu können und das macht alle diese Menschen wiederum so verbunden miteinander, obwohl man ja oft denkt, dass die Stars im Fernsehen vielleicht so ganz anders sind als man selbst.

Meine Motivation und das, was mich seit nun mehr 30 Jahren antreibt und weite Anreisen, wenig Schlaf und lange Arbeitsstunden in Kauf nehmen lässt? Nun, ich bin immer noch fasziniert davon, was die Natur geschaffen hat und wie wunderschön sich doch die eigene Persönlichkeit in ihrer äußeren Erscheinung zeigt und mit welchen Styling-Tools man die Persönlichkeit und Einzigartigkeit eines Menschen noch stärker aus ihm herausholen kann. Ich habe immer noch große Freude daran, den Menschen zu zeigen, wie schön sie eigentlich sind, dass ihre Schönheit schon da ist, wo sie selbst manchmal nur den Makel sehen. Und ich bin immer noch jedes Mal sehr berührt, wenn ein

Mensch in den Spiegel schaut und seine ureigene Schönheit entdeckt, die einfach nur manchmal ein bisschen Unterstützung braucht, um auch von anderen entdeckt zu werden.

Serena Goldenbaum im Kurzportrait:

VIP Make-up-Artist Serena Goldenbaum träumte schon immer davon, Menschen zu verschönern. Sie erkannte früh ihre Leidenschaft und Begabung, Menschen von ihrer schönsten Seite zu zeigen. Der Beruf des Friseurs und eine anschließende Ausbildung in London zur Make-Up-Artistin gaben ihr dazu alle Möglichkeiten.

Sie ist höchstpersönlich für die Frisuren und das Make-up von Sylvie Meis verantwortlich, außerdem hat sie schon Looks für Heidi Klum, Giselle Bündchen, Claudia Schiffer und Naomi Campbell kreiert. Helene Fischer und Andrea Berg begleitet sie als Make-up Artistin auf Tour oder Auftritten. Als VIP Make-up Artistin, Hairstylistin und Beauty-Coach ist sie seit fast 30 Jahren im Business, hat in Miami, Madrid, New York, London gelebt und gearbeitet.

Serena´s erstes Buch *BEAUTY FOR YOU – inside –out – ich zeige Ihnen, wie schön sie sind* ist im Süd/West Verlag erschienen und ist neben verschiedenen Beauty Secrets E-Books auf Ihrer Website www.serenagoldenbaum.com zum sofort download erhältlich.

Serena Goldenbaum auf Facebook: https://www.facebook.com/SerenaGoldenbaumBeauty

„Manchmal braucht ein Mensch nur ein bisschen Unterstützung um gesehen zu werden."

Serena Goldenbaum

#WIEHASTDUDASGEMACHT

ALEXANDRA HÖF

◆◆◆

Wie schaffe ich es, mein Kind loszulassen, sodass es wirklich seinen Weg gehen und in die eigene Kraft kommen kann?

Als ich 1992 von meinem damaligen Freund schwanger wurde, wusste ich erst nicht, wie es weitergehen wird. Ich war gerade 21 Jahre alt, hatte kurz zuvor meine Ausbildung als Bankkauffrau in einem großen renommierten Bankhaus beendet und stand voll im Berufsleben. Ein Kind hatten wir zum damaligen Zeitpunkt nicht geplant, aber wir wussten beide, dass wir das Kind unbedingt haben möchten. Interessanterweise war eine Kollegin ein paar Monate zuvor schwanger geworden und als sie bei der Namenssuche den Namen Robin erwähnte, wurde mir im ganzen Körper ganz warm. Ich wusste instinktiv, egal wie sie sich entscheiden würden, wenn ich einen Sohn bekommen würde, müsste er Robin heißen. Heute frage ich mich, ob ich ihn mit dieser Entscheidung nicht schon eingeladen habe, da ich in den nächsten sechs Wochen schwanger wurde.

Mit der Schwangerschaft änderte sich plötzlich einiges in meinem Leben. Meine Schwester schwor, dass sie nie Kinder bekommen würde und kündigte mir die Freundschaft, weil sie damals der Meinung war, dass ich den Kindesvater nicht heiraten solle. Es gab bestimmt noch ein paar andere Gründe, an die ich mich heute leider nicht mehr erinnern kann. Aus meiner heutigen Sicht würde ich sagen, dass dafür Eifersucht die Grundlage war. Wie auch immer, ich freute mich sehr auf mein Baby. Leider hatte ich bereits ab der sechsten Schwangerschaftswoche Blutungen, so dass ich die ersten fünf Monate krankgeschrieben wurde und nur liegen musste. Zum Glück war bei den Untersu-

357

chungen immer alles in Ordnung. Jeder Toilettengang war schrecklich für mich, denn ich hatte immer Angst, dass es noch stärker bluten und ich das Baby verlieren würde. Bei jedem Ziehen, bei allem was der Körper zeigte, stieg dies starke Angst in mir auf. Ich hatte das Gefühl, ich würde es nicht verkraften, wenn ich es nicht schaffe, dass dieses Kind zur Welt kommt. Es fing quasi schon damals alles mit Angst an. Wie sich später herausstellte, hatte auch meine Mutter Angst um mich, als ich in ihrem Bauch heranwuchs.

Robin wurde 1993 geboren und hatte anfangs viele Koliken. Trotzdem schlief er bereits mit dreieinhalb Monaten von 0null Uhr nachts bis morgens um sieben Uhr durch. Leider nur bis zum Tag seiner erste Impfung. Nach der Impfung hatte er binnen Stunden hohes Fieber und schrie immer wieder wie am Spieß. Er konnte ab diesem Zeitpunkt maximal eineinhalb Stunden am Stück schlafen und dann schrie er wieder herzzerreißend. Leider hielt dieser Zustand an, bis er viereinhalb Jahre alt war. Mit vier Jahren kam er immer mehr und mehr zur Ruhe und mit viereinhalb Jahren schlief er endlich wieder dauerhaft durch. Da ich es damals nicht besser wusste, habe ich ihn noch zwei weitere Male impfen lassen, was ich aus heutiger Sicht als Fehler ansehe. Damals wusste ich es einfach nicht besser. Da er sehr stark auf Geräusche und sonstige Einflüsse reagierte, war mir klar, dass sein Nervensystem in Aufruhr war und ich ihm besser auch keine stärkeren Medikamente gebe, da es sehr fraglich war, wie er darauf wohl reagieren würde.

Als ich mit Robin im Alter von zwei Jahren bei einem homöopathisch arbeitenden Arzt im Wartezimmer saß und er drei Stunden lang fast nur wimmerte vor Schmerzen, staunte ich umso mehr, als er sich mit der Einnahme von zwei winzigen Kügelchen im Sprechzimmer des Arztes sofort beruhigte. Er machte weiterhin einen kranken Eindruck, aber er schien keine Schmerzen mehr zu haben. Er bekam dieses homöopathische Arzneimittel für drei Tage und war danach wieder wohlauf. Dieses Ereignis war die Geburtsstunde der Homöopathie in meinem Leben. Sofort bestellte ich in der Buchhandlung diverse Bücher über die Homöopathie und las jeden Abend darin. Mich faszinierten die verschiedenen Arzneimittelbilder und ich war nach einiger Zeit in der Lage, meinen Sohn selbst homöopathisch bei akuten Erkrankungen zu behandeln. Je mehr Wissen und Erfolge ich hatte, desto sicherer wurde ich auf dem neuen Terrain. Mit der Zeit konnte ich die Kinder meiner Freunde en die verschiedenen homöopathischen Arzneimittel einsortieren und ihnen ebenfalls bei akuten Erkrankungen Globuli empfehlen. Als mich nach acht Jahren eine Familie anrief, die ich nicht persönlich kannte, und mich um die Behandlung ihres akut erkrankten kleinen Sohnes bat, wusste ich, dass ich die Heilprakti-ker-Ausbildung in Kürze absolvieren musste. Bis dato hatte ich schon immer auf die Zeichen des Lebens geachtet und dies war für mich ein weiteres Zei-chen, dass ich unbedingt homöopathisch arbeiten soll. Noch am selben Tag schaute ich mir diverse Heilpraktiker-Ausbildungen näher an. Innerhalb der nächsten Wochen sortierte ich die Vor- und Nachteile der verschiedenen Aus-bildungsmöglichkeiten und meldete mich dann zu einer Ausbildung an. Dies war der zweite Schritt in meine künftige Selbständigkeit.

Mein Beruf, den ich in den kommenden Jahren lernte, entwickelte sich quasi aus dem Leben selbst heraus. Leider war unsere familiäre Situation zu-hause nicht einfach. Als Robin zwei Jahre alt war, trennte ich mich von seinem Vater und zog mit dem Kind aus. Der Kleine litt sehr unter der Trennung und wurde jedes Mal krank, wenn er von seinem Vater wieder zurückkam. Anfangs war er jede Woche dort, nach einiger Zeit beschlossen wir , dass er nur noch alle zwei Wochen zu seinem Vater geht und dafür dann das ganze Wochenen-de, damit er mal richtig Zeit mit seinem Papa haben könnte. Leider hielt es an, dass er montags krank wurde und ich, als ich wieder berufstätig war, oftmals zum Beginn der Woche nicht arbeiten konnte. Sobald er sich wieder zuhause eingewöhnt hatte, war er gut drauf und alles ging seinen Gang. Er hatte keine Probleme damit, zu seinem Vater zu gehen, allerdings entwickelte er nach eini-ger Zeit Heimweh, so dass er auch nicht zu lange bei ihm bleiben konnte. Es war immer schwierig für Robin zu mir zurückzukommen, aber auch schwierig, längere Zeit von mir getrennt zu sein. Leider wusste ich zum damaligen Zeit-punkt noch nicht, dass man unerwünschte Impfreaktionen homöopathisch aus-leiten kann. Robin wurde jeweils akut homöopathisch behandelt, wenn er eine Erkältung hatte. Genau mit diesen chronischen Erkrankungen aufzuräumen, ist eine unglaubliche Kraft der klassischen Homöopathie. Leider suchen viele Menschen aus mangelndem Wissen oder aufgrund von Vorurteilen keinen Homöopathen auf. In den letzten 20 Jahren, sind mir schon diverse Wunder nach homöopathischen Behandlungen begegnet. Ich kann nur sagen, dass ich sehr dankbar bin, diese Erfahrungen schon so früh in meinem Leben gemacht zu haben. Zum Glück habe ich nach dem Start der Heilpraktiker-Ausbildung ebenfalls eine Homöopathie-Ausbildung begonnen und kann den Patienten, die nun zu mir kommen, helfen, solche Entwicklungen rückgängig zu machen.

Nun zurück zu der Entwicklung von Robin. Wir hatten ein sehr inniges Verhältnis zueinander und er litt auch an starker Eifersucht, als ich einen neuen Partner kennenlernte. Insgesamt war er oft krank und ich musste mit ihm zuhause bleiben, damit er sich wieder vom Kindergarten und später von der Schule erholen konnte. Auch wurde er für vier Wochen am Stück krank, als ich mit dem zweites Kind schwanger war. Robin war damals sechs Jahre alt.

Mit circa 12 oder 13 Jahren erkrankte Robin an einer Neuroborreliose, die jedoch zuerst unentdeckt blieb. Er lag jeden Nachmittag stundenlang im Bett, um sich von der Schule zu erholen und wenn er Fußball spielte, was eine seiner Leidenschaften war, konnte er danach manchmal zwei Tage das Bett nicht verlassen, weil er so geschwächt war und einfach nur noch schlief. Er hatte sich Jahre zuvor beim Fußballspielen den Knöchel am linken Fuß gebrochen und dieses Bein schwoll immer wieder an. Zuerst dachten wir, es liege an dem Bruch von damals, aber irgendwann schwoll auch das andere Bein an und ich ging mit ihm zu einem Internisten. Da die Symptomatik so unklar war, bat ich den Internisten, ihn auch auf eine mögliche Borreliose zu testen, obwohl wir nie eine Zecke bei Robin gefunden hatten. Eine Woche später rief der Arzt mich an und teilte mir mit, dass die Wachstumshormone ein wenig erhöht seien, aber dies in seinem Alter normal sei. Weiterhin entwickelten sich nun zu den genannten Symptomen starke Kopfschmerzen und er konnte auch kein Fahrrad mehr fahren, ohne danach zu erbrechen. Ich gab ihm verschiedene homöopathische Arzneimittel, die ihm alle nur kurzfristig halfen. Wir gingen zu verschiedenen Ärzten und auch einem Rheumatologen. Dieser entnahm Blut und machte alle möglichen Tests, unter anderem testete er Robin nochmals auf Borreliose. Als das positive Testergebnis kam, hieß es, Robin benötigt für drei Monate Antibiotika-Infusionen, weil die Borreliose-Werte so hoch seien. Für mich war klar, dass ich ihm nicht einfach Antibiotika-Infusionen geben konnte, weil er als kleines Kind auf die Impfungen so stark reagiert hatte.

Ich entschloss mich also dazu, ihn mit Globuli zu behandeln und war verblüfft von dem unglaublichen Ergebnis. Ich wusste, dass die Homöopathie eine starke Kraft hat, aber dass er sich nicht mehr täglich nach der Schule vor Erschöpfung hinlegen musste und drei Monate nach der Behandlung sogar eine Radtour von 180km innerhalb von drei Tagen mit Freude schaffte, erstaunt mich manchmal noch heute. Doch mit der vermehrten Lust an verschiedenen Sportarten kamen immer wieder Unfälle unterschiedlichster Art. Erst rutschte ihm im Winter das Vorderrad von seinem Fahrrad weg, dann brach er sich beim Skifahren das Handgelenk. Er war damals in Österreich und der Bruch musste korrigiert werden. Mehrfach wurde das Gelenk geröntgt und er hatte sehr starke Schmerzen. Als er wieder zuhause war, gingen wir hier in Deutschland zu einem Orthopäden. Dieser wollte ihn auch nochmal röntgen, aber da Robin nach wie vor in einem schläfrigen und geschwächten Zustand war und schon so oft geröntgt wurde wollte ich das nicht einfach nochmal zu lassen. Nach einer heftigen Auseinandersetzung zwischen mir und dem behandelnden Arzt merkte ich, dass es Robin sehr guttat, dass ich mich so für ihn einsetze. Als wir die Praxis verlassen hatten, war er gut gelaunt und hatte wieder neue Energie geschöpft. Es war, als würde ich mit meinem Einsatz sein Energiefeld von etwas, was ihn stark schwächte, befreien.

Kurz nachdem er seinen Mofa-Führerschein gemacht hatte, holte ihn sein Vater ab und beide flogen bei einem Unfall weit über ein Auto hinweg, welches ihnen unerwartet die Vorfahrt nahm. In diesem Moment glaubte Robin, es sei vorbei mit seinem Leben. Aber er hatte sehr großes Glück und litt nur anfangs an Wahrnehmungsstörungen im Straßenverkehr und konnte die Entfernung der Autos nicht richtig abschätzen. Sein Körper war ansonsten unversehrt. Allerdings fehlte er wieder für einige Zeit in der Schule. Er wurde dadurch in der Schule schlechter und kämpfte sich aber trotzdem irgendwie durch. Ich versuchte ihm nachmittags zu helfen, aber leider gelang mir das nicht. Es lag etwas zwischen uns. Wenn ich versuchte, ihn loszulassen, fuhr er sprichwörtlich den ganzen Karren an die Wand und die Noten rutschten noch ein Stück weiter ab. Ich wusste überhaupt nicht, was ich tun sollte. Mittlerweile hatte ich nicht nur große Ängste um seine körperliche Gesundheit, wenn er das Haus verließ, sondern auch, was aus ihm einmal werden würde, wenn es so weiterging. Ich erinnere mich an einen Nachmittag, an dem er mir sagte, dass er nach Hofheim in die Stadt fahren würde. Ich spürte im ganzen Körper eine Angst und Ruhelosigkeit. Ich wusste nicht, was ich tun sollte... Sollte ich ihn davon abhalten? Mein Gefühl sagte mir, dass er lieber nicht dahinfahren soll, aber da ich sowieso ständig diverse Ängste um ihn hatte, hörte ich nicht auf meine innere Stimme und ließ ihn ziehen. Ich konnte mich während seiner Abwesenheit kaum auf etwas konzentrieren. Er war bereits eine Weile unterwegs, als plötzlich das Telefon klingelte. Er weinte am Telefon und berichtete, dass ihn ein Busfahrer aus Versehen angefahren hätte, weil er ihn nicht gesehen habe. Ich fuhr völlig aufgelöst los und fand ihn zum Glück körperlich unversehrt vor, aber er war emotional sehr durcheinander. Er sagte noch so etwas in der Art, dass er schon gewusst habe, dass der Busfahrer ihn nicht sehen würde. Wir waren einfach beide sehr aufgewühlt. In mir gab es etwas, das wusste, dass ich diese Probleme lösen konnte. Nur wie? Ich lag nächtelang wach und grübelte darüber nach.

Ein weiteres Ereignis, welches viel bei Robin und mir veränderte, war die Tatsache, dass Robin und ein guter Freund von ihm spät abends von Jugendlichen mit einem Messer verfolgt wurden. Die zwei Jungs trennten sich, als sie vor den Jugendlichen flohen und sie verfolgten meinen Sohn weiter. Er blieb auf einem öffentlichen Platz stehen und rief um Hilfe, aber keiner der umstehenden Passanten half ihm. Die Jugendlichen wollten sein Geld haben und er packte sofort alles aus, was er hatte und übergab es. Dieser Angriff ereignete sich an einem Samstagabend als er bei seinem Vater war. Und als ich Robin montags wiedersah, sah er sehr merkwürdig aus und wie immer, wenn ihn etwas mitnahm, schlief er nur noch. Ich fragte ihn, was passiert sei und er erzählte mir, was los war. Ich bot ihm an, mit ihm zur Polizei zu gehen. Das allein ließ sein Energiepensum erheblich ansteigen. Diese Erfahrung hatte ich schon damals bei den Röntgenaufnahmen gemacht. Wenn man sich in außergewöhnlichen Situationen für seine Rechte einsetzt, ging es ihm von einem Moment auf den nächsten gleich viel besser.

Aber was bedeutete das alles? Alles, was passierte, hatte ein und dieselbe Essenz, die mir irgendwann klar wurde: Jemand griff ungefragt in sein Energiefeld ein und achtete seine Grenzen nicht und schon war ihm all seine Kraft und Energie geraubt. Alle Ereignisse hatten diese Übereinstimmung: Egal, ob es das Auto war, welches ihm die Vorfahrt nahm, der Arzt, der den Bruch korrigierte, der Busfahrer, der ihn nicht gesehen hatte oder die Jugendlichen, die ihn verfolgten. Kurz darauf wurde der Druck in der Schule so groß, dass er eine Entscheidung traf. Die Deutschlehrerin gab ihm die Möglichkeit, einen Ausgleich durch ein Deutschreferat zu schaffen, welches er zuhause nicht erwähnte und auch nicht selbst anfertigte. Einige Jahre zuvor hatte er sich genau für diese Schule entschieden, weil diese ihm die Nähe zu seinem Vater bot und er gerne das Abitur dort machen wollte. Die Lehrerin empfahl ihm damals, dass er lieber erst in die Förderstufe gehen und in zwei Jahren dann auf das Gymnasium gehen sollte. Aber Robins Herz hing an seinem Vater und damit an dieser Schule. Mir war damals klar, er würde in keiner Schule so gut sein wie in dieser. Da allerdings das Fundament zu wackeln begann, hatte ich das dringende Bedürfnis, ihn davor bewahren zu wollen, dass er genau diese Schule verlassen muss. Und damit quasi seinen Vater nicht mehr so oft sah. Ich war in meinen Gedanken fast ausschließlich nur noch mit meinem Sohn beschäftigt. Irgendwie konnte ich ihn nicht dazu bringen, die Dinge zu tun, die er brauchte, um in dieser Schule zu bleiben. Andererseits hatte ich ständig diese Ängste, dass ihm etwas passieren würde, wenn er das Haus verließ und konnte einfach nicht loslassen. Das gipfelte darin, dass ich ihn bat, ein Wochenende zuhause zu bleiben. Er könne gerne eine LAN-Party zuhause mit seinen Freunden veranstalten, aber bitte nicht im Straßenverkehr unterwegs sein. Insgeheim war mir klar, dass das keine dauerhafte Lösung sein konnte. Vor allem nicht, als er am nächsten Tag zum Kompost durch den Garten lief und hinter ihm ein Baum umfiel. Zum Glück hat er ihn nicht berührt, aber ist das denn noch normal? Was ging da vor sich? Ich habe die ganze Zeit gespürt, dass es etwas mit mir zu tun hatte, aber was? Was konnte ich nur dagegen tun?

Als kurz darauf eine meiner Homöopathie-Schülerinnen erzählte, dass sie einen schamanischen Kurs besuchen würde und nächstes Mal nicht im Unterricht dabei sei, spürte ich ein merkwürdiges Kribbeln in meinem Körper. Es war, als würde etwas in mir resignieren. Nach ihrer Rückkehr erzählte sie mir ein paar Dinge darüber und sagte, dass sie an sich selbst gearbeitet habe. Seitdem sie ein paar Dinge aufgelöst hat, hätte sie mehr Energie zur Verfügung. Ich beschloss, tiefergehend an mir zu arbeiten und buchte die heutigen `Basics for Life´. Ich hatte mir fest vorgenommen, die allumfassenden Probleme um meinen Sohn herum zu lösen. Manchmal bewirkt schon eine innere Entscheidung eine Veränderung im Außen. Fakt ist, dass mit meiner Kursanmeldung keine Anrufe mehr eintrafen, dass mit Robin etwas nicht in Ordnung sei.

Ich erinnere mich noch sehr gut an die Anreise zum Kurs. Ich weinte ununterbrochen, weil ich Angst vor dieser doch so notwendigen Veränderung hatte. Völlig ahnungslos, auf was ich mich da wohl eingelassen hatte und welche Anpassungen in meinem Leben geschehen würden, gab es trotzdem ein ganz klares `Ja´ in mir zu diesem Weg zu mir selbst und hoffentlich auch zu meinen Kindern und meinem damaligen Partner. Ich begann in der ersten Sitzung mit dem Gefühl, was es in mir auslöste, dass es ihm so schlecht ging und er nicht zu seiner eigenen Kraft kam. Es übermannte mich eine tiefe Traurigkeit, die zwar mit dem damaligen Moment nichts zu tun hatte, aber mit dem Film in mir, der immer und immer wieder ablief. Ich weinte fast die ganze Sitzung lang und mit dem Ende der Behandlung entwickelte mein Körper einen heftigen Migräneanfall. Ich war ziemlich energielos, mir war übel und ich konnte kein Licht in meinen Augen ertragen. Ich war es schon gewohnt, dass mein Körper diese Symptome produzierte, wenn es ihm zu viel war und er sich nur noch zurückziehen wollte. Allerdings war ich dieses Mal nicht bereit, dem Migräneanfall zu erliegen. Ein Teil von mir wollte einfach nicht dort bei diesen Sitzungen sein und sehnte sich permanent die ersten zwei Tage nach Hause. Dadurch war es unglaublich schwer, sich die Dinge näher anzuschauen, um die es wirklich ging. Ich produzierte so viele Widerstände, die ich erstmal bearbeiten musste, um überhaupt an das eigentliche Thema zu kommen, da ich mich sonst nicht auf die Sache einlassen konnte. Ich fühlte mich wie in einem Ausnahmezustand. Dann holte ich das Thema `Robin´ hervor. Dieses Mal schaute ich mir an, was aus ihm wird, wenn er keinen guten Abschluss in der Schule erzielt. Das Thema tat weh, zumal sich niemals jemand für sein Kind wünschen würde, dass es keinen Abschluss bekommt. Und schon gar nicht, wenn man sich so sehr mit ihm verbunden fühlt. Dieses Thema oder besser gesagt, diese Gedanken machten mir Angst und erzeugten eine richtige Enge in meinem Körper. Ich konnte einfach nicht loslassen und ihn seinen Weg gehen lassen.

Am nächsten Tag ging es richtig zur Sache. Ich stellte mich meiner tiefsten Grundangst. Diese entwickelte sich bereits, als Robin noch in meinem Bauch heranwuchs. Ich versuchte, die Angst nachzufühlen, die in dem ersten Moment dann schon gar nicht mehr so groß war, aber als ich mir selbst eine meiner Lieblingsfragen stellte (nämlich: Was ist am schlimmsten daran?"), lautete die Antwort: „Wenn er von dieser Welt gehen würde." Diese Aussage ließ mich eine unendlich große Angst spüren und das erste Mal konnte ich fühlen, was hinter dieser Angst lag. Das Gefühl, welchem ich mich nie stellen wollte, weder als er in meinem Bauch war, noch jetzt. Das Gefühl, ihn wirklich verlieren zu können, war das Schlimmste, was ich jemals gefühlt habe. Ich sah vor meinem inneren Auge einen Film ablaufen: Ich sah eine Beerdigung auf einem Berg, es wird ein Sarg in eine Mulde herabgelassen und ich soll hingehen. Es war Robins Beerdigung, ich weigerte mich innerlich hinzugehen und ich erfuhr den größten Schmerz überhaupt. Es fühlte sich an, als würde mir jemand das Herz aus meinem Körper herausreißen. Am liebsten hätte ich in dem Moment geschrien, aber es hieß, am besten bewegt ihr euch während der Sitzung nicht und fühlt nur, was in euch geschieht. Ohne diese Anweisung wäre ich wahrscheinlich aufgestanden und hätte mich entzogen. Doch genau das war es, was mir schließlich Heilung brachte. Ich fühlte den schlimmsten Schmerz überhaupt, vor dem ich mich die ganze Zeit schützen wollte. Ein tiefer Schmerz, der einfach gar nichts mit der Wirklichkeit und mit dem eigentlichen Moment, in dem ich mich befand, zu tun hatte, sondern nur mit dem „Film" in mir, der sich in meinem Kopf abspielte. Nachdem ich diesen Schmerz durchlebt hatte war ich wie weggetreten, wie in einem tiefen Schlaf, in dem ich trotzdem noch alles mitbekam und dann geschah etwas Wunderbares: Ein tiefer innerer Frieden durchflutete mich. Es kehrte wirklich Ruhe in mir ein. In meinem Körper und in meinem Kopf war auf einmal nichts Anderes als Ruhe und Stille. Das Gedankenkarussell in meinem Kopf drehte sich nicht mehr und in mir wurde es ganz still.

Dieser Frieden erlaubte mir zum ersten Mal, überhaupt nicht mehr über Robin oder seine Situation nachdenken zu müssen. Ich konnte ihn das erste Mal so sein lassen, wie er war. Im Nachhinein begriff ich, dass es für ihn schlimm gewesen sein muss, nicht einfach so sein zu dürfen wie er war. Er musste lauter Widerstände und Ängste von meiner Seite aushalten und dass ich ihn immer, vor allem in der Schule `verbessern´ wollte. Mir war bis dato nicht klar, dass ein inneres `Ja´ von mir zu ihm, ihn sich frei entfalten lassen würde und dass meine inneren Ängste und Widesrtände ihn einfach stets blockiert haben. Ich frage mich, warum nicht alle Menschen diese Grundgesetze des Lebens in der Schule oder zuhause lernen? Alle beschäftigen sich mit der Vergangenheit und mit Geschichte, aber eigentlich geht es doch darum, wie man sich und seine Lieben egal ob Partner oder Kinder, in die eigene Kraft bringt.?

Ich bin immer noch so tief beeindruckt, was der Kopf gedanklich alles produzieren kann, was nichts mit dem realen Leben zu tun hat. Diese tiefe Angst und dieser Schmerz einmal im vollen Umfang zu fühlen, das hat mich aus diesem Karussell endgültig aussteigen lassen. Ich habe mich wirklich gefragt, warum mir dies zuvor nie jemand mal gesagt hat. Denn diese Zustände zu lösen, war einerseits sehr schmerzhaft, aber im Nachhinein hat die Bewältigung selbst nicht lange gedauert... nur der Weg en Punkem Moment war langwierig, da ich nicht wusste, wie man es lösen kann. Nach dieser Befreiung habe ich zwar noch weiter an mir gearbeitet, allerdings nicht mehr an den Gefühlen in Bezug auf meinen Sohn, denn diese waren im absoluten Frieden, und das in jeglicher Hinsicht.

In der Woche darauf stand ich mittags in der Küche und schnitt Gemüse klein. Die Haustür ging auf, mein Sohn kam triumphierend herein und knallte einen gelben Schnellhefter neben mich auf die Arbeitsplatte mit dem Satz: „So Mama, das war der Durchbruch, ich will von dir nie wieder etwas von Schule hören!" Ich lugte auf den Schnellhefter und sah eine 1 unter der Arbeit. Ich fragte ihn: „Wann hast du die Arbeit geschrieben?" Seine Antwort: „Letzte Woche als du weg warst." Und mit diesem Satz von ihm war alles gesagt. Ich habe ihn ab sofort nie wieder nach seinen Hausaufgaben gefragt, aber nicht, weil es mich nicht interessierte, nein, sondern weil ich dafür nicht mehr zuständig war und ihm zutraute, dass er seine Dinge selbst regeln kann. Ich musste nichts mehr kontrollieren, sondern vertraute ihm, dass er es allein schafft oder von sich aus auf mich zukommt, wenn er Hilfe braucht. Diese Gefühlsveränderung war eine Realität und nichts, was ich mit dem Kopf steuern musste. Robin wurde Klassenbester und schrieb ab diesem Tag nur noch die Noten „sehr gut" und „gut". Im kommenden Jahr absolvierte er seinen Realschulabschluss ohne großen Aufwand mit 1,9.

Er wollte ursprünglich eine Ausbildung als Fachinformatiker machen, jedoch bot ihm das Leben eine Lehrstelle als Elektroniker in Energie und Gebäudetechnik an. Diese nahm er nach zwei Probearbeitstagen voller Vorfreude an. Ich fragte ihn damals, ob er mit der Berufswahl glücklich sein würde und seine Antwort war: „Mama, manchmal muss man das machen, was sich einem bietet." Wie recht er hatte. Dieser Schritt tat ihm durchaus gut. Er kam jeden Abend sehr gut gelaunt nach Hause und hatte keine Ermüdungserscheinungen mehr, wie ich das von ihm aus der Schulzeit kannte. Ebenfalls war es sehr positiv für ihn, dass die Arbeitszeit erst um 9 Uhr begann. Nachdem er seine Ausbildung ebenfalls mit „sehr gut" abgeschlossen hat, bat er mich, mit ihm alleine essen zu gehen. An diesem Abend schaute er mich an und sagte: „Ich möchte mich nochmal bei dir bedanken." Ich habe ihn gefragt: „Wofür genau?" Denn als Mutter ist es einem selbst klar, dass man ganz viele Dinge tut, die für einen selbst selbstverständlich sind. Er meinte: „Ich möchte mich dafür bedanken, dass du damals diese Kralle von mir genommen hast." „Wow", dachte ich, so hat sich meine Angst für ihn also angefühlt. Er sagte noch: „Ich hätte es damals nicht in Worte fassen oder beschreiben können was ich gefühlt habe."

Eine Verbindung zwischen einer Mutter oder einem Vater und dem eigenen Kind ist bestimmt die tiefste Verbindung, die es geben kann. Wenn es möglich ist, so eine tiefe Verbindung durch das Loslassen von negativen Gefühlen in die Freiheit zu bewegen, ist es bestimmt auch möglich, durch das Loslassen der eigenen Angst um den anderen, die Beziehung mit dem Partner oder dem Elternteil in eine bessere Position zu bewegen. Für mich ist es bis heute sehr beeindruckend, dass er meine Angst in seinem Körper tatsächlich spüren konnte.

Wie erging es mir als Mutter mit all diesen Entscheidungen?

Als Robin mit vier Monaten das erste Mal geimpft wurde, wusste ich es nicht besser und folgte den Anweisungen des Kinderarztes. Aber bei der Rücksprache mit dem Arzt, dass dies eine normale Reaktion nach einer Impfung sei, hatte ich ganz tief in mir das Gefühl, dass dies nicht wahr sein kann. Wieso ist mein Kind seit der ersten Impfung permanent krank und unruhig, obwohl es vorher schon friedlich durchschlief? Auf was genau hat mein kleines Baby so stark reagiert? Welche Konservierungsstoffe beinhalten diese Impfungen? Was ist in ihm passiert? Damals habe ich mich mit diesen ganzen Fragen sehr allein gefühlt und kannte absolut niemanden, der mir den Rücken diesbezüglich stärkte, aber ich wusste, ich muss für den Kleinen eine Entscheidung treffen. Eine Entscheidung, die ihn nicht kränker werden lässt. Es gab eine tiefere innere Weisheit in mir, die mir sagte, dass ich hier nicht anders handeln kann, als künftig `nein´ zu diesen Eingriffen zu sagen. Heute kann ich mich auf diese innere Stimme verlassen, in dem Wissen, dass sie mich richtig leitet. Bis dahin war es ein weiter Weg, doch er hat sich gelohnt. Ich hatte mich anfangs oft schlecht gefühlt. Es ist wirklich einfacher mit der Masse zu gehen als sich für sich selbst oder sein Kind einzusetzen und gegen den Strom zu schwimmen. Bis dato hatte ich nicht richtig gelernt, mich zu 100 Prozent für mich selbst einzusetzen, aber für mein Kind klappte das irgendwie. Auch wenn mir damals das Gesundheitsamt und diverse Ärzte einredeten, ich sei eine Rabenmutter. Solange ich noch nicht genügend zu dem Thema informiert war und nur aus dem Bauch heraus diese Entscheidung traf, prüfte mich das Leben immer wieder. Bis ich ausreichend an Wissen und so eine Klarheit in mir hatte, dass mich tatsächlich Jahre später ein Arzt im Krankenhaus bestätigte: „Sie haben Recht, sie brauchen sich bei dieser Verletzung keine Sorgen um Tetanus zu machen!" Seitdem haben diese Diskussionen, nach denen ich mich schlecht fühlte, komplett aufgehört. Dass ich die Impfentscheidung in Bezug auf meinen Sohn tief in mir treffen konnte, habe ich nicht nur meiner Intuition, sondern auch dem Arzt Dr. Splittstoeßer zu verdanken. Sein Buch *Goldrausch* und seine akuten homöopathischen Behandlungen und Verschreibungen haben mir den Weg zur Homöopathie und zu einer alternativen Denkweise eröffnet. In der ganzen Zeit war es gut zu wissen, dass er eine so starke, ergänzende Alternative zur Schulmedizin anwendete und wir uns mit allen Erkrankungen mit ihm beraten konnten.

Meine Selbständigkeit entstand aus dem Leben heraus. Schon als ich mit 16 Jahren meine Bankausbildung begann, wusste ich, dass ich einmal selbständig sein würde. Allerdings war mir damals nicht klar, womit ich mich selbständig machen würde. Dieses Ziel war schon damals klar und gut spürbar in mir. Nach diesem Gefühl bin ich lediglich den Zeichen des Lebens gefolgt. Für all die Dinge, die sich in meinem Leben entwickelten, bin ich heute sehr dankbar. Als ich 2003 erst meine Homöopathie-Ausbildung und zwei Monate später meine Heilpraktiker-Ausbildung abschloss, wusste ich, dass der Weg in die Selbständigkeit nun offenstand. Ich startete direkt eine Woche später mit den ersten Behandlungen und absolvierte damals Hausbesuche bei den Klienten. Alle mir näherstehenden Personen wussten von meinem Vorhaben und ich hatte schon drei Behandlungstermine vereinbart, bevor ich meine Heilpraktiker-Ausbildung abgeschlossen hatte. Ich hatte damals wahnsinnige Angst, diese nicht zu bestehen und die Termine einfach absagen zu müssen. Zum Glück konnte ich die Termine wahrnehmen und natürlich noch viele, viele weitere bis heute. Zu Beginn arbeitete ich an drei Tagen in der Bank und konnte an den anderen beiden Tagen Termine in meiner Praxis annehmen. Die Selbständigkeit wuchs langsam nebenbei und wurde größer. Als ich 2008 mittlerweile morgens um 5 Uhr aufstehen musste, um Rechnungen zu schreiben, den Haushalt und die Kids zu versorgen und um noch pünktlich auf der Arbeit zu erscheinen, wusste ich, nun ist der Zeitpunkt gekommen, zu 100 Prozent in die Selbständigkeit einzusteigen. Zeitgleich mit dem Ausstieg aus dem Bankwesen fand ich damals die Energiearbeit, die heutigen `Basics for Life´. Das war ein großartiges Jahr für mein weiteres Leben. Denn nachdem ich nicht nur die Sicherheit in der Bank (nach über 20 Jahren als alleinerziehende Mutter mit zwei Kindern unter 18 Jahren, wäre ich wahrscheinlich unkündbar gewesen) ließ, sondern es nun auch schaffte, mein Kind loszulassen, spürte ich erstmals eine nie dagewesene Freiheit in meinem Leben. Natürlich hatte sich das Leben damals schon ein neues Wachstumsprojekt für mich ausgedacht, aber darüber werde ich in einem anderen Buch Details preisgeben.

Warum konnte das Thema nur in einem mehrtägigen Prozess gelöst werden? Mit einer einzelnen Sitzung kann man einen großen Schritt nach vorne gehen und manche Menschen geben mir das Feedback, dass drei Sitzungen in meiner Praxis ihr ganzes Leben verändert haben. Aber was passiert in einem mehrtägigen Prozess? Man dringt automatisch immer tiefer in den Körper, die Seele und die Psyche ein. Es zeigen sich durch die intensiven Sitzungen und Gespräche mit anderen Teilnehmern Widerstände und Problematiken, die man sich direkt näher anschauen und lösen kann. Jede Krankheit, jedes Symptom und aus meiner Sicht sind auch alle negativen Gefühle einfach nur blockierte Energie, die eine Chance zur Transformation und zur Befreiung des Energieflusses bieten. In einem Kurs meiner `Basics for Life´-Schule kann man sich nicht mit anderen Dingen ablenken und schaut sich eine Blockade nach der anderen an. Am Ende des Kurses ist man 27 Schritte in konzentrierter Form vorwärtsgegangen, wofür man vielleicht sonst ein Jahr oder länger brauchen würde. In meinem Fall: Normalerweise hätte ich mich bei einem Migräneanfall zurückgezogen und nicht daran gearbeitet, weil ich nicht in der Lage gewesen wäre, irgendwohin hinzufahren. So konnte ich mich gar nicht zurückziehen, sondern habe weiter geschaut, um was es geht. Da ich total schwach und kraftlos war, konnte ich auch nicht mehr die Gefühle verhindern, vor denen ich mich sonst immer schütze und die ich nicht spüren wollte. Für mich galt viele Jahre lang, dass wenn ich etwas lösen wollte, was sich nicht nach ein oder zwei Einzelsitzungen erledigte, dass ich dann stets einen Kurs buchte. Die Kraft eines Gruppenprozesses ist unermesslich hoch und immer unvorhersehbar.

Bis ich die `Basics for Life´ 2008 gefunden hatte, habe ich mit der `Leben in Leichtigkeit´-Therapie gearbeitet. Diese Methode baut auf der Methode "Isy" von Dagmar Persch auf. Mit dieser Therapie habe ich in der Zeit von 2002 bis 2008 viele Dinge transformieren und lösen können. Auch Robin war damals oft bei ihr und konnte viele Dinge lösen, aber bei unserer tiefen Verstrickung, brauchte die Lösung etwas Anderes. Noch heute liebe ich diese Art von Sitzungen und Möglichkeiten der Erkenntnisse. Es gab so viele Momente, in denen ich mir Dinge in einer `Leben in Leichtigkeit´-Sitzung gewünscht und visioniert habe und diese sehr oft binnen kurzer Zeit eingetreten sind. In über 10 000 Sitzungen habe ich die "Isy"-Methode modifiziert und dadurch die

Therapiemöglichkeiten erweitert. Die heutige `Leben in Leichtigkeit´–Methode ist auch eine wundervolle Variante, um ganz tief und oft an den eigentlichen Kern des Problems zu kommen. Heute kombiniere ich in der Regel diese beiden starken erlösenden Sitzungsformen. Ich bin sehr dankbar für alles, was ich bei Dagmar damals lernen durfte. Sie war eine der Personen, die mir den Weg in ein verantwortungsvolles Leben gezeigt hat. Denn ich weiß heute, dass alles, was in meinem Leben passiert, ein Spiegel meines inneren Selbst ist.

Hier noch ein paar Informationen, wie es in Robin seinem Leben weiterging:

Heute (2017) ist er 24 Jahre alt, studiert und wohnt mit seiner Freundin zusammen mit der er sehr glücklich ist. Die beiden sind gerade in eine wunderschöne Wohnung mit Garten und Terrasse gezogen. Beide haben bei mir an dem `Basics for Life´-Grundkurs teilgenommen, lösen selbst Blockaden, die auftreten und assistieren in meinen Kursen. Ich bin sehr dankbar für diese Entwicklung, denn auch seine Freundin ist ein großes Geschenk für uns alle und passt sehr gut in unsere Familie. Wir haben eine sehr schöne Verbindung, die allen alle Freiräume lässt. Danke Leben!

Alexandra Höf im Kurzportrait:

Alexandra Höf ist Mutter von zwei Kindern, lebt in Hofheim am Taunus und arbeitet als Heilpraktikerin mit dem Schwerpunkt klassische Homöopathie und Energiemedizin in eigener Praxis. In ihrer `Basics for Life´ Schule lehrt sie Menschen, in ihre Kraft zu kommen und alte Muster aufzulösen. Durch ihren Sohn hat sie vor über zwei Jahrzehnten zur klassischen Homöopathie und zur Naturheilkunde gefunden. Ausgebildet wurde sie von dem alternativen Nobelpreisträger Professor George Vithoulkas, einer der größten Homöopathen, der in die Geschichte eingehen wird. Ein detailgenaues Studium jedes einzelnen Falles ermöglicht ihr, für jeden das individuelle homöopathische Arzneimittel zu finden. Gleichzeitig gibt die Anamnese Auskunft über mögliche Themen, die wunderbar energetisch gelöst werden können. Seit 2015 gibt sie ebenfalls „Selbstfindungsseminare" im Süden Europas.

www.alexandrahoef.com
www.basicsforlife.de

„Ich weiß heute, dass alles, was in meinem Leben passiert, ein Spiegel meines inneren Selbst ist."

Alexandra Höf

KATHRIN ANDREAS

◆◆◆

Als Doris mich gefragt hat, ob auch ich einen Text zum Buch beisteuern möchte, musste ich erstmal einen kurzen Moment überlegen. Habe ich überhaupt etwas zu erzählen, womit ich ein paar Seiten füllen kann? Nach all den vielen spannenden und sehr berührenden Texten, folgen nun ein paar unspektakuläre Zeilen über mein beinahe in geraden Bahnen verlaufenes langweiliges Leben. Okay, während ich das schreibe, kann ich mir ein Grinsen nicht verkneifen, da ich wirklich zu gerne wüsste, was ihr jetzt denkt! Ich weiß zwar noch nicht genau, worüber ich schreiben werde und ob ich auch tatsächlich einen vernünftigen Text zustande bekomme, aber ich will es zumindest versuchen.

Die erste Herausforderung ist immer, einen Anfang zu schaffen. Genau wie ich mir nun bei meinem Text die Frage stelle, wie ich am besten beginne, habe ich mir in meinem Leben schon mehrfach darüber Gedanken gemacht, wie ich ein Vorhaben am besten angehe und in die Tat umsetze. Leider war ich noch nie eine von diesen Macher-Typen, sondern ich bin eher diejenige, die sich zunächst um alles sehr viele Gedanken macht. Ich mache mir gerne Pläne, die ich dann immer wieder umstelle, modifiziere oder verwerfe. Ich liste am liebsten Vor- und Nachteile auf und hasse es, wenn sich bei anstehenden Entscheidungen mein Herz und mein Kopf in die Haare kriegen. Ich bin diejenige, die glaubt, immer alles zu Ende denken zu müssen und die auch wirklich keine Details dabei vergessen mag. Dennoch steht eines fest: Die tote Idee ist am Ende zu wenig!

Schon während der Schulzeit gehörte ich zu denen, die nie so ganz mit dem Strom schwammen. Ich versuchte natürlich, mich nicht komplett selbst auszugrenzen, aber so richtig warm wurde ich mit den meisten meiner Mitschüler nicht. Ich interessierte mich schon seit jeher viel mehr für die Psyche des Menschen, historische Begebenheiten und das aktuelle politische Zeitgeschehen als für Partys, Jungs und andere Äußerlichkeiten. So suchte ich mir bevorzugt einen Freundeskreis aus eben diesen Individualisten, mit denen man bei einem Glas Rotwein fantastisch über das Sein oder Nichtsein und die Rolle des eigenen Daseins philosophieren konnte. Mathe, Sport und einige andere Unterrichtsfächer fand ich hingegen so dermaßen überflüssig, was sich zugegebenermaßen auch an meinem Notenspiegel ablesen ließ.

Von zuhause aus wurden aber durchaus entsprechende Leistungen erwartet, denn schließlich ging man davon aus, ich würde nach der Schule definitiv studieren und gegebenenfalls die väterliche Kanzlei übernehmen. Nun ja, einerseits war dieser Gedanke recht verlockend, denn die Geschäfte meines Vaters liefen gut und der Name war bekannt und angesehen. Aber andererseits bin ich einfach nicht der Typ dafür, derartige Erwartungen an mich wie vorgesehen zu erfüllen und so rebellierte ich immer mehr gegen diese Ansprüche, die an mich gestellt wurden. Der Stress, der dadurch mit meinen Eltern entstand, führte dazu, dass ich sofort nach dem Abitur zu meinem damaligen Freund ins Rheinland zog, wo ich dann auch schnellstmöglich eine Ausbildung begann, die ich aber aus persönlichen Gründen nicht zu Ende bringen konnte. Da es mir zu dieser Zeit nicht besonders gut ging und ich viel mit mir selbst, meinem Leben und meiner Zukunft haderte, zerbrach daran auch schlussendlich meine damalige Beziehung.

So hing ich also sprichwörtlich in der Luft, zurück zu meinen Eltern wollte ich auf gar keinen Fall, denn ich war ja froh, aus dieser beengten Dorfidylle des Sauerlandes herausgekommen zu sein. Da ich aber zunächst keinen Ausweg aus meiner Situation wusste, begann ich also, mich ‚herumzutreiben' und hier und da bei Freunden unterzukommen. Ich lebte vielmehr planlos in den Tag hinein und sammelte Träume, Ideen und Pläne, was ich alles mit meinem Leben anfangen könnte. Aber mir fehlte der richtige Antrieb, etwas anzufangen, etwas zu beginnen, in dem ich auch wirklich einen Sinn sah. Ich wusste, ich wollte zufrieden sein mit dem, was ich tat, sonst würde sich ein Beginn gar nicht erst lohnen. Wenn ich mir an dieser Stelle so einige Geschichten in diesem Buch hier betrachte, wäre das damals sicherlich die beste Zeit gewesen, um mal alleine für eine längere Zeit ins Ausland zu gehen, aber dazu fehlte mir erstens der konkrete Gedanke wie man so ein Vorhaben richtig angeht und zweitens dann auch mit Sicherheit der Mut. Logischerweise konnte ich meine damalige Untätigkeit nicht dauerhaft vor meiner Familie verbergen, denn auf den Familienfeiern zu Ostern und Weihnachten wurde stets mein aktueller beruflicher und privater Status abgefragt.

Nach einem Jahr Hin und Her entschied ich mich dann endlich doch für ein geisteswissenschaftliches Studium der Germanistik und Erziehungswissenschaften an der Ruhr-Universität Bochum und zog dafür vom Rheinland ins Ruhrgebiet. Dieser Ortswechsel tat mir richtig gut, diese kleine sympathische Stadt mit ihren ca. 300.000 Einwohnern und ihrem reichhaltigen Angebot an kulturellen Veranstaltungen und ihrem unwiderstehlichen Charme der Industriekultur war genau das, was ich in dem Moment brauchte. Ich zog in eine kleine Einliegerwohnung in einem netten Einfamilienhaus und war im wahrsten Sinne des Wortes sofort angekommen. Im Nachhinein betrachtet würde ich sagen, dass die kommenden Jahre die geilste Zeit meines Lebens waren, denn ich lernte schnell viele neue Leute kennen und tat, was ein Student tun muss: Feiern gehen, Vorlesungen schwänzen und nebenbei arbeiten, um sich den nächsten Urlaubstrip finanzieren zu können. Das zog natürlich nicht nur das Studium in die Länge, sondern im Laufe der Zeit auch wieder besagte unangenehme Fragen nach sich. Mittlerweile waren einige Jahre seit meiner Immatrikulation vergangen und meine Eltern wollten endgültig von mir wissen, wann ich denn endlich meinen Abschluss mache, meine Großeltern wollten wissen, wo ich danach eine Anstellung bekomme und mein damaliger Partner wollte wissen, wo ich mich beruflich und privat in der nächsten Zeit sehe. Alles durchaus berechtigte Fragen, denen ich mich da also schon wieder stellen musste. Ich begann langsam den Ernst der Lage zu begreifen und sah schleunigst zu, dass ich endlich einen Abschluss vorweisen konnte.

Mein ursprünglich geplantes Berufsziel verfolgte ich aber nach der Uni nicht weiter, stattdessen hielt ich mich mit Jobs in der sprachlichen Förderung von Kindern und der Erwachsenenbildung über Wasser und unterrichtete Kurse bei unterschiedlichen freien Trägern und in der Volkshochschule. Privat scheiterte meine zweite Beziehung schließlich an den unterschiedlichen Vorstellungen von einer gemeinsamen Zukunft. Mein damaliger Partner wollte gerne eine Familie gründen und damit ein klassisches Familienleben führen. Doch das war so rein gar nicht mein Ding, ich hatte zwar durch meine ganzen Jobs immer viel und gerne mit Kindern zu tun, aber das Bedürfnis nach eigenen Kindern empfand ich nicht. Und während ich also wieder alleine dastand, begann ich mir selbst einige Fragen zu stellen: Was wollte ich eigentlich vom Leben? Was erwartete ich? Was war mir persönlich wichtig? Ich setze mich also erneut hin und begann, mein Leben und meine Gedanken zu sortieren.

Was hatte ich bisher geleistet, auf das ich aufbauen konnte? Was wollte ich werden beziehungsweise wo wollte ich beruflich und privat hin? Ich fühlte mich hin- und hergerissen zwischen dem Bedürfnis, mir eine solide Zukunft aufbauen zu wollen und dem Gedanken, mich nicht festlegen zu müssen, an welchen Ort und an welchen Arbeitgeber ich mich binde. Seit meinem Auszug aus meinem Elternhaus war ich nun schon einige Male umgezogen und mit jedem Umzug wurden meine Koffer leerer und ich spürte die Leichtigkeit des Seins, je weniger Gepäck ich mit mir herumschleppte. Gleichzeitig wurde mein Kopf immer schwerer, denn ich machte mir natürlich Sorgen um meine berufliche und private Zukunft. Ich wusste jederzeit, was ich mit einem Lottogewinn anfangen würde, aber nicht, was ich sonst aus meinem Leben machen wollte. Um mich herum bauten sich meine Freunde und Bekannten heimelige Nester, kamen beruflich gut voran und feierten mit ihren Familien schon bald ihre ersten Hochzeiten, Geburten und Taufen. Ich selbst kam mir dabei stets wie eine Komparsin in einem Film vor, der definitiv nicht den Titel *Mein Leben* trug.

Aber wie sah denn dann mein Leben aus? Ich wusste es einfach nicht! Ich hatte noch nie diesen berühmten Film vor Augen, der am Ende noch einmal im Zeitraffer ablaufen würde. Stattdessen hatte ich stets Fragmente von Träumen oder Sehnsüchten in meinem Kopf, die sich aber niemals so richtig zusammensetzen ließen, weil doch nie ein Teil zum anderen passte. Mal sah ich mich in einem Haus in den Dünen als Schriftstellerin arbeiten, mal auf einem Gnadenhof um alte, kranke und verletzte Tiere kümmern. Mal wollte ich als Lehrerin vor der Klasse stehen und die Schüler mit Wissen begeistern und mal als Juristin vor Gericht für die Benachteiligten unserer Gesellschaft kämpfen. Ja, da waren so viele Zukunftsvisionen und es gab doch kein durchdachtes Konzept. Das zu vertreten, war nicht immer leicht und bis heute bin ich nichts von alledem. Ich überlegte mir immer wieder, was am Ende wirklich zählt! Und das konnte doch nur die berühmte Zufriedenheit sein. Egal, was auch immer ich also tun würde, ich wollte zufrieden damit sein. Das war mein Ziel!

Jeder Mensch hat seine ganz eigene Sicht auf die Dinge und seine persönliche Vorstellung von dem, was ein glückliches Leben ausmacht. Für die einen sind es materielle Werte wie teure Autos, eigene Häuser oder großartige Urlaubsreisen, für andere hingegen stehen immaterielle Werte wie Gesundheit, Familie oder eine sinnvolle Aufgabe an erster Stelle. Ich selbst habe mir zum Beispiel noch nie viel aus Luxus gemacht, natürlich ist es beruhigend, Sicherheiten zu haben, aber im Grunde genommen brauche ich das alles für mich nicht. Ich war zum Beispiel noch nie der Typ Frau, der sich viel aus Schmuck oder anderen Äußerlichkeiten gemacht hat. Immer, wenn mich jemand fragt, was ich mir zum Geburtstag, zu Weihnachten etc. wünsche, sage ich einfach: „Nichts, was man kaufen kann!" Mir war und ist es stets wesentlich wichtiger, mit lieben Menschen Zeit zu verbringen, ein gutes Gespräch zu führen oder auch einfach nur mal für mich zu sein und meine Ruhe zu haben.

Eine ganze Zeit lang haben mich sogar für Wohn- und Lebensformen interessiert, die auf die meisten Gebrauchsgüter verzichten und sich tatsächlich mit dem Notwendigsten begnügen. In Anbetracht dessen, was hinter dem ganzen alltäglichen Konsum und Kommerz an Ausbeutung und Leid steckt, kann ich von mir ganz sicher sagen, dass ich das alles sehr ablehne. So habe ich beispielsweise im Laufe der Zeit meinen privaten Besitz auch immer mehr aussortiert und vieles davon an karitative Einrichtungen abgegeben. Im Grunde genommen braucht man doch eigentlich außer etwas Kleidung, Essen und ein Dach über dem Kopf oder einen warmen Schlafplatz nicht mehr an materiellen

Gütern, oder? Und doch besitze ich natürlich auch ein Handy, einen Laptop und ein paar mehr oder weniger nützliche Gegenstände. Für mich fühlt es sich aber gut und richtig an, nicht zu viel von solchen Sachen zu besitzen, da mein Herz grundsätzlich nicht an solchen Gegenständen oder Dingen hängt. Ich bevorzuge daher grundsätzlich einen puristischen Lebensstil, denn ich muss immer an den allseits bekannten Spruch denken, der besagt, dass das letzte Hemd sowieso keine Taschen hat.

Mittlerweile träume ich auch immer öfter von einem Leben, bei dem man alles Schwere und Belastende einfach hinter sich lassen kann, um so mehr Zeit für die wirklich wichtigen Dinge im Leben zu gewinnen. Dieses wirklich Wichtige kann die Familie sein oder ein besonderes Engagement, eine Sache, für die man sich interessiert oder einfach das Reisen, Leben und Erleben an sich. Mein Kopf ist oft so voll mit den verschiedensten Gedanken, dass ich sie manchmal auch am liebsten in einen der oben genannten Koffer packen würde, um diesen dann irgendwo an einer Ecke einfach stehen zu lassen. Und während ich das hier so schreibe, bin ich erzählerisch immer noch nicht an dem Punkt angelangt, der verrät, was ich denn nun möglicherweise Sinnvolles mit meinem Leben anfange, richtig?

Wie dem auch sei, während ich so nachdachte, trat jemand in mein Leben, der eigentlich schon immer da- und nie weggewesen war. Ein Freund, den ich seit der frühen Schulzeit kenne und mit dem ich schon durch einige Höhen und Tiefen gegangen bin. Wir wissen einfach alles voneinander und kennen uns sozusagen in- und auswendig. Ja, nenne es Zufall oder Schicksal, ich will dem Ganzen eigentlich keinen konkreten Namen geben, da ich wirklich nicht behaupten kann, dass ich uneingeschränkt an solche Fügungen im Leben glaube. Wie gut, dass meine Oma, Gott habe sie selig, den vorangegangenen Satz niemals lesen wird! Besagter Freund war so ganz und gar das völlige Gegenteil von mir und meinen Ansichten. Aber wenn es danach geht, dass Gegensätze sich anziehen, dann muss an diesem Punkt tatsächlich etwas dran sein. Mein Freund konnte im Gegensatz zu mir nämlich eine gradlinige Berufsbiographie vorweisen und war auch sonst in seinem Tun und Handeln sehr klar und gefestigt. Zusammen beschlossen wir, uns eine gemeinsame Zukunft aufzubauen.

Auch hier gestaltete sich wieder aller Anfang schwer, denn wir hatten so viele Themen und Dinge, die eigentlich nicht den Vorstellungen des anderen entsprachen und so saßen wir oft zusammen und diskutierten über das Für und Wider existenzieller Angelegenheiten und nicht zuletzt auch über unsere Beziehung. Wenn wir wirklich zusammenbleiben wollten, mussten wir ausloten, inwieweit wir da wirklich zusammenpassten und ob das alles auch einer gemeinsamen Zukunft dienlich war. Aber wenn man natürlich schon so vieles zusammen erlebt und durchgestanden hat, dann gibt es ja bekanntlich nichts, was einen umbringt, sondern nur noch stärker macht. Und so ist es auch tatsächlich!

Wir begannen also gemeinsam und mühselig Stein auf Stein zu setzen und heirateten anschließend standesamtlich in Jeans und Turnschuhen, weil wir beide absolute Realisten sind und eher einen äußerst nüchternen Stil bevorzugen. Wir schafften uns statt Kinder zwei Hunde an und waren in unserer Freizeit weiterhin gerne auf Achse und ständig unterwegs. Die leeren Kaffee-to-go-Becher in unserem Wagen können das bezeugen! Wir kauften einen Garten und schufen uns damit ein Stück Außenwelt, in der es nur uns und unsere Belange gibt. An manchen Tagen sitze ich in unserer Wohnung und es juckt mich förmlich in den Fingern, die Koffer zu packen und in unsere Gartenlaube zu ziehen. Die Nähe zur Natur und die einen dort umgebende Ruhe ist so elementar für uns, insbesondere für mich, um zwischendurch komplett abschalten zu können, ganz tief einzuatmen und so eine innere Zufriedenheit mit sich und seinem Leben zu verspüren.

Mittlerweile bin auch ich auf einem Level angelangt, dass mich bezüglich meiner beruflichen Tätigkeit und sonstigen Aufgaben ruhiger und zuversichtlicher in die Zukunft blicken lässt. Da ich immer schon eine besondere Affinität zur Arbeit mit Texten und Inhalten besaß, lag es für mich natürlich nahe, mich darauf zu fokussieren. Und so entstand die Idee, ein eigenes Lektorat zu gründen und mich als freie Lektorin selbstständig zu machen. Der Buchmarkt ist gerade für Berufsanfänger ähnlich einem Haifischbecken. Überall tummelt sich die Konkurrenz. Man muss schon sehr offen sein und auch etwas wagen in diesem Metier, sonst geht man leider schnell in der Masse unter. Ich traute mir das aber durchaus zu, mich dahingehend in alles einzuarbeiten, denn bislang bin ich immer mit dem, was ich gerade tat, sehr gut zurechtgekommen. Als Lektor ist man ja in der Regel das Bindeglied zwischen Autor und Verlag. Dabei kann das Tätigkeitsfeld weit über die eigentliche Textarbeit hinausreichen, sprich neben der formalen und inhaltlichen Qualitätssicherung von Texten übernimmt ein Lektorat auch häufig weitergehende Dienstleistungen wie Autorenakquise, Recherchearbeiten, redaktionelle Tätigkeiten etc. Sich in diesem gesamten Pool ein Netzwerk zu schaffen, Kunden zu gewinnen und entsprechend Referenzen zu sammeln, ist aufgrund der hohen Konkurrenz in der Tat kein leichtes Unterfangen. Aber für mich bietet es die optimale Möglichkeit, mich mit vielen Menschen zu verbinden, egal, wo man sich gerade in der Welt befindet. Ich habe so die Option, jederzeit ortsunabhängig zu arbeiten und bin glücklicherweise auch noch mein eigener Chef. Es ist für mich also die perfekte Art, meine Lebensphilosophie umzusetzen und mich weiterhin selbst herauszufordern, einer für mich sinnvollen Tätigkeit nachzugehen und mich dabei aber nicht in ein System oder Schema pressen zu lassen. Ich kann entscheiden, was mich interessiert, was mir zusagt und wofür ich meine Energie aufwenden möchte und welche Dinge mir vielleicht auch weniger guttun. Der Aufgabenbereich und die Kundschaft sind so vielfältig wie unterschiedlich, da kann ich die Richtung, in die ich gehe, stets selbst bestimmen.

Zusammenfassend kann ich also sagen, dass ich mit mir, meinem Leben und dem, was ich nun mache, rundherum sehr zufrieden bin! Und das ist es auch, was ich allen Autorinnen und Leserinnen dieses Buches wünsche: Zufriedenheit im Leben!

Herzlich bedanken möchte ich mich an dieser Stelle noch einmal ausdrücklich bei Doris, die mir die Möglichkeit gegeben hat, einige Texte in diesem spannenden Buch zu lektorieren und damit an diesem wundervollen Projekt mitzuwirken!

Kathrin Andreas im Kurzportrait:

Kathrin Andreas ist 35 Jahre alt und wohnt derzeit mit ihrem Mann und ihren zwei Hunden in der schönsten Stadt im Revier. Ursprünglich kommt sie aus dem Sauerland, zog jedoch nach dem Abitur und einigen Umwegen schließlich zum Studieren ins Ruhrgebiet. Nach dem erfolgreichen Studium der Germanistik und Erziehungswissenschaften an der Ruhr-Universität Bochum hat sie ihre Leidenschaft, mit Texten zu arbeiten, schlussendlich zu ihrem Beruf gemacht hat. Seit Kurzem arbeitet sie als freie Korrektorin und Lektorin.

www.woerterwald.de

„Ich hasse es, wenn bei anstehenden Entscheidungen mein Herz und mein Kopf sich in die Haare kriegen."

Kathrin Andreas

Dankeschön ...

Wo wären wir ohne die mutigen Vorreiter, die uns zu Höchstformen pushen und uns zeigen, dass wir nicht alleine sind.

Daher ein liebes Dankeschön an ...

... all die wundervollen Autorinnen, die bereit dazu waren, ihre Behind-The-Scenes Geschichte ihre Erfolges zu erzählen – ungeschönt, unpoliert und unmodifiziert.

... an das Team von großartigen Lektoren und Assistenten, die mich auf meinem Weg begleitet haben, damit dieses Projekt erst ermöglicht werden konnte.

... und an all die wundervollen Selbstverwirklichungsjunkies, die nicht nur auf einen Trend mit aufgesprungen sind, sondern auch tagtäglich ihre Vision ernst nehmen und mich zu diesem Buch erst inspiriert haben.

Ihr seid auf ewig in meinem Herzen!

Eure Doris

Möchtest du Teil des
nächsten Buches sein?

Sharing is caring …

Im heutigen Zeitalter, wo jeder nur nach dem Höchsten strebt und Erfolg plötzlich eine ganz andere Bedeutung jenseits von materiellen Dingen bekommt, wird es für uns immer wichtiger, uns an Menschen zu orientieren, die uns schon ein paar Schritte voraus sind. Nicht um zu kopieren, sondern um uns mentale Stärke anzueignen, die uns dabei hilft auf dem Weg zum Erfolg und zur Selbstverwirklichung zu bestehen.

Wenn dir dieses Buchprojekt genau so gefallen hat, wie es uns Spaß gemacht hat, es für dich zusammenzustellen und du deine Geschichte ebenfalls teilen möchtest, dann bewirb dich unter http://www.fempressmedia.com/whddg und werde Teil der nächsten „Wie hast du das gemacht?"-Ausgabe in 2018!

Wir freuen uns auf deine Einsendung!

Über Fempress Media:

Fempress Media unterstützt als Selfpublishing-Verlag nicht nur Buchprojekte, die trotz ihrer einzigartigen und qualitativ hochwertigen Arbeit bisher keinen Platz bei traditionellen Verlagen gefunden haben, sondern dient auch als helfende Hand mit einem einzigartigem Autorencoaching, dass vorallendingen Neuautoren helfen soll, den Weg zum "Published Author" zu finden. Fempress Media ist ausserdem das Zuhause von Mrs Globalicious, einem Online-Magazin für Female Entrepreneurs und Frauen mit Ambitionen. Dieses Magazin hat sich in den letzten Jahren als kompetente Ressource für Frauen etabliert, die in ihrem Leben noch grosse Dinge bewegen wollen.

Wir geben Frauen eine Stimme. Offline und online. Für sich selbst und für andere. Fempress Media öffnet Türen, wo andere sie schon längst geschlossen haben.

FOLGE UNS:

 **FACEBOOK**
facebook.com/fempressmedia
facebook.com/mrsglobalicious

 **TWITTER**
twitter/mrsglobalicious

 **INSTAGRAM**
instagram/mrsglobalicious